房地產叢書 53

聯想圖解
不動產估價概要

黃國保　估價師◎編著

推薦序

　　本人輔導不動產相關國家證照考試 20 幾年，學生數萬，遍及全台，常有學生問我：「老師，我年紀很大了，能考得上嗎？」、「老師，我唸的科系和不動產差很多，能考得上嗎？」、「老師，我沒有不動產的相關工作經驗，能考得上嗎？」……。我總是問他們：你是否有下決心要考上？並願意遵照老師教導的方法？沒有例外，他們的答案，就是他們考試的結果。黃估價師是我民國 91 年在中壢開班「不動產估價學分班」的學生，他年紀很大、他唸的科系和不動產差很多、他沒有不動產的相關工作經驗……，他集合了很多考不上的條件，但他一次就考上，這對於有心投入不動產相關國家證照考試的人，是一大鼓勵。

　　黃估價師經過理論的探討和經驗的實踐後，所編著的「不動產估價概要」一書，將不動產估價的內容，參考了「心智圖聖經」、「圖形思考技巧」及「金字塔原理」等方法編輯，將每一個估價方法、原則等都歸納成一個「核心架構」，再將這些「核心架構」總結成一個「總體架構」，由這個「總體架構」去理解整體的不動產估價原理、方法，也由這個「整體架構」聯想出整體不動產估價內容，更可由這個「總體架構」清晰思路、融會貫通，達到簡單、效果、快樂的學習，這種「聯想記憶圖解法」是本書的一大特色。巴菲特親密的朋友和投資夥伴查理·蒙格在 2011 年所著「窮查理的普通常識」一書中提到「……你必須在腦中擁有一些思維模型，靠這些模型組成

的框架來整理間接和直接經驗。你也許已經注意到，有些學生試圖靠死記硬背應付考試，使他們在學校和生活中都成為失敗者，你必須把經驗掛在腦中一個由許多思維模型組成的框上。……」這些話對試圖想要靠死記硬背應付考試的應考人，是一大提醒。

　　本書在作者所秉持的「永遠有更好的方法」信念下，經過五版的增修，已經非常符合他想要編著一本「簡單」、「效果」、快樂學習書的目標，很值得推薦給不動產經紀人考照人及不動產估價學習者參考。

　　　　　　　　　　大日不動產研究中心　主任
　　　　　　中華綜合發展研究院 不動產研究中心　主任　曾文龍

　　　　　　　　　　　　　　　　　　103 年 10 月

作者序

聯想圖解幫助記憶
快速掌握估價得分之鑰

　　101年4月，在一個「不動產經紀人考照班」課後道再見時，一個同學對我說：「老師，謝謝你，我很喜歡你上課的方式，很像我以前上過的一種學習方法「心智圖聯想法」，不必對課程內容死記硬背，輕鬆學習，效果好……。之前也有一些同學講過肯定上課方式的話，但「心智圖聯想法」，是我第一次聽說，什麼是「心智圖聯想法」呢？聽了這位同學概略描述後，回家找了資料，作了功課後，了解它是一種從中心向外擴展的思考、記憶模式，它是一種如何使用大腦，使學習變得快樂有效的方法。筆者從學習不動產估價，到從事不動產估價，再到協助別人學習不動產估價的過程中，體驗到「快樂學習」的重要，「快樂學習」才會有好的學習效果，才會走得成功，而要能「快樂學習」，學習的方式就是一個關鍵，96年承恩師曾文龍博士指示，出版了「不動產估價概要」一書，目標就希望能編出「簡單」、「效果」的快樂學習書，幾年過去了，隨著實務、上課的經驗累積，深刻感受到「編一本簡單、效果、快樂學習書」這個理想的不容易。這次再版本書，是將個人長年對不動產估價的理論探討、經驗實踐及教學相長的心得，再參考「心智圖聖經」、「圖形思考技巧」及「金字塔原理」等學習方法重新編輯「聯想圖解不動產估價概要」一書，希望能更接近「編一本簡單、效果、快樂學習書」這個理想。

以下是實現這個理想的方式：
一、以「聯想圖」為核心概念，化繁為簡，以簡馭繁。
　　「聯想圖」分為以下三個層次
　　1. 第一層總體聯想圖
　　　　以「一張圖」聯想出「一本書」的總體主幹
　　2. 第二層各分部聯想圖
　　　　以「一張圖」聯想出「一章書」的整體支幹
　　3. 第三層各小分部聯想圖
　　　　以「一張圖」聯想出「一節書」的整體內容
　　由以上三層次的「聯想圖」，將「不動產估價」的整體內容向上歸納，化繁為簡；向下演繹，以簡馭繁，提昇對「不動產估價」理解、輸入、輸出的綜效，達到最好的學習及應考結果（如後附圖一、二、三、四）
二、以實務例證說明，具體明白
　　「聯想圖」與內容互為因果，清楚「聯想圖」，有助於明白內容，相同的，對內容的明白，也有助於「聯想圖」的清晰。對初學者而言，明白內容最好的方法是實務例證，筆者實際從事不動產估價，能從更多的直接經驗來實例說明。
三、以考古題解析，掌握答題要領
　　對於為考試而學習的人而言，行百里，半九十，將頭腦學習的東西組織後，精準的放在考卷上，是一個重要的環節，是需要不斷練習的技巧。本書在詳述各章內容後，再將「不動產估價」歷年的考古題（選擇題、申論題）蒐集在後，並提供參考答案，且針對特別的題目，詳述解題過程，透過完整的考古題解析，能讓考生能掌握考試的重點和答題要領。
　　經由上述本書編輯的構想說明，提供以下幾點，供使用本

書方法建議：
1. 先略讀本書，以掌握不動產估價聯想架構圖的主幹、支幹。
2. 細讀內容，視個人理解的情況，決定細讀次數，以理解內容為主，不求記憶內容。
3. 嘗試從各層「聯想圖」，以邏輯、想像等聯想出原理、定義、作業需遵守的規定等支持、解釋這個「聯想圖」的內容。最後目標是要從各層「聯想圖」中聯想出不動產估價的整體內容。起初練習時，不必急於能完整聯想出所有內容，藉由對架構的愈理解，內容的更明白，就愈能掌握其中的要領，達到累積相乘的效果。

四、準備考試建議：
1. 近期考試題目，有愈來愈靈活趨勢，不若以往直問直答，會有延伸、變化等問法，考生需以融會貫通內容為目標，死背的方式已困難應付國家考試。
2. 對於考古題、模擬試題的練習，筆者建議以「抓臭蟲」的方式來進行演練。「抓臭蟲」是源自於電腦軟體剛撰寫完成，要去試跑，而從試跑中去找出問題的「臭蟲」，藉由不斷的試跑抓完「臭蟲」之後，軟體就可操作順暢了。電腦是人設計的，「人腦」當然也類似，我們平時練習考古題、模擬試題時，不要看答案，用寫或默背等方式找出自己對題目的臭蟲（不懂的、盲點、易忘的等），並在臭蟲上就記號，隔一段時間再複習內容後，只針對作記號的題目再演練就好，如果再作錯，再註記上不同的記號，但畢竟「人腦」不是「電腦」，抓一次就不會忘記，需經多次「抓臭蟲」，至完全消除臭蟲為止。我們可以根據題目上作記號的多寡，分類出「大臭蟲」、「小臭蟲」，如此準備的內容才會愈來愈

少，然後視時間的長短、臭蟲的大小，作最即時有效的複習，能把時間、精力花在刀口上。提供給很多人用過，效果都很好，特別是選擇題，值得讀者試試。

3. 平常就用考古題及類似答案卷實兵演練一下，看每一題大約答幾行、一行要寫幾個字、字要寫多大等細節、有助考試臨場情緒的穩定，發揮最大戰果。另外，要以「同類型」的觀點來演練「考古題」，不要以「完全相同」的觀點來演練「考古題」，意思是不要期望「未來的考題」和「過去的考古題」一模一樣，最近有很多種的考試，因為出題和考古題一模一樣，出題老師飽受批評偷懶，相信會給出題者警惕。

4. 在考場當科目考前幾分鐘，不要浪費掉，再抓最後一次臭蟲，如果時間多，就把所有的臭蟲都看過。如果時間少，就只針對大臭蟲部分。總之就是把平時遇到的盲點、重點等，在臨考前整體複習一次，效果一定非常好。

5. 拿到考卷，不要馬上寫，花5～10分鐘審題，把考題有關的架構、法規、實例、公式、圖表、臭蟲等重點式的先在題目卷上打草稿，再就各題答案內容的多少，在答案卷上先佈局，答題架構要清楚、有條理，類似作文的起、承、轉、合的答題結構內容，並以圖、表、條列式來表達，切忌一大段的寫法，而且字跡要工整。總之，就是要讓閱卷者感受到你的用心和實力。

6. 會的題目先作答，各題的時間分配要適當，避免一題花太多時間，如果還有更多的內容要發揮，可先就重點答完後，留一些空格，待寫完其他題目，再進行補充。簡單的題目，不可只給簡單的答案，要用舉例、畫圖、正、反說等加以充實，就是要「小題大作」，相反的遇

到大題目，當然就要「大題小作」，如果遇到不會的題目，切不可空白，放在最後，把自己所知的、相關的，盡力作答，常常會有奇蹟的分數，因為冷僻的題目其他的考生可能已然放棄了。

7. 一般的考試，上榜不見得要有「慧根」，但是要「會跟」。就是紀律的跟著讀書計畫，一步步踏實的向前，終能成功。如果自制力不足或是雜務太多，參加補習班的輔導課程，跟著上課的節奏走，也是值得考慮的方式。

8. 不管考得如何，堅持到底，堅持就有無限的可能，預祝您成功。

本書出版，要特別感謝恩師曾文龍博士的照顧，讓我有機會將不動產估價的實務和理論結合，興趣與工作結合，同時也要特別謝謝大日出版社珍映秘書、蕙芳小姐在上課、編書等各方面的支持與協助，以及教導過我的老師、估價前輩、提供修正意見的讀者、協助編輯校稿宥儒助理。而家人、朋友的支持與鼓勵，更讓我一路走來覺得快樂、值得，謝謝你們。

「永遠有更好的方法」是我的信念，本書以「簡單」、「效果」、「快樂學習」為方向，提供不動產經紀人考照及不動產估價初學者入門參考，不周之處難免，祈盼讀者不吝賜教。

黃國保

111 年 2 月

於廣福不動產估價師事務所

賜教 e-mail：h3021010@yahoo.com.tw

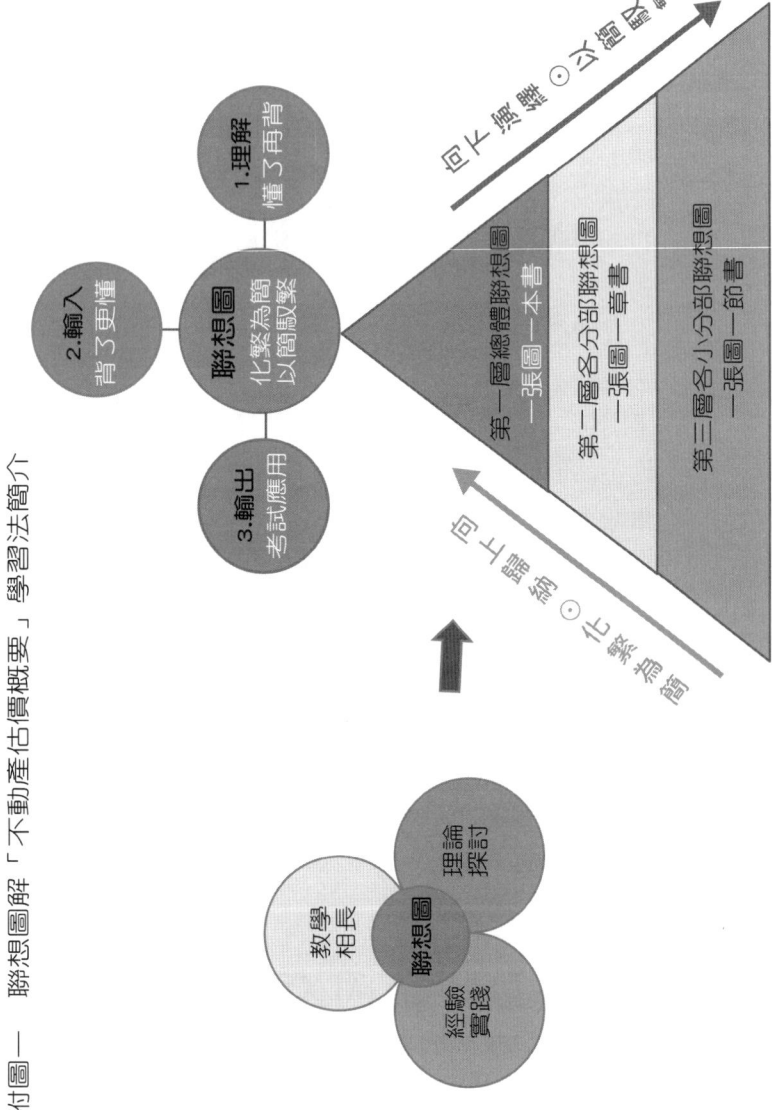

附圖一 聯想圖圖解「不動產估價概要」學習法簡介

附圖二 第一層總體聯想圖（一張圖一本書）

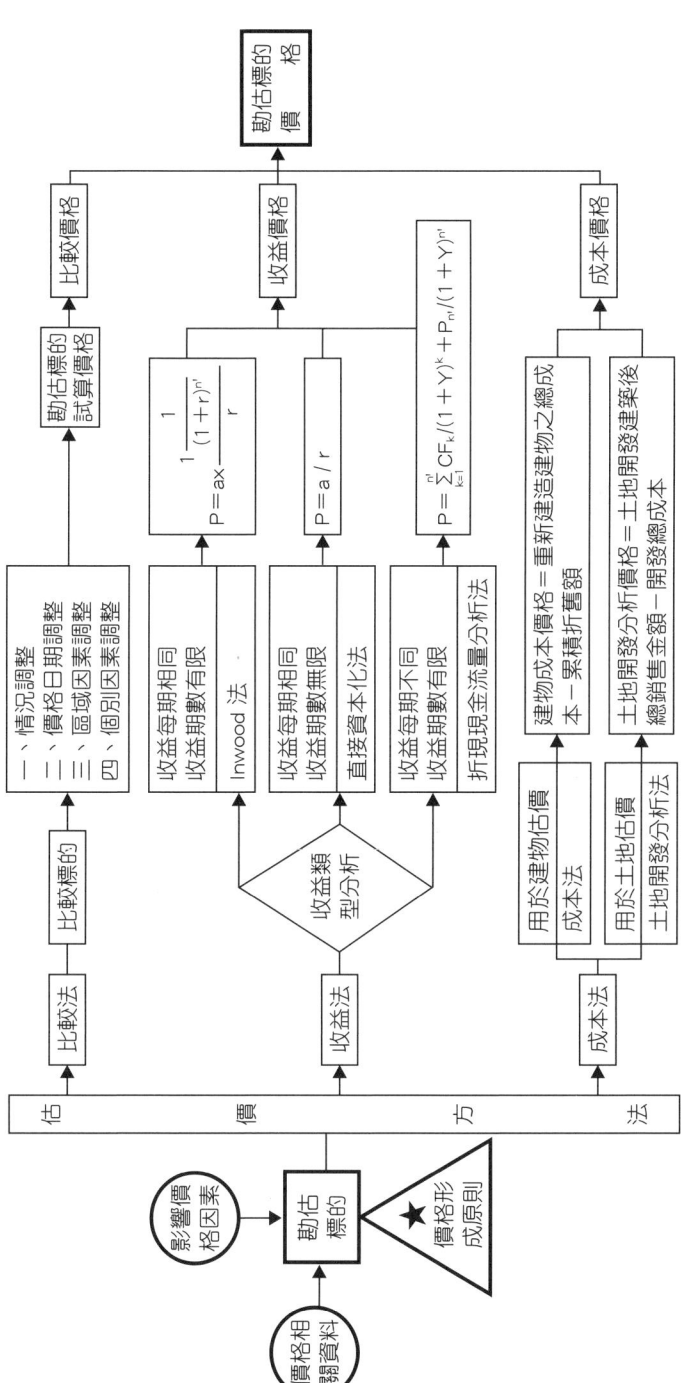

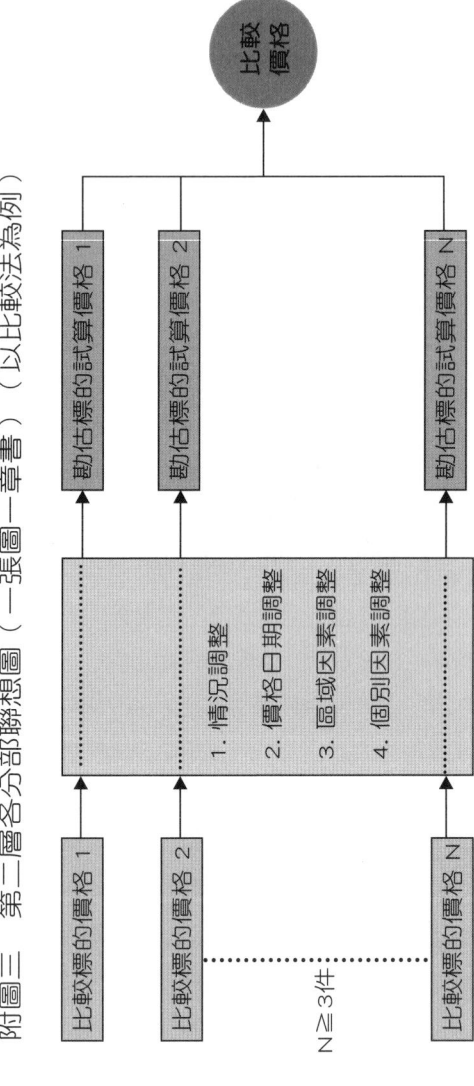

附圖三　第二層各分部聯想圖（一張圖一章書）（以比較法為例）

附圖四（一） 第三層從各分部聯想圖，聯想比較法的定義、程序、作業規定（一張圖一節書）

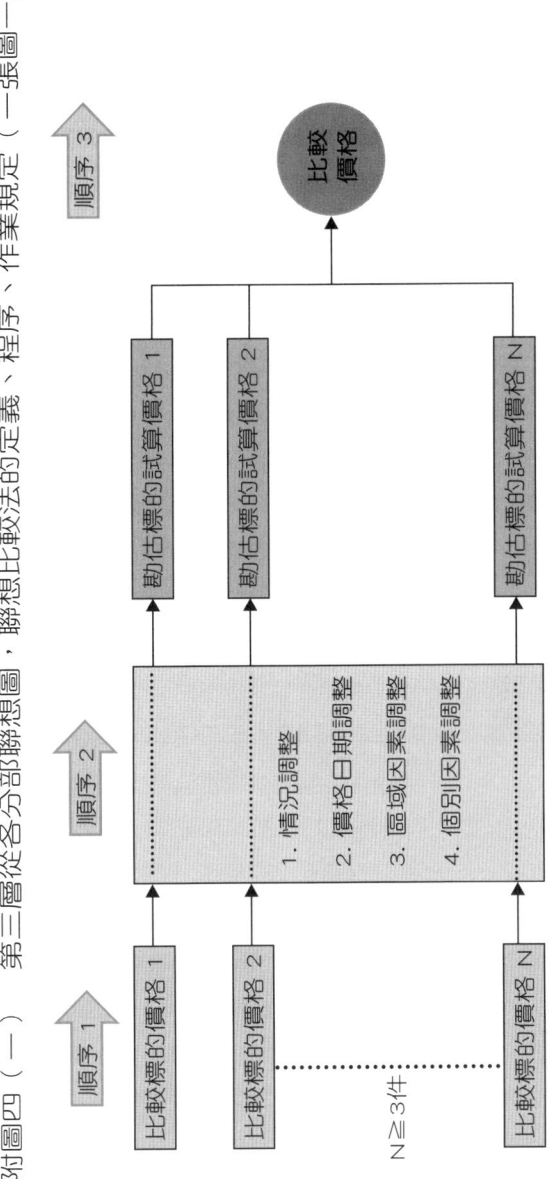

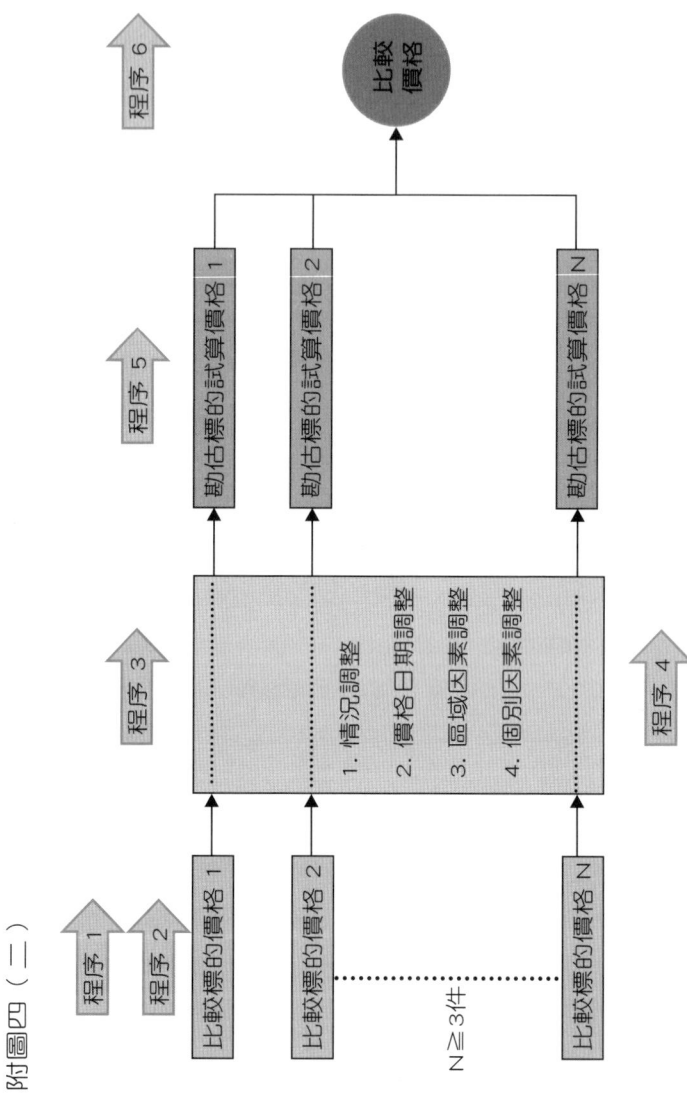

附圖四（二）

專門職業及技術人員普通考試不動產經紀人考試命題大綱

中華民國 105 年 7 月 27 日考選部選專二字第 1053301347 號公告修正
（修正「土地法與土地相關稅法概要」科目命題大綱）

專業科目數	共計 4 科目
業務範圍及核心能力	一、辦理不動產買賣、互易、租賃之居間或代理業務。 二、受起造人或建築業之委託，負責企劃並代理銷售不動產之業務。
編號　科目名稱	命題大綱
一　民法概要	一、民法總則編及民法債編 　㈠民法總則編 　㈡民法債編 　　1.債之發生、標的、效力、移轉、消滅、多數債務人及債權人 　　2.買賣、互易、贈與、租賃、借貸、僱傭、委任、居間、合夥 二、民法物權編 　不動產所有權、共有、地上權、不動產役權、農育權、抵押權、典權、占有 三、民法親屬編及民法繼承編 　㈠民法親屬編—夫妻財產制 　㈡民法繼承編—遺產繼承
二　不動產估價概要	一、影響不動產價格之因素及原則 二、不動產價格、租金之評估方法及其運用要領
三　土地法與土地相關稅法概要	一、土地法（第一編總則、第二編地籍、第三編土地使用）、平均地權條例及其施行細則、土地徵收條例、非都市土地使用管制規則、區域計畫法、都市計畫法（第一章總則、第二章都市計畫之擬定、變更、發布及實施、第三章土地使用分區管制、第四章公共設施用地） 二、土地稅法及其施行細則、契稅條例、房屋稅條例、<u>**所得稅法及其施行細則（不動產交易部分）**</u>
四　不動產經紀相關法規概要	一、不動產經紀業管理條例及其施行細則，並包括不動產說明書及相關契約書之應記載及不得記載事項 二、公平交易法 三、消費者保護法 四、公寓大廈管理條例
備　註	表列各應試科目命題大綱為考試命題範圍之例示，惟實際試題並不完全以此為限，仍可命擬相關之綜合性試題。

不動產經紀人考試、錄取情況						
	報考人數	到考人數	到考率	及格人數	及格率
100 年	10,707	5,344	49.91%	502	9.39%
101 年	9,821	4,817	49.05%	1,221	25.35%
102 年	10,798	5,803	53.74%	944	16.27%
103 年	10,991	6,586	59.92%	695	10.55%
104 年	8,667	5,039	58.14%	587	11.65%
105 年	6,302	3,710	58.87%	1,051	28.33%
106 年	5,476	2,993	54.66%	204	6.82%
107 年	5,390	2,838	52.65%	563	19.84%
108 年	5,599	2,937	52.46%	637	21.69%
109 年	6,591	3,522	53.44%	285	8.09%
110 年	7,360	3,897	52.94%	384	9.85%
111 年	10,302	5,434	52.74%	1,158	21.31%
112 年	10,342	5,678	54.90%	329	5.79%

不動產經紀人申論題目考題分佈情況						
內容 年份	估價基本原則、影響因素	比較法	成本法	土地開發分析法	收益法	其他
102 年		1		1		
103 年	1	0.5				0.5
104 年	1		1			
105 年			1	1		
106 年	1	0.5		0.5		
107 年	1		1			
108 年		1				1
109 年				1		1
110 年	1					1
111 年			2			
112 年	1		1			
113 年				1	1	

聯想圖解不動產估價概要

推薦序　曾文龍
作者序　聯想圖解幫助記憶快速掌握估價得分之鑰
考試命題大綱

第一章

緒論

第一節　基礎導讀　／19
第二節　本章相關不動產估價技術規則條文說明　／54
第三節　考古題—選擇題　／66
第四節　考古題—申論題　／93

第二章

比較法

第一節　精華導讀　／123
第二節　本章相關不動產估價技術規則條文說明　／136
第三節　考古題—選擇題　／143
第四節　考古題—申論題　／162

第三章

成本法

第一節　精華導讀　／177
第二節　本章相關不動產估價技術規則條文說明　／202

第三節　考古題―選擇題　／214
　　第四節　考古題―申論題　／237

第四章

土地開發分析法

　　第一節　精華導讀　／247
　　第二節　本章相關不動產估價技術規則條文說明　／254
　　第三節　考古題―選擇題　／260
　　第四節　考古題―申論題　／267

第五章

收益法

　　第一節　精華導讀　／275
　　第二節　本章相關不動產估價技術規則條文說明　／294
　　第三節　考古題―選擇題　／306
　　第四節　考古題―申論題　／330

第六章

其他相關估價

　　第一節　精華導讀　／347
　　第二節　本章相關不動產估價技術規則條文說明　／365
　　第三節　考古題―選擇題　／385
　　第四節　考古題―申論題　／410

附錄一 不動產經紀人考試
　　　　不動產估價概要試題及參考解答

113年不動產經紀人不動產估價概要試題及參考解答／429
112年不動產經紀人不動產估價概要試題及參考解答／439

附錄二　土地徵收補償市價查估辦法／447
附錄三　中華民國不動產估價師公會全國聯合會
　　　　第四號公報（110年11月1日發布）／457

參考書目　／489

第一章

緒論

第一節　基礎導讀

壹、不動產的意義：

　　我國不動產估價師法第 14 條：「不動產估價師受委託人之委託，辦理土地、建築改良物、農作改良物及其權利之估價業務。」

　　就上述，不動產者，顧名思義就是不能移動或移動將造成價值損失的財產，具體而言，不動產包含以下 3 項：

(一) **土地**：就是我國土地法第 1 條規定：「本法所稱土地，謂水、陸及天然富源。」

(二) **土地定著物**：

我國土地法第 5 條規定：「本法所稱土地改良物，分為建築改良物及農作改良物二種；附著於土地之建築物或工事，為建築改良物，附著於土地之農作物及其他植物與水利土壤之改良，為農作改良物。」

建築改良物：如橋梁、水井、溝渠、煙囪、涼亭、紀念碑、加油站等建築物或工事農作改良物：如果樹、茶樹、竹類、觀賞花木、造林木、其他各種農作物及田埂、灌溉排水等附著於土地之農作物及其他植物與水利土壤之改良設施。

(三) **不動產的權利：**

不動產的權利，最主要有下列權利

1. **地上權：**

   普通地上權：民法第 832 條：「稱普通地上權者，謂以在他人土地之上下有建築物或其他工作物為目的而使用其土地之權。」

   區分地上權：民法第 841-1 條：「稱區分地上權者，謂以在他人土地上下之一定空間範圍內設定之地上權。」

2. **農育權：** 民法第 850-1 條：「稱農育權者，謂在他人土地為農作、森林、養殖、畜牧、種植竹木或保育之權。」

3. **不動產役權：** 民法第 851 條：「稱不動產役權者，謂以他人不動產供自己不動產通行、汲水、採光、眺望、電信或其他以特定便宜之用為目的之權。」

4. **抵押權：**

   普通抵押權：民法第 860 條：「稱普通抵押權者，謂債權人對於債務人或第三人不移轉占有而供其債權擔保之不動產，得就該不動產賣得價金優先受償之權。」

   最高限額抵押權：民法第 881-1 條：「稱最高限額抵押權者，謂債務人或第三人提供其不動產為擔保，就債權人對債務人一定範圍內之不特定債權，在最高限額內設定之抵押權。」

   其他抵押權：民法第 882 條：「地上權、農育權及典權，均得為抵押權之標的物。」

5. **典權：** 民法第 911 條：「稱典權者，謂支付典價在他人之不動產為使用、收益，於他人不回贖時，取

得該不動產所有權之權。

貳、土地的特性：

土地是不動產最重要的組成，其特性有
一、土地的自然特性：
　(一) 自然位置固定，不可移動
　(二) 永續利用，不易損滅
　(三) 自然供給固定，不易增加
　(四) 差異、個別性
二、土地的人文特性：
　(一) 用途多樣性
　(二) 社會及經濟位置的可變性
　(三) 地區性
　(四) 投資、消費等多重性

參、不動產市場的特性：

不動產市場為不完全競爭市場，具以下特性
一、產品異質性
二、市場資訊不完全
三、地區性的供需
四、交易資金巨大
五、交易過程較繁雜，經紀人服務的普遍利用，大額酬金
六、受人為、景氣影響大

肆、不動產估價的意義：

不動產估價的意義，如下圖「不動產估價總整體架構圖」所示，是蒐集市場不動產價值相關資料（交易、收益、成本等資料）、綜合分析影響不動產價值的各項因素（一般

因素、區域因素、個別因素），遵循估價原則，選用適用的估價方法，對不動產在價格日期的價值，作客觀合理的判斷。不動產估價報告的呈現大致分為下列幾項：

一、首先說明估價基本事項：包含勘估標的基本資料、價格日期、勘察日期、價格種類、估價條件、估價目的等。

二、價格形成之主要因素分析：包含一般因素分析、區域因素分析、個別因素分析、最有效使用分析。

三、價格評估：包含估價方法的選定、價格的決定和決定理由等。

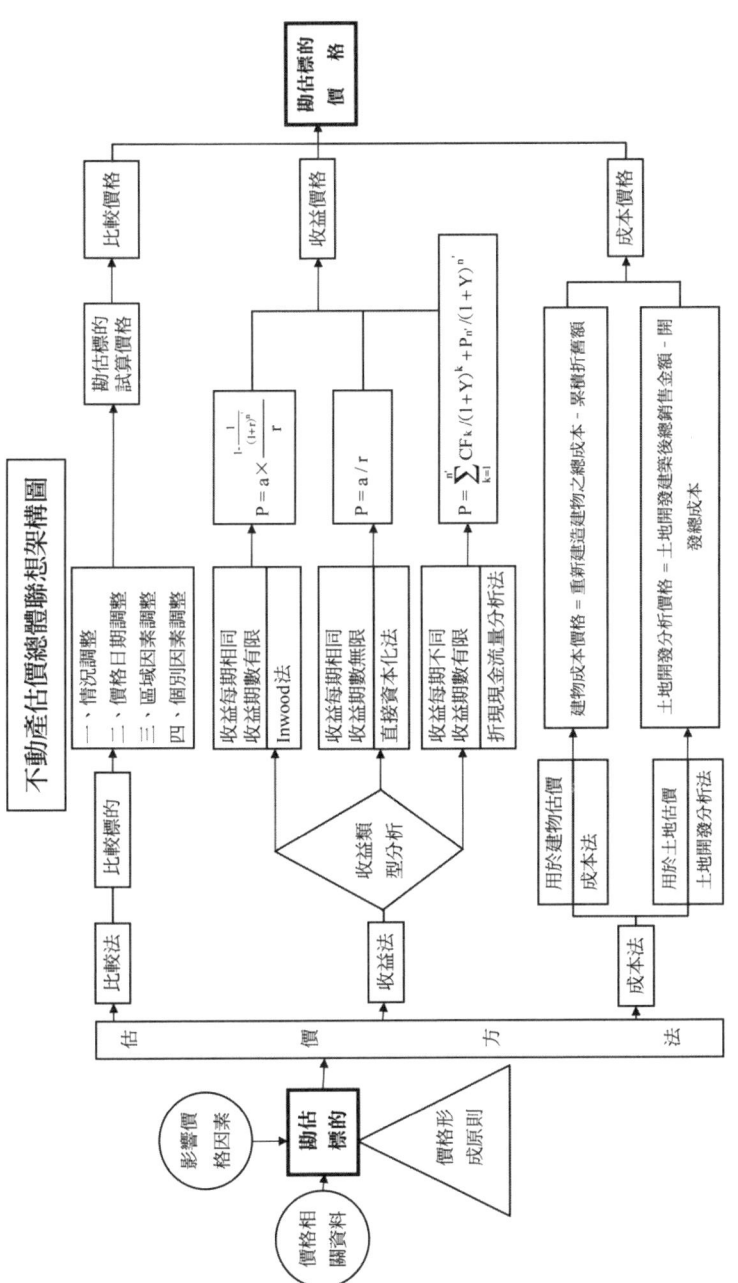

伍、不動產估價三個基本方法：

一、不動產估價三個基本方法為比較法、收益法及成本法：

(一) **比較法**：如下示意圖所示，是從市場交易價格面向，來看勘估標的（待估不動產）不動產的價值。也就是以比較標的（交易案例）價格為基礎，經比較、分析及調整等，以推算勘估標的（待估不動產）價格之方法。

(二) **收益法**：如下示意圖所示，是從市場收益價值面向，來看勘估標的（待估不動產）不動產的價值。也就是將勘估標的（待估不動產）未來的客觀合理預期收益，以適當的收益資本化率或折現率折算為現在的價值之總合。

(三) **成本法**：如下示意圖所示，是從生產製造成本面向，來看勘估標的（待估不動產）不動產的價值。也就是求取勘估標的（待估不動產）於價格日期之重建成本或重置成本，扣減其累積折舊額或其他應扣除部分，以推算勘估標的（待估不動產）價格之方法。

藉由這三種方法，從不同的面向，來評估同一個勘估標的（待估不動產），方能求得勘估標的（待估不動產）客觀合理之「價」。因為各種方法皆有其長處，但也都有其不足的地方，運用多種方法估價，可截長補短。同時可避免因資料錯誤、判斷偏差、計算疏忽所造長的結果偏誤，能相互驗證，才能避免錯誤，而有更正確、合理的結果。所以不動產估價技術規則第十四條就規定，不動產估價師應兼採二種以上估價方法推算勘估標的之價格。但因情況特殊不能採取二種以上方法估價並於估價報告書中敘明者，不在此限。

不動產估價三個基本方法的內涵示意圖

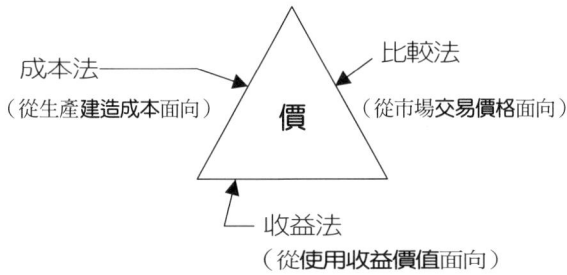

二、價格、價值、成本之意義與關係：

(一) 價格：指財貨或服務的交易價以貨幣表示。如不動產在市場中的買、賣價格。價格通常由市場供給、需求所決定。供弱需強，則價格高。反之。供強需弱，則價格低。

(二) 價值：指財貨或服務的效益。如不動產在市場中的租金收益。價值一般由效用、相對稀少性、慾望、有效需求等共同形成。

(三) 成本：指取得財貨或服務所須付出的代價。如欲獲得一間房屋，必須付出土地、勞力、資本、企業經營等成本。

(四) 價格＝成本＋超額利潤

價格＝價值＋期待價格

超額利潤、期待價格不一定都為正數，當不動產景氣熱絡時超額利潤、期待價格愈大，當不動產景氣低迷時，超額利潤、期待價格可能為 0 或負數。

陸、不動產價格的種類

不動產估價，應切合價格日期當時之價值。其估計價格種類包括正常價格、限定價格、特定價格及特殊價格；估計

租金種類包括正常租金及限定租金。不動產估價,應註明其價格種類;其以特定價格估價者,應敘明其估價條件,並同時估計其正常價格。(技6)。

(一) **正常價格**:指具有市場性之不動產,於有意願之買賣雙方,依專業知識、謹慎行動,不受任何脅迫,經適當市場行銷及正常交易條件形成之合理價值,並以貨幣金額表示者。(技2)。正常價格可以說是一般人都可以接受的價格,就學理上,正常價格一般應當具備以下幾個條件:

1. 無特殊的動機:如急買、急賣。
2. 無特殊的關係:如至親好友間的買賣。
3. 公開的市場:有充分的資訊,買、賣雙方瞭解市場行情,非封閉市場。
4. 合理的時間:有足夠的時間,供買、賣雙方搜尋。
5. 其他:如非理性情況或特別條件等。

(二) **限定價格**:指具有市場性之不動產,在下列限定條件之一所形成之價值,並以貨幣金額表示者(技2)。是指市場受到限定,只有特定關係人才能參與所形成的價格。

	限定條件	型式	例子
1	以不動產所有權以外其他權利與所有權合併為目的	權利合併	如地上權人和土地所有權人間買賣或土地承租人購買承租地之價格
2	以不動產合併為目的	實質合併	如土地為整體利用購買毗鄰土地,其土地價值可能因此不同
3	以違反經濟合理性之不動產分割為前提	分割	如土地部分被徵收,被分割後,剩餘部分形狀不整,利用價值變低之土地價格

(三) **特定價格**：指具有市場性之不動產，基於特定條件下形成之價值，並以貨幣金額表示者。而特定條件是指尚未實現，基於特定法令、財務、市場、規劃等條件。如農地配建、帶建照之土地等。

(四) **特殊價格**：指對不具市場性之不動產所估計之價值，並以貨幣金額表示者。所謂不具市場性，像教堂、寺廟、總統府等特殊不動產，在市場上缺少供給、需求標的流通而言（技 2）。評估時通常以成本法進行評估。

(五) 正常價格、限定價格、特定價格、特殊價格之差異：

比較項目 價格種類	市場性	估價條件	實　例
正常價格	具市場性 （公開市場）	無估價條件或有估價條件仍適用正常價格	一般不動產買賣、抵押、標售、資產評估等之估價
限定價格	具市場性 （封閉市場）	明定如上述權利合併、實地合併、違反經濟合理性分割三個限制條件。	地上權人和土地所有權人間買賣、購買鄰地整體使用或因分割造成不動產價值影響
特定價格	具市場性 （公開市場）	具不確定性條件，指尚未實現，基於特定法令、財務、市場、規劃等條件，而且條件要合法、可行、明確。	帶有建照或開發許可之土地價格、預定變更之土地價格、預售屋價格之估價
特殊價格	不具市場性	無估價條件或有估價條件仍適用特殊價格	寺廟、總統府、學校等之估價

(六) **正常租金**：指具有市場性之不動產，於有意願之租賃雙方，依專業知識、謹慎行動，不受任何脅迫，經適當市場行銷及正常租賃條件形成之合理租賃價值，並以貨幣金額表示者。正常租金的定義和正常價格的定義方式、要件相同，差異只在「合理租賃價值」。不動產租金的估價分為新訂租金及續訂租金之估價，新訂租金之估價，通常就是在正常租金（技2）。續訂租金之估價，通常就是在限定租金。

(七) **限定租金**：指基於續訂租約或不動產合併為目的形成之租賃價值，並以貨幣金額表示者（技2）。

柒、不動產估價的目的

一、公經濟目的：
土地公告現值、公告地價、土地徵收、協議價購、區段徵收、土地重劃、房屋現值、國產地標售、讓售、委託經營或出租、法院、行政執行處拍賣及其他不動產出售出租之估價。

二、私經濟目的：
買賣、抵押、不動產信託、都市更新、AMC處分、金拍、銀拍、保險公司資產評估、破產管理、移民資產證明、土地開發利用、合建價值分配、聯合開發、使用分區變更前後估價、訴訟賠償及其他目的估價。

捌、不動產估價常用的用詞定義

一、**價格日期**：指表示不動產價格之基準日期。不動產價格會隨時間而變動，價格日期是指不動產什麼時間點的價格。

二、**勘察日期**：指赴勘估標的現場從事調查分析之日期。勘

察日期是指什麼時間點去估價。

★不動產估價時價格日期、勘察日期可能同日期,也可能不同日期,其前後也不一定。

1. 價格日期、勘察日期同一日期:如一般的買賣、資產評估等估價,實務上此種情況較多。
2. 價格日期前、勘察日期後:如家人3年前分配財產,現在覺得不公平,價格日期是3年前分配財產的日期,而勘察日期則為現在。
3. 價格日期後、勘察日期前:如投資評估,預估不動產一年後可能的價值。

三、勘估標的:指不動產估價師接受委託所估價之土地、建築改良物(以下簡稱建物)、農作改良物及其權利。就是指要進行評估的不動產。

四、比較標的:指可供與勘估標的間,按情況、價格日期、區域因素及個別因素之差異進行比較之標的。指市場上可用來比較的「實例」。比較標的,不僅指買賣交易實例,還包含收益實例、建築實例、設定實例、開發實例等。

五、同一供需圈:指比較標的與勘估標的間能成立替代關係,且其價格互為影響之最適範圍。就是指能找合適比較標的的最大範圍。如下圖(同一供需圈、近鄰地區、類似地區示意圖)外圍大圓圈的範圍。

六、近鄰地區:指勘估標的或比較標的周圍,供相同或類似用途之不動產,形成同質性較高之地區。如下圖(同一供需圈、近鄰地區、類似地區示意圖)內部小圓圈的範圍。

七、類似地區:指同一供需圈內,近鄰地區以外而與勘估標的使用性質相近之其他地區。

如下圖（同一供需圈、近鄰地區、類似地區示意圖）外圍大圓圈內，內部小圓圈外的範圍

★同一供需圈並沒有一個明確的距離範圍，其範圍和所評估的勘估標的的使用類型、區位、市場等有關，如評估一間公寓，其同一供需圈的範圍，可能只是同一社區，或周邊的社區而已。但如果是台北101大樓，其同一供需圈的範圍，可能是整個大台北地區、台灣地區、甚或更大的地區。近鄰地區和類似地區也是這樣的概念，近鄰地區是指勘估標的所在地區相同，其使用類型也和勘估標的相近的地區；而類似地區是指使用類型和勘估標的相近，但在地點不相同的地區。

同一供需圈、近鄰地區、類似地區示意圖

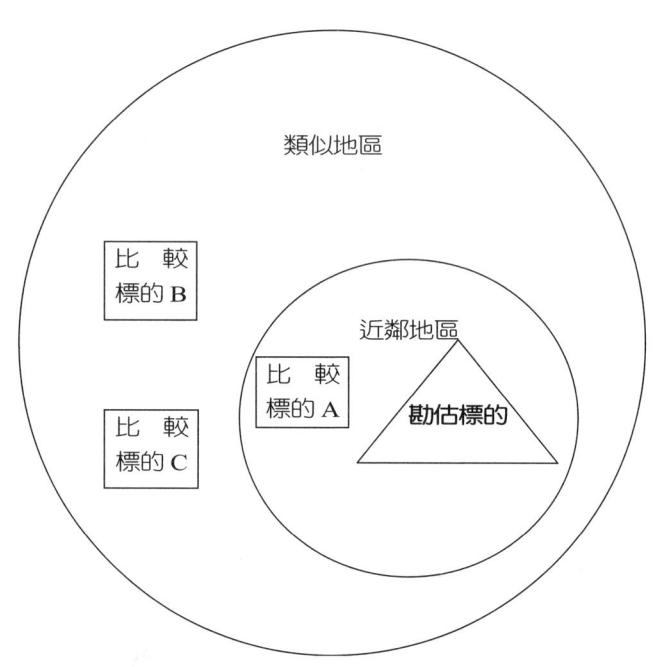

八、**一般因素**：指對於不動產市場及其價格水準發生全面影響之自然、政治、社會、經濟等共同因素。指大環境的情況，是大範圍、普遍性的因素。

九、**區域因素**：指影響近鄰地區不動產價格水準之因素。

十、**個別因素**：指不動產因受本身條件之影響，而產生價格差異之因素。

★如下圖所示，一般因素、區域因素、個別因素是分析影響不動產價格的因素，從大環境、到小環境、再到不動產本身，逐步聚焦來分析影響不動產價格的因素，以求周延完整。

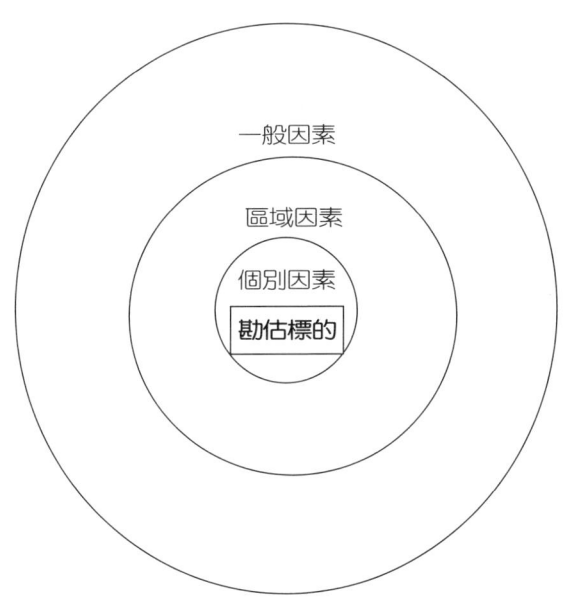

十一、**最有效使用**：指客觀上具有良好意識及通常之使用能力者，在合法、實質可能、正當合理、財務可行前提下，所作得以獲致最高利益之使用。不動產的用途具多樣性，而且也會隨社會經濟環境而改變。最有效使

用不只要考慮法規規定外,還有考慮市場的接受性。最有效使用也是不動產估價的基準,在這個估價基準下,不同估價師的估價報告才能有較一致的結果,也才能有比較的基礎。

十二、**獨立估價**:對含有土地與建物的不動產,在不考慮建物對土地價格影響的前提下,單就土地而為的估價。

十三、**部分估價**:對含有土地與建物的不動產,在考慮建物對土地價格影響的前提下,單就土地而為的估價。

★獨立估價與部分估價最主要的區別在於,是否考慮到房、地一體綜合效益的發揮之土地價格。獨立估價不考慮,部分估價則考慮。

玖、不動產價格形成的各項原則:1、2、3、4、5

不動產估價是要對不動產的經濟價值,作適當合理的判斷。不動產價格由不動產的效用、相對稀少性及有效需求等因素,在不同階段交互作用影響而形成。而其形成過程仍然遵循經濟社會活動的原則,這些原則提供不動產估價師正確導引,對不動產的價值,作出正確、合理的判定。不動產價格形成的各項原則一般有以下 12 項:

一、**各項原則分類**

(一) 內部組成因素影響不動產價值的原則

1. 均衡原則
2. 收益遞增、遞減原則

---

1 參考林英彥著,不動產估價,文笙書局。
2 參考林英彥著,不動產估價技術規則解說。
3 參考許文昌著,不動產估價理論,高點。
4 參考梁仁旭、陳奉瑤著。不動產估價。
5 參考游適銘,不動產估價理論與實務,大日出版社。

3. 貢獻原則

4. 收益分配原則

(二) 外部環境因素影響不動產價值的原則

1. 競爭原則

2. 供需原則

3. 適合原則

4. 替代原則

5. 外部原則

(三) 時間因素影響不動產價值的原則

1. 變動原則

2. 預測原則

(四) 不動產估價前提、基礎原則

1. 最有效使用原則

二、不動產價格形成的各項原則關係

依林英彥教授所著「不動產估價」一書所述，不動產價格形成的各項原則並非孤立的，而是全部有直接、間接的關係，各項原則關係，以不動產價格形成的各項原則關係示意圖整理如下：

(一) 內部組成因素影響不動產價值的原則與最有效使用原則關係：

不動產的價值受土地、勞力、資本、經營等四項生產要素組合所影響，而均衡原則、收益遞增遞減原則、貢獻原則、收益分配原則就是在探討四項生產要素組合問題，所以均衡原則、收益遞增遞減原則、貢獻原則、收益分配原則，是判斷是否達最有效使用原則的重要依據。

(二) 外部環境因素影響不動產價值的原則與最有效使用原則關係：

不動產與外部環境是否均衡的適合原則與透過競爭達到最大超額利潤的競爭原則等外部環境因素影響不動產價值的原則，也是判斷是否達到最有效使用原則的重要依據。

(三) 時間變動因素影響不動產價值的原則與最有效使用原則關係：

不動產的價格是昨日之展開，明日之反映，所以變動原則、預測原則是其他原則的基礎，當然也是最有效使用原則的基礎。

(四) 外部環境因素影響不動產價值的原則間關係：

供需原則要有競爭原則為前提，而替代原則也要有競爭原則為前提。

不動產價格形成的各項原則關係示意圖

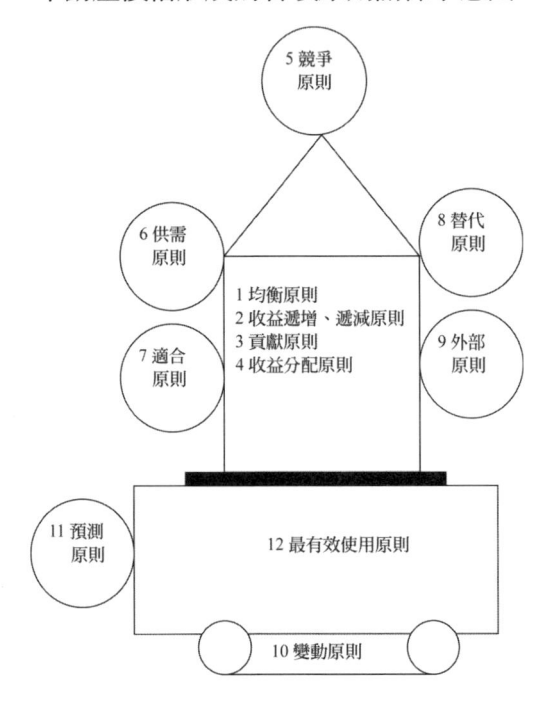

```
                    5 競爭
                     原則

    6 供需                      8 替代
     原則                        原則

            1 均衡原則
            2 收益遞增、遞減原則
            3 貢獻原則
    7 適合   4 收益分配原則        9 外部
     原則                        原則


    11 預測
     原則         12 最有效使用原則


                10 變動原則
```

三、不動產價格形成的各項原則說明

(一) 均衡原則：不動產價值的產生，受到土地、勞力、資本、經營四大生產要素所影響。不動產要達到最有效使用，四大生產要素的組合必須要適當。就像營養均衡，身體健康一樣。個別生產要素過多或不足的投入，將對不動產的價值造成不利的影響。例如：在昂貴土地上蓋一間小平房或種菜，就一般情況來看是違反均衡原則。不動產的價值未能充分發揮。所以均衡原則是指不動產內部生產要素的均衡組合。

(二) 收益遞增、遞減原則：在生產技術不變條件下，固定其他生產要素，而逐漸增加其中某一項生產要素，其邊際收益會逐漸增加（此為收益遞增），增加到某一點（臨界點）後，其邊際收益會逐漸減少（此為收益遞減）。這是生產要素組合均衡、不均衡的所引起的。例如在農地上施肥料，增加肥料用量，起初每單

收益遞增、遞減原則示意圖

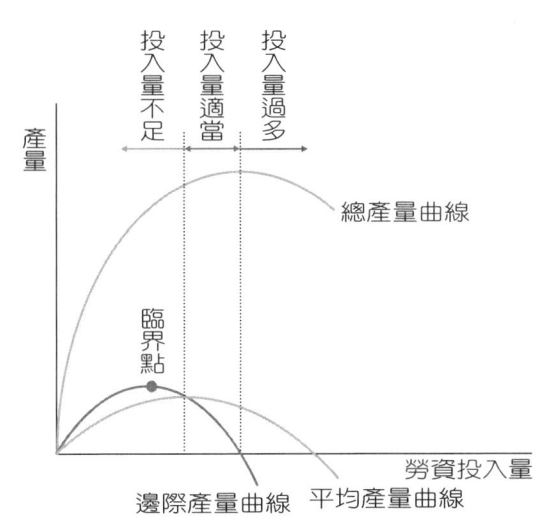

（圖：橫軸為勞資投入量，縱軸為產量。區分為投入量不足、投入量適當、投入量過多三區域。包含總產量曲線、邊際產量曲線、平均產量曲線，標示臨界點。）

位肥料使稻米的增加量逐漸增加（此為收益遞增）。超過某一點（臨界點）後，每單位肥料使稻米的增加量逐漸減少（此為收益遞減）。又如在某建地上蓋大樓，超過某個層數後，收益將難同比例增加。

(三) 貢獻原則：不動產價值的產生，受到土地、勞力、資本、經營四大生產要素所影響，當某生產因素改變時，對整體不動產價值所產生的貢獻。而貢獻有正、負面。例如：賣房子時花 100 萬裝潢，而使房子具有好賣相，多賣了 200 萬，這種情況是正貢獻。但貢獻不見得都是正的。也有可能是負向的。如上例，如果花的裝潢費比賣房子所得還多，就是負貢獻。所以貢獻原則可以作為是否對不動產增加投入生產要素的判斷。

(四) 收益分配原則：不動產的總收益由土地、勞力、資本、經營四種生產要素共同創造，我們將不動產的總收益，分配給予各個生產要素，稱為收益分配原則。又稱為剩餘生產力原則。例如：不動產的總收益，扣除勞動工資、資本利息、經營報酬，剩餘為土地的收益（地租），其為土地價格形成的基礎。收益法中的土地殘餘價法、建物殘餘價法的淨收益推求，就是以此原則為基礎。

(五) 競爭原則：競爭無處不在，藉由競爭取得生存、利益。就不動產價格而言，供給者之間的競爭，將引起價格下跌；需求者之間的競爭，將導致價格上漲。這是從不動產供、需面來看競爭原則，如市中心的優位不動產不多，大家都想要利用，價格、租金就會上漲。另外，不動產市場之競爭，會發生在同一次市場，也可能發生在不同之次市場。例如：住宅的租賃

市場與買賣市場分屬兩個次市場，但在利率變動時，需求者會考量租、買之比較利益，而互相流動、競爭。

(六) 供需原則：依經濟學的原理，如下圖所示，供給曲線是依市場供給原則，價格與數量的關係是成正比，當價格上漲，供給量會增加。需求曲線是依市場需求原則，價格與數量的關係是成反比，當價格下跌，需求量會增加。如從供、需兩方面來看，當供過於求，價格會下跌；當供不應求，價格會上漲。不動產市場也是一樣，不動產的價格，當然也深受供需情況所影響。

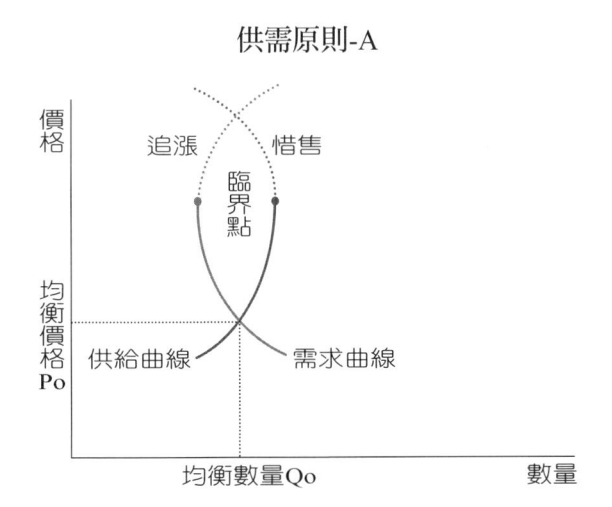

供需原則-A

（圖：縱軸為價格，橫軸為數量；供給曲線與需求曲線交於均衡價格Po、均衡數量Qo；上方標示「追漲」、「惜售」、「臨界點」）

供需原則-B

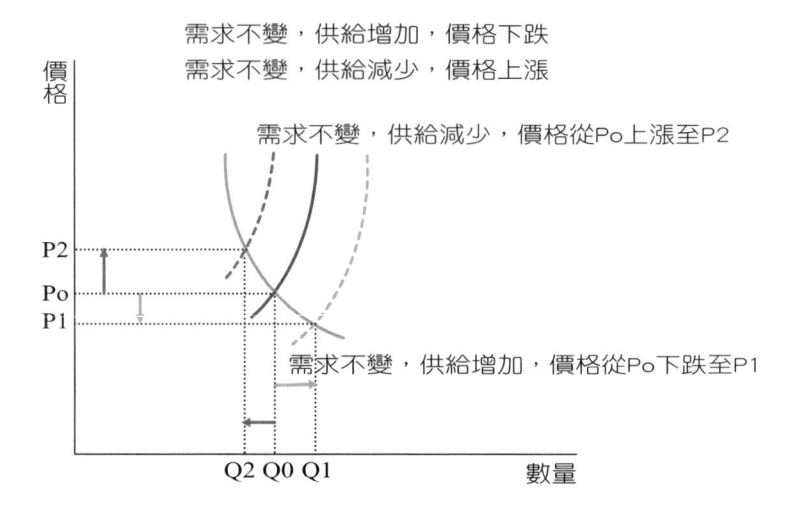

需求不變,供給增加,價格下跌
需求不變,供給減少,價格上漲

需求不變,供給減少,價格從Po上漲至P2

需求不變,供給增加,價格從Po下跌至P1

價格 / 數量

P2, Po, P1
Q2 Q0 Q1

供需原則-C

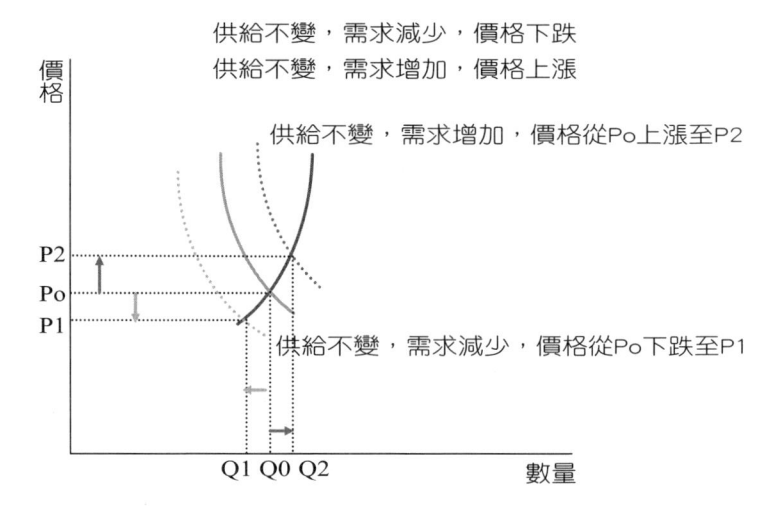

供給不變,需求減少,價格下跌
供給不變,需求增加,價格上漲

供給不變,需求增加,價格從Po上漲至P2

供給不變,需求減少,價格從Po下跌至P1

價格 / 數量

P2, Po, P1
Q1 Q0 Q2

(七) 適合原則：指不動產與所在環境之間是否均衡、適配，能否達到最有效使用而言。例如：在市中心昂貴的土地上蓋一間簡易平房、在農村蓋大樓，一般而言是不符合適合原則。另以進化原則及退化原則進一步說明，進化原則指低價的不動產位於高價位地區，而顯得有價值；退化原則指高價的不動產位於低價位地區，而顯得無價值。就是在說明不動產和其座落環境間適合與否的關係。

(八) 替代原則：人類追求經濟效益，效用相同的服務或財貨，會選擇便宜的，價格相同的服務或財貨，會選擇效用大的，因此，效用相同的服務與財貨間會有替代性，效用相同的服務與財貨價格也會趨於一致。不動產雖然具有異質性，但在效用上仍有一定程度的替代性，所以相類似的不動產會有替代性，其價格仍然會相互的牽引。不動產估價的三個基本估價法都運用到此項原則。如比較法以比較案例推求勘估標的價格，收益法之收益、費用、折現率之推求，成本法之、重建成本、重置成本之推求等。

(九) 外部性原則：指不動產外在環境因素對不動產價值的影響，其影響有正、負面，如附近有公園、學校、捷運站等公共設施，會讓不動產價值增加。附近有垃圾場、變電所等嫌惡設施，會讓不動產價值減低。

★外部性原則與適合原則不同，適合原則比較相對性，例如：葬儀社開在學校旁可能不適合，但在殯儀館旁可能就適合了。外部性原則比較絕對性。垃圾場在學校旁是嫌惡設施，在殯儀館旁，也還是嫌惡設施，只是影響程度不同而已。

(十) 變動原則：「變」是世上惟一的「不變」，不動產市

場當然是一個動態的市場，影響不動產價格之一般因素、區域因素、個別因素等是動態的，由於各個因素的改變及交互作用，不動產的價格也隨之改變，就是不動產景氣循環波動的現象，所以進行不動產估價當然要注意這個事實。而不動產估價報告中所提到的勘察日期及價格日期，就是凸顯「時間」點，在「價格」上的重要意義。沒有「價格日期」的不動產評估價格是沒有意義的。以比較法進行不動產估價時，對比較案例進行價格日期調整，也是變動原則的具體應用呈現。

(十一) 預測原則：不動產的現在的價格，是昨日價格的展開，明日價格的反映。從歷史的資料、經驗等來推知未來的動向是為預測原則，就是唐太宗所講的……以古為鏡，可以知興替……。收益法的未來收益、收益資本化率決定等都是運用了預測原則。又如桃園高鐵青埔站因高鐵、捷運、航空城等公共設施規畫完善、交通便利等利多因素，預測該區不動產未來可能會增值，都是預測原則具體運用。

(十二) 最有效使用原則：不動產估價技術規則第二條定義最有效使用為，「客觀上具有良好意識及通常之使用能力者，在合法、實質可能、正當合理、財務可行前提下，所作得以獲致最高利益之使用」。最有效使用原則，指出不動產估價的基礎點，希望不同的估價人員在這個基礎點上，對不動產的價格進行客觀合理的判斷。因為不動產的用途具有多樣性，如果未指出不動產估價的基礎點，將造成不同的估價人員對同一不動產所作的估價，產生極大的價格差距，使不動產的估價失去意義，也就是要摒除主觀的意見，以客觀公正

的立場對不動產的價值進行評估,所以最有效使用原則為不動產估價的前提、基礎。所以進行不動產估價時,須對勘估標的是否達最有效使用進行分析,應考慮對象不動產之最有效使用為何?現在之使用是否為最有效使用?如果不是,其轉為最有效使用的可能?又該最效使用能用持續多久等情況進行分析。例如:在台北火車站前昂貴土地上蓋一間簡易平房,就不能依其現況評估其價值,必須依最有效使用原則對該不動產的價值進行評估。

拾、影響不動產價格的因素:

影響不動產價格的因素雖然複雜,但由大到小,大致可分為一般因素、區域因素、個別因素三種。所以進行不動產估價,必須把握這些影響不動產價格的因素,並分析、判定這些因素對不動產價格的影響。

一、一般因素

不動產估價技術規則第二條定義一般因素為,指對於不動產市場及其價格水準發生全面影響之自然、政治、社會、經濟等共同因素。

1. 自然因素:地質、地盤、地形、地勢、氣候、生態、地理位置等。
2. 社會因素:人口、家庭結構、交易習慣、資訊化程度、生活方式、教育文化、社會福利、公共設施、都市發展情況等
3. 經濟因素:利率水準、經濟情況、技術革新、產業結構、物價、工資及就業狀況、國際化狀態、交通建設情況、租稅負擔,財政金融狀況等
4. 政治、行政因素:政治因素包含:國際局勢、政治情

一般因素、區域因素、個別因素示意圖

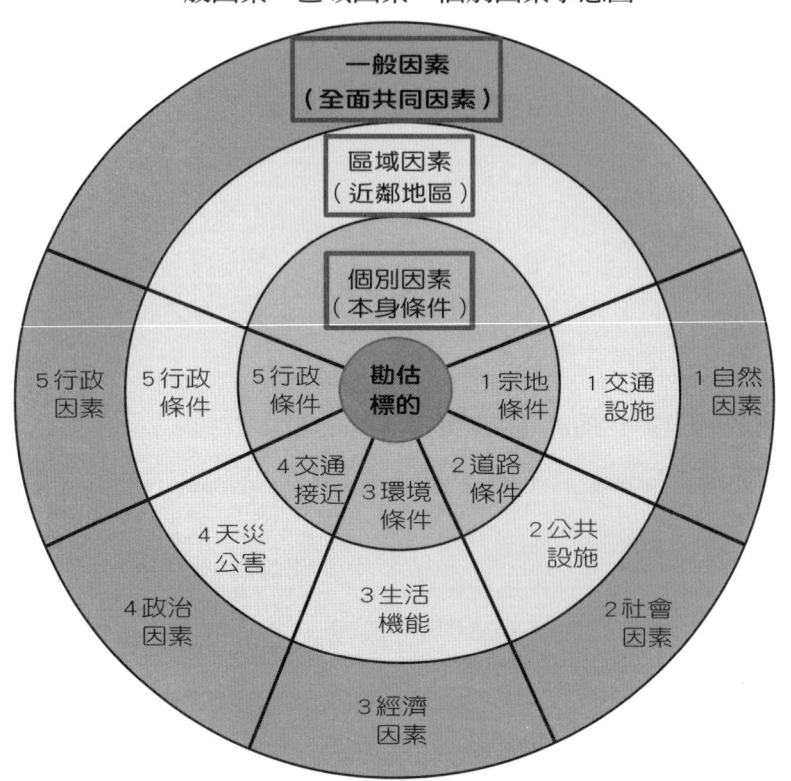

```
一般因素（全面共同因素）
  區域因素（近鄰地區）
    個別因素（本身條件）
      勘估標的
```

個別因素：1 宗地條件、2 道路條件、3 環境條件、4 交通接近、5 行政條件

區域因素：1 交通設施、2 公共設施、3 生活機能、4 天災公害、5 行政條件

一般因素：1 自然因素、2 社會因素、3 經濟因素、4 政治因素、5 行政因素

勢、國家安全、外交等。行政因素包含：土地利用計畫與管制狀態、不動產稅制、交易管制狀態、住宅政策、建築管制、金融政策等。

二、區域因素：

不動產估價技術規則第二條定義區域因素為，影響近鄰地區不動產價格水準之因素。分述如下：

1. 交通設施：公路、鐵路、水路、捷運等交通建設，對該區域不動產價格，都會發生重大的影響。
2. 公共設施：電力、自來水、圖書館、政府處所、公

園、廣場、體育館、學校等公共設施，對該區域不動產價格，都會發生重大的變化。

3. 生活機能：食、衣、住、行、育、樂、自然環境、治安等民生問題，對區域不動產的價值影響當然很大。

4. 天災公害：地區性的淹水、空氣污染、土石流、嫌惡設施等都直接影響不動產的價值。

5. 行政條件：都市計畫使用分區、建蔽率、容積率、高度限制、其他限制等，對區域不動產的價值都有很大的影響。

另外，區域因素除了要注意勘估標的所在區域之地理環境外，也要重視不動產的使用類別，因為不同類別的不動產所重視的條件也會有很大的不同。所以區域分析要掌握勘估標的屬於什麼區？該區的特性是什麼？其對不動產價格有什麼影響？

三、個別因素：

不動產估價技術規則第二條定義個別因素為，指不動產因受本身條件之影響，而產生價格差異之因素。個別因素分析的內容和區域因素分析大致相同，只是區域因素分析是以一「特定地區」之條件來考量，而個別因素分析是以一個「勘估標的」之條件來考量。

個別因素分析內容由下列五項來考量：

1. 宗地條件：宗地之面積、寬度、深度、形狀、配置情況。

2. 道路條件：道路鋪設情況、寬度、人行道、快慢車道劃分、種別、景觀、整體系統等。

3. 環境條件：日照、雨量、濕度、災害、治安、景觀、文化水準、居民素質、水電、瓦斯供應等。

4. 交通接近條件：到車站、公共設施、生活機能設施之

接近程度,交通設施、車輛班次設置等。
5. 行政條件:都市計畫使用分區、建蔽率、容積率、高度限制、其他限制等。

拾壹、不動產估價作業程序:

不動產估價有時相當複雜,為了達到有效率、而且正確的評估結果,就需要遵照標準的作業程序來作業,不動產估價技術規則規定不動產估價作業程序如下:

一、確定估價基本事項
1. 勘估標的內容
2. 價格日期
3. 價格種類及條件:
不動產估價技術規則第 6 條規定,不動產估價,應切合價格日期當時之價值。其估計價格種類包括正常價格、限定價格、特定價格及特殊價格;估計租金種類包括正常租金及限定租金。不動產估價,應註明其價格種類;其以特定價格估價者,應敘明其估價條件,並同時估計其正常價格。
4. 估價目的:
不動產估價目的不同,由於考量的重點、條件等不同,估價之結果也可能不同,所以估價之前需先確定估價目的。

二、擬定估價計畫
1. 確定作業步驟。
2. 預估所需時間。
3. 預估所需人力。
4. 預估作業經費。
5. 擬定作業進度表。

三、蒐集資料

(一) 蒐集估價所需資料如下：

1. 勘估標的之標示、權利、法定用途及使用管制等基本資料。
2. 影響勘估標的價格之一般因素、區域因素及個別因素。
3. 勘估標的相關交易、收益及成本資料。

(二) 不動產估價師應依下列原則蒐集比較實例：

1. 實例之價格屬正常價格、可調整為正常價格或與勘估標的價格種類相同者。
2. 與勘估標的位於同一供需圈之近鄰地區或類似地區者。
3. 與勘估標的使用性質或使用管制相同或相近者。
4. 實例價格形成日期與勘估標的之價格日期接近者。

前項資料得向當事人、四鄰、其他不動產估價師、不動產經紀人員、地政士、地政機關、金融機構、公有土地管理機關、司法機關、媒體或有關單位蒐集之。

四、確認勘估標的狀態

估價時要到現場勘察確認勘估標的狀態如下：

1. 確認勘估標的之基本資料及權利狀態。
2. 調查勘估標的及比較標的之使用現況。
3. 確認影響價格之各項資料。
4. 作成紀錄及攝製必要之照片或影像檔。

委託人未領勘，無法確認勘估標的範圍或無法進入室內勘察時，應於估價報告書敘明。

五、整理、比較、分析資料

六、運用估價方法推算勘估標的價格

不動產估價技術規則第 14 條規定，不動產估價師應兼

採二種以上估價方法推算勘估標的價格。但因情況特殊不能採取二種以上方法估價並於估價報告書中敘明者，不在此限。

七、決定勘估標的價格

不動產估價技術規則第 15 條規定，不動產估價師應就不同估價方法估價所獲得之價格進行綜合比較，就其中金額顯著差異者重新檢討。並視不同價格所蒐集資料可信度及估價種類目的條件差異，考量價格形成因素之相近程度，決定勘估標的價格，並將決定理由詳予敘明。以契約約定租金作為不動產證券化受益證券信託利益分配基礎者，折現現金流量分析之收益價格應視前項情形賦予相對較大之權重。但不動產證券化標的進行清算時，不在此限。

八、製作估價報告書

不動產估價報告書之形式一般分（一）敘述式：如後附「敘述式不動產估價報告書範本」，依估價需要作較深入分析評估。（二）定型式：有一定格式，通常用於較簡單的報告（三）混合式：綜合以上兩種格式。

不動產估價技術規則第 16 條規定不動產估價師應製作估價報告書，於簽名或蓋章後，交付委託人。估價報告書，應載明事項如下：

1　委託人。
2　勘估標的之基本資料。
3　價格日期及勘察日期。
4　價格種類。
5　估價條件。
6　估價目的。
7　估價金額。

8 勘估標的之所有**權**、他項權利及其他負擔。

9 勘估標的使**用**現況。

10 勘估標的**法**定使用管制或其他管制事項。

11 價格形成之主要**因**素分析。

12 估價所運用之方**法**與其估算過程及價格決定之理由。

13 依本規則**規**定須敘明之情況。

14 其他與估價相關之**必**要事項及

15 不動產估價師姓名及其**證**照字號。

前項估價報告書應檢附必要之圖說資料。

因行政執行或強制執行委託估價案件，其報告書格式及應附必要之圖說資料，依其相關規定辦理，不受前二項之限制。

同時，估價報告書之事實描述應真實確切，其用語應明確肯定，有難以確定之事項者，應在估價報告書中說明其可能影響勘估標的權利或價值之情形。

不動產估價作業程序圖

一、確定估價基本事項
1、勘估標的內容。
2、價格日期。
3、價格種類及條件。
4、估價目的。

二、擬定估價計畫
1、確定作業步驟。
2、預估所需時間。
3、預估所需人力。
4、預估作業經費。
5、擬定作業進度表

三、蒐集資料
1、勘估標的之標示、權利、法定用途及使用管制等基本資料。
2、影響勘估標的價格之一般因素、區域因素及個別因素。
3、勘估標的相關交易、收益及成本資料。

四、確認勘估標的狀態
1、確認勘估標的之基本資料及權利狀態。
2、調查勘估標的及比較標的之使用現況。
3、確認影響價格之各項資料。
4、作成紀錄及攝製必要之照片或影像檔。

五、整理、比較、分析資料

六、運用估價方法推算勘估標的價格。

- 比較法：比較價格
- 收益法（含直接資本化法及折現現金流量法）：收益價格
- 成本法（含土地開發分析法）成本價格 土地開發分析價格

七、決定勘估標的價格

八、製作估價報告書。

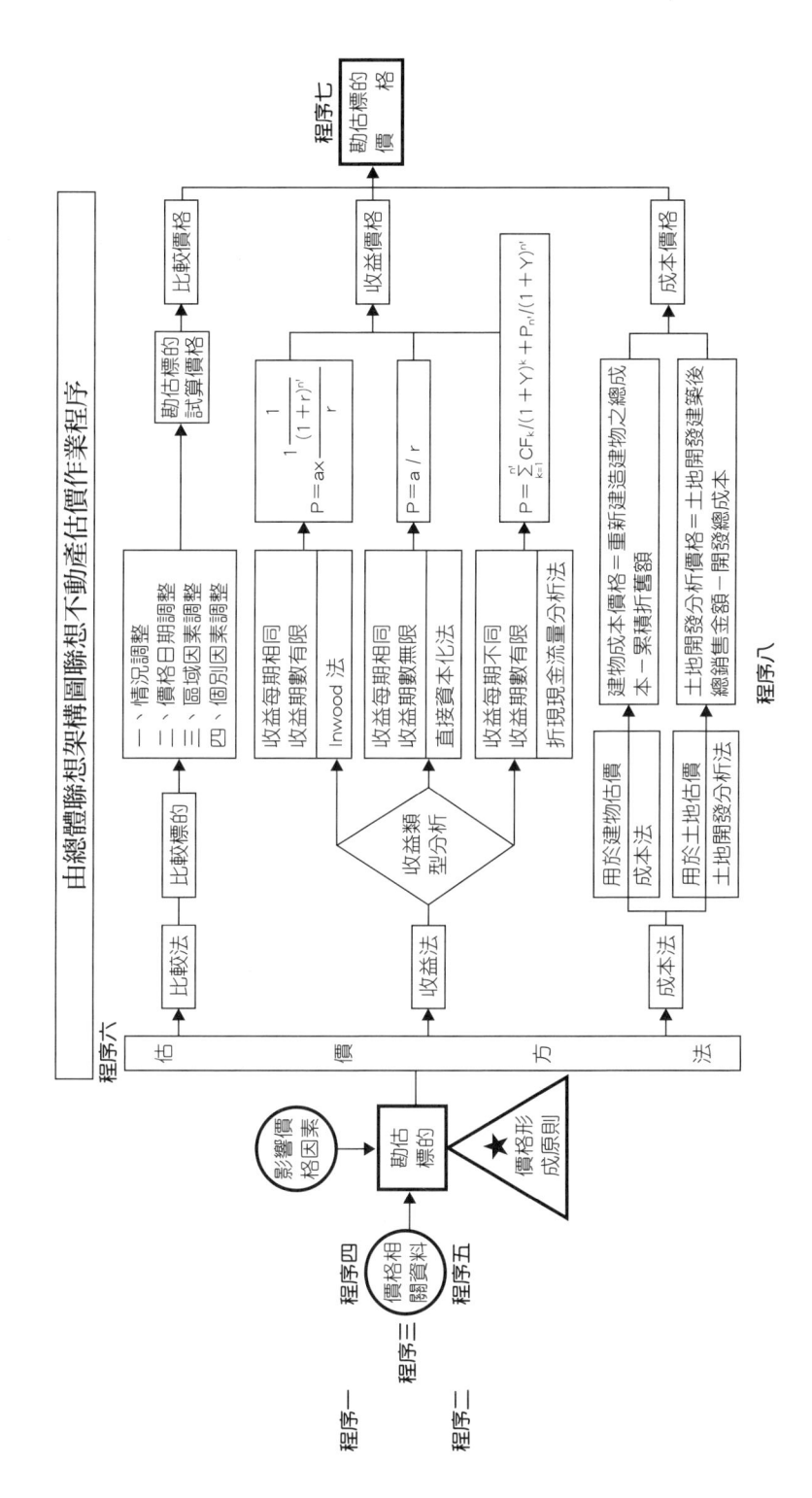

由總體聯想架構圖聯想不動產估價作業程序

程序六

估價方法

比較法
- 比較標的
- 勘估標的試算價格
  - 一、情況調整
  - 二、價格日期調整
  - 三、區域因素調整
  - 四、個別因素調整
- 比較價格

收益法
- 收益類型分析
  - 收益每期相同 收益期數有限 → Inwood法 → $P = a x \dfrac{1-\dfrac{1}{(1+r)^n}}{r}$
  - 收益每期相同 收益期數無限 直接資本化法 → $P = a / r$
  - 收益每期不同 收益期數有限 折現現金流量分析法 → $P = \sum_{k=1}^{n} CF_k/(1+Y)^k + P_n/(1+Y)^n$
- 收益價格

成本法
- 用於建物估價 成本法
- 用於土地估價 土地開發分析法
- 建物成本價格 = 重新建造建物之總成本 – 累積折舊額
- 土地開發分析價格 = 土地開發建築後總銷售金額 – 開發總成本
- 成本價格

程序七 → 勘估標的價格

程序八

程序一

程序二 程序三 影響價格因素

程序四 價格相關資料
程序五

勘估標的 ← ★ 價格形成原則

第一章 緒論

49

不動產估價技術規則部分條文修正總說明

中華民國 102 年 12 月 20 日台內地字
第 1020367113 號令修正部分條文

　　不動產估價技術規則（以下簡稱本規則）於九十年十月十七日發布施行，共八章，計一百十六條，並於九十五年六月十二日修正，現行共九章，計一百三十四條條文。在全球化經濟體系下，國際間經貿往來愈見密切，為切合臺灣投資市場國際化、多元化之評價需求，包括國際評價準則（IVS）、國際財務報導準則／國際會計準則（IFRS）陸續引進國內。此外，近年包括都市更新權利變換、公開發行公司取得或處分資產、不動產證券化投資信託及資產信託、容積移轉折繳代金、法院或行政執行處拍賣、公有財產標讓售、自辦市地重劃、金融機構對於較重大不動產擔保品等之估價，委託不動產估價師辦理已成趨勢。本規則為因應實務上不動產估價作業需求及與國際接軌，有再次全盤檢討修正之需要，爰修正本規則部分條文，其修正要點如下：

一、刪除以限定價格估價者，應同時估計正常價格之規定。（修正條文第六條）

二、考量非都市土地除使用分區外，尚有使用地編定，爰將「使用分區管制」修正為「使用管制」。（修正條文第十二條）

三、增列現場勘察之紀錄形式及相關規範。（修正條文第十三條及第七十三條）

四、因應實務上進行清算之證券化標的已無後續收益期間，無須就收益價格賦予較大權重之考量，爰增列相關規定。（修正條文第十五條）

五、配合實務上因行政執行或強制執行委託估價案件，係依司法院及法務部訂頒之報告書格式辦理，爰增列但書規定。（修正條文第十六條）

六、對於比較標的查證確有困難之事項應於報告書中敘明，及就區域或個別因素進行價格調整之方式等規定酌作文字修正，以使文意明確。（修正條文第二十二條及第二十四條）

七、配合實務上特殊交易情形態樣，修正並增列相關規定，以符實際。（修正條文第二十三條）

八、修正比較法估算試算價格之調整運算過程中，其用詞、總調整率涵蓋項目及試算價格之間差距認定之計算方式。（修正條文第二十五條至第二十七條）

九、考量折現現金流量分析實務上屬操作主要方法之一，土地開發分析亦為成本法於宗地估價之一種應用方法，爰分別修正為折現現金流量分析法及土地開發分析法，以資明確。（修正條文第十五條、第二十八條、第三十一條至第三十三條、第三十八條、第七十條至第七十二條、第七十八條、第七十九條、第八十一條）

十、修正「收益資本化率或折現率」為「收益資本化率」，以符合收益法之直接資本化法計算基礎，並酌作文字修正（修正條文第四十四條至第四十六條）

十一、配合本規則第四十條規定推算勘估標的之總費用，如包含建物者，應加計建物之折舊提存費，爰增訂其計算方式。（修正條文第四十條之一）

十二、配合國外及實務上執行，增訂償債基金型之計算方式，

並將原計算方式明定為等速折舊型。（修正條文第四十一條）

十三、為利實務上易於敘明收益資本化率或折現率之決定方法，爰明定其名稱，並規範應綜合考量最適宜方法為之。（修正條文第四十三條）

十四、配合原定各項間接成本計算之費率及殘餘價格率已由全聯會以公報方式定期公告，爰修正相關文字。（修正條文第六十一條、第六十七條及第七十七條）

十五、修正建物累積折舊額之計算方式。（修正條文第六十八條）

十六、增訂以比較法或收益法計算土地價格者，需注意土地相關稅費等之合理性，避免高估。（修正條文第六十九條）

十七、考量實務上或有忽略地上建物之影響而估計素地價格之「獨立估價」作業需求，爰增訂但書規定。（修正條文第八十六條）

十八、修正以進行開發為前提之宗地估價原則。（修正條文第八十七條）

十九、修正墓地估價應考量事項。（修正條文第九十五條及第九十六條）

二十、增訂以房地價格推估建物價格之計算方式。（修正條文第一百零一條之一）

二十一、配合民法物權編修正相關物權名稱，並增訂農育權估價應考量事項。（修正條文第一百十四條、第一百十八條之一及第一百十九條）

二十二、配合市地重劃估價實務需求，增訂估價需考量因素及規範。（修正條文第一百二十二條之一）

二十三、配合都市更新權利變換實務態樣，增訂或修正其估

價方式之規定。（修正條文第一百二十四條至第一百二十六條之二）

第二節 本章相關不動產估價技術規則條文說明

　　不動產估價技術規則為實際執行不動產估價的主要依據，從歷屆的考古題中可看出，也是考試命題的重點所在。

不動產估價技術規則部分條文修正條文對照表
（102年12月20日）

修正條文	原條文	說明
第一章　總則		
	第一條　本規則依不動產估價師法第十九條第一項規定訂定之。	一、本規則訂定的依據 二、實際執行不動產估價的主要依據，不動產估價師在本規則的規範下執行不動產的估價，達到較一致的估價結果，取得社會信任。
	第二條　本規則用詞定義如下： 一、正常價格：指具有市場性之不動產，於有意願之買賣雙方，依專業知識、謹慎行動，不受任何脅迫，經適當市場行銷及正常交易條件形成之合理價值，並以貨幣金額表示者。 二、限定價格：指具有市場性之不動產，在下列限定條件之一所形成之價值，並以貨幣金額表示者： ㈠以不動產所有權以外其他權利與所有權合併為目的。	一、參考國際評價委員會(International Valuation Standard Committee; IVSC)所發布之國際評價基準(International Valuation Standard; IVS)，正常價格之定義，指具有市場性之不動產，不受任何脅迫之有意願的買賣雙方，依專業知識、謹慎行動，且經適當市場行銷如數十天公開銷售，與正常交易條件形成之合理價值，並以貨幣金額表示者。並對限定價格之限定條件加以明文規定，限定條件係指不動產所有權以外其他權利，如承租人購買租賃地而與所有權合併為目的者、不動產合併使用為目的

修正條文	原條文	說明
	(二)以不動產合併為目的。 (三)以違反經濟合理性之不動產分割為前提。 三、特定價格：指具有市場性之不動產，基於特定條件下形成之價值，並以貨幣金額表示者。 四、特殊價格：指對不具市場性之不動產所估計之價值，並以貨幣金額表示者。 五、正常租金：指具有市場性之不動產，於有意願之租賃雙方，依專業知識、謹慎行動，不受任何脅迫，經適當市場行銷及正常租賃條件形成之合理租賃價值，並以貨幣金額表示者。 六、限定租金：指基於續訂租約或不動產合併為目的形成之租賃價值，並以貨幣金額表示者。 七、價格日期：指表示不動產價格之基準日期。	者及不動產分割使地價降低產生不利，而違反經濟合理性為前提者。 二、另因實務上估價會有估價條件，正常價格估價於報告書亦須敘明估價條件，故即使有估價條件，不必然失其正常價格之適用。惟估價條件含有不確定性，則以特定條件敘明。爰修正第三款特定價格為具有市場性之不動產，基於特定條件下形成之價值，並以貨幣金額表示者。所謂特定條件，舉例而言，指尚未實現，基於法令、財務、市場、規劃等可行性分析之開發營運計畫條件；實際情形依第六條規定，須由不動產估價師確實敘明。並增訂第四款，將現行特定價格之定義修正為特殊價格之定義。 三、比照正常價格及限定價格，增訂第五款、第六款正常租金及限定租金之定義。

修正條文	原條文	說明
	八、勘察日期：指赴勘估標的現場從事調查分析之日期。 九、勘估標的：指不動產估價師接受委託所估價之土地、建築改良物（以下簡稱建物）、農作改良物及其權利。 十、比較標的：指可供與勘估標的間，按情況、價格日期、區域因素及個別因素之差異進行比較之標的。 十一、同一供需圈：指比較標的與勘估標的間能成立替代關係，且其價格互為影響之最適範圍。 十二、近鄰地區：指勘估標的或比較標的周圍，供相同或類似用途之不動產，形成同質性較高之地區。 十三、類似地區：指同一供需圈內，近鄰地區以外而與勘估標的使用性質相近之其他地區。 十四、一般因素：指對於不動產市場及其價格水準發生全面影	

修正條文	原條文	說明
	響之自然、政治、社會、經濟等共同因素。 十五、區域因素：指影響近鄰地區不動產價格水準之因素。 十六、個別因素：指不動產因受本身條件之影響，而產生價格差異之因素。 十七、最有效使用：指客觀上具有良好意識及通常之使用能力者，在合法、實質可能、正當合理、財務可行前提下，所作得以獲致最高利益之使用。	
	第三條　不動產估價師應經常蒐集與不動產價格有關之房地供需、環境變遷、人口、居民習性、公共與公用設施、交通運輸、所得水準、產業結構、金融市場、不動產經營利潤、土地規劃、管制與使用現況、災變、未來發展趨勢及其他必要資料，作為掌握不動產價格水準之基礎。	不動產估價師應經常蒐集前述影響不動產價格的因素，這些因素可歸納如前述之一般因素、區域因素、個別因素。
	第四條　不動產估價師應經常蒐集比較標的相關交易、收益及成本等案	目前國內不動產價格的資訊的公開，仍在起步階段，不動產估價師蒐集案例並不容

修正條文	原條文	說明
	例及資料,並詳予求證其可靠性。前項資料得向當事人、四鄰、其他不動產估價師、不動產經紀人員、地政士、地政機關、金融機構、公有土地管理機關、司法機關、媒體或有關單位蒐集之。	易。要查證更是困難。本條文明定資料蒐集來源。
	第五條 不動產估價師應力求客觀公正,運用邏輯方法及經驗法則,進行調查、勘察、整理、比較、分析及調整等估價工作。	不動產估價是理論與實務並重,不但要有理論基礎,更要有實際的資料可支持
第六條 不動產估價,應切合價格日期當時之價值。其估計價格種類包括正常價格、限定價格、特定價格及特殊價格;估計租金種類包括正常租金及限定租金。不動產估價,應註明其價格種類;其以特定價格估價者,應敘明其估價條件,並同時估計其正常價格。	第六條 不動產估價,應切合價格日期當時之價值。其估計價格種類包括正常價格、限定價格、特定價格及特殊價格;估計租金種類包括正常租金及限定租金。不動產估價,應註明其價格種類;其以特定價格或限定價格估價者,應敘明其估價條件,並同時估計其正常價格。	一、參酌國際評價準則及國內會計評價準則對於價值標準之分類,本規則維持沿襲日本不動產鑑定評價基準規範,分為四種價格種類;其中,「正常價格」即為「(公平)市場價值」(Market Value);倘若評估附有投資條件(如不動產合併)下形成之價值時,則「限定價格」即為「投資價值」(Investment Value)。而對於各價格評估所需之「價值前提」,應作成「估價條件」並於報告書中敘明。

第一章 緒論

59

修正條文	原條文	說明
		二、因限定價格係於法令明定之限定條件下所評估之價格，實務上委託人無參考正常價格之需要，且對於兩種價格結果易生混淆；而特定價格為基於特定條件下所估計者，估價條件含有不確定性，同時估計正常價格，有其參考價值，故修正刪除限定價格估價者，應同時估計正常價格之規定。
第七條　依本規則辦理估價所稱之面積，已辦理登記者，以登記之面積為準；其未辦理登記或以部分面積為估價者，應調查註明之。		
第二章　估價作業程序		
第八條　不動產估價作業程序如下： 一、確定估價基本事項。 二、擬定估價計畫。 三、蒐集資料。 四、確認勘估標的狀態。 五、整理、比較、分析資料。 六、運用估價方法推算勘估標的價格。 七、決定勘估標的價格。 八、製作估價報告書。		

修正條文	原條文	說明
第九條　確定估價基本事項如下： 一、勘估標的內容。 二、價格日期。 三、價格種類及條件。 四、估價目的。		
第十條　擬定估價計畫包括下列事項： 一、確定作業步驟。 二、預估所需時間。 三、預估所需人力。 四、預估作業經費。 五、擬定作業進度表。		
第十一條　不動產估價應蒐集之資料如下： 一、勘估標的之標示、權利、法定用途及使用管制等基本資料。 二、影響勘估標的價格之一般因素、區域因素及個別因素。 三、勘估標的相關交易、收益及成本資料。		
第十二條　不動產估價師應依下列原則蒐集比較實例： 一、實例之價格屬正常價格、可調整為正常價格或與勘估標的價格種類相同者。	第十二條　不動產估價依下列原則蒐集比較實例： 一、實例之價格屬正常價格、可調整為正常價格或與勘估標的價格種類相同者。	非都市土地除使用分區外，尚有使用地編定，雖分區相同，使用地不同，其價值差異很大，如一般農業區之「農牧用地」與「甲種建築用地」。爰將「使用分區管制」修正為「使用管制」。

修正條文	原條文	說明
二、與勘估標的位於同一供需圈之近鄰地區或類似地區者。 三、與勘估標的使用性質或使用管制相同或相近者。 四、實例價格形成日期與勘估標的之價格日期接近者。	二、與勘估標的位於同一供需圈之近鄰地區或類似地區者。 三、與勘估標的使用性質或使用分區管制相同或相近者。 四、實例價格形成日期與勘估標的之價格日期接近者。	
第十三條 確認勘估標的狀態時，應至現場勘察下列事項： 一、確認勘估標的之基本資料及權利狀態。 二、調查勘估標的及比較標的之使用現況。 三、確認影響價格之各項資料。 四、作成紀錄及攝製必要之照片或影像檔。 　委託人未領勘，無法確認勘估標的範圍或無法進入室內勘察時，應於估價報告書敘明。	第十三條 確認勘估標的狀態時，應至現場勘察下列事項： 一、確認勘估標的之基本資料及權利狀態。 二、調查勘估標的及比較標的之使用現況。 三、確認影響價格之各項資料。 四、作成紀錄及攝製必要之照片。	一、因應數位化設備普及，傳統照片已漸為數位電子相片或圖檔取代，第一項第四款紀錄形式增列影像檔（視個案實際需要如數位相片、電子圖檔、錄影檔或航照圖等），較能完整呈現勘估標的及比較標的之實際現況。 二、考量委託人未領勘時（如委託人為欲承購者、都市更新實施者等非為勘估標的所有權人之情形），或有無法進入室內勘察之情形，爰增訂第二項應於估價報告書內敘明之規定。
第十四條 不動產估價師應兼採二種以上估價方法推算勘估標的之價格。但因情況特殊不能採取二種以上方法估價並於估價報告書中敘明者，不在此限。		估價方法皆有其長處，但也都其不足的地方，運用多種方法估價，可截長補短。同時可避免因資料錯誤、判斷偏差、計算疏忽所造長的結果偏誤，能相互驗證，才能避免錯誤，而有更正確、合理的結果

修正條文	原條文	說明
第十五條 不動產估價師應就不同估價方法估價所獲得之價格進行綜合比較，就其中金額顯著差異者重新檢討。並視不同價格所蒐集資料可信度及估價種類目的條件差異，考量價格形成因素之相近程度，決定勘估標的價格，並將決定理由詳予敘明。 　　以契約約定租金作為不動產證券化受益證券信託利益分配基礎者，折現現金流量分析法之收益價格應視前項情形賦予相對較大之權重。<u>但不動產證券化標的進行清算時，不在此限。</u>	第十五條 不動產估價師應就不同估價方法估價所獲得之價格進行綜合比較，就其中金額顯著差異者重新檢討。並視不同價格所蒐集資料可信度及估價種類目的條件差異，考量價格形成因素之相近程度，決定勘估標的價格，並將決定理由詳予敘明。 　　以契約約定租金作為不動產證券化受益證券信託利益分配基礎者，折現現金流量分析之收益價格應視前項情形賦予相對較大之權重。	一、比較法及收益法一般係估算勘估標的之公平合理價值；惟以不動產證券化投資或移轉之不動產契約租金作為受益證券受益人信託利益分配基礎者，由於受益人信託利益分配與價格日期當時處分不動產所獲致之比較價格與直接資本化之收益價格較無關聯，爰規定折現現金流量分析之收益價格應賦予相對較大之權重，以符合其實際折現現金流量價值。舉例而言，如三種方法權重原本各為百分之三三點三，於本項適用時，折現現金流量分析之收益價格權重可能須達百分之四十，俾大於其他兩種各百分之三十之權重。 二、不動產證券化收益價格雖重視契約租金；惟須注意契約租金過高未來無法實現之風險，於折現率予以相對提高。
第十六條 不動產估價師應製作估價報告書，於簽名或蓋章後，交付委託人。 　　估價報告書應載明事項如下：	第十六條 不動產估價師應製作估價報告書，於簽名或蓋章後，交付委託人。 　　估價報告書，應載明事項如下：	一、第二項第十三款分列為二款，原第十四款移列為第十五款，其餘酌作文字修正。 二、因應實務作業之需求增訂第四項。

修正條文	原條文	說明
一、委託人。 二、勘估標的之基本資料。 三、價格日期及勘察日期。 四、價格種類。 五、估價條件。 六、估價目的。 七、估價金額。 八、勘估標的之所有權、他項權利及其他負擔。 九、勘估標的使用現況。 十、勘估標的法定使用管制或其他管制事項。 十一、價格形成之主要因素分析。 十二、估價所運用之方法與其估算過程及價格決定之理由。 十三、依本規則規定須敘明之情況。 十四、其他與估價相關之必要事項。 十五、不動產估價師姓名及其證照字號。 　　前項估價報告書應檢附必要之圖說資料。 　　因行政執行或強制執行委託估價案件，其報告書格式及應附必要之圖說資料，依其相關	一、委託人。 二、勘估標的之基本資料。 三、價格日期及勘察日期。 四、價格種類。 五、估價條件。 六、估價目的。 七、估價金額。 八、勘估標的之所有權、他項權利及其他負擔。 九、勘估標的使用現況。 十、勘估標的法定使用管制或其他管制事項。 十一、價格形成之主要因素分析。 十二、估價所運用之方法與其估算過程及價格決定之理由。 十三、其他與估價相關之必要事項及依本規則規定須敘明之情況。 十四、不動產估價師姓名及其證照字號。 　　前項估價報告書應檢附必要之圖說資料。	

修正條文	原條文	說明
規定辦理,不受前二項之限制。		
	第十七條 估價報告書之事實描述應真實確切,其用語應明確肯定,有難以確定之事項者,應在估價報告書中說明其可能影響勘估標的權利或價值之情形。	參酌「證券化不動產估價報告書範本」,酌作文字修正。估價報告書的結果涉及相關人之利益,所以必須明確。對難以確定之事項者,也應提出,以供關係人應變。

第三節　考古題—選擇題

一、不動產經紀人不動產估價概要試題及參考解答

（A）1　不動產估價有三種基本方式，請問是那三種？ (A)成本法、比較法、收益法　(B)收益法、區段價法、成本法　(C)路線價法、比較法、收益法　(D)區段價法、比較法、收益法【95 經】

（D）2　估價報告書中勘察日期與價格日期之關係為何？ (A)勘察日期先於價格日期　(B)勘察日期晚於價格日期　(C)勘察日期與價格日期相同　(D)不一定【95 經】

（C）3　不動產估價將影響地價因素區分為三大類，此三大類不包括下列何者？ (A)個別因素　(B)一般因素　(C)單獨因素　(D)區域因素【95 經】

（B）4　不動產各生產因素間達到最適配置時，會創造其最高價值。請問這是基於何種原則？ (A)最有效使用原則　(B)均衡原則　(C)適合原則　(D)競爭原則【95 經】

（D）5　不動產估價的查估對象，包括下列何種價值？甲：土地價值；乙：建物價值；丙：所有權價值；丁：地上權價值。　(A)甲丙　(B)甲乙丙　(C)甲丙丁　(D)甲乙丙丁【95 經】

（C）6　依不動產估價技術規則之規定，確定估價基本事項包括下列那些項目？甲：勘估標的內容；乙：價格日期；丙：價格種類及條件；丁：估價目的；戊：預估所需人類。　(A)甲乙丙丁戊　(B)甲乙丙戊　(C)

甲乙丙丁 (D)甲乙丙【95經】

(B) 7 依不動產估價技術規則之規定，下列對價格種類的描述，何者有誤？ (A)價格種類包括正常價格、限定價格、特定價格及特殊價格 (B)租金種類包括正常租金、限定租金、特定租金及特殊租金 (C)不動產估價，應註明其價格種類 (D)估定限定價格時，應同時估計其正常價格【95經】

(D) 8 請問下列何者是針對不具市場性不動產所評估的價格？ (A)正常價格 (B)限定價格 (C)特定價格 (D)特殊價格【95經】

(D) 9 請問下列何者不是正常價格的形成條件？ (A)具有市場性之不動產 (B)有意願之買賣雙方依專業知識謹慎行動 (C)經適當市場行銷 (D)特定條件下形成之價值【95經】

(B) 10 依不動產估價技術規則規定，勘估標的或比較標的周圍，供相同或類似用途之不動產，形成同質性較高之地區，稱為下列何者： (A)同一供需圈 (B)近鄰地區 (C)類似地區 (D)一日生活圈【95經】

(A) 11 下列對不動產估價師蒐集比較實例原則之陳述，何者較不正確？ (A)與勘估標的位於同一街廓者 (B)與勘估標的位於同一供需圈之近鄰地區或類似地區者 (C)與勘估標的使用性質或使用管制相同或相近者 (D)比較標的價格形成日期與勘估標的之價格日期接近者【95經】

(B) 12 下列何者非屬於限定價格所指的限定條件？ (A)以違反經濟合理性之不動產分割為前提 (B)由地主與建商共同合建為目的 (C)以不動產合併為目的 (D)以不動產所有權以外其他權利與所有權合併為的

【96-1 經】

(D) 13 依現行不動產估價技術規定之規定，對不具有市場性之不動產估計之價值，稱為 (A)特定價格 (B)特別價格 (C)限定價格 (D)特殊價格【96-1 經】

(A) 14 基於不動產合併為目的形成之租賃價值，並以貨幣金額表示者，稱之為： (A)限定租金 (B)合併租金 (C)特定租金 (D)特殊租金【96-1 經】

(B) 15 請問下列何者非屬於最有效使用之要件？ (A)客觀上具良好的意識能力 (B)具有卓越的使用能力 (C)合法、實質可能 (D)正當合理財務可行【96-1 經】

(A) 16 對台北市不動產市場的價格而言，兩岸關係之變化屬於？ (A)一般因素 (B)區域因素 (C)個別因素 (D)以上皆非【96-1 經】

(B) 17 不動產的利用與外部環境的配合與相互協調，不動產方能達到最有效利用之原則，稱為： (A)貢獻原則 (B)適合原則 (C)外部性原則 (D)均衡原則【96-1 經】

(C) 18 根據不動產估價技術規則，確定估價基本事項包括下列那些事項？①勘估標的內容 ②價格日期 ③估價金額 ④價格種類及條件 ⑤估價方法 ⑥估價目的 (A)①②③④⑤⑥ (B)①②③④⑥ (C)①②④⑥ (D)①②③⑥【96-1 經】

(C) 19 若勘估標的同時包括土地與建築物，但視為無建物之存在之素地進行估價，稱為： (A)部分估價 (B)特定估價 (C)獨立估價 (D)特殊估價【96-1 經】

(A) 20 依據不動產估價技術規則，下列何者不屬於權利估價之範圍？ (A)企業商譽之估價 (B)都市更新權利變換之估價 (C)容積移轉之估價 (D)租賃權之估價

（D）21 所謂的同一供需圈，是指比較標的與勘估標的間能成立什麼關係？ (A)競爭關係 (B)互補關係 (C)均衡關係 (D)替代關係【96-1 經】

（C）22 根據不動產估價技術規則，下列何者不屬於估價報告書中應載明事項？ (A)不動產估價師姓名及其證照字號 (B)價格形成之主要因素分析 (C)委託人之信用狀況 (D)勘估標的使用現況【96-1 經】

（A）23 臨街寬度是屬於影響不動產價格之何種因素？ (A)個別因素 (B)一般因素 (C)單獨因素 (D)區域因素【96-2 經】

（C）24 下列因素中屬於影響不動產價格之個別因素為何？ (A)當地的治安 (B)焚化爐的設置 (C)臨路情形 (D)當地交通設施【96-2 經】

（D）25 下列因素中屬於影響不動產價格之一般因素為何？ (A)位置 (B)道路寬度 (C)土地形狀 (D)土地政策【96-2 經】

（B）26 下列相關原則的陳述，何者有誤？ (A)殯儀館對地價的影響，係基於外部性原則 (B)豪宅座落於破落地區而不能反映其高價值，係導因於進化原則 (C)選擇相同報酬率的辦公大樓作為比較標的，係基於替代原則 (D)在偏遠地區興建大廈卻無法創造利潤，係導因於未掌握最有效使用原則【96-2 經】

（A）27 下列何者屬於特殊價格？ (A)對不具市場性之不動產所估計之價值 (B)以不動產合併為目的所估計之價值 (C)限定條件下所形成之價值 (D)特定條件下所形成之價值【96-2 經】

（D）28 加油站的設置是屬於影響不動產價格之何種因素？

(A)個別因素　(B)一般因素　(C)單獨因素　(D)區域因素【96-2 經】

(B) 29 土地增值稅減半徵收是屬於影響不動產價格之何種因素？　(A)個別因素　(B)一般因素　(C)單獨因素　(D)區域因素【96-2 經】

(B) 30 人口結構的改變是屬於影響不動產價格之何種因素？　(A)個別因素　(B)一般因素　(C)單獨因素　(D)區域因素【96-2 經】

(A) 31 依不動產估價技術規則規定，應至現場勘察之事項包括？(1)確認影響價格之因素　(2)確認勘估標的之權利狀態　(3)調查比較標的之使用現況　(4)攝製必要之照片　(5)決定勘估標的之價格　(A)(1)(2)(3)(4) (B)(1)(2)(3)(5)　(C)(1)(2)(4)(5)　(D)(2)(3)(4)(5)【96-2 經】

(D) 32 不動產估價報告中重視價格日期的確定，此係下列何種原則的考量？　(A)最有效使用原則　(B)競爭原則　(C)預期原則　(D)變動原則【96-2 經】

(C) 33 下列對於不動產市場之描述，何者錯誤？　(A)不動產市場為區域性市場　(B)不動產產品具異質性　(C)不動產市場屬完全競爭市場　(D)不動產市場缺乏透明度【96-2 經】

(B) 34 較低價值不動產如果座落於較高價值之鄰里地區，將較座落於其相似鄰里地區更有價值，此係下列何種原則的考量？　(A)貢獻原則　(B)適合原則　(C)外部性原則　(D)均衡原則【96-2 經】

(B) 35 不動產估價作業程序，依序為何？(1)確定估價基本事項　(2)確認勘估標的狀態　(3)擬定估價計畫　(4)整理、比較、分析資料　(5)由運用估價方法推算勘估標的之價格　(A)(1)(2)(3)(4)(5)　(B)(1)(3)(2)(4)(5)　(C)(2)

(1)(3)(4)(5) (D)(3)(1)(2)(4)(5)【96-2 經】

(C) 36 如欲評估三峽祖師廟的價格，請問其價格屬於下列那一價格種類？ (A)正常價格 (B)限定價格 (C)特殊價格 (D)特定價格【96-2 經】

(B) 37 請問下列公告土地現值之相關日期，何者屬於不動產估價技術規則所定義之價格日期？ (A)赴現場勘察之日 (B)公告土地現值之價格基準日 (C) 1月1日公告土地現值之日 (D)評議委員會審定之日【96-2 經】

(A) 38 因都市計畫將公園變更為住宅用地之土地出售時，其出售價格之評估屬於下列那一價格種類？ (A)正常價格 (B)限定價格 (C)特殊價格 (D)特定價格【96-2 經】

(B) 39 以土地租賃權與出租地合併為目的所形成之價格，屬於下列那一價格種類？ (A)正常價格 (B)限定價格 (C)特殊價格 (D)特定價格【96-2 經】

(B) 40 附有建物之宗地，考慮建物對宗地價格影響下所為之土地估價，稱為： (A)獨立估價 (B)部分估價 (C)合併估價 (D)分割估價

(D) 41 運用估價方法從事不動產估價時，應避免： (A)客觀公正 (B)運用邏輯方法 (C)運用經驗法則 (D)直接取用未經檢核之案例【96-2 經】

(C) 42 下列何種價格不具有市場性？ (A)正常價格 (B)限定價格 (C)特殊價格 (D)特定價格【96-2 經】

(A) 43 勘估標的或比較標的周圍，供相同或類似用途之不動產，形成同質性較高之地區，稱為： (A)近鄰地區 (B)類似地區 (C)其他地區 (D)同一供需圈【97-1 經】

(D) 44 較高價值的建築物座落於較低價值的社區,將較座落於其相似社區更無價值,此係下列何種現象的表現? (A)適合現象 (B)外部現象 (C)進化現象 (D)退化現象【97-1 經】

(D) 45 進行不動產估價時,在考量土地集約度方面,以法定集約度與經濟集約度二者取其低者,主要係依據何種原則? (A)預測原則 (B)適合原則 (C)收益分配原則 (D)最有效使用原則【97-1 經】

(C) 46 目前法定土地使用分區為住宅區,若委託者要瞭解變更為商業區後之價格,則委託評估的價格屬於:(A)正常價格 (B)限定價格 (C)特定價格 (D)特殊價格【97-1 經】

(B) 47 以和毗鄰土地合併為目的,而評估的畸零地價格,稱為: (A)正常價格 (B)限定價格 (C)特定價格 (D)特殊價格【97-1 經】

(B) 48 利用比較法進行不動產估價時,進行價格日期調整,係基於下列何種原則? (A)預期原則 (B)變動原則 (C)替代原則 (D)競爭原則【97-1 經】

(C) 49 下列因素中屬於影響不動產價格之個別因素為何?(A)捷運站對外的交通便利性 (B)捷運站的載客容量 (C)離捷運站的距離 (D)捷運站的設置【97-1 經】

(D) 50 根據不動產估價技術規則,下列何者不屬於蒐集比較實例的原則? (A)實例之價格可調整為與勘估標的價格種類相同者 (B)與勘估標的位於同一供需圈之近鄰地區或類似地區者 (C)與勘估標的使用性質或使用分區管制相同或相近者 (D)實例價格形成日期與勘估標的之勘估日期接近者【97-1 經】

(A) 51 區域因素指影響下列何者不動產價格水準之因素?

(A)近鄰地區 (B)類似地區 (C)其他地區 (D)同一供需圈【97-1 經】

（A）52 下列有關最有效使用之敘述何者錯誤？ (A)屬於恆久不變之使用 (B)屬於實質可能之使用 (C)屬於財務可行前提下之使用 (D)屬於具有通常使用能力者所作之使用【97-1 經】

（C）53 下列何者不屬於不動產估價技術規則第6條規定之估計價格種類？ (A)正常價格 (B)限定價格 (C)公定價格 (D)特殊價格【97-2 經】

（D）54 附建物的土地，視建物不存在而評估其價值，稱為何種估價？ (A)個別估價 (B)部分估價 (C)分割估價 (D)獨立估價【97-2 經】

（A）55 依不動產估價技術規則之規定，下列何者並非不動產估價師需先確定的估價基本事項？ (A)作業經費 (B)價格日期 (C)價格種類 (D)估價目的【97-2 經】

（B）56 影響不動產價格的一般因素，不包含下列何者？ (A)國民所得 (B)道路交通 (C)家庭結構 (D)天候條件【97-2 經】

（D）57 擬定估價計畫時不包括下列那一事項？ (A)預估作業經費 (B)預估所需人力與時間 (C)確定作業步驟與擬定作業進度表 (D)確定勘估標的價格【97-2 經】

（B）58 不動產估價作業程序中，不包括下列何者？ (A)蒐集資料 (B)確認委託人心中的價格 (C)比較、分析資料 (D)決定勘估標的價格【97-2 經】

（B）59 「具有市場性之不動產，基於特定條件下形成之價值，並以貨幣金額表示者。」係何種價格之定義？ (A)限定價格 (B)特定價格 (C)市場價格 (D)特殊價

格【97-2 經】

(A) 60 「顯示當若干相似或等量的商品、財貨或服務是可取得的,最低價格者將吸引最大的需求及最廣的分配。」此一敘述係指不動產估價之何種原則? (A)替代原則 (B)貢獻原則 (C)收益分配原則 (D)均衡原則【97-2 經】

(A) 61 不動產估價額之決定,下列何項不採行? (A)將各估價方式評估之價格合計後平均之 (B)估價資料完整性 (C)估價資料可信度高 (D)最符合估價目的【98 經】

(C) 62 同一供需圈內,勘估標的與比較標的間,能成立什麼關係? (A)供需關係 (B)適合關係 (C)替代關係 (D)預測關係【98 經】

(C) 63 下列何種因素屬於個別因素? (A)當地治安 (B)當地氣候 (C)臨路 (D)污水處理廠【98 經】

(D) 64 不動產估價之評估,常運用電腦採迴歸模型,就各項特徵、數量及價格組合加總而成,試問其理論依據為何? (A)最高最有效使用原則 (B)外部性原則 (C)機會成本原則 (D)貢獻原則【98 經】

(A) 65 不動產估價常用之比較法、成本法與收益法三大評價法之基礎為何? (A)替代原則 (B)外部性原則 (C)均衡原則 (D)適合原則【98 經】

(A) 66 探討社會總體特性及確定經濟社會普遍影響不動產價格之因素者,係指: (A)一般因素 (B)區域因素 (C)個別因素 (D)特性因素【98 經】

(B) 67 下列何者屬於不動產市場特徵? (A)完全的資訊 (B)資訊無法充分流通 (C)產品之同質性 (D)沒有人為干預【98 經】

(B) 68 下列何者僅適用於不具市場性之不動產估價？ (A)特定價值 (B)特殊價值 (C)使用價值 (D)保險價值【98經】

(D) 69 蒐集比較實例之價格，下列何者不宜採用？ (A)實例價格屬正常價格 (B)與勘估標的之使用性質相同 (C)位於同一供需圈之近鄰地區 (D)交易情況無法有效掌握【98經】

(B) 70 下列何者不屬估價先期作業之基本事項？ (A)估價目的 (B)蒐集資料 (C)價格日期 (D)確認勘估標的內容【98經】

(A) 71 客觀上具有良好意識及通常之使用能力者，在合法、實質可能、正當合理、財務可行前提下，所作得以獲致最高利益之使用的估價原則是指那一種原則呢？ (A)最有效使用原則 (B)均衡原則 (C)適合原則 (D)競爭原則【99經】

(A) 72 直轄市或縣市政府對轄區內之土地，應經常調查其地價動態，繪製地價區段圖並估計區段地價，提經地價評議委員會評議之後，於每年1月1日公告，此乃何種價格？ (A)公告現值 (B)公告地價 (C)拍賣地價 (D)收購地價【99經】

(C) 73 要使不動產創造最高價值，其生產要素間要達到最適配置，請問此屬於何種原則？ (A)貢獻原則 (B)適合原則 (C)均衡原則 (D)收益分配原則【99經】

(C) 74 根據不動產估價技術規則之規定，基於續定租約或不動產合併為目的形成之租賃價值，並以貨幣金額表示者，稱為： (A)正常租金 (B)特定租金 (C)限定租金 (D)特殊價格【99經】

（B）75 若勘估標的同時包含土地與建物，但視為無建物存在之素地進行估價，稱之為何？ (A)部分估價 (B)獨立估價 (C)限制估價 (D)特殊估價【99 經】

（A）76 請問對於不動產估價而言，兩岸簽訂 ECFA 屬於何種因素？ (A)一般因素 (B)區域因素 (C)個別因素 (D)特定因素【99 經】

（C）77 下列不動產價格影響因素中何者屬於個別因素？(A)興建焚化爐 (B)捷運站規劃 (C)臨街寬度 (D)設置加油站【99 經】

（A）78 下列何種原則強調不動產與其坐落環境間之關係？(A)適合原則 (B)均衡原則 (C)預測原則 (D)貢獻原則【99 經】

（C）79 對都市邊緣未來有可能變更為建地之農地進行估價，其價格種類為何？ (A)正常價格 (B)限定價格 (C)特定價格 (D)特殊價格【99 經】

（D）80 比較標的與勘估標的間能成立替代關係，且其價格互為影響之最適範圍稱之為何？ (A)生活圈 (B)類似地區 (C)近鄰地區 (D)同一供需圈【99 經】

（D）81 政策宣示不動產交易將採實價登錄，此於不動產估價中屬於影響價格的何種因素？ (A)特殊因素 (B)個別因素 (C)區域因素 (D)一般因素【100 經】

（C）82 飛航管制對於建築高度之限制，此於不動產估價中屬於影響價格的何種因素？ (A)特殊因素 (B)個別因素 (C)區域因素 (D)一般因素【100 經】

（B）83 不動產座北朝南，此於不動產估價中屬於影響價格的何種因素？ (A)特殊因素 (B)個別因素 (C)區域因素 (D)一般因素【100 經】

（C）84 下列因素那些屬於影響地價之一般因素？①利率

②位置 ③道路寬度 ④土地形狀 ⑤土地政策 (A)①③ (B)②④ (C)①⑤ (D)①②③④⑤【100經】

(B) 85 勘估標的距離捷運車站之遠近為下列何種影響因素？ (A)區域因素 (B)個別因素 (C)特別因素 (D)一般因素【100經】

(A) 86 公寓新增電梯設備，提高了該棟建物之價值，屬於： (A)貢獻原則 (B)外部性原則 (C)預測原則 (D)適合原則【100經】

(B) 87 不動產之特性與其外部環境達成協調一致，是為何種原則？ (A)外部性原則 (B)適合原則 (C)貢獻原則 (D)最有效使用原則【100經】

(A) 88 不動產估價之價格種類，包括下列那些？①一般價格 ②正常價格 ③限定價格 ④特定價格 ⑤特別價格 (A)②③④ (B)①②③④ (C)①③④⑤ (D)②③④⑤【100經】

(A) 89 下列何者屬於限定價格？①租賃權與租賃地合併之買賣 ②企業資產重估 ③違反經濟合理性之不動產分割買賣 ④學校或公益使用之不動產估價 (A)①③ (B)①②③ (C)①③④ (D)①②③④【100經】

(A) 90 雙併公寓同層打通之住宅，其市場出售價格應以何種價格評估？ (A)正常價格 (B)特定價格 (C)限定價格 (D)特殊價格【100經】

解析：已打通在市場出售的價格為正常價格，如果考量其中一戶要賣給對方合併使用時為限定價格。

(D) 91 不動產估價報告中常表明評估價格適用的有效期

間，此係下列何種原則的具體考量？　(A)替代原則　(B)競爭原則　(C)最有效使用原則　(D)變動原則【100 經】

(B) 92　不動產估價技術規則規定：「建物已不具備使用價值，將其基地視為素地估價」，此為：　(A)部分估價　(B)獨立估價　(C)限制估價　(D)特殊估價

(A) 93　不動產估價師採用幾種估價方法推算勘估標的價格時，應於估價報告書敘明其原因？　(A)一種　(B)二種　(C)三種　(D)四種【101 經】

(D) 94　不動產估價報告書應載明事項，何者不包括在內？　(A)委託人　(B)估價條件　(C)估價目的　(D)土地增值稅【101 經】

(A) 95　下列那些因素屬於影響土地價格之個別因素？①土地形狀　②土地面積　③貸款利率　④地價稅稅率　(A)①②　(B)③④　(C)①②④　(D)②③④【101 經】

(D) 96　歐債風暴對臺灣不動產市場的影響，此於不動產估價中屬於影響價格的何種因素？　(A)特殊因素　(B)個別因素　(C)區域因素　(D)一般因素【101 經】

(C) 97　政府提出桃園航空城開發案，將帶動周邊地價上漲，此係下列何項原則的表現？　(A)競爭原則　(B)貢獻原則　(C)預期原則　(D)適合原則【101 經】

(B) 98　下列相關原則的陳述何者最不適宜？　(A)公園對地價的影響係基於外部性原則　(B)老舊公寓價格飆漲係基於均衡原則　(C)不動產有行無市呈現變動原則　(D)在偏遠地區興建大廈卻無法創造利潤係因未能掌握最有效使用原則【101 經】

(A) 99　土地徵收補償市價查估與區段式公告土地現值查估相較，兩者主要的差異在於下列那一影響不動產價

格因素調整的考量？ (A)個別因素 (B)區域因素 (C)一般因素 (D)特別因素【101 經】

（B）100 下列何者不屬於從事不動產估價前需確定之基本事項？ (A)價格種類 (B)勘察日期 (C)勘估標的權利狀態 (D)估價條件【101 經】

（C）101 下列那些項目屬於不動產估價技術規則所指之勘估標的？①果樹 ②房屋 ③智慧財產權 ④地上權 ⑤租賃權 (A)③④⑤ (B)②③④⑤ (C)①②④⑤ (D)①②③④⑤【101 經】

（D）102 不動產估價所稱之價格日期係指： (A)接受委託估價之日期 (B)赴勘估標的現場調查之日期 (C)估價報告書提出之日期 (D)估價報告書上勘估標的價格之日期【101 經】

（C）103 下列何者屬於具有市場性之價格？①正常價格 ②限定價格 ③特殊價格 ④特定價格 (A)①② (B)①②③ (C)①②④ (D)①②③④【101 經】

（B）104 以不動產所有權以外其他權利與所有權合併為目的，如地上權人向地主購買設定地上權之土地，評估該土地之價格稱之為： (A)正常價格 (B)限定價格 (C)特定價格 (D)特殊價格【101 經】

（A）105 甲公司於 A 市擁有商業區土地一宗，擬將其分割為兩筆土地，一筆做為辦公大樓使用，另一筆做為百貨公司使用，以符合商業區土地的經濟效益。今如就前述兩筆土地進行估價，則價格種類為下列何者？ (A)正常價格 (B)特殊價格 (C)限定價格 (D)特定價格【101 經】

（C）106 如不動產其中某一條件發生改變，將造成整體不動產價格的提升，此種不動產估價原則稱之為： (A)

供需原則　(B)最有效使用原則　(C)貢獻原則　(D)均衡原則【101 經】

(B) 107 進行不動產估價時，標的不動產如因捷運系統的開通，或鄰近公園的興闢，對其價格產生影響，所採行之不動產估價原則稱之為：　(A)貢獻原則　(B)外部性原則　(C)收益分配原則　(D)最有效使用原則【101 經】

(B) 108 進行不動產估價時，對營運性不動產淨收益，應扣除非屬於不動產所產生的其他淨收益，以免高估不動產本身所產生的淨收益，此估價原則稱之為：(A)適合原則　(B)收益分配原則　(C)外部性原則　(D)最有效使用原則【101 經】

(A) 109 不動產估價為能確切掌握土地所有權、面積、土地界線及鄰地地號，應取得之資料為下列何者？　(A)土地登記簿謄本及地籍圖　(B)地籍圖及都市計畫圖　(C)土地登記簿謄本及建物登記簿謄本　(D)土地登記簿謄本及地形圖【101 經】

(B) 110 都市計畫住宅區現供耕作使用之土地，其地價之查估應依下列何種使用價格查估？　(A)農業用地　(B)住宅用地　(C)耕作用地　(D)鄉村區用地【101 經】

(A) 111 特種貨物與勞務稅（俗稱奢侈稅）近日研議之修法動向，對不動產市場之影響，是屬於下列何種因素？　(A)一般因素　(B)區域因素　(C)個別因素　(D)期待因素【102 經】

(D) 112 下列何者較接近不動產估價價格種類中之正常價格？　(A)臺北市精華區標售國有土地價格　(B)實價登錄之價格　(C)奢侈稅經主管機關認定低報之銷售價格　(D)土地徵收補償所查估之市價【102 經】

（D）113 不動產估價應先確定價格種類，如估價師受託辦理釣魚台估價，你認為應屬於何種價格？ (A)正常價格 (B)限定價格 (C)特定價格 (D)特殊價格【102 經】

（C）114 在不考慮時間、高風險或不便利等因素下，審慎的消費者不會支付高於財貨或勞務成本之代價，以取得一相同滿意度的替代性財貨或勞務。以上觀念是屬於何種估價原則？ (A)競爭原則 (B)供需原則 (C)替代原則 (D)預測原則【102 經】

（B）115 請問下列對價格日期的敘述，何者正確？ (A)不動產價格的委託日期 (B)不動產價格的基準日期 (C)不動產價格的查估日期 (D)不動產價格的交易日期【102 經】

（B）116 請問下列何者非屬區域因素調整的考量項目？ (A)交通條件 (B)樓層別條件 (C)商圈發展條件 (D)學區條件【102 經】

（B）117 勘估標的距離變電所遠近為以下何種影響因素？ (A)特殊因素 (B)個別因素 (C)區域因素 (D)一般因素【102 經】

（A）118 有關不動產估價之最有效使用原則，下列敘述何者錯誤？ (A)為消費者主觀效用之認知 (B)具有良好意識及通常之使用能力者之認知 (C)需以合法、實質可能、正當合理、財務可行為前提 (D)得以獲致最高利益之使用【102 經】

（D）119 不動產估價由三大方法所推估之價值，於綜合決定勘估標的價格時，下列敘述何者錯誤？ (A)屬於不動產估價程序之後段步驟 (B)過程中應就其中金額顯著差異者重新檢討 (C)應視不同價格所蒐集資料

可信度及估價種類目的條件差異，考量價格形成因素之相近程度判斷　(D)以經濟租金作為不動產證券化受益證券信託利益分配基礎者，折現現金流量分析之收益價格應視前項情形賦予相對較大之權重【102 經】

(D) 120 依不動產估價技術規則第7條規定：「依本規則辦理估價所稱之面積，已辦理登記者，以登記之面積為準；其未辦理登記或以部分面積為估價者，應調查註明之。」因此房地產買賣實價登錄時，如屬未登記建物，辦理申報登錄時，應如何辦理？　(A)仍選擇房地合併申報　(B)如有車位，則選擇房地加車位申報　(C)單純以土地申報即可　(D)以土地申報並應於備註欄註明之【102 經】

(D) 121 以下何者為不動產估價技術規則所稱之勘估標的？　①地上權　②專利權　③蘋果樹上的蘋果　④堆置田中已採收之稻穀　⑤未登記建物　(A)②③④　(B)①②④　(C)①②⑤　(D)①③⑤【102 經】

(B) 122 進行不動產之價值判定時，以對不動產外部情況之是否保持均衡來判定最有效使用，被稱為何種原則？　(A)競爭原則　(B)適合原則　(C)均衡原則　(D)貢獻原則【88 經紀】

(D) 123 下列何者係不動產的特性？　(A)數量無限　(B)同質性高　(C)經濟位置不變　(D)用途多樣化【88 經紀】

(C) 124 分析判定對象不動產屬於何種地區，該地區具有何種特性，又該特性對於該地區內之不動產價格形成前有何全般性之影響等之過程稱為：　(A)要因分析　(B)特性分析　(C)區域分析　(D)價格分析【89 經】

（C）125 不動產如由土地及建築物等結合而成，若單獨就該不動產構成部分之土地，作為估價對象時，稱為：(A)部分估價 (B)分割估價 (C)獨立估價 (D)個別估價【89經】

（A）126 地價調查估計規則中之估價基準日，類同於不動產估價技術規則所規定之何種日期？ (A)價格日期 (B)勘察日期 (C)蒐集資料日期 (D)提出報告日期【93估特】

（B）127 對於估價過程中難以確定之事項，應該如何處理？ (A)不允許存在任何不確定事項 (B)於報告書中說明可能的影響 (C)估價師自行決定處理方式 (D)逕行略去不必處理【94估特】

（C）128 某個案在信義計畫區推出時，以每坪數百萬元的價格賣出，若將其遷至窳陋地區則不能反映如此高價。請問在其他條件不變下，其受何種原則的影響最大？ (A)最有效使用原則 (B)均衡原則 (C)適合原則 (D)競爭原則【93估特】

（A）129 美國第二輪量化寬鬆（QE2）貨幣政策對臺北市不動產市場的影響，於不動產估價中屬於影響價格的何種因素？ A一般因素 B區域因素 C個別因素 D特殊因素【103經】

（C）130 依不動產估價技術規則之規定，下列何者不是權利估價的範圍？ (A)市地重劃 (B)農育權 (C)區段徵收 (D)容積移轉【103經】

（C）131 不動產位於路沖，此於不動產估價中屬於影響價格的何種因素？ (A)一般因素 (B)區域因素 (C)個別因素 (D)特殊因素【103經】

（A）132 不動產估價，應切合何時之價值？ (A)價格日期當

時 (B)交易日期當時 (C)交換日期當時 (D)登記日期當時【103 經】

(A) 133 確認勘估標的狀態時,應至現場勘察之事項,何者有誤? (A)確定勘估標的內容 (B)確認勘估標的之基本資料及權利狀態 (C)調查勘估標的及比較標的之使用現況 (D)確認影響價格之各項資料【103 經】

(D) 134 比較標的與勘估標的間能成立替代關係,且其價格互為影響之最適範圍,稱之為: (A)近鄰地區 (B)類似地區 (C)共同生活圈 (D)同一供需圈【103 經】

(D) 135 財政部目前正在研擬合理課稅方案,擬將房地合一課稅並納入實價課稅精神。此屬於影響不動產價格之何種因素? (A)特殊因素 (B)個別因素 (C)區域因素 (D)一般因素【103 經】

(B) 136 不動產位於路角地,雙面採光,此於不動產估價中屬於影響價格之何種因素? (A)特殊因素 (B)個別因素 (C)區域因素 (D)一般因素【103 經】

(D) 137 捷運於某不動產附近設站,該不動產價格因而提高,此屬於何種估價原則? (A)供需原則 (B)競爭原則 (C)替代原則 (D)外部性原則【103 經】

(B) 138 有一畸零地之地主擬購買鄰地合併開發,委託不動產估價師評估購買價格,此價格種類為何? (A)正常價格 (B)限定價格 (C)特定價格 (D)特殊價格【103 經】

(D) 139 不動產估價作業程序中應確定之基本事項為: (A)委託人 (B)勘察日期 (C)估價費用 (D)估價條件【103 經】

（A）140 下列有關影響不動產價格的因素，何者屬區域因素？ (A)地區主要道路的連接性 (B)臨接道路寬度 (C)臨街寬度 (D)宗地臨街情形【103 經】

（C）141 老舊公寓外牆進行更新，該公寓之價格因此增加，此屬於何種估價原則？ (A)供需原則 (B)替代原則 (C)貢獻原則 (D)外部性原則

（A）142 請問「附有建物之宗地估價，應考慮該建物對該宗地價格造成之影響。但以素地估價為前提並於估價報告書敘明者，不在此限。」中，但書之規定屬於何種類型之估價？ (A)獨立估價 (B)部分估價 (C)正常估價 (D)限定估價【103 經】

（C）143 下列對不動產市場之描述何者有誤？ (A)產品異質性 (B)人為干預多 (C)為完全競爭市場 (D)交易成本高【103 經】

（C）144 表示不動產價格之基準日期，稱之為： (A)估價日期 (B)價格期日 (C)價格日期 (D)勘估日期【96-1 經】

（D）145 不動產估價應敘明價格種類，如估價師受託辦理太平島估價，您認為應屬於何種價格？ (A)限定價格 (B)正常價格 (C)特定價格 (D)特殊價格【106 經】

（C）146 下列何種情況，可歸類於不動產估價價格種類中之正常價格？ (A)實價登錄經主管機關篩選之價格 (B)臺北市精華區標售國有土地價格 (C)土地徵收補償所查估之市價 (D)實價課稅經主管機關認定低報之價格【106 經】

（D）147 依不動產估價技術規則第7條規定：「依本規則辦理估價 所稱之面積，已辦理登記者，以登記之面積為準」但未辦理登記或以部分面積為估價者，應

如何處理？ (A)省略不處理 (B)先探求未登記之原因 (C)當作無價值 (D)調查註明【106經】

（D）148 如您於捷運地下街承租營運中，隔壁店家因故不與捷運局續租，此時您打算一併承租擴大經營，所承租之租金屬性應屬下列何者？ (A)市場租金 (B)正常租金 (C)經濟租金 (D)限定租金【106經】

（A）149 由於不動產是一種異質的商品，因其下列何種之特徵而分割為許多地區性市場？ (A)區位 (B)高程 (C)地形 (D)地質【106經】

（A）150 容積移轉及容積調派制度的實施，對不動產價值發生影響的因素被稱為： (A)行政條件 (B)政治條件 (C)社會條件 (D)接近條件【106經】

（C）151 不動產附近如有公園、圖書館、學校、歌劇院等建設，皆會對其價值產生影響，此種估價時需掌握的原則較適合被稱為： (A)供需原則 (B)貢獻原則 (C)外部性原則 (D)社會成本原則【106經】

（B）152 某私立學校為達校產活化目的，二年前將校舍之一部分出租予另一間外語學校，今年屆期想再續約，教育主管機構要求須附估價報告書供審查，此時所估之租金在目前的估價法規被歸類為下列何者？ (A)正常租金 (B)限定租金 (C)特定租金 (D)特殊租金【106經】

（C）153 附有建物之宗地，考慮建物對宗地價格影響下所為之土地估價，稱之為： (A)分割估價 (B)合併估價 (C)部分估價 (D)獨立估價【106經】

（D）154 有關不動產估價原則中之最有效使用原則，下列敘述何者錯誤？ (A)具有良好意識及通常之使用能力者 (B)在合法、實質可能、正當合理、財務可行前

提下者　(C)所作得以獲致最高利益之使用　(D)係消費者主觀效用上【106 經】

（D）155 在不考慮時間、高風險或不便利等因素下，審慎者不會支付高於財貨或勞務成本之代價，以取得一相同滿意度的替代性財貨或勞務。是指何種不動產價格形成原則？　(A)預測原則　(B)競爭原則　(C)供需原則　(D)替代原則【106 經】

（D）156 有關不動產價值的定義，下列何者正確？　(A)保險價值是不動產用於某種特定壽險用途所產生之價值　(B)營運價值係指特定投資人評估該不動產投資所能產生的主觀價值　(C)市場價值是不動產在營運過程中的既有價值，它是整個企業的一部分　(D)公允價值係指能瞭解實情、有意願之當事人間公平交易所議定之資產交換或還清債務之數額【106 經】

（C）157 某便利商店需承租兩間相鄰之店面，兩間店面打通後合併使用之總面積方符合公司之需求。請問此二間店面合併為目的形成之租賃價值，以貨幣金額表示者稱為：　(A)正常租金　(B)特殊租金　(C)限定租金　(D)合併租金【107 經】

（C）158 不動產估價報告書中載明價格日期，係立基於下列何種原則？　(A)最有效使用原則　(B)競爭原則　(C)變動原則　(D)預期原則【107 經】

（D）159 不動產估價有所謂的獨立估價，請問獨立估價是指：　(A)土地上原有地上建物，但於估價之價格日期時已頹壞傾倒，估價時仍視為有地上建物，併同土地一併估價　(B)土地上無地上建物，純素地估價　(C)土地上有地上建物，估價時將土地與地上建物併同估價　(D)土地上有地上建物或他項權利存在，但

估價時將土地視為素地予以估價，不考慮地上建物或他項權利對該土地的影響【107 經】

（C）160 勘估標的是一都市邊緣之農地，未來極有可能變更為建地，今依委託人要求針對勘估標的未來可能變更為建地情況進行估價，其價格種類為何？ (A)正常價格 (B)限定價格 (C)特定價格 (D)特殊價格【107 經】

（B）161 甲君擬購買相鄰兩塊土地合併建築，請問在此目的下所評估出的價值，以貨幣金額表示者，稱為： (A)正常價格 (B)限定價格 (C)特定價格 (D)特殊價格【108 經】

（A）162 不動產面臨道路之寬度，此屬於影響不動產價格之何種因素？ (A)個別因素 (B)區域因素 (C)一般因素 (D)特別因素【108 經】

（C）163 對於估價目的為不動產買賣交易之參考所為之不動產估價，應評估的價格為： (A)買方希望之價格 (B)賣方希望之價格 (C)市場中最可能之成交價格 (D)買賣雙方希望價格之平均數【108 經】

（C）164 勘估標的因位於垃圾掩埋場附近，造成其價格下降，此屬於何種原則？ (A)替代原則 (B)最有效原則 (C)外部性原則 (D)供需原則【108 經】

（C）165 政府宣布實施空屋稅政策，此屬於何種影響價格之因素？ (A)個別因素 (B)情況因素 (C)一般因素 (D)區域因素【108 經】

（#）166 不動產估價師蒐集比較實例時，應依循之原則，下列敘述何者錯誤？ (A)實例價格形成日期與勘估標的之價格日期接近者 (B)須蒐集與勘估標的使用性質或使用管制相同者之實例 (C)須蒐集與勘估標的

位於同一供需圈之近鄰地區或類似地區者之實例 (D)實例價格屬正常價格、可調整為正常價格或與勘估標的價格種類相同者【108經】

（D）167 下列何者非屬不動產估價師受理委託估價之勘估標的？ (A)土地及其權利估價 (B)建築改良物及其權利估價 (C)不動產租金估計 (D)不動產稅負之估算【108經】

（C）168 不動產估價師在收集比較標的相關交易等案例及資料時，得向當事人、四鄰、其他不動產估價師、不動產經紀人員、地政士、地政機關、金融機構、公地管理機關、司法機關、媒體或有關單位收集之。請問：到實價登錄系統查詢交易案例相關資訊，屬向何者收集資料？ (A)不動產經紀人 (B)地政士 (C)地政機關 (D)媒體【108經】

（D）169 對具有市場性之不動產，以違反經濟合理性之不動產分割為前提，查估其所形成之價值，並以貨幣金額表示者，屬下列那一種價格？ (A)特殊價格 (B)特定價格 (C)正常價格 (D)限定價格【108經】

（A）170 下列敘述何者為正確？ (A)具有市場性之不動產，以不動產所有權以外其他權利與所有權合併為目的，查估其所形成之價值，並以貨幣金額表示者，屬「限定價格」 (B)具有市場性之不動產，基於特定條件下形成之價值，並以貨幣金額表示者，為「特殊價格」 (C)對不具市場性之不動產所估計之價值，並以貨幣金額表示者，為「特定價格」 (D)對不具市場性之不動產，以不動產合併為目的，查估其所形成之價值，並以貨幣金額表示者，屬「限定價格」【108經】

(B) 171 某大樓座落於原為住宅區變更為商業區之土地，依據目前土地使用管制相關法令規定，該大樓以商業與一般事務所為其法定用途，今勘估標的某層建物未變更為商業區前之原核定用途為住宅使用，請問勘估標的之估價處理方式，下列何者較為適當？ (A)以現行商業區允許之商業與一般事務所估價，並於估價報告書中敘明 (B)以現行商業區允許之商業與一般事務所估價，並就住宅用途與建物法定用途估價之差額於估價報告書中敘明 (C)以原核定住宅用途估價，並於估價報告書中敘明 (D)以現行商業區允許之商業與一般事務所估價，同時以原核定住宅用途估價，再以兩者平均數為估價結論，並於估價報告書中敘明【109 經】

(D) 173 正常價格的定義中，不包含下列那一要件？ (A)形成正常價格的不動產具備市場性 (B)係為有意願的買賣雙方，依專業知識分析與謹慎行動的交易 (C)有意願之買賣雙方不受債權債務關係或親友關係人等等壓力或脅迫 (D)經適當市場行銷及交易雙方條件形成之價值【109 經】

(A) 174 不動產市場是一動態的市場，對於估價的變動原則，下列敘述何者錯誤？ (A)不動產估價應掌握影響價格的一般因素、區域因素與個別因素變動，以切合勘察日期當時之價值 (B)影響不動產價格因素不斷變動，因此估價報告書應載明價格日期與勘察日期 (C)運用成本法估價時，應分析使用建築材料隨時間變動的成本差異對不動產造成的價格影響 (D)分析不動產價格景氣週期性變動，以利不動產價格變動趨勢之掌握【109 經】

（D）175 依據不動產估價技術規則規定，試算價格之調整運算過程中，情況、價格日期、區域因素及個別因素等調整的總調整率大於多少幅度時，判定該比較標的與勘估標的差異過大，應排除該比較標的之適用？ (A) 15% (B) 20% (C) 25% (D) 30%【109經】

（B）176 依據不動產估價技術規則規定，不動產估價應敘明價格種類，請問辦理東沙島估價，此屬於何種價格？ (A)正常價格 (B)特殊價格 (C)限定價格 (D)特定價格【109經】

（B）177 政府宣布實價登錄 2.0 新制自 110 年 7 月 1 日施行，此為影響不動產價格之何種因素？ (A)情況因素 (B)一般因素 (C)區域因素 (D)個別因素【110經】

（C）178 不動產所在地區對外連絡道路為中山路，路寬 30 公尺，並有兩線捷運經過。請問此為影響不動產價格之何種因素？ (A)情況因素 (B)一般因素 (C)區域因素 (D)個別因素【110經】

（D）179 不動產因鄰近殯儀館，造成價格之減損，此屬於何種原則？ (A)競爭原則 (B)供需原則 (C)替代原則 (D)外部性原則【110經】

（B）180 公寓因加裝電梯而價格提昇，此屬於何種不動產估價原則？ (A)外部性原則 (B)貢獻原則 (C)替代原則 (D)遞增原則【110經】

（D）181 對不具市場性之不動產所估計之價值，並以貨幣金額表示者，為何種價格？ (A)正常價格 (B)限定價格 (C)特定價格 (D)特殊價格【110經】

（B）182 土地承租人欲購買所承租土地供未來繼續使用，委

託不動產估價師進行估價,其價格種類為何? (A)正常價格 (B)限定價格 (C)特定價格 (D)特殊價格【110 經】

(A) 183 近年受疫情影響,各地商圈人潮減少、店面空置率提高,此屬於何種價格影響因素? (A)一般因素 (B)區域因素 (C)個別因素 (D)總體因素【110 經】

(D) 184 實際建築使用之容積率超過法定容積率之房地,應以何種方式估價? (A)以原規定之法定容積進行估價 (B)以原規定法定容積的上限進行估價 (C)以實際建築使用部分之現況進行估價 (D)以實際建築使用合法部分之現況估價【110 經】

第四節　考古題—申論題

一、不動產經紀人不動產估價概要試題及參考解答

★ **申論題答題結構參考**

從原理、原則、法條、圖、表、實例等資料，以類似作文的起、承、轉、合結構答案，以下題為例。

一、何謂獨立估價？何謂部分估價？

答：

(一) 起：**先破題**

獨立估價和部分估價，係對含有土地與建物之不動產，在是否考慮建物影響條件下，對土地之估價，其定義分述如下。

(二) 承：**正面發展**

(三) 轉：**反面深化發展**

獨立估價：對含有土地與建物的不動產，在不考慮建物對土地價格影響的前提下，單就土地而為的估價。
部分估價：對含有土地與建物的不動產，在考慮建物對土地價格影響的前提下，單就土地而為的估價。

(四) 合：**就重要性、相同、差異、相關、前述等再整合說明。**

獨立估價與部分估價最主要的區別在於，是否考慮到房、地一體綜合效益的發揮之土地價格。獨立估價不考慮，部分估價則考慮。對同一含有土地與建物之不動產分別進行獨立估價、部分估價時，其估價金額，會因情況之不同差異，可能有很大的差異。例如：座落土地上的建物與土地所有權人不同，如獨立估價，

則該土地與素地價差不大，但如果是部分估價則該土地與素地價差可能就很大，因為建物與土地需要整合才能完整使用、處分，不確定高因而影響價格大，所以評估時需要對獨立估價和部分估價的前提條件先作確認。

二、最近國內房地產市場呈現不景氣狀況，此一現象在不動產估價原則來說是屬於那一種原則？對於不動產估價工作來說，需要掌握那些不動產估價原則？請詳述說明之。（25分）【經104】

答：（以 IRAC 思考法答）「I」-Issue―問題點、課題、「R」-Rule―法規、依據、「A」-Application―套用、「C」-Conclusion―結論

（一）「I」：最近國內房地產市場呈現不景氣狀況，此一現象在不動產估價原則來說是屬於那一種原則？

（二）「R」：對於不動產估價工作來說，需要掌握那些不動產估價原則？詳述說明如下：（以下12項原則內容，依考試時間酌減）

1. 均衡原則：不動產價值的產生，受到土地、勞力、資本、經營四大生產要素所影響。不動產要達到最有效使用，四大生產要素的組合必須要適當。就像營養均衡，身體健康一樣。個別生產要素過多或不足的投入，將對不動產的價值造成不利的影響。例如：在昂貴土地上蓋一間小平房或種菜，就一般情況來看是違反均衡原則。不動產的價值未能充分發揮。所以均衡原則是指不動產內部生產要素的均衡組合。

2. 收益遞增、遞減原則：在生產技術不變條件下，

固定其他生產要素，而逐漸增加其中某一項生產要素，其邊際收益會逐漸增加（此為收益遞增），增加到某一點（臨界點）後，其邊際收益會逐漸減少（此為收益遞減）。這是生產要素組合均衡、不均衡的所引起的。例如在農地上施肥料，增加肥料用量，起初每單位肥料使稻米的增加量逐漸增加（此為收益遞增）。超過某一點（臨界點）後，每單位肥料使稻米的增加量逐漸減少（此為收益遞減）。又如在某建地上蓋大樓，超過某個層數後，收益將難同比例增加。

3. 貢獻原則：不動產價值的產生，受到土地、勞力、資本、經營四大生產要素所影響，當某生產因素改變時，對整體不動產價值所產生的貢獻。而貢獻有正、負面。例如：賣房子時花 100 萬裝潢，而使房子具有好賣相，多賣了 200 萬，這種情況是正貢獻。但貢獻不見得都是正的。也有可能是負向的。如上例，如果花的裝潢費比賣房子所得還多，就是負貢獻。所以貢獻原則可以作為是否對不動產增加投入生產要素的判斷。

4. 收益分配原則：不動產的總收益由土地、勞力、資本、經營四種生產要素共同創造，我們將不動產的總收益，分配給予各個生產要素，稱為收益分配原則。又稱為剩餘生產力原則。例如：不動產的總收益，扣除勞動工資、資本利息、經營報酬，剩餘為土地的收益（地租），其為土地價格形成的基礎。收益法中的土地殘餘價法、建物殘餘價法的淨收益推求，就是以此原則為基礎。

5. 競爭原則：競爭無處不在，藉由競爭取得生存、

利益。就不動產價格而言，供給者之間的競爭，將引起價格下跌；需求者之間的競爭，將導致價格上漲。這是從不動產供、需面來看競爭原則，如市中心的優位不動產不多，大家都想要利用，價格、租金就會上漲。另外，不動產市場之競爭，會發生在同一次市場，也可能發生在不同之次市場。例如：住宅的租賃市場與買賣市場分屬兩個次市場，但在利率變動時，需求者會考量租、買之比較利益，而互相流動、競爭。

6. 供需原則：依經濟學的原理，如下圖所示，供給曲線是依市場供給原則，價格與數量的關係是成正比，當價格上漲，供給量會增加。需求曲線是依市場需求原則，價格與數量的關係是成反比，當價格下跌，需求量會加。如從供、需兩方面來看，當供過於求，價格會下跌；當供不應求，價格會上漲。不動產市場也是一樣，不動產的價格，當然也深受供需情況所影響。

7. 適合原則：指不動產與所在環境之間是否均衡、適配，能否達到最有效使用而言。例如：在市中心昂貴的土地上蓋一間簡易平房、在農村蓋大樓，一般而言是不符合適合原則。另以進化原則及退化原則進一步說明，進化原則指低價的不動產位於高價位地區，而顯得有價值；退化原則指高價的不動產位於低價位地區，而顯得無價值。就是在說明不動產和其座落環境間適合與否的關係。

8. 替代原則：人類追求經濟效益，效用相同的服務或財貨，會選擇便宜的，價格相同的服務或財

貨，會選擇效用大的，因此，效用相同的服務與財貨間會有替代性，效用相同的服務與財貨價格也會趨於一致。不動產雖然具有異質性，但在效用上仍有一定程度的替代性，所以相類似的不動產會有替代性，其價格仍然會相互的牽引。不動產估價的三個基本估價法都運用到此項原則。如比較法以比較案例推求勘估標的價格，收益法之收益、費用、折現率之推求，成本法之、重建成本、重置成本之推求等。

9. 外部性原則：指不動產外在環境因素對不動產價值的影響，其影響有正、負面，如附近有公園、學校、捷運站等公共設施，會讓不動產價值增加。附近有垃圾場、變電所等嫌惡設施，會讓不動產價值減低。

10. 變動原則：「變」是世上惟一的「不變」，不動產市場當然是一個動態的市場，影響不動產價格之一般因素、區域因素、個別因素等是動態的，由於各個因素的改變及交互作用，不動產的價格也隨之改變，就是不動產景氣循環波動的現象，所以進行不動產估價當然要注意這個事實。而不動產估價報告中所提到的勘察日期及價格日期，就是凸顯「時間」點，在「價格」上的重要意義。沒有「價格日期」的不動產評估價格是沒有意義的。以比較法進行不動產估價時，對比較案例進行價格日期調整，也是變動原則的具體應用呈現

11. 預測原則：不動產的現在的價格，是昨日價格的展開，明日價格的反映。從歷史的資料、經驗等

來推知未來的動向是為預測原則,就是唐太宗所講的……以古為鏡,可以知興替……。收益法的未來收益、收益資本化率決定等都是運用了預測原則。又如桃園高鐵青埔站因高鐵、捷運、航空城等公共設施規畫完善、交通便利等利多因素,預測該區不動產未來可能會增值,都是預測原則具體運用。

12. 最有效使用原則:不動產估價技術規則第二條定義最有效使用為,「客觀上具有良好意識及通常之使用能力者,在合法、實質可能、正當合理、財務可行前提下,所作得以獲致最高利益之使用」。最有效使用原則,指出不動產估價的基礎點,希望不同的估價人員在這個基礎點上,對不動產的價格進行客觀合理的判斷。因為不動產的用途具有多樣性,如果未指出不動產估價的基礎點,將造成不同的估價人員對同一不動產所作的估價,產生極大的價格差距,使不動產的估價失去意義,也就是要摒除主觀的意見,以客觀公正的立場對不動產的價值進行評估,所以最有效使用原則為不動產估價的前提、基礎。所以進行不動產估價時,須對勘估標的是否達最有效使用進行分析,應考慮對象不動產之最有效使用為何?現在之使用是否為最有效使用?如果不是,其轉為最有效使用的可能?又該最效使用能用持續多久等情況進行分析。例如:在台北火車站前昂貴土地上蓋一間簡易平房,就不能依其現況評估其價值,必須依最有效使用原則對該不動產的價值進行評估。

(三)「A」：綜合分析、比較上述不動產估價的12項原則，我們可了解最近國內房地產市場呈現不景氣狀況，此一現象在不動產估價原則來說應是屬於「供需原則」，最近因為需求減弱，使價格下跌。

(四)「C」：如下供需圖所示，縱軸代表房地價格，橫軸代表房地數量，S 代表供給曲線，D 代表需求曲線，決定房地產價格 P0 及房地產成交量 QO，當房地產的需求減弱，需求曲線由 D 移到 D1，房地產價格 P0 下跌到 P1 及房地產成交量由 QO 下跌到 Q1，呈現價格下跌、成交量萎縮的不景氣狀況。

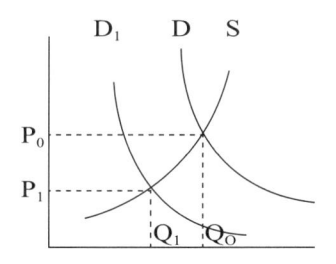

三、何謂適合原則？試舉例說明之。（10 分）【89 經】

答：適合原則指不動產與所在環境之間是否適配，能否達到最有效使用而言。

例如：在市中心昂貴的土地上蓋一間簡易平房、在農村蓋大樓，一般而言是不符合適合原則。

另以進化原則及退化原則進一步說明，進化原則指低價的不動產位於高價位地區，而顯得有價值。退化原則指高價的不動產位於低價位地區，而顯得無價值。就是在說明不動產和其座落環境間適合與否的關係。

四、試申述進行不動產估價時,何以要把握與分析價格形成之因素?(25 分)【91 經】

答:影響不動產價格的因素雖然複雜,其範圍由大到小,大致可分為一般因素、區域因素、個別因素三種。所以進行不動產估價,必須把握這些影響不動產價格的因素,並分析、判定這些因素對不動產價格的影響,所以進行不動產估價時,要把握與分析價格形成之因素,才能對勘估標的不動產的價值,作出正確的評估。

不動產估價時,要把握與分析價格形成之因素,分述如下:

(一) 一般因素

對於不動產市場及其價格水準發生之自然、政治、社會、經濟等共同之因素。從自然因素、政治因素、社會因素、經濟因素等方面分析。

(二) 區域因素

影響近鄰地區不動產價格水準之因素,從交通設施、公共設施、生活機能、天災公害、行政條件等因素方面來分析。

(三) 個別因素

指不動產因受本身條件之影響,而產生價格差異之因素。

分析內容和區域因素分析大致相同,也可從宗地條件、街道條件、接近條件、環境條件、行政條件、其他條件等因素方面來分析。個別因素分析的內容和區域因素分析大致相同,只是區域因素分析是以一「特定地區」之條件來考量,而個別因素分析是以一個「勘估標的」之條件來考量。

五、試申述於不動產估價進行中，何以須進行區域分析及個別分析？（25 分）【92 經】

答：影響不動產價格的因素雖然複雜，其範圍由大到小，大致可分為一般因素、區域因素、個別因素三項。進行不動產估價，必須把握這些影響不動產價格的因素，並分析、判定這些因素對不動產價格的影響。所以不動產估價進行中，要就一般因素、區域因素、個別因素逐漸聚焦來分析影響不動產價格因素，才能得到周延、正確的估價結果。

不動產估價時，要把握與分析價格形成之因素，分述如下：

(一) 一般因素

對於不動產市場及其價格水準發生之自然、政治、社會、經濟等共同之因素。從自然因素、政治因素、社會因素、經濟因素等方面分析。

(二) 區域因素

影響近鄰地區不動產價格水準之因素，從交通設施、公共設施、生活機能、天災公害、行政條件等因素方面來分析。

(三) 個別因素

指不動產因受本身條件之影響，而產生價格差異之因素。

和區域因素分析大致相同，也可從宗地條件、街道條件、接近條件、環境條件、行政條件、其他條件等因素方面來分析。個別因素分析的內容和區域因素分析大致相同，只是區域因素分析是以一「特定地區」之條件來考量，而個別因素分析是以一個「勘估標的」之條件來考量。

六、請問不動產估價報告書應涵蓋的內容為何？（25分）

【92 經】

答：不動產估價師應製作估價報告書，於簽名或蓋章後，交付委託人。估價報告書應載明事項如下：

一、委託人。
二、勘估標的之基本資料。
三、價格日期及勘察日期。
四、價格種類。
五、估價條件。
六、估價目的。
七、估價金額。
八、勘估標的之所有權、他項權利及其他負擔。
九、勘估標的使用現況。
十、勘估標的法定使用管制或其他管制事項。
十一、價格形成之主要因素分析。
十二、估價所運用之方法與其估算過程及價格決定之理由。
十三、依本規則規定須敘明之情況。
十四、其他與估價相關之必要事項。
十五、不動產估價師姓名及其證照字號。

前項估價報告書應檢附必要之圖說資料。

因行政執行或強制執行委託估價案件，其報告書格式及應附必要之圖說資料，依其相關規定辦理，不受前二項之限制。

七、請解釋下列名詞：

1. 貢獻原則（principle of contribution）（8分）
2. 變動原則（principle of change）（8分）

3. 收益遞增遞減原則（principle of increasing and decreasing returns）（9分）【94經】

答：
1. 貢獻原則：
   不動產價值的產生，受到土地、勞力、資本、經營四大生產要素所影響，當某生產因素改變時，對整體不動產價值所產生的貢獻。而貢獻有正、負面。例如：賣房子時花100萬裝潢，而使房子具有好賣相，多賣了200萬，這種情況是正貢獻。但貢獻不見得都是正的。也有可能是負向的。如上例，如果花的裝潢費比賣房子所得還多，就是負貢獻。所以貢獻原則可以作為是否對不動產增加投入生產要素的判斷。

2. 變動原則：
   「變」是世上惟一的「不變」，不動產市場當然是一個動態的市場，影響不動產價格之一般因素、區域因素、個別因素等是動態的，由於各個因素的改變及交互作用，不動產的價格也隨之改變，就是不動產景氣循環波動的現象，所以進行不動產估價當然要注意這個事實。而不動產估價報告中所提到的勘察日期及價格日期，就是凸顯「時間」點，在「價格」上的重要意義。沒有「價格日期」的不動產評估價格是沒有意義的。以比較法進行不動產估價時，對比較案例進行價格日期調整，也是變動原則的具體應用呈現。

3. 收益遞增、遞減原則：
   在生產技術不變條件下，固定其他生產要素，而逐漸增加其中某一項生產要素，其邊際收益會逐漸增加（此為收益遞增），增加到某一點（臨界點）後，其邊際收益會逐漸減少（此為收益遞減）。這是生產要素組合均

衡、不均衡的所引起的。例如在農地上施肥料，增加肥料用量，起初每單位肥料所增加的稻米量逐漸增加（此為收益遞增）。超過某一點（臨界點）後，每單位肥料所增加的稻米量逐漸減少（此為收益遞減）。又如在某建地上蓋大樓，超過某個層數後，收益將難同比例增加。

八、請說明不動產估價中的「供需原則」與「替代原則」如何解釋不動產價格的形成。（25分）【95經】

答：

1. 供需原則：依經濟學的原理，如下圖所示，供給曲線是依市場供給原則，價格與數量的關係是成正比，當價格上漲，供給量會增加。需求曲線是依市場需求原則，價格與數量的關係是成反比，當價格下跌，需求量會增加。如從供、需兩方面來看，當供過於求，價格會下跌；當供不應求，價格會上漲。不動產市場也是一樣，不動產的價格，當然也深受供需情況所影響。

供需原則-A

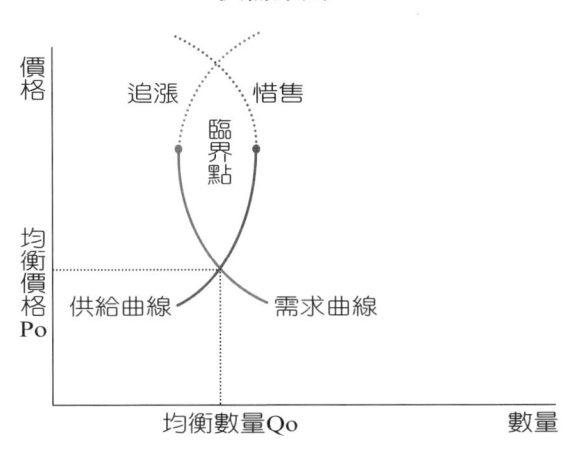

（圖：縱軸為價格，橫軸為數量；追漲、惜售、臨界點；均衡價格Po、均衡數量Qo；供給曲線、需求曲線）

供需原則-B

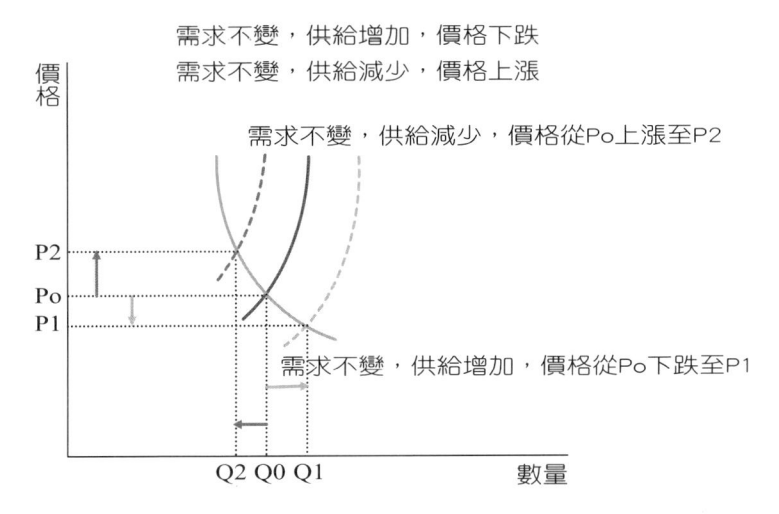

需求不變,供給增加,價格下跌
需求不變,供給減少,價格上漲

需求不變,供給減少,價格從Po上漲至P2

需求不變,供給增加,價格從Po下跌至P1

(價格軸:P2, Po, P1;數量軸:Q2 Q0 Q1)

供需原則-C

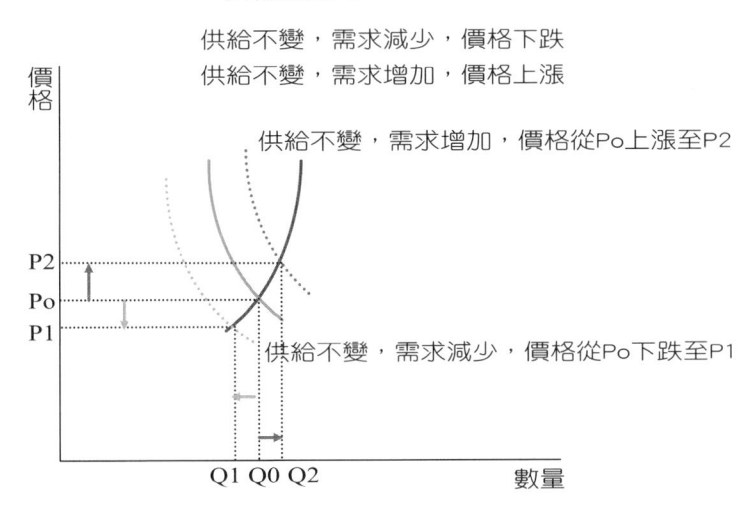

供給不變,需求減少,價格下跌
供給不變,需求增加,價格上漲

供給不變,需求增加,價格從Po上漲至P2

供給不變,需求減少,價格從Po下跌至P1

(價格軸:P2, Po, P1;數量軸:Q1 Q0 Q2)

2. 替代原則：人類追求經濟效益，效用相同的服務或財貨，會選擇便宜的，價格相同的服務或財貨，會選擇效用大的，因此，效用相同的服務與財貨間會有替代性，效用相同的服務與財貨價格也會趨於一致。不動產雖然具有異質性，但在效用上仍有一定程度的替代性，所以相類似的不動產會有替代性，其價格仍然會相互的牽引。不動產估價的三個基本估價法都運用到此項原則。如比較法以比較案例推求勘估標的價格，收益法之收益、費用、折現率之推求，成本法之、重建成本、重置成本之推求等。
3. 供需原則要有競爭原則為前提，而替代原則也要有競爭原則為前提。

九、何謂限定價格？其與正常價格的關係為何？（10分）依據不動產估價技術規則之規定，收益資本化率（或折現率）如何決定？（15分）【96-2 經】

答：
(一) 所謂的「限定價格」及其與正常價格的關係，分述如下：
依不動產估價技術規則，「限定價格」：指具有市場性之不動產，在下列限定條件之一所形成之價值，並以貨幣金額表示者：
1. 以不動產所有權以外其他權利與所有權合併為目的。
2. 以不動產合併為目的。
3. 以違反經濟合理性之不動產分割為前提。
(二) 「限定價格」及「正常價格」的關係
「限定價格」及「正常價格」，均是對具有市場性之

不動產所估的價格,「限定價格」僅對以上所述三種情況下所估的價格,所以是限定條件下才成立的價格,屬於「封閉市場」。而「正常價格」是在正常情況下、無限制條件的價格。

十、依不動產估價技術規則規定,估計之價格種類包括那幾類?試就其定義分別加以解釋,並舉例說明之。(25分)

答:依不動產估價技術規則規定,估計之價格種類包括正常價格、限定價格、特定價格及特殊價格

(一) 正常價格:指具有市場性之不動產,於有意願之買賣雙方,依專業知識、謹行動,不受任何脅迫,經適當市場行銷及正常交易條件形成之合理價值,並以貨幣金額表示者。如一般買賣交易。是最普遍的情況。

(二) 限定價格:指具有市場性之不動產,在下列限定條件之一所形成之價值,並以貨幣金額表示者。1 以不動產所有權以外其他權利與所有權合併為目的。2 以不動產合併為目的。3 以違反經濟合理性之不動產分割為前提。如土地為整體利用購買毗鄰土地,其土地價值可能因此不同

(三) 特定價格:指具有市場性之不動產,基於特定條件下形成之價值,並以貨幣金額表示者。舉例而言,指尚未實現,基於法令、財務、市場、規劃等可行性分析之開發營運計畫

(四) 特殊價格:指對不具市場性之不動產所估計之價值,並以貨幣金額表示者。舉例而言,像教堂、寺廟、總統府等特殊不動產,在市場上缺少供給、需

求標的流通而言

(五) 正常價格、限定價格、特定價格、特殊價格之差異：

比較項目 價格種類	市場性	估價條件	實 例
正常價格	具市場性 （公開市場）	無估價條件或有估價條件仍適用正常價格	一般不動產買賣、抵押、標售、資產評估等之估價
限定價格	具市場性 （封閉市場）	明定如上述權利合併、實地合併、違反經濟合理性分割三個限制條件。	地上權人和土地所有權人間買賣、購買鄰地整體使用或因分割造成不動產價值影響
特定價格	具市場性 （公開市場）	具不確定性條件，指尚未實現，基於特定法令、財務、市場、規劃等條件，而且條件要合法、可行、明確。	帶有建照或開發許可之土地價格、預定變更之土地價格、預售屋價格之估價
特殊價格	不具市場性	無估價條件或有估價條件仍適用特殊價格	廟寺、總統府、學校等之估價

十一、替代原則為三大估價法（成本法、比較法與收益法）之基礎，試說明該原則於三大估價法運用時之基本考量，以及實務上如何觀察並掌握不動產相互間的替代性？（25分）【100經】

答：替代原則於三大估價法運用時之基本考量，以及實務上如何觀察並掌握不動產相互間的替代性分述如下：

(一) 替代原則於三大估價法運用時之基本考量

　　1. 比較法：依不動產估價技術規則第18條「比較法指以比較標的價格為基礎，經比較、分析及調整等，以推算勘估標的價格之方法。」。以「比較標的」價格來以推算「勘估標的」價格，就是替代原則之運用及基本考量。

　　2. 收益法：依不動產估價技術規則第35條「收益法估價應蒐集勘估標的及與其特性相同或相似之比較標的最近三年間總收入、總費用及收益資本化率或折現率等資料。」蒐集與「勘估標的」其特性相同或相似之「比較標的」就是替代原則之運用及基本考量。

　　3. 成本法：依不動產估價技術規則第48條「成本法指求取勘估標的於價格日期之重建成本或重置成本，扣減其累積折舊額或其他應扣除部分，以推算勘估標的價格之方法。」求取勘估標的於價格日期之「重建成本」或「重置成本」，以推算勘估標的價格，就是替代原則之運用及基本考量。

(二) 實務上如何觀察並掌握不動產相互間的替代性

　　實務上可依不動產估價技術規則第12條不動產估價師應依下列原則蒐集比較實例，來觀察並掌握不動產相互間的替代性。

　　1. 實例之價格屬正常價格、可調整為正常價格或與勘估標的價格種類相同者。

　　2. 與勘估標的位於同一供需圈之近鄰地區或類似地

區者。
3. 與勘估標的使用性質或使用管制相同或相近者。
4. 實例價格形成日期與勘估標的之價格日期接近者。

十二、試說明價格日期、勘察日期之異同【74乙】

答：依不動產估價技術規則之定義，價格日期、勘察日期之異同敘述如下：

(一) 價格日期：指表示不動產價格之基準日期。就是價格的時間點。價格本身沒有意義，必需藉由價格日期、價格種類等條件的賦予，才能顯出不動產估價報告上估價金額真正的意義。相同估價金額，在不同的價格日期，可能有很大的差異。

(二) 勘察日期：指赴勘估標的現場從事調查分析之日期。就是什麼時候到現場從事調查分析之日期。

(三) 價格日期及勘察日期，通常是一致的，就是估不動產現在的價格。但某些情況，如爭訟案，可能要估過去的某一天的價格，所以價格日期及勘察日期之先後是不一定的。

十三、何謂正常價格？何謂限定價格？請問一宗畸零地，是否有評估其正常價格及限定價格的機會，為什麼？（15分）【93估特】

答：何謂正常價格？何謂限定價格？一宗畸零地，是否有評估其正常價格及限定價格的機會，分述如下：

(一) 正常價格：指具有市場性之不動產，於有意願之買賣雙方，依專業知識、謹慎行動，不受任何脅迫，經適當市場行銷及正常交易條件形成之合理價值，

並以貨幣金額表示者。
(二) 限定價格：指具有市場性之不動產，在限定條件之一所形成之價值，並以貨幣金額表示者。
(三) 一宗畸零地，是否有評估其正常價格及限定價格的機會。
　　1. 當對一宗畸零地與其他地進行合併整體使用或違反經濟合理性分割為前提之估價，所評估的價格種類為限定價格
　　2. 如果僅對一宗畸零地評估其正常市場價格，所評估的價格種類為正常價格。

十四、不動產估價報告書之格式有幾種？並請比較具優缺點？【84乙】

答：不動產估價報告書之格式及其優點，分述如下：
(一) 敘述式：無特定型式，由估價人員自行判斷作成，優點：是能根據重點需要作充分的表達，缺點：可能流於主觀及遺漏部分事項。
(二) 限制式：依一定格式製作而成，無法自行取捨。優點與缺點恰與敘述式相反。
(三) 混合式：兼取敘述式及限制式之不動產估價報告書之格式，可避免上述敘述式及限制式之缺點。
(四) 書信式：僅重點表達價格結果，不詳列估價過程。
　　優點：簡單扼要。缺點：過程可能不仔細。
目前不動產估價技術規則已明訂報告書必須表達的14項內容，所以不管格式幾種，都必須符合不動產技術規則相關規定。

十五、估價人員從開始受託一不動產估價案件,至其完成估價報告書?整個進行程序為何?試說明之?【89 高】

答:估價人員從開始受託一不動產估價案件,至其完成估價報告書?整個進行程序,依不動產估價技術規則規定,敘述如下:

(一) 確定估價基本事項。

(二) 擬定估價計畫。

(三) 蒐集資料。

(四) 確認勘估標的狀態。

(五) 整理、比較、分析資料。

(六) 運用估價方法推算勘估標的價格。

(七) 決定勘估標的價格。

(八) 製作估價報告書。

十六、何謂「區域分析」?何謂「區域因素調整」?請說明兩者與「近鄰地區」、「類似地區」間之關係【94 估特】

答:何謂「區域分析」?何謂「區域因素調整」?兩者與「近鄰地區」、「類似地區」間之關係分述如下:

(一) 區域分析:

指掌握同一供需圈之近鄰地區或類似地區,就勘估標的屬於什麼區?該區的區域特性是什麼?這些特性對不動產價格的影響,所進行的地區性分析。

(二) 區域因素調整:

依不動產估價技術規則定義,區域因素調整為,所選用之比較標的與勘估標的不在同一近鄰地區內時,為將比較標的之價格轉化為與勘估標的同一近鄰地區內之價格水準,而以比較標的之區域價格水準為基礎,就區域因素不同所產生之價格差異,逐

項進行之分析及調整。

(三) 兩者與「近鄰地區」、「類似地區」間之關係
同一供需圈、近鄰地區、類似地區示意圖

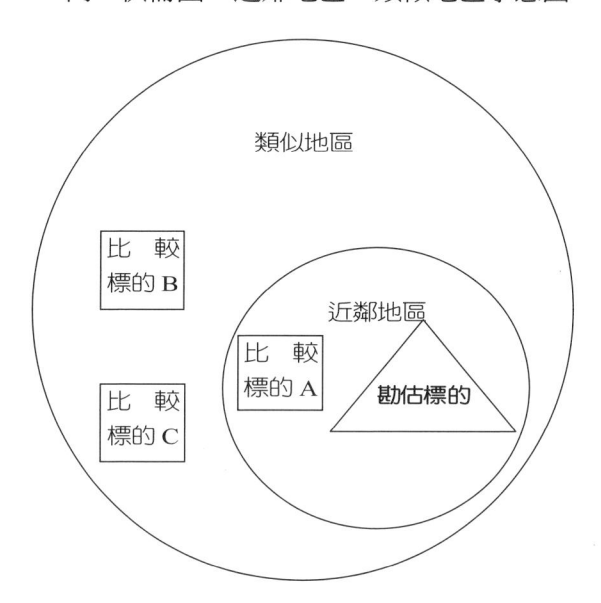

```
        類似地區
   ┌─────────┐
   │比較     │
   │標的 B   │   近鄰地區
   │         │ ┌───────┐
   │         │ │比較   │
   │比較     │ │標的 A │勘估標的
   │標的 C   │ └───────┘
   └─────────┘
```

1. 區域分析與「近鄰地區」、「類似地區」間之關係

   如上圖所示,區域分析指掌握同一供需圈之近鄰地區或類似地區,就勘估標的屬於什麼區?該區的區域特性是什麼?這些特性對不動產價格的影響,所進行的地區性分析。所以當無法在近鄰地區找到適當比較標的時,就能在同一供需圈內,找與近鄰地區特性較相似之類似地區之比較標的進行評估。

2. 區域因素調整與「近鄰地區」、「類似地區」間之關係

   如上圖所示,當在勘估標的「近鄰地區」不能找

到適當的比較標的（如比較標的 A），就擴大範圍，在同一供需圈內之「類似地區」找比較標的（如比較標的 B），比較標的 A 及比較標的 B 屬不同的地區，必須調整為同一地區之價格水準。

十七、何謂「最有效使用」？請說明其評估之基準為何？（10分）【94 估特】

答：所謂的「最有效使用」及評估之基準，分述如下：

(一) 依不動產估價技術規則定義，最有效使用：指客觀上具有良好意識及通常之使用能力者，在合法、實質可能、正當合理、財務可行前提下，所作得以獲致最高利益之使用。

(二) 其評估之基準為【註 林 p55】
  1. 勘估標的之最有效使用為何？現在是否達最有效使用？如果不是，其轉換使用的可能性，時間如何？
  2. 在時間上，以變動原則及預測原則為基礎，從過去至未來作長期考量判定。
  3. 在情況上，依均衡原則、適合原則、收益分配原則、收益遞增遞減原則、貢獻原則、競爭原則等進行判定。
  4. 實務上，以近鄰地區之一般使用為參考來判定是否達最有效使用。

十八、不動產估價技術規則規定有那三種主要估價方法？試說明之，並敘述其估價之程序。（25分）【101 經估】

答：不動產估價技術規則規定，不動產估價有比較法、收益

法、成本法（含土地開發分析法）三種主要估價方法，其定義、程序說明如下：

(一) 比較法：

1. 定義：依不動產估價技術規則第十八條　比較法指以比較標的價格為基礎，經比較、分析及調整等，以推算勘估標的價格之方法。依前項方法所求得之價格為比較價格。

2. 程序：依不動產估價技術規則第二十一條　比較法估價之程序如下：

    (1)蒐集並查證比較標的相關資料。

    (2)選擇與勘估標的條件相同或相似之比較標的。

    (3)對比較標的價格進行情況調整及價格日期調整。

    (4)比較、分析勘估標的及比較標的間之區域因素及個別因素之差異，並求取其調整率或調整額。

    (5)計算勘估標的之試算價格。

    (6)決定勘估標的之比較價格。

    前項第五款所稱之試算價格，指以比較標的價格經情況調整、價格日期調整、區域因素調整及個別因素調整後所獲得之價格。

(二) 收益法：

1. 定義：依不動產估價技術規則第二十八條　收益法得採直接資本化法、折現現金流量分析等方法。依前項方法所求得之價格為收益價格。

    (1)直接資本化法：依不動產估價技術規則第二十九條　直接資本化法，指勘估標的未來平均一年期間之客觀淨收益，應用價格日期當時

適當之收益資本化率推算勘估標的價格之方法。

(2)折現現金流量分析法：依不動產估價技術規則第三十一條　折現現金流量分析，指勘估標的未來折現現金流量分析期間之各期淨收益及期末價值，以適當折現率折現後加總推算勘估標的價格之方法。前項折現現金流量分析，得適用於以投資為目的之不動產投資評估。

2. 程序：依不動產估價技術規則第三十四條　收益法估價之程序如下：

(1)蒐集總收入、總費用及收益資本化率或折現率等資料。

(2)推算有效總收入。

(3)推算總費用。

(4)計算淨收益。

(5)決定收益資本化率或折現率。

(6)計算收益價格。

(三) 成本法：可分為成本法及土地開發分析法，以成本法評估建物，以土地開發分析法評估土地：

A 成本法

1. 定義：依不動產估價技術規則第四十八條　成本法，指求取勘估標的於價格日期之重建成本或重置成本，扣減其累積折舊額或其他應扣除部分，以推算勘估標的價格之方法。依前項方法所求得之價格為成本價格。

2. 程序：依不動產估價技術規則第四十九條　成本法估價之程序如下：

(1)蒐集資料。

⑵現況勘察。

　　⑶調查、整理、比較及分析各項成本及相關費用等資料。

　　⑷選擇適當方法推算營造或施工費。

　　⑸推算其他各項費用及利潤。

　　⑹計算總成本。

　　⑺計算建物累積折舊額。

　　⑻計算成本價格。

B 土地開發分析法

1. 定義：依不動產估價技術規則第七十條　土地開發分析，指根據土地法定用途、使用強度進行開發與改良所導致土地效益之變化，估算開發或建築後總銷售金額，扣除開發期間之直接成本、間接成本、資本利息及利潤後，求得開發前或建築前土地開發分析價格。

2. 依不動產估價技術規則程序：第七十一條　土地開發分析估價之程序如下：

　　⑴確定土地開發內容及預期開發時間。

　　⑵調查各項成本及相關費用並蒐集市場行情等資料。

　　⑶現況勘察並進行環境發展程度之調查及分析。

　　⑷估算開發或建築後可銷售之土地或建物面積。

　　⑸估算開發或建築後總銷售金額。

　　⑹估算各項成本及相關費用。

　　⑺選擇適當之利潤率及資本利息綜合利率。

　　⑻計算土地開發分析價格。

十九、請依不動產估價技術規則之規定,詳述不動產估價應蒐集之資料及蒐集比較實例之原則。【106 經】

答:依不動產估價技術規則之規定,不動產估價應蒐集之資料及蒐集比較實例之原則分述如下:

(一) 不動產估價應蒐集之資料:
依不動產估價技術規則第十一條規定,不動產估價應蒐集之資料如下:
1. 勘估標的之標示、權利、法定用途及使用管制等基本資料。
2. 影響勘估標的價格之一般因素、區域因素及個別因素。
3. 勘估標的相關交易、收益及成本資料。

(二) 蒐集比較實例之原則:
依不動產估價技術規則第十二條規定,不動產估價師應依下列原則蒐集比較實例:
1. 實例之價格屬正常價格、可調整為正常價格或與勘估標的價格種類相同者。
2. 與勘估標的位於同一供需圈之近鄰地區或類似地區者。
3. 與勘估標的使用性質或使用管制相同或相近者。
4. 實例價格形成日期與勘估標的之價格日期接近者。

二十、何謂同一供需圈?何謂近鄰地區?何謂類似地區?請說明三者的關係。【107 經】

答:
(一) 何謂同一供需圈?何謂近鄰地區?何謂類似地區?
依「不動產估價技術規則」第 68 條:

1. 同一供需圈：指比較標的與勘估標的間能成立替代關係，且其價格互為影響之最適範圍。
2. 近鄰地區：指勘估標的或比較標的周圍，供相同或類似用途之不動產，形成同質性較高之地區。
3. 類似地區：指同一供需圈內，近鄰地區以外而與勘估標的使用性質相近之其他地區。

(二) 同一供需圈、近鄰地區、類似地區三者的關係：
1. 同一供需圈是指能找合適比較標的的最大範圍。如下圖（同一供需圈、近鄰地區、類似地區示意圖）外圍大圓圈的範圍；近鄰地區是指如下圖（同一供需圈、近鄰地區、類似地區示意圖，內部小圓圈的範圍（如比較標的 A 所在位置）；類似地區是指如下圖（同一供需圈、近鄰地區、類似地區示意圖）外圍大圓圈內，內部小圓圈外的範圍（如比較標的 B、C 所在位置）

同一供需圈、近鄰地區、類似地區示意圖

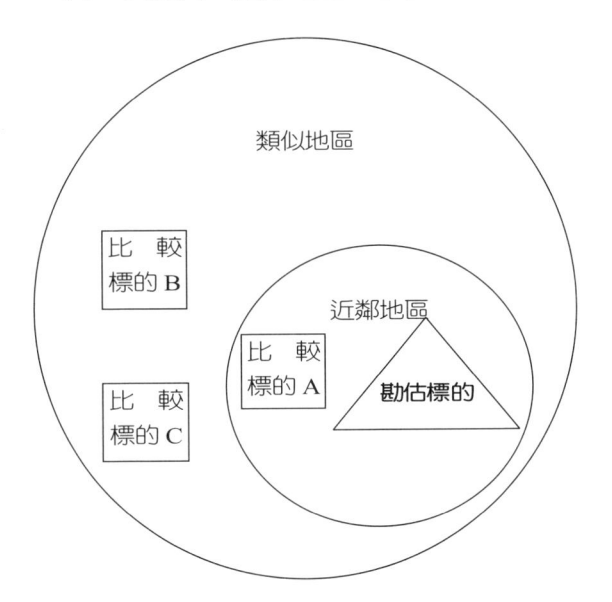

2. 同一供需圈並沒有一個明確的距離範圍，其範圍和所評估的勘估標的的使用類型、區位、市場等有關，如評估一間公寓，其同一供需圈的範圍，可能只是同一社區，或周邊的社區而已。但如果是台北101大樓，其同一供需圈的範圍，就會大得多，近鄰地區和類似地區也是這樣的概念。

其應用以「比較法」為例，如果選取的「比較標的」在「類似地區」，就必須對「比較標的」，就必須對「比較標的」進行「區域因素」比較、分析、調整。

二一、試說明不動產估價工作進行時，應留意那些工作法則？為確認勘估標的狀態，應到現場勘查之事項有那些？如委託人未領勘，確認標的狀態出現困難，應如何處理？（25分）

答：

(一) 不動產估價工作進行時，應留意的工作法則：
參考「不動產估價師法」、「不動產估價技術規則」等，不動產估價工作進行時，應留意的工作法則有以下幾項：

1. 應遵守誠實信用之原則，不得有不正當行為及違反或廢弛其業務上應盡之義務。
2. 不動產估價者對於因業務知悉之秘密，除依第二十一條之規定或經委託人之同意外，不得洩漏。
3. 不動產估價師不得允諾他人以其名義執行業務
4. 不動產估價之作業程序、方法及估價時應遵行事項應遵循不動產估價技術規則等相關規定
5. 不動產估價師應力求客觀公正，運用邏輯方法及經

驗法則，進行調查、勘察、整理、比較、分析及調整等估價工作。

　　6. 其他一般性工作法則。

(二) 為確認勘估標的狀態，應到現場勘查之事項：

依據「不動產估價技術規則」第 13 條確認勘估標的狀態時，應至現場勘察下列事項：

1. 確認勘估標的之基本資料及權利狀態。

2. 調查勘估標的及比較標的之使用現況。

3. 確認影響價格之各項資料。

4. 作成紀錄及攝製必要之照片或影像檔。

(三) 如委託人未領勘，確認標的狀態出現困難，應如何處理：

依據「不動產估價技術規則」第 13 條……委託人未領勘，無法確認勘估標的範圍或無法進入室內勘察時，應於估價報告書敘明。

第二章

比較法

第一節 精華導讀

壹、比較法定義：

比較法指以比較標的價格為基礎，經比較、分析及調整等，以推算勘估標的價格之方法。依前項方法所求得之價格為比較價格。

貳、比較法估價之程序：

一、蒐集並查證比較標的相關資料。
二、選擇與勘估標的條件相同或相似之比較標的。
三、對比較標的價格進行情況調整及價格日期調整。
四、比較、分析勘估標的及比較標的間之區域因素及個別因素之差異，並求取其調整率或調整額。
五、計算勘估標的之試算價格。
六、決定勘估標的之比較價格。
　　前項第五款所稱之試算價格，指以比較標的價格經情況調整、價格日期調整、區域因素調整及個別因素調整後所獲得之價格。

參、比較法核心聯想圖解說：

一、比較法核心聯想圖

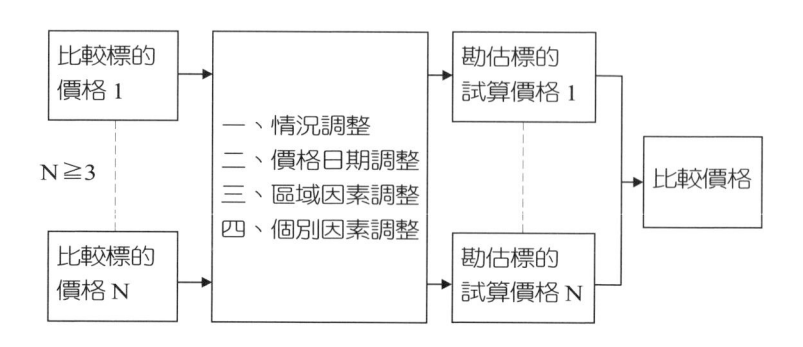

```
┌─────────┐      ┌──────────────┐      ┌─────────┐
│ 比較標的 │─────▶│              │─────▶│ 勘估標的 │
│ 價格 1  │      │ 一、情況調整  │      │試算價格 1│
└─────────┘      │ 二、價格日期調整│     └─────────┘      ┌──────┐
   N≧3          │ 三、區域因素調整│                      │比較價格│
┌─────────┐      │ 四、個別因素調整│     ┌─────────┐    └──────┘
│ 比較標的 │─────▶│              │─────▶│ 勘估標的 │
│ 價格 N  │      │              │      │試算價格 N│
└─────────┘      └──────────────┘      └─────────┘
```

二、比較法核心聯想圖解說：

從比較法的定義、程序、實務作業來理解上圖（比較法核心聯想圖），比較法顧名思義就是用「比較」的方法，拿數個（技 27 規定至少 3 個）已知價格的「比較標的」分別和待估價格的「勘估標的」來比，比什麼呢？一比情況、二比價格日期、三比區域因素、四比個別因素。然後就「比較標的」和「勘估標的」兩者在以上「四比」間的差異，對「比較標的」的價格進行調整後得到「勘估標的試算價格」，再由數個「勘估標的試算價格」，決定出待估「勘估標的比較價格」的方法，如上圖（比較法核心聯想圖）所示。比較法是國內不動產估價最常用的方法，也是一般人最熟悉的方法。

三、由比較法的核心聯想圖聯想出比較法的定義、程序、作業需遵守的規定：

理解記憶「核心聯想圖」後，藉由這個「核心聯想圖」聯想出定義、程序、作業遵守事項等。

(一) 從比較法核心聯想圖聯想出比較法定義

從下圖（核心聯想圖），我們從聯想圖的左端向右端順序描述：

順序1、以比較標的價格為基礎。

順序2、經比較、分析、調整以推算勘估標的價格之方法。

順序3、依前項方法所求得之價格為比較價格。

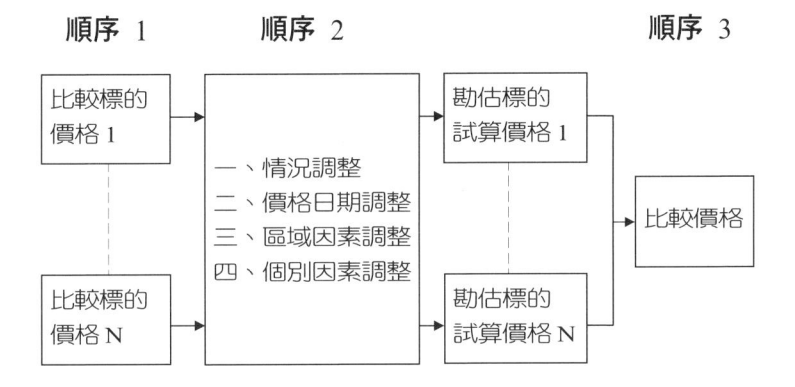

```
順序 1              順序 2                      順序 3

┌─────────┐                        ┌─────────┐
│ 比較標的 │                        │ 勘估標的 │
│ 價格 1  │──→                   ──→│ 試算價格1│
└─────────┘    一、情況調整         └─────────┘
     ┊         二、價格日期調整          ┊         ┌─────────┐
     ┊         三、區域因素調整          ┊      ──→│比較價格 │
     ┊         四、個別因素調整          ┊         └─────────┘
┌─────────┐                        ┌─────────┐
│ 比較標的 │                        │ 勘估標的 │
│ 價格 N  │──→                   ──→│試算價格N│
└─────────┘                        └─────────┘
```

(二) 從比較法核心聯想圖聯想出比較法程序：

從下圖——核心聯想圖，去聯想出比較法估價作業程序

程序1 蒐集並查證比較標的相關資料。

程序2 選擇與勘估標的條件相同或相似之比較標的。

程序3 對比較標的價格進行情況調整及價格日期調整。

程序4 比較、分析勘估標的及比較標的間之區域因素及個別因素之差異，並求取其調整率或調整額。

程序5 計算勘估標的之試算價格。

程序6 決定勘估標的之比較價格。

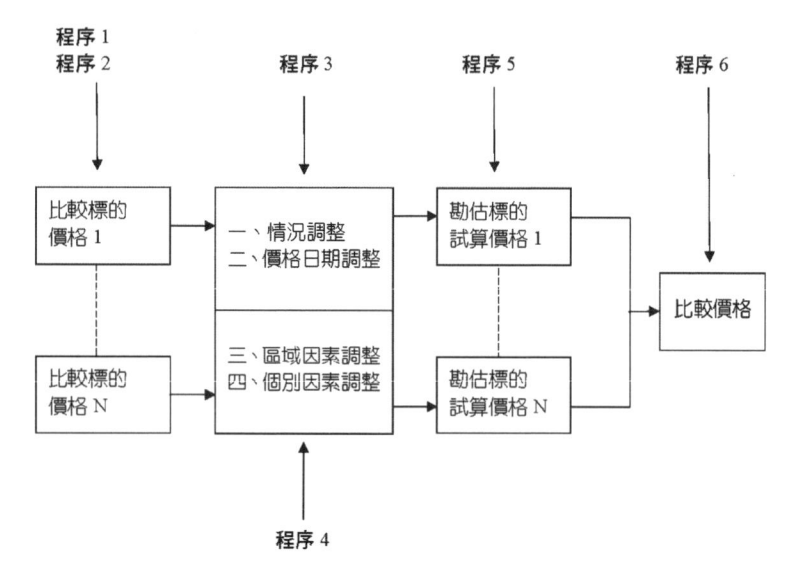

```
程序1
程序2          程序3           程序5           程序6
  ↓             ↓              ↓              ↓

┌─────────┐   ┌───────────┐   ┌─────────┐
│比較標的 │→ │一、情況調整│→ │勘估標的 │
│價格 1   │   │二、價格日期│   │試算價格1│──┐
└─────────┘   │   調整    │   └─────────┘  │   ┌─────────┐
    ┊         ├───────────┤       ┊        ├→ │比較價格 │
    ┊         │三、區域因素│       ┊        │   └─────────┘
┌─────────┐   │   調整    │   ┌─────────┐  │
│比較標的 │→ │四、個別因素│→ │勘估標的 │──┘
│價格 N   │   │   調整    │   │試算價格N│
└─────────┘   └───────────┘   └─────────┘
                   ↑
                 程序4
```

(三) 由比較法的核心聯想圖聯想出比較法作業需遵守的規定：

比較法作業需遵守的規定，是指以比較法實施不動產估價時，在每個估價程序（步驟）需遵守的規定，所以我們從估價程序（步驟）來聯想出比較法作業需遵守的各項規定

1. **蒐集並查證比較標的相關資料作業需遵守的規定。**
2. **選擇與勘估標的條件相同或相似之比較標的的作業需遵守的規定。**

    (1) 不動產估價應依下列原則蒐集比較實例：

    ① 實例之價格屬正常價格、可調整為正常價格或與勘估標的價格種類相同者。

    ② 勘估標的位於同一供需圈之近鄰地區或類似地區者。

    ③ 勘估標的使用性質或使用管制相同或相近者。

    ④ 實例價格形成日期與勘估標的之價格日期接近

者。（技12）

(2)所蒐集之比較標的，應就下列事項詳予查證確認：

①交易價格及各項費用之負擔方式。

②交易條件；有特殊付款方式者，其方式。

③比較標的狀況。

④交易日期。（技22）

3. **對比較標的價格進行情況調整及價格日期調整作業需遵守的規定。**

4. **比較、分析勘估標的及比較標的間之區域因素及個別因素之差異，並求取其調整率或調整額作業需遵守的規定。**

(1)**比較標的四個調整項目：**

①**情況調整**：指比較標的之價格形成條件中有非屬於一般正常情形而影響價格時，或有其他足以改變比較標的價格之情況存在時，就該影響部分所作之調整。比較標的有下列情況，應先作適當之調整；該影響交易價格之情況無法有效掌握及量化調整時，應不予採用。

一、急買急賣或急出租急承租。

二、期待因素影響之交易。

三、受債權債務關係影響之交易。

四、親友關係人間之交易。

五、畸零地或有合併使用之交易。

六、地上物處理有糾紛之交易。

七、拍賣。

八、公有土地標售、讓售。

九、受迷信影響之交易。

十、包含公共設施用地之交易。

十一、人為哄抬之交易。

十二、與法定用途不符之交易。

十三、其他特殊交易。

②**價格日期調整**：比較標的之交易日期與勘估標的之價格日期因時間之差異，致價格水準發生變動，應以適當之變動率或變動金額，將比較標的價格調整為勘估標的價格日期之價格。

③**區域因素調整**：所選用之比較標的與勘估標的不在同一近鄰地區內時，為將比較標的之價格轉化為與勘估標的同一近鄰地區內之價格水準，而以比較標的之區域價格水準為基礎，就區域因素不同所產生之價格差異，逐項進行之分析及調整。

④**個別因素調整**：以比較標的之價格為基礎，就比較標的與勘估標的因個別因素不同所產生之價格差異，逐項進行之分析及調整。

(2)**比較標的價格調整的3個方法**：

比較標的價格調整的方法有百分率法、差額法、計量模型分析法三個方法。依不動產估價技規則規定，其調整以百分率法為原則，亦得以差額法調整，並應於估價報告書中敘明。

①**百分率法**：將影響勘估標的及比較標的價格差異之區域因素及個別因素逐項比較，並依優劣程度或高低等級所評定之差異百分率進行價格調整之方法。

試算價格之調整運算過程中，區域因素調整、個別因素調整或區域因素及個別因素內之任一

單獨項目之價格調整率大於百分之十五，或情況、價格日期、區域因素及個別因素調整總調整率大於百分之三十時，判定該比較標的與勘估標的差異過大，應排除該比較標的之適用。但勘估標的性質特殊或區位特殊缺乏市場交易資料，並於估價報告書中敘明者，不在此限。如下表（比較法價格調整表），調整率2%、5%、-3%……就是百分率法的調整方式。

②**差額法**：指將影響勘估標的及比較標的之價格差異之區域因素及個別因素逐項比較，並依優劣程度或高低等級所評定之差額進行價格調整之方法。

無論以百分率法或差額法進行價格調整都是定量分析修正。而定性分析修正是以相對比較分析方式，偏向質化，以優劣程度判斷、排序調整價格。

③**計量模型分析法**：蒐集相當數量具代表性之比較標的，透過計量模型分析，求出各主要影響價格因素與比較標的之價格二者之關係式，以推算各主要影響價格因素之調整率及調整額之方法。

應用前條計量模型分析法應符合下列條件：

一、須蒐集應用計量模型分析關係式自變數個數五倍以上之比較標的。

二、計量模型分析採迴歸分析者，其調整後判定係數不得低於零點七。

三、截距項以外其他各主要影響價格因素之係數估計值同時為零之顯著機率不得大於百

分之五。

5. **計算勘估標的之試算價格作業需遵守的規定。**

 試算價格指以比較標的價格經情況調整、價格日期調整、區域因素調整及個別因素調整後所獲得之價格。

比較法計算實例表

比較項目		比較標的一	比較標的二	比較標的三
比較標的單價（元／坪）		100,000	120,000	110,000
情況調整		＋10%		
價格日期調整				
區域因素	交通運輸	-1%	-6%	-3%
	公共設施			
	生活機能			
	天災公害	-2%	1%	
	行政條件			
	調整率小計	-3%	-5%	-3%
個別因素	宗地條件			
	街道條件	-3%	-5%	
	接近條件	5%		-5%
	環境條件		-4%	
	其他			
	調整率小計	2%	-9%	-5%
總差異百分率		108.83%	86.45%	92.15%
試算價格（元／坪）		108,834	103,740	101,365
差異百分率絕對值加總		21%	16%	8%
取試算價格權重		20%	30%	50%
比較價格（元／坪）			103,571	

 如上表，依試算價格之單價＝比較價格單價×情況調整×價格日期調整×區域因素調整×個別因素調

整，計算各試算價格如下：

★以 $\dfrac{100}{100}$ 基準，用原則二方式調整

(1)試算價格 $1 = 100{,}000 \times \boxed{\dfrac{110}{100} \times \dfrac{100}{100} \times \dfrac{97}{100} \times \dfrac{102}{100}}$

$\updownarrow$ 總調整率

$= 100{,}000 \times \boxed{108.83\%} = 108{,}834$（元）

(2)試算價格 $2 = 120{,}000 \times \boxed{\dfrac{100}{100} \times \dfrac{100}{100} \times \dfrac{95}{100} \times \dfrac{91}{100}}$

$\updownarrow$ 總調整率

$= 120{,}000 \times \boxed{86.45\%} = 103{,}740$（元）

(3)試算價格 $3 = 110{,}000 \times \boxed{\dfrac{100}{100} \times \dfrac{100}{100} \times \dfrac{97}{100} \times \dfrac{95}{100}}$

$\updownarrow$ 總調整率

$= 110{,}000 \times \boxed{92.15\%} = 101{,}365$（元）

經比較調整後求得之勘估標的試算價格，應就價格偏高或偏低者重新檢討，經檢討確認適當合理者，始得作為決定比較價格之基礎。檢討後試算價格之間差距仍達百分之二十以上者，應排除該試算價格之適用。

前項所稱百分之二十以上之差距，指高低價格之差除以高低價格平均值達百分之二十以上者。

(1)試算價格一、二之間

$= \dfrac{108{,}834 - 103{,}740}{\dfrac{108{,}831 + 103{,}740}{2}} = 4.8\% < 20\%$

(2) 試算價格一、三之間

$$= \frac{108,834 - 101,365}{\frac{108,834 + 101,365}{2}} = 7.1\% < 20\%$$

(3) 試算價格二、三之間

$$= \frac{103,740 - 101,365}{\frac{103,740 + 101,365}{2}} = 2.3\% < 20\%$$

★ 比較法常考計算要領

一、比較法計算公式及計算原則

1. 公式：試算價格＝比較標的價格×情況調整×價格日期調整×區域因素調整×個別因素調整

2. 原則一：題目如說：「比較標的」比「勘估標的」、「正常價格」或「市價」好或差？％

    則以 100／100±□，即調整分母。（表示以正常買賣價格為 100 時，比較標的實際買賣價格多少？）

3. 原則二：題目如說：「勘估標的」比「比較標的」好或差？％（表示標準狀態為 100 時，勘估標的是多少？）

    則以 100±□／100，即調整分子。

4. 原則三：題目如說：「好」以「加」計算；「差」以「減」計算

例題一：利用比較法進行估價時，若比較標的之個別因素較勘估標的差 5%，則個別因素調整率為多少？ (A) 100/95　(B) 95/100　(C) 100/105

(D) 105/100　　　　　　　　答：（A）

例題二：比較標的因極老舊，使其較一般正常價格低 8%，而勘估標的裝潢特佳，此一因素使其較正常價格高 5%。若勘估標的與比較標的之其餘各項條件都相同，且已知比較標的之成交價為 500 萬元，則勘估標的之正常價格為何？　(A) 570.65 萬元　(B) 438.10 萬元　(C) 483.00 萬元　(D) 485.00 萬元　答：（A）

【解析】：500×100/92×105/100＝570.65 萬元

例題三：一比較標的於 92 年 6 月以 1,000 萬元成交，當時的價格指數為 80；勘估標的價格日期 93 年 6 月當期之價格指數為 90。假設其他條件相同，請問該勘估標的經價格日期調整後之價格為多少？　(A) 800 萬元　(B) 888 萬元　(C) 1,100 萬元　(D) 1,125 萬元

答：（D）

【解析】：1,000 萬元×90/80＝1125 萬元

例題四：倘估價師判斷勘估標的之區域條件較比較標的好 15%，但個別條件差 14%，依百分率法，欲求得勘估標的單價，可按比較標的單價分別乘上那兩個百分率調整之？　(A) 115/100，86/100　(B) 100/115，100/86　(C) 115/100，100/86　(D) 100/115，86/100

答：（A）

例題五：請列式說明：「勘估標的之區域因素條件相較於比較標的好 10%，然而個別條件差 5%」。

答：比較標的價格×110/100×95/100＝勘

估標的價格

例題六：試計算下列比較標的之試算價格，比較標的成交價每坪 20 萬元，屬兄弟間買賣，便宜市價二成，位於類似地區，區域條件較勘估標的佳 2%，個別條件較勘估標的差 5%，成交日期至價格日期，價格約上漲 6%。

答：

1. 情況調整：屬兄弟間買賣，便宜市價二成
   勘估標的單價＝20×100/80＝25

2. 價格日期調整：成交日期至價格日期，價格約上漲6%
   勘估標的單價25×106/100＝26.5

3. 區域因素調整：比較標的位於類似地區，區域條件較勘估標的佳2%
   勘估標的單價＝26.5×100/102＝25.98

4. 個別因素調整：個別條件較勘估標的差5%
   勘估標的單價＝25.98×100/95＝27.35

6. **決定勘估標的之比較價格作業需遵守的規定。**

比較價格指以比較標的價格為基礎，經比較、分析及調整等，以推算勘估標的價格之方法。依前項方法所求得之價格為比較價格。不動產估價師應採用三件以上，經前條檢討後之勘估標的試算價格，考量各比較標的蒐集資料可信度、各比較標的與勘估標的價格形成因素之相近程度，決定勘估標的之比較價格，並將比較修正內容敘明之。

依上述計算勘估標的比較價格如下：
＝（108,834×20%）＋（103,740×30%）＋

（101,365×50%）＝103,571 元

各試算價格權重（20%、30%、50%）係依上述不動產技術規則考量各比較標的蒐集資料可信度、各比較標的與勘估標的價格形成因素之相近程度等所決定。

第二節　本章相關不動產估價技術規則條文說明

第一節　比較法		
修正條文	原條文	說明
	第十八條　比較法指以比較標的價格為基礎，經比較、分析及調整等，以推算勘估標的價格之方法。依前項方法所求得之價格為比較價格。	
	第十九條　本節名詞定義如下： 一、情況調整：比較標的之價格形成條件中有非屬於一般正常情形而影響價格時，或有其他足以改變比較標的價格之情況存在時，就該影響部分所作之調整。 二、價格日期調整：比較標的之交易日期與勘估標的之價格日期因時間之差異，致價格水準發生變動，應以適當之變動率或變動金額，將比較標的價格調整為勘估標的價格日期之價格。	各名詞定義應瞭解，並應用於各問題敘述

修正條文	原條文	說明
	三、區域因素調整:所選用之比較標的與勘估標的不在同一近鄰地區內時,為將比較標的之價格轉化為與勘估標的同一近鄰地區內之價格水準,而以比較標的之區域價格水準為基礎,就區域因素不同所產生之價格差異,逐項進行之分析及調整。 四、個別因素調整:以比較標的之價格為基礎,就比較標的與勘估標的因個別因素不同所產生之價格差異,逐項進行之分析及調整。 五、百分率法:將影響勘估標的及比較標的價格差異之區域因素及個別因素逐項比較,並依優劣程度或高低等級所評定之差異百分率進行價格調整之方法。 六、差額法:指將影響勘估標的及比較標的價格差異之區域因素及個別因素逐項比較,並依優劣程度或高低等級所評定之差額進行價格調整之方法。	

修正條文	原條文	說明
	七、計量模型分析法：蒐集相當數量具代表性之比較標的，透過計量模型分析，求出各主要影響價格因素與比較標的價格二者之關係式，以推算各主要影響價格因素之調整率及調整額之方法。	
	第二十條 應用前條計量模型分析法應符合下列條件： 一、須蒐集應用計量模型分析關係式自變數個數五倍以上之比較標的。 二、計量模型分析採迴歸分析者，其調整後判定係數不得低於零點七。 三、截距項以外其他各主要影響價格因素之係數估計值同時為零之顯著機率不得大於百分之五。	第一款應用時應蒐集相當數量具代表性之比較標的，比較標的數量一般應以自變數之五倍至十倍為原則，爰修正為五倍以上。
	第二十一條 比較法估價之程序如下： 一、蒐集並查證比較標的相關資料。 二、選擇與勘估標的條件相同或相似之比較標的。 三、對比較標的價格進行	

修正條文	原條文	說明
	情況調整及價格日期調整。 四、比較、分析勘估標的及比較標的間之區域因素及個別因素之差異，並求取其調整率或調整額。 五、計算勘估標的之試算價格。 六、決定勘估標的之比較價格。 　　前項第五款所稱之試算價格，指以比較標的價格經情況調整、價格日期調整、區域因素調整及個別因素調整後所獲得之價格。	
第二十二條　所蒐集之比較標的，應就下列事項<u>查證</u>確認： 一、交易價格及各項費用之負擔方式。 二、交易條件；有特殊付款方式者，其方式。 三、比較標的狀況。 四、交易日期。 　　前項查證確有困難<u>之事項</u>，應於估價報告書中敘明。	第二十二條　所蒐集之比較標的，應就下列事項詳予查證確認： 一、交易價格及各項費用之負擔方式。 二、交易條件；有特殊付款方式者，其方式。 三、比較標的狀況。 四、交易日期。 　　前項查證確有困難之事項部分，應於估價報告書中敘明。	第二項酌作文字修正。
第二十三條　比較標的有下列情況，應先作適當之調整；該影響交易價格之情況無法有效掌握	第二十三條　比較標的有下列情況，應先作適當之調整；該影響交易價格之情況無法有效掌握及量化調	配合實務上特殊交易情態樣，第一款增列急出（承）租情況、第七款修正為拍賣，以包含法院及

修正條文	原條文	說明
及量化調整時，應不予採用。 一、急買急賣或急出租急承租。 二、期待因素影響之交易。 三、受債權債務關係影響之交易。 四、親友關係人間之交易。 五、畸零地或有合併使用之交易。 六、地上物處理有糾紛之交易。 七、拍賣。 八、公有土地標售、讓售。 九、受迷信影響之交易。 十、包含公共設施用地之交易。 十一、人為哄抬之交易。 十二、與法定用途不符之交易。 十三、其他特殊交易。	整時，應不予採用。 一、急買急賣。 二、期待因素影響之交易。 三、受債權債務關係影響之交易。 四、親友關係人間之交易。 五、畸零地或有合併使用之交易。 六、地上物處理有糾紛之交易。 七、法院拍賣。 八、受迷信影響之交易。 九、包含公共設施用地之交易。 十、人為哄抬之交易 十一、其他。	金融機構拍賣等，並新增第八款管理機關標（讓）售公有土地及第十二款使用現況不符合法定用途（包含違章建築等違規使用、違反土地使用分區管制者，如農業區開設違章工廠做工業使用）之情形，其餘各款次配合作順序調整。
第二十四條　比較、分析勘估標的與比較標的之區域因素及個別因素差異並就其中差異進行價格調整時，其調整以百分率法為原則，亦得以差額法調整，並應於估價報告書中敘明。	第二十四條　比較、分析勘估標的與比較標的之區域因素及個別因素差異並就其中差異進行價格調整時，其調整以百分率法為原則，並得以差額法調整，惟應於估價報告書中敘明。	原文字易產生百分率法與差額法可同時並用之誤解，故酌，故酌作文字修正，以資明確。

修正條文	原條文	說明
第二十五條 試算價格之調整運算過程中，區域因素調整、個別因素調整或區域因素及個別因素內之任一單獨項目之價格調整率大於百分之十五，或情況、價格日期、區域因素及個別因素調整總調整率大於百分之三十時，判定該比較標的與勘估標的差異過大，應排除該比較標的之適用。但勘估標的性質特殊或區位特殊缺乏市場交易資料，並於估價報告書中敘明者，不在此限。	第二十五條 試算價格之調整運算過程中，區域因素調整、個別因素調整或區域因素及個別因素內之任一單獨項目之價格調整率大於百分之十五，或總調整率大於百分之三十時，則判定該比較標的與勘估標的差異過大，應排除該比較標的之適用。但勘估標的性質特殊或區位特殊缺乏市場交易資料，並於估價報告書中敘明者，不在此限。	比較法之調整有情況、價格日期、區域因素及個別因素等四項，為利總調整率大於百分之三十界定更為明確，爰於總調整率前加上「情況、價格日期、區域因素及個別因素調整」文字。
第二十六條 經比較調整後求得之勘估標的試算價格，應就價格偏高或偏低者重新檢討，經檢討確認適當合理者，始得作為決定比較價格之基礎。檢討後試算價格之間差距仍達百分之二十以上者，應排除該試算價格之適用。 　　前項所稱百分之二十以上之差距，指高低價格之差除以高低價格平均值達百分之二十以上者。	第二十六條 經比較調整之比較標的試算價格，應就價格偏高或偏低者重新檢討，經檢討確認適當合理者，方得作為決定比較價格之基礎。檢討後試算價格之間差距仍達百分之二十以上者，應排除該試算價格之適用。前項百分之二十以上之差距，指高低價格之差除以各價格平均值達百分之二十以上者。	一、依第十八條有關比較法之意涵，指以比較標的之價格為基礎，經比較、分析及調整等，以推算勘估標的之價格之方法。察其精神，係將所蒐集之比較標的價格經過比較分析後，調整至與勘估標的相似條件之價格，並作為決定勘估標的比較價格之參考。現行條文就此情形仍稱為比較標的之試算價格，爰予修正，始能符合比較法之精神，並與第二十一條

第二章 比較法

(141)

修正條文	原條文	說明
		第一項第五款所規定之比較法估價程序所述一致。 二、配合第二十七條規定不動產估價師需採用三件以上比較標的試算價格，對三個試算價格之間差距之認定，應以兩兩之間高低價格計算。現行以「各」價格平均值計算之規定，與第一項「試算價格之『間』」規定之立法意旨不一致，爰予以修正。
第二十七條　不動產估價師應採用三件以上比較標的，就其經前條推估檢討後之勘估標的試算價格，考量各比較標的蒐集資料可信度、各比較標的與勘估標的的價格形成因素之相近程度，決定勘估標的之比較價格，並將比較修正內容敘明之。	第二十七條　不動產估價師應採用三件以上，經前條檢討後之比較標的試算價格，考量各比較標的的蒐集資料可信度、各比較標的與勘估標的的價格形成因素之相近程度，決定勘估標的之比較價格，並將比較修正內容敘明之。	修正理由同前條說明一。

第三節　考古題―選擇題

一、不動產經紀人不動產估價概要試題及參考解答

（B）1　依不動產估價技術規則之規定，運用比較法時，不動產估價師應至少採用多少個比較標的？　(A)二件　(B)三件　(C)五件　(D)十件【95 經】

（C）2　依不動產估價技術規則之規定，經比較調整之比較標的試算價格，應就價格偏高或偏低者重新檢討，檢討後試算價格之間差距仍達多少以上者，應排除該試算價格之適用？　(A)百分之五　(B)百分之十五　(C)百分之二十　(D)百分之三十【95 經】

（A）3　依不動產估價技術規則之規定，比較、分析勘估標的與比較標的之區域因素及個別因素差異，並就其中差異進行價格調整時，其調整以下列何者為原則？　(A)百分率法　(B)差額法　(C)定性分析法　(D)計量模型分析法

（B）4　依不動產估價技術規則之規定，試算價格之調整運算過程中，區域因素調整、個別因素調整或區域因素及個別因素內之任一單獨項目之價格調整率不得大於多少百分比？　(A)百分之五　(B)百分之十五　(C)百分之二十　(D)百分之三十【95 經】

（C）5　下列調整勘估標的及比較標的價格差異的方法中，何者不在不動產估價技術規則的規範中？　(A)百分率法　(B)差額法　(C)定性分析法　(D)計量模型分析法【95 經】

（B）6　依不動產估價技術規則規定，進行比較標的與勘估

標的差異比較時，無須進行下列那一項調整？ (A)情況調整 (B)一般因素調整 (C)區域因素調整 (D)個別因素調整【95 經】

(B) 7 利用比較法進行不動產估價時，何時應排除該比較標的之適用？ (A)區域因素之價格調整率大於百分之十 (B)個別因素之價格調整率大於百分之十五 (C)總價格調整率大於百分之二十 (D)以上皆應排除【96-1 經】

(D) 8 根據不動產估價技術規定，應用計量模型分析法進行不動產估價時，在比較標的數量之要求為何？ (A)至少三件以上之比較標的 (B)至少三十件以上之較標的 (C)計量模型分析關係式自變數個數三倍以上之比較標的 (D)計量模型分析關係式自變數個數五倍以上之比較標的【96-1 經】

(C) 9 根據不動產估價技術規則規定，計量模型分析採迴歸分析者，其調整後判定係數不得低於？ (A)零點三 (B)零點五 (C)零點七 (D)零點九【96-1 經】

(B) 10 根據不動產估價技術規則規定，計量模型分析採迴歸分析者，截距項以外其他各主要影響因素之係數值同時為零之顯著機率不得大於？ (A)百分之一 (B)百分之五 (C)百分之十 (D)百分之十五【96-1 經】

(C) 11 利用比較法進行不動產估價時，經檢討後試算價格之間差距多少時，應排除該試算價格之適用？ (A)百分之十 (B)百分之十五 (C)百分之二十 (D)百分之三十【96-1 經】

(A) 12 計量模型分析法不動產估價技術規則中屬於何種方法？ (A)比較法 (B)收益法 (C)成本法 (D)利率法

【96-1 經】

（A）13 比較標的價格因交易人關係特殊而明顯低於一般市場行情時，應進行之調整為： (A)情況調整 (B)價格日期調整 (C)區域因素調整 (D)一般因素調整【96-2 經】

（A）14 依不動產估價技術規則規定，下列何者與推估比較價格最不具直接關係？ (A)定額法 (B)差額法 (C)百分率法 (D)計量模型分析法【96-2 經】

（B）15 以過去的案例價格資料推估現在之價格時，如果近來市場行情有明顯變化，應進行之調整為： (A)情況調整 (B)價格日期調整 (C)區域因素調整 (D)一般因素調整【96-2 經】

（D）16 比較法運用其他比較標的推估勘估標的價格，主要係依據何種原則？ (A)競爭原則 (B)貢獻原則 (C)預測原則 (D)替代原則【96-2 經】

（D）17 利用比較法進行不動產估價時，試算價格之調整運算過程中，總調整率大於多少時，應排除該比較標的之適用？ (A)百分之十五 (B)百分之二十 (C)百分之二十五 (D)百分之三十【97-1 經】

（A）18 以法拍屋作為比較標的，評估勘估標的之正常價格時，應進行的調整為： (A)情況調整 (B)價格日期調整 (C)區域因素調整 (D)個別因素調整【97-1 經】

（C）19 根據不動產估價技術規則，以比較標的之價格經情況調整、價格日期調整，並比較分析區域因素及個別因素之差異後計算勘估標的之價格，稱為： (A)成本價格 (B)比較價格 (C)試算價格 (D)收益價格【97-1 經】

（B）20 在蒐集比較標的時，下列何者屬於應進行個別因素調整的情形？ (A)社區人文環境有差異 (B)臨街道路情況有差異 (C)親友關係人間之交易 (D)地上物處理有糾紛之交易【97-1 經】

（D）21 比較分析區域因素及個別因素差異進行價格調整時，以下列何種方法為原則？ (A)評等法 (B)定額法 (C)差額法 (D)百分率法【97-1 經】

（C）22 「貨比三家」是下列何種估價方法的簡要詮釋？ (A)成本法 (B)收益法 (C)比較法 (D)土地開發分析法【97-1 經】

（A）23 倘若相較於一般成交時間，比較標的之成交時間太長，則在評估勘估標的之正常價格時，應進行下列何種調整？ (A)情況調整 (B)價格日期調整 (C)區域因素調整 (D)個別因素調整【97-1 經】

（C）24 若比較標的與勘估標的在同一近鄰地區內時，則不必進行下列何種調整？ (A)情況調整 (B)價格日期調整 (C)區域因素調整 (D)個別因素調整【97-1 經】

（B）25 根據不動產估價技術規則，利用比較法進行不動產估價時，至少應採用幾件以上的比較標的？ (A)二 (B)三 (C)四 (D)五【97-1 經】

（A）26 比較標的因極老舊，使其較一般正常價格低8%，而勘估標的裝潢特佳，此一因素使其較正常價格高5%。若勘估標的與比較標的之其餘各項條件都相同，且已知比較標的之成交價為 500 萬元，則勘估標的之正常價格為何？ (A) 570.65 萬元 (B) 438.10 萬元 (C) 483.00 萬元 (D) 485.00 萬元【97-2 經】

解析：500×100/92×105/100＝570.65 萬元

（D）27 以比較標的之價格為基礎，就比較標的與勘估標的因個別因素所產生價格差異，逐項進行之分析及調整，此種調整稱為：﹕ (A)情況調整　(B)價格日期調整　(C)區域因素調整　(D)個別因素調整【97-2 經】

（C）28 有關比較、分析勘估標的與比較標的之區域因素及個別因素差異，並就其中差異進行價格調整時，下列敘述何者正確？　(A)其調整以比較法為原則，並得以計量模型分析法調整　(B)其調整以差額法為原則，並得以百分率法調整　(C)其調整以百分率法為原則，並得以差額法調整　(D)其調整以百分率法為原則，並得以比較法調整【97-2 經】

（C）29 下列何者為有關應用計量模型分析法應符合之條件？　(A)須蒐集應用計量模型分析關係式自變數三倍以上之比較標的　(B)須蒐集應用計量模型分析關係式因變數五倍以上之比較標的　(C)計量模型分析採迴歸分析者，其調整後判定係數不得低於零點七　(D)計量模型分析採迴歸分析者，其調整後判定係數不得低於零點五【97-2 經】

（D）30 依不動產估價技術規則之規定，試算價格之調整運算過程中，區域因素調整、個別因素調整或區域因素及個別因素內之任一單獨項目之價格調整率大於多少時，應排除該比較標的之適用？　(A) 5%　(B) 10%　(C) 12%　(D) 15%【98 經】

（B）31 依不動產估價技術規則之規定，應用計量模型分析法時，下列何者正確？　(A)須蒐集應用計量模型分析關係式自變數個數 5 倍以下之比較標的　(B)計量模型分析採迴歸分析者，其調整後判定係數不得低

於零點七　(C)截距項以外其他各主要影響價格因素之係數估計值同時為零之顯著機率得大於百分之十　(D)須蒐集應用計量模型分析關係式自變數個數 3 倍以上之比較標的【98 經】

(B) 32 就所選用之比較標的與勘估標的不在同一近鄰地區，而產生之價格差異進行調整稱為：　(A)情況調整　(B)區域因素調整　(C)個別因素調整　(D)價格日期調整

(D) 33 勘估標的選取比較標的價格經情況調整、價格日期調整，並比較分析區域因素及個別因素之差異後計算勘估標的之價格，稱為：　(A)比較價格　(B)成本價格　(C)收益價格　(D)試算價格【99 經】

(B) 34 運用比較法時，區域因素、個別因素調整或區域因素及個別因素內之任一單獨項目之價格調整率應該以下列何者為原則來判定該比較標的與勘估標的差異過大應排除該比較標的之適用呢？　(A)任一單獨項目調整率大於 30%　(B)任一單獨項目調整率大於 15%　(C)總調整率大於 15%　(D)總調整率小於 30%【99 經】

(A) 35 根據不動產估價技術規則之規定，採取比較法進行區域因素及個別因素差異分析調整時，可以採那種方法為其調整方法呢？　(A)百分率法　(B)定率法　(C)定額法　(D)差額法【99 經】

(B) 36 運用比較法進行估價時，將影響勘估標的及比較標的價格差異之區域因素及個別因素逐項比較，並依優劣程度或高低等級所評定之差額進行價格調整之方法，係指：　(A)百分率法　(B)差額法　(C)區域分析法　(D)個別因素法【99 經】

（B）37 採用計量模型分析法進行不動產估價時，不須符合下列何種條件？ (A)須蒐集應用計量模型分析關係式自變數 5 倍以上的比較標的 (B)計量模型分析關係式之自變數不得少於 3 個 (C)迴歸分析者，其調整後的判定係數不得低於零點七 (D)截距項以外其他各主要影響因素之係數估計值同時為零之顯著機率不得大於百分之五【99 經】

（A）38 利用比較法進行估價時，若比較標的之個別因素較勘估標的差 5%，則個別因素調整率為多少？ (A) 100/95 (B) 95/100 (C) 100/105 (D) 105/100【99 經】

解析：比較標的之個別因素較勘估標的差 5%：100/95

（C）39 計量模型分析法為何種估價方法之應用？ (A)成本法 (B)原價法 (C)比較法 (D)收益法【100 經】

（D）40 林君將其所有不動產賣給女兒，成交價格為 2,000 萬元，經判斷此一價格較正常價格便宜 2 成。請問在其他條件不變下，該不動產之正常價格為多少？ (A) 1,600 萬元 (B) 1,666 萬元 (C) 2,400 萬元 (D) 2,500 萬元【100 經】

解析：$2,000 \times 100 / (100 - 20) = 2,500$（萬）

（D）41 下列有關比較法之敘述，何者正確？ (A)經檢討後試算價格之間差距達 15% 以下者，應排除該試算價格之適用 (B)進行個別因素調整時，任一單獨項目之價格調整率大於 20% 時，不應排除該比較標的之適用 (C)進行區域因素調整時，任一單獨項目之價格調整率大於 30% 時，不應排除該比較標的之適用 (D)經檢討後試算價格之間差距達 20% 以

上者,應排除該試算價格之適用【100 經】

(D) 42 依不動產估價技術規則規定,不動產估價師蒐集比較實例應依據之原則,下列敘述何者錯誤? (A)實例價格形成日期與勘估標的之價格日期接近者 (B)與勘估標的使用性質或使用分區管制相同或相近者 (C)與勘估標的位於同一供需圈之近鄰地區或類似地區者 (D)實例之價格與勘估標的價格種類相同之特定或限定價格者【102 經】

(D) 43 因應財政部查稅及不動產資本利得稅改採實價認定之議題發酵,投資客黃先生於兩個月前,以低於當時市價 1 成急忙出售房地產一筆,成交價格為新臺幣 1,000 萬元。如近兩個月房價又下跌 5%,則目前市價行情為何? (A)新臺幣 950 萬元 (B)新臺幣 1,100 萬元 (C)新臺幣 1,045 萬元 (D)新臺幣 1,056 萬元【102 經】

解析:1,000×100/(100－10)×(100－5)/100＝1,056 萬元

(C) 44 某份不動產估價報告書比較法三個比較標的價格為:新臺幣 12.9、12.6、13.7 萬元/坪,所推估勘估標的之試算價格分別為:新臺幣 10、9、11.5 萬元/坪,下列敘述何者正確? (A)比較標的一調幅違反規定 (B)比較標的二調幅違反規定 (C)比較標的二及比較標的三試算價格差距違反規定 (D)勘估標的整體條件較比較標的佳【102 經】

解析:試算價格二、三間(11.5-9)/[(11.5＋9)/2]
＝24% 大於 20% 規定

(B) 45 下列那些價格不宜直接視為正常交易價格,於無法掌握調整時,應不予採用。①親友間之買賣 ②法

院拍賣 ③賣方支付土地增值稅之交易 ④期待變更之價格 (A)①②③ (B)①②④ (C)②③④ (D)①②③④【100 經】

(A) 46 勘估標的與比較標的若因樓層之不同，而有 100 萬元的價格調整。此調整屬於下列何種方法之運用？ (A)差額法 (B)定額法 (C)定率法 (D)百分率法【100 經】

(A) 47 比較標的為法院拍賣案例，其拍定價格偏低，應作適當之調整，此種調整屬於？ (A)情況調整 (B)價格日期調整 (C)區域因素調整 (D)個別因素調整

(A) 48 下列何者對最有效使用之陳述有誤？ (A)主觀上具有良好意識及通常之使用能力者之使用 (B)在合法、實質可能、正當合理、財務可行前提下，所作得以獲致最高利益之使用 (C)進行不動產估價前，應先判斷該勘估標的之最有效使用 (D)充分的市場分析可協助判定最有效使用【95 經】

(B) 49 在蒐集比較標的時，下列何者屬於應進行情況調整之情況？ (A)接近鄰里公園之遠近 (B)親友關係人之交易 (C)有鄰避性公共設施 (D)有樓層差異時【96-1 經】

(D) 50 運用比較法選擇實例的條件，下列何者最不適宜？ (A)必須與勘估標的之使用性質相符 (B)必須為正常價格 (C)必須與勘估標的地點相近 (D)必須為一個月以內之實例【101 經】

(C) 51 使用買賣實例比較法，如訪得之買賣實例其交易價格，係因屋主急於脫手而出售，此係： (A)一般購買者不易參加，應進行個別因素修正 (B)利害關係人交易，應進行情況修正 (C)交易時具特別動機，

應進行情況修正　(D)將負擔由購買者承受，應進行期日修正【101 經】

(D) 52　某甲以 1,200 萬元將其房屋移轉給弟弟，經判斷正常價格比這價格低二成；於一般不動產估價中，運用此案例進行情況調整後之價格為多少？　(A) 1,440 萬元　(B) 1,400 萬元　(C) 1,000 萬元　(D) 960 萬元【101 經】

解析：1,200×（100－20）/100＝960 萬元

(C) 53　依不動產估價技術規則規定，以計量模型分析法建立一有 10 個自變數的模型，應至少使用多少比較案例？　(A) 3 個　(B) 10 個　(C) 50 個　(D) 100 個【102 經】

解析：5×10＝50

(C) 54　臺北市政府最近發布之 5 月份住宅價格指數，中山、松山、南港區標準住宅總價新臺幣 1,224 萬元，萬華、文山、北投區新臺幣 1,079 萬元，其價差達新臺幣 145 萬元。該價差屬於下列何種方法之運用？　(A)定額法　(B)差異法　(C)差額法　(D)量化法【102 經】

(C) 55　請問試算價格之調整運算過程中，區域因素或個別因素調整之任一單獨項目之價格調整率大於多少，即應排除該比較案例之適用？　(A) 5%　(B) 10%　(C) 15%　(D) 20%【102 經】

(B) 56　公寓單價（萬元）＝15＋0.2×房屋建坪－0.3×房屋屋齡－0.01×捷運站距離（公尺）。以上為某地區公寓單價之廻歸模式依據此模式估算，距離捷運站 500 公尺 10 年屋齡之 45 坪公寓總價應該是多少？　(A) 600 萬　(B) 720 萬　(C) 750 萬　(D) 650 萬

【94估特】

> **解析**：公寓單價（萬元）＝ $15 + 0.2 \times 45 - 0.3 \times 10 - 0.01 \times 500$（公尺）＝ 16 萬／坪
>
> 公寓總價（萬元）＝ 16 萬／坪 × 45 坪 ＝ 720 萬

(C) 57 運用比較法估價時，需進行 1 區域因素調整、2 個別因素調整、3 價格日期調整、4 情況調整，請問依一般狀況該等調整之次序為何？ (A) 1、2、4、3 (B) 3、4、1、2 (C) 4、3、1、2 (D) 1、2、3、4【93估特】

(B) 58 勘估標的價格可以透過比較標的價格之調整而求得。這樣的邏輯主要建立於下列何種原則上？ (A)收益遞減原則 (B)替代原則 (C)貢獻原則 (D)預測原則【94估特】

(C) 59 在選取比較標的時，可否採用法院拍賣之案件？ (A)法拍案件並非正常交易，因此絕對不可以採用 (B)法拍案件與一般案件並無差異，因此可以直接採用 (C)若可量化法拍對於交易價格影響，可於修正後採用 (D)可否採用端視不動產市場景氣而定【94估特】

(B) 60 依不動產估價技術規則之規定，不動產估價師應經常蒐集何者之相關交易、收益及成本等案例及資料，並詳予求證其可靠性？ (A)勘估標的 (B)比較標的 (C)買賣標的 (D)估價標的【103經】

(B) 61 依不動產估價技術規則規定，下列有關勘估標的之試算價格之敘述，何者有誤？ (A)試算價格之間差距達百分之二十以上者，應排除該試算價格之適用 (B)試算價格間之差距，以高低價格之差除以各價格

平均值計算　(C)試算價格應就價格偏高或偏低者加以重新檢討　(D)經檢討確認適當合理者，始得作為決定比較價格之基礎【103 經】

(D) 62 甲以 2,000 萬元（比市場行情低二成的價格）買了一戶公寓，請問該公寓之市場行情是多少？　(A) 1,600 萬元　(B) 2,200 萬元　(C) 2,400 萬元　(D) 2,500 萬元【103 經】

解析：｛100／(100－20)｝×2,000＝2,500（萬）

(B) 63 依不動產估價技術規則規定，請問比較法應進行比較、分析及調整之項目為何？①情況調整　②價格日期調整　③一般因素調整　④區域因素調整　⑤個別因素調整　⑥價格調整　(A)①②③④　(B)①②④⑤　(C)①②③④⑤　(D)①②③④⑤⑥【103 經】

(A) 64 依不動產估價技術規則，有關試算價格調整率之限制，何者正確？　(A)區域因素調整之價格調整率不得大於百分之十五　(B)情況調整之價格調整率不得大於百分之十五　(C)價格日期調整之價格調整率不得大於百分之十五　(D)情況、價格日期、區域因素及個別因素調整總調整率不得大於百分之十五【103 經】

(D) 65 一比較標的於 92 年 6 月以 1,000 萬元成交，當時的價格指數為 80；勘估標的價格日期 93 年 6 月當期之價格指數為 90。假設其他條件相同，請問該勘估標的經價格日期調整後之價格為多少？　(A) 800 萬元　(B) 888 萬元　(C) 1,100 萬元　(D) 1,125 萬元【93 估特】

解析：1,000 萬元×90／80＝1,125 萬元

(D) 66 臺北市政府最近發布之 10 月份住宅價格指數，中

山松山南港區標準住宅總價 1,224 萬元、萬華文山北投區 1,080 萬元，其價差達 144 萬元。以上的價差分析，屬下列何種運用？　(A)定率法　(B)比率法　(C)定額法　(D)差額法【106 經】

（A）67　不動產估價比較法就「畸零地或有合併使用之交易」所進行之調整，是屬於何項調整？　(A)情況調整　(B)價格日期調整　(C)區域因素調整　(D)個別因素調整【106 經】

（D）68　關於不動產估價收益法之總費用估算項目，下列何者正確？　(A)只能算地價稅，如地上權地租不能算　(B)房屋稅只適用於保存登記之建物　(C)所得稅亦應計算　(D)維修費、保險費亦應計算【106 經】

（B）69　計量模型分析法係指「蒐集相當數量具代表性之比較標的，透過計量模型分析，求出各主要影響價格因素與比較標的價格二者之關係式，以推算各主要影響價格因素之調整率及調整額之方法。」請問應用時應符合條件中，採迴歸分析者，其調整後判定係數不得低於多少？　(A) 0.6　(B) 0.7　(C) 0.8　(D) 0.9【106 經】

（#）70　勘估土地時蒐集到一個半年前正常情況下之土地交易案例，以每平方公尺 30 萬元成交，其與價格日期相比跌了 2%，區域條件較勘估標的優 5%、個別條件較勘估標的優 10%，其試算價格為何？　(A)萬元/m2　(B)萬元/m2　(C)萬元/m2　(D)萬元/m2【106 經】

解析：$30 \times (100-2)/100 \times 100/(100+5) \times 100/(100+10) = 25.4545$ 元

（D）71　下列有關勘估標的與比較標的之調整及試算價格求取

之敘述，何者正確？ (A)差異調整以差額法為原則 (B)差異調整以定性分析法為原則 (C)偏高或偏低檢討後試算價格間差距仍達 10% 以上者，應排除適用 (D)偏高或偏低檢討後試算價格間差距仍達 20% 以上者，應排除適用【106 經】

(A) 72 下列何者不屬不動產估價師蒐集比較實例所應依循之原則？ (A)實例之價格屬限定價格、可調整為限定價格或與勘估標的價格種類相同者 (B)與勘估標的位於同一供需圈之近鄰地區或類似地區者 (C)與勘估標的使用性質或使用管制相同或相近者 (D)實例價格形成日期與勘估標的之價格日期接近者【107 經】

(A) 73 下列何者符合應用計量模型分析法關係式採用 5 個自變數時所要求之所有條件？ (A)蒐集 26 個比較標的、迴歸分析調整後判定係數為 0.8、截距項以外其他各主要影響價格因素之係數估計值同時為零之顯著機率為 0.04 (B)蒐集 36 個比較標的、迴歸分析調整後判定係數為 0.8、截距項以外其他各主要影響價格因素之係數估計值同時為零之顯著機率為 0.95 (C)蒐集 60 個比較標的、迴歸分析調整後判定係數為 0.02、截距項以外其他各主要影響價格因素之係數估計值同時為零之顯著機率為 0.03 (D)蒐集 20 個比較標的、迴歸分析調整後判定係數為 0.8、截距項以外其他各主要影響價格因素之係數估計值同時為零之顯著機率為 0.01【107 經】

(D) 74 運用比較法在試算價格之調整運算過程中，區域因素調整、個別因素調整或區域因素及個別因素內之任一單獨項目之價格調整率大於百分之（甲），或

情況、價格日期、區域因素及個別因素調整總調整率大於百分之（乙）時，判定該比較標的與勘估標的差異過大，應排除該比較標的之適用。請問甲與乙各為多少？ (A)甲為10，乙為20 (B)甲為10，乙為25 (C)甲為15，乙為25 (D)甲為15，乙為30【107經】

（A）75 採用比較法經比較調整後求得之勘估標的試算價格，應就價格偏高或偏低者重新檢討，經檢討確認適當合理者，始得作為決定比較價格之基礎。檢討後試算價格之間差距仍達百分之二十以上者，應排除該試算價格之適用。前者所稱百分之二十以上之差距係指： (A)高低價格之差除以高低價格平均值達百分之二十以上者 (B)高低價格之差除以最高價格達百分之二十以上者 (C)高低價格平均值除以最高價格達百分之二十以上者 (D)高低價格平均值除以高低價格之差達百分之二十以上者【107經】

（A）76 下列有關比較法的敘述，何者錯誤？ (A)試算價格調整運算過程中，情況因素、價格日期、區域因素、個別因素或區域因素及個別因素內之任一單獨項目之價格調整率不得大於15%，但勘估標的性質或區位特殊，於報告書敘明者，不在此限 (B)試算價格調整運算過程中，情況因素、價格日期、區域因素及個別因素總調整率不得大於30%，但勘估標的性質或區位特殊，於報告書敘明者，不在此限 (C)情況調整係指比較標的之價格形成條件中有非屬於一般正常情形而影響價格時，或有其他足以改變比較標的價格之情況存在時，就該影響部分所作之調整 (D)估價師運用比較法估價時，應採用三

件以上比較標的【107 經】

(C) 77 王先生手中取得一份不動產估價報告書，比較法推估過程中三個比較案例的價格依序為新臺幣 63 萬元／坪、64.5 萬元／坪、68.5 萬元／坪，所推估之試算價格依序分別為新臺幣 45 萬元／坪、50 萬元／坪、57.5 萬元／坪，下列敘述何者正確？ (A)比較案例一總調整率不符規定 (B)比較案例三總調整率不符規定 (C)比較案例一與比較案例三試算價格之差距不符規定 (D)比較案例一與比較案例二之試算價格較接近，應給予較高之權重【107 經】

解析：（57.5－45）÷（57.5＋45）/ 2＝24.39％＞20％

(A) 78 經比較調整後求得之勘估標的試算價格，應就價格偏高或偏低者重新檢討，經檢討後試算價格差距如下，何者應排除該試算價格之適用？ (A)百分之二十 (B)百分之十五 (C)百分之十 (D)百分之五【108 經】

(B) 79 有關比較法試算價格之調整運算過程中，遇有下列之情形，須判定該比較標的與勘估標的之差異過大，應排除該比較標的之適用。何者為正確？ (A)區域因素調整率、個別因素調整率，各大於百分之三十 (B)區域因素及個別因素內之任一單獨項目之價格調整率大於百分之十五 (C)區域因素調整率與個別因素調整率之和，大於百分之三十 (D)比較標的性質特殊或區位特殊缺乏市場交易資料，並於估價報告書中敘明者，不在此限【108 經】

(A) 80 有關區域因素之調整，下列敘述何者為正確？ (A)此項調整，係以比較標的之區域價格水準為基礎，

就區域因素不同所產生之價格差異,逐項進行之分析與調整 (B)此項調整為將勘估標的之價格轉化為與比較標的同一近鄰地區內之價格水準 (C)所選用之比較標的係位於同一供需圈但不在同一類似地區內 (D)所謂區域因素,指影響類似地區不動產價格水準之因素【108 經】

(D) 81 下列敘述何者為正確? (A)百分率法與差額法均為將影響勘估標的及比較標的價格差異的一般因素、區域因素與個別因素逐項比較進行價格調整之方法 (B)採比較法估價時,應先進行「情況調整」,再進行「價格日期調整」、「個別因素修正」,最後是「區域因素修正」 (C)對勘估標的價格進行情況調整及價格日期調整 (D)對比較標的價格進行情況調整及價格日期調整【108 經】

(C) 82 依不動產估價技術規則之規定,運用計量模型分析法進行估價,下列敘述何者錯誤? (A)須蒐集應用計量模型分析關係式自變數個數五倍以上之比較標的 (B)本法須先求出各主要影響價格因素與比較標的價格二者之關係式,以推算各主要影響價格因素之調整率及調整額之方法 (C)採迴歸分析者,其調整後判定係數不得低於零點八 (D)截距項以外其他各主要影響價格因素之係數估計值同時為零之顯著機率不得大於百分之五【108 經】

(D) 83 比較法以比較標的價格為基礎,下列那一項比較標的在正常情況下應排除適用? (A)比較標的 A 的比較因素調整中,情況調整率 +5%,價格日期調整率 -9%,區域因素調整率 -12%,個別因素調整率 +10% (B)比較標的 B 的比較因素調整中,情況

調整率 +5%，價格日期調整率 -9%，區域因素調整率 +12%，個別因素調整率 +10% (C)比較標的 C 的比較因素調整中，情況調整率 +5%，價格日期調整率 +9%，區域因素調整率 -12%，個別因素調整率 -10% (D)比較標的 D 的比較因素調整中，情況調整率 -5%，價格日期調整率 -9%，區域因素調整率 -12%，個別因素調整率 -10%【109 經】

解析：

A：$(105/100) \times (91/100) \times (88/100) \times (110/100)$
　　$= 93\%$

B：$(105/100) \times (91/100) \times (112/100) \times (110/100)$
　　$= 118\%$

C：$(105/100) \times (109/100) \times (88/100) \times (90/100)$
　　$= 91\%$

D：$(95/100) \times (91/100) \times (88/100) \times (90/100)$
　　$= 69\%$

因為 D 情況、價格日期、區域因素、個別因素總調整率大於百分之三十時，判定該比較標的與勘估標的差異過大，應排除比較標的之適用。

(A) 84　內政部近年積極試辦電腦輔助大量估價（CAMA），於應用計量模型分析法應符合之條件，下列敘述何者錯誤？　(A)計量模型分析採迴歸分析者，相關係數不得低於零點八　(B)須蒐集應用計量模型分析關係式自變數個數五倍以上之比較標的　(C)計量模型分析採迴歸分析者，其調整後判定係數不得低於零點七　(D)截距項以外其他各主要影響價格因素之係數估計值同時為零之顯著機率不得大於百分之五【109 經】

（C）85 比較標的於 110 年 1 月以 2,000 萬元成交，當時之價格指數為 95；勘估標的之價格日期為 110 年 9 月，價格指數為 101。假設其他條件皆相同，請問勘估標的經價格日期調整後之價格約為多少？ (A) 2,020 萬元　(B) 2,105 萬元　(C) 2,126 萬元　(D) 2,188 萬元【110 經】

解析：$2{,}000 \times 101/95 = 2{,}126$（萬元）

（B）86 依不動產估價技術規則規定，下列有關特殊宗地之估價，何者敘述錯誤？　(A)公共設施保留地之估價，以比較法估價為原則　(B)林地之估價，以比較法估價為原則　(C)農場之估價，以比較法估價為原則　(D)墓地之估價，以比較法估價為原則【110 經】

（D）87 勘估標的乙之價格日期、勘察日期分別為110 年 8 月15 日、110 年 9 月15 日，若比較標的交易日期為110 年 7 月10 日（經查110 年 7 至9 月不動產指數分別為：106%、108%、107%），其價格日期調整百分率為何？　(A) 98%　(B) 99%　(C) 101%　(D) 102%【110 經】

第四節 考古題—申論題

一、不動產經紀人不動產估價概要試題及參考解答

一、運用比較法進行估價時，比較標的有那些情況會影響交易價格，且無法有效掌握及量化調整者，應不予採用？（25分）【102經】

答：依不動產估價技術規則規定，推算勘估不動產價格時，應就價格形成條件中非屬一般正常情形而影響價格時之情況，進行調整。比較標的有下列情況，應先作適當之調整；該影響交易價格之情況無法有效掌握及量化調整時，應不予採用。

一、急買急賣或急出租急承租。
二、期待因素影響之交易。
三、受債權債務關係影響之交易。
四、親友關係人間之交易。
五、畸零地或有合併使用之交易。
六、地上物處理有糾紛之交易。
七、拍賣。
八、公有土地標售、讓售。
九、受迷信影響之交易。
十、包含公共設施用地之交易。
十一、人為哄抬之交易。
十二、與法定用途不符之交易。
十三、其他特殊交易。

二、請說明運用比較法進行不動產估價時,應調整的項目有那些?(15分)
又目前不動產估價技術規則針對這些價格調整值有何規範?(10分)【96-1 經】

答:
(一) 運用比較法進行不動產估價時,應調整的項目有以下四項:
1. 情況調整:比較標的之價格形成條件中有非屬於一般正常情形而影響價格時,或有其他足以改變比較標的價格之情況存在時,就該影響部分所作之調整。
2. 價格日期調整:比較標的之交易日期與勘估標的之價格日期因時間之差異,致價格水準發生變動,應以適當之變動率或變動金額,將比較標的價格調整為勘估標的價格日期之價格。
3. 區域因素調整:所選用之比較標的與勘估標的不在同一近鄰地區內時,為將比較標的之價格轉化為與勘估標的同一近鄰地區內之價格水準,而以比較標的之區域價格水準為基礎,就區域因素不同所產生之價格差異,逐項進行之分析及調整。
4. 個別因素調整:以比較標的之價格為基礎,就比較標的與勘估標的因個別因素不同所產生之價格差異,逐項進行之分析及調整。

(二) 目前不動產估價技術規則針對比較法進行不動產估價時在價格調整值的規範如下
第24條　比較、分析勘估標的與比較標的之區域因素及個別因素差異並就其中差異進行價格調整時,其調整以百分率法為原則,亦得

以差額法調整，並應於估價報告書中敘明。

第 26 條　經比較調整後求得之勘估標的試算價格，應就價格偏高或偏低者重新檢討，經檢討確認適當合理者，始得作為決定比較價格之基礎。檢討後試算價格之間差距仍達百分之二十以上者，應排除該試算價格之適用。

前項所稱百分之二十以上之差距，指高低價格之差除以高低價格平均值達百分之二十以上者。

三、比較法以比較標的不動產之價格為基礎，經比較、分析與調整推算勘估標的不動產之價格，請分別就情況、價格日期、區域因素與個別因素等調整內容，詳細說明調整之重點為何？（25 分）

答：比較法之情況、價格日期、區域因素、個別因素之調整內容及調整重點分述如下：

(一) 情況調整：

1. 指比較標的之價格形成條件中有非屬於一般正常情形而影響價格時，或有其他足以改變比較標的價格之情況存在時，就該影響部分所作之調整。比較標的有下列情況，應先作適當之調整：

一、急買急賣或急出租急承租。
二、期待因素影響之交易。
三、受債權債務關係影響之交易。
四、親友關係人間之交易。
五、畸零地或有合併使用之交易。
六、地上物處理有糾紛之交易。

七、拍賣。

八、公有土地標售、讓售。

九、受迷信影響之交易。

十、包含公共設施用地之交易。

十一、人為哄抬之交易。

十二、與法定用途不符之交易。

十三、其他特殊交易。

　2. 調整重點為：比較標的之影響交易價格之情況無法有效掌握及量化調整時，應不予採用。

(二) 價格日期調整

　1. 調整內容：

　　比較標的之交易日期與勘估標的之價格日期因時間之差異，致價格水準發生變動，應以適當之變動率或變動金額，將比較標的價格調整為勘估標的價格日期之價格

　2. 調整重點：

　　比較標的之交易日期與勘估標的之價格日期之間價格變動情形應確實掌握，以求正確的調整。

(三) 區域因素調整：

　1. 調整內容：

　　所選用之比較標的與勘估標的不在同一近鄰地區內時，為將比較標的之價格轉化為與勘估標的同一近鄰地區內之價格水準，而以比較標的之區域價格水準為基礎，就區域因素不同所產生之價格差異，逐項進行之分析及調整。

　2. 調整重點：

　　區域因素、區域因素內之任一單獨項目之價格調整率大於百分之十五，或情況、價格日期、區域因素

及個別因素調整總調整率大於百分之三十時，判定該比較標的與勘估標的之差異過大，應排除該比較標的之適用。但勘估標的性質特殊或區位特殊缺乏市場交易資料，並於估價報告書中敘明者，不在此限。

(四) 個別因素調整：

1. 調整內容：

   以比較標的之價格為基礎，就比較標的與勘估標的因個別因素不同所產生之價格差異，逐項進行之分析及調整。

2. 調整重點：

   個別因素、個別因素內之任一單獨項目之價格調整率大於百分之十五，或情況、價格日期、區域因素及個別因素調整總調整率大於百分之三十時，判定該比較標的與勘估標的之差異過大，應排除該比較標的之適用。但勘估標的性質特殊或區位特殊缺乏市場交易資料，並於估價報告書中敘明者，不在此限。

四、請說明運用比較法進行不動產估價時，應調整的項目有那些？（15分）

又目前不動產估價技術規則針對這些價格調整值有何規範？（10分）【96-1 經】

答：

(一) 運用比較法進行不動產估價時，應調整的項目有以下四項：

1. 情況調整：比較標的之價格形成條件中有非屬於一般正常情形而影響價格時，或有其他足以改變比較

標的價格之情況存在時，就該影響部分所作之調整。

2. 價格日期調整：比較標的之交易日期與勘估標的之價格日期因時間之差異，致價格水準發生變動，應以適當之變動率或變動金額，將比較標的價格調整為勘估標的價格日期之價格。

3. 區域因素調整：所選用之比較標的與勘估標的不在同一近鄰地區內時，為將比較標的之價格轉化為與勘估標的同一近鄰地區內之價格水準，而以比較標的之區域價格水準為基礎，就區域因素不同所產生之價格差異，逐項進行之分析及調整。

4. 個別因素調整：以比較標的之價格為基礎，就比較標的與勘估標的因個別因素不同所產生之價格差異，逐項進行之分析及調整。

(二) 目前不動產估價技術規則針對比較法進行不動產估價時在價格調整值的規範如下：

第24條　比較、分析勘估標的與比較標的之區域因素及個別因素差異並就其中差異進行價格調整時，其調整以百分率法為原則，亦得以差額法調整，並應於估價報告書中敘明。

第25條　試算價格之調整運算過程中，區域因素調整、個別因素調整或區域因素及個別因素內之任一單獨項目之價格調整率大於百分之十五，或情況、價格日期、區域因素及個別因素調整總調整率大於百分之三十時，判定該比較標的與勘估標的差異過大，應排除該比較標的之適用。但勘估標

的性質特殊或區位特殊缺乏市場交易資料,並於估價報告書中敘明者,不在此限。

五、請依不動產估價技術規則說明區域因素調整與個別因素調整的意義。(15分)當估價師進行比較分析勘估標的與比較標的之區域因素與個別因素差異,同時採用百分率法進行調整,請列式說明:「勘估標的之區域因素條件相較於比較標的好10%,然而個別條件差5%」。(10%)【98經】

答:

(一) 依不動產估價技術規則說明區域因素調整與個別因素調整的意義

    1. 區域因素調整意義:依不動產估價技術規則第19條區域因素調整定義為:所選用之比較標的與勘估標的不在同一近鄰地區內時,為將比較標的之價格轉化為與勘估標的同一近鄰地區內之價格水準,而以比較標的之區域價格水準為基礎,就區域因素不同所產生之價格差異,逐項進行之分析及調整。

    2. 個別因素調整意義:依不動產估價技術規則第19條個別因素調整定義為:以比較標的之價格為基礎,就比較標的與勘估標的因個別因素不同所產生之價格差異,逐項進行之分析及調整。

(二) 「勘估標的之區域因素條件相較於比較標的好10%,然而個別條件差5%」列式說明:比較標的價格×110/100×95/100=勘估標的價格

六、運用比較法進行區域因素及個別因素修正時,需先逐項比較以判定修正率。請就定量分析與定性分析說明如何掌握修正率。(25分)【91估高】

答:比較法分析依分析的方式,可分為定量分析與定性分析,說明如下:

(一) 定量分析:定量分析是對不動產間會造成市場價值差異的項目,採取量化的比較分析,判斷其間差異量,以估算所需修正的數量。定量分析是數量的概念,可以百分率或差額表示。

(二) 不動產中有些確能造成價格差異的特徵,有時無法明確以量化表示,此時,則偏向質化的定性分析予以補足。定性分析係指對能夠影響市場價值的項目,採取判斷優劣或排序分析的方式加以分析。

七、何謂試算價格調整,並請說明其調整方法?【74丙】

答:所謂試算價格調整,其調整方法,分述如下:

(一) 試算價格調整:不動產估價技術規則定義,指以比較標的價格經情況調整、價格日期調整、區域因素調整及個別因素調整後所獲得之價格

(二) 依不動產估價技術規則,以比較法評估不動產價格時,其調整的方法為:
比較標的價格調整的方法有百分率法、差額法、計量模型分析法三個方法。依不動產估價技規則規定,其調整以百分率法為原則,並得以差額法調整,惟應於估價報告書中敘明。

1. 百分率法:將影響勘估標的及比較標的價格差異之區域因素及個別因素逐項比較,並依優劣程度或高低等級所評定之差異百分率進行價格調整之方法。

（技 19）
2. 差額法：指將影響勘估標的及比較標的價格差異之區域因素及個別因素逐項比較，並依優劣程度或高低等級所評定之差額進行價格調整之方法。（技 19）
3. 計量模型分析法：蒐集相當數量具代表性之比較標的，透過計量模型分析，求出各主要影響價格因素與比較標的價格二者之關係式，以推算各主要影響價格因素之調整率及調整額之方法。（技 19）

八、影響不動產價格的因素有那些？（10 分）又比較法的估價程序為何？（10 分）並請說明此兩者之間的關聯性。（5 分）

答：影響不動產價格的因素有那些？比較法的估價程序？及兩者之間的關聯性？分述如下：

(一) 影響不動產價格的因素：

影響不動產價格的因素，有一般因素、區域因素、個別因素三項。

1. 一般因素：指對於不動產市場及其價格水準發生全面影響之自然、政治、社會、經濟等共同因素。指大環境的情況，是大範圍、普遍性的因素。
2. 區域因素：指影響近鄰地區不動產價格水準之因素。
3. 個別因素：指不動產因受本身條件之影響，而產生價格差異之因素。

從大環境，到小環境、再到不動產本身，逐步聚焦來分析影響不動產價格的因素，以求周延。

(二) 比較法的估價程序：
　　1. 蒐集並查證比較標的相關資料。
　　2. 選擇與勘估標的條件相同或相似之比較標的。
　　3. 對比較標的價格進行情況調整及價格日期調整。
　　4. 比較、分析勘估標的及比較標的間之區域因素及個別因素之差異，並求取其調整率或調整額。
　　5. 計算勘估標的之試算價格。
　　6. 決定勘估標的之比較價格。
(三) 兩者之間的關聯性：
　　1. 區域因素、個別因素與比較法的估價程序 2 間：
　　　對勘估標的影響不動產價格的區域因素、個別因素詳盡分析後，才能正確的選擇與勘估標的條件相同或相似之比較標的。
　　2. 區域因素、個別因素與比較法的估價程序 4 間：
　　　對勘估標的影響不動產價格的區域因素、個別因素詳盡分析後，才能正確的比較、分析勘估標的及比較標的間之區域因素及個別因素之差異，再對比較標的進行區域因素調整、個別因素調整。
　　3. 一般因素、區域因素、個別因素與比較法的估價程序 6 間：
　　　對勘估標的影響不動產價格的一般因素、區域因素、個別因素詳盡分析後，才能了解各比較標的與勘估標的價格形成因素之相近程度，進而正確決定勘估標的之比較價格。

九、有一宗位於都市計畫住宅區可立即開發之建地，請問應如何評估其價格？請詳述採用之方法及其運用程序。【106 經】

答：一宗位於都市計畫住宅區可立即開發之建地，一般會以「比較法」及「土地開發分析法」兩種估價方法評估其價格，其方法及運用程序分述如下：

(一) 比較法：

1. 比較法定義：

   比較法指以比較標的價格為基礎，經比較、分析及調整等，以推算勘估標的價格之方法。依前項方法所求得之價格為比較價格。

2. 比較法運用程序：

   (1)蒐集並查證比較標的相關資料。

   (2)選擇與勘估標的條件相同或相似之比較標的。

   (3)對比較標的價格進行情況調整及價格日期調整。

   (4)比較、分析勘估標的及比較標的間之區域因素及個別因素之差異，並求取其調整率或調整額。

   (5)計算勘估標的之試算價格。

   (6)決定勘估標的之比較價格。

(二) 土地開發分析法：

1. 土地開發分析法：

   土地開發分析法，指根據土地法定用途、使用強度進行開發與改良所導致土地效益之變化，估算開發或建築後總銷售金額，扣除開發期間之直接成本、間接成本、資本利息及利潤後，求得開發前或建築前土地開發分析價格。

2. 土地開發分析法運用程序：

   (1)確定土地開發內容及預期開發時間。

   (2)調查各項成本及相關費用並蒐集市場行情等資料。三、現況勘察並進行環境發展程度之調查及分析。

⑶估算開發或建築後可銷售之土地或建物面積。

　　五、估算開發或建築後總銷售金額。

⑷估算各項成本及相關費用。

⑸選擇適當之利潤率及資本利息綜合利率。

⑹計算土地開發分析價格。

3. 就「比較價格」、「土地開發分析價格」所蒐集資料可信度及估價種類目的條件差異，考量價格形成因素之相近程度，決定本住宅區建地的價格，並將決定理由詳予敘明。

十、有一房屋仲介業者對委託人說：「附近甲社區最近成交了 2 戶，每坪都是 18 萬，您的房子，也一樣可以賣一坪 18 萬。」此房仲業者以這 2 個實例來做比較是否恰當？請從以下資料依不動產估價技術規則之規定分析說明之。（25 分）【經 108】

	委託人不動產	甲社區 A 戶	甲社區 B 戶
使用現況住	住宅用	住宅用	住宅用
與委託人不動產距離		500 公尺	500 公尺
土地使用分區住	住宅區	工商綜合區	工商綜合區

答：

(一) 依「不動產估價技術規則」規定分析房屋仲介業者，以勘估標的附近甲社區 A 戶及 B 戶最近 2 個交易實例（如題目所示），建議屋主委賣房子的價格是否適當？

(二) 依「不動產估價技術規則」規定分析如下：

1. 依「不動產估價技術規則」第 12 條不動產估價師

應依下列原則蒐集比較實例：
(1)實例之價格屬正常價格、可調整為正常價格或與勘估標的價格種類相同者。
(2)與勘估標的位於同一供需圈之近鄰地區或類似地區者。
(3)與勘估標的使用性質或使用管制相同或相近者。
(4)實例價格形成日期與勘估標的之價格日期接近者。

房屋仲介業者，以勘估標的附近甲社區 A 戶及 B 戶最近 2 個交易實例來推估勘估標的價格，依「不動產估價技術規則」，可能會以下問題：
(1)勘估標的附近甲社區 A 戶及 B 戶最近 2 個交易實例之價格，可能不是正常價格，須經比較、分析、調整，不能直接引用。
(2)勘估標的附近甲社區 A 戶及 B 戶最近 2 個交易實例，距離 500 公尺的「工商綜合區」，而本案勘估標的位於「住宅區」，不是位於同一供需圈之近鄰地區或類似地區者，非適當比較標的。
(3)勘估標的附近甲社區 A 戶及 B 戶最近 2 個交易實例，位於「工商綜合區」，而本案勘估標的位於「住宅區」，兩者之使用性質或使用管制並不相同或相近，不能以「使用現況」來作判斷。
(4)勘估標的附近甲社區 A 戶及 B 戶最近 2 個交易實例，之價格形成日期與勘估標的之價格日期可能不接近，須經比較、分析、調整，不能直接引用。

2. 依「不動產估價技術規則」第 27 條不動產估價師應採用三件以上比較標的，就其經前條推估檢討後

之勘估標的試算價格,考量各比較標的蒐集資料可信度、各比較標的與勘估標的價格形成因素之相近程度,決定勘估標的之比較價格,並將比較修正內容敘明之。

房屋仲介業者,以勘估標的附近甲社區 A 戶及 B 戶最近 2 個交易實例來推估勘估標的價格,依「不動產估價技術規則」第 27 條規定,必須要採用三件以上比較標的,2 個交易實例不符規定。

(三) 由以上依不動產估價技術規則之規定分析,此房仲業者以勘估標的附近甲社區 A 戶及 B 戶最近 2 個交易實例來做比較標的,是不恰當的。

十一、不動產市場因為世界各國疫情趨緩開始活絡,不動產買賣不論是新屋、中古屋都出現很特殊的交易案例現象,根據不動產估價技術規則規定,不動產估價時對於比較標的如果無法有效掌握,應不予採用的情況有那些?試說明之。【經 110】

答:

(一) 依據「不動產估價技術規則」第23條 比較標的有下列情況,應先作適當之調整;該影響交易價格之情況無法有效掌握及量化調整時,應不予採用:

1. 急買急賣或急出租急承租。
2. 期待因素影響之交易。
3. 受債權債務關係影響之交易。
4. 親友關係人間之交易。
5. 畸零地或有合併使用之交易。
6. 地上物處理有糾紛之交易。
7. 拍賣。

        8. 公有土地標售、讓售。

        9. 受迷信影響之交易。

        10. 包含公共設施用地之交易。

        11. 人為哄抬之交易。

        12. 與法定用途不符之交易。

        13. 其他特殊交易。

(二) 本條所列幾種情形均有可能使價格發生偏差，所以不能直接以其交易價格來比較求取勘估標的之價格。例如本題所述「不動產市場因為世界各國疫情趨緩開始活絡，不動產買賣不論是新屋、中古屋都出現很特殊的交易案例現象」，買賣可能因為上述「2.期待因素影響之交易；11.人為哄抬之交易等因素」使交易價格發生偏差，估價時，應先作適當之調整；該影響交易價格之情況無法有效掌握及量化調整時，應不予採用。

第三章 成本法

第一節 精華導讀

壹、成本法定義：

成本法指求取勘估標的於價格日期之重建成本或重置成本，扣減其累積折舊額或其他應扣除部分，以推算勘估標的價格之方法。依前項方法所求得之價格為成本價格

重建成本：指使用與勘估標的相同或極類似之建材標準、設計、配置及施工品質，於價格日期重新複製建築所需之成本。

重置成本：指與勘估標的相同效用之建物，以現代建材標準、設計及配置，於價格日期建築所需之成本。

重建成本、重置成本區別：兩者的區別在，重建成本是「複製」，就是建造一棟和勘估標的一模一樣建物，在價格日期建造所需的成本。而重置成本是「相同效用」，如果建造一棟和勘估標的一模一樣建物有困難，則以替代的方式，改建造一棟和勘估標的「相同效用」建物在價格日期建造所需的成本替代，兩者都推求建物新建造總成本的方法。

建物估價以求取重建成本為原則。但建物使用之材料目前已無生產或施工方法已改變者，得採重置成本替代之。

貳、成本法估價之程序：

一、蒐集資料。

二、現況勘察。

三、調查、整理、比較及分析各項成本及相關費用等資料。

四、選擇適當方法推算營造或施工費。

五、推算其他各項費用及利潤。

六、計算總成本。

七、計算建物累積折舊額。

八、計算成本價格。

參、成本法核心聯想圖解說：

一、成本法核心聯想圖

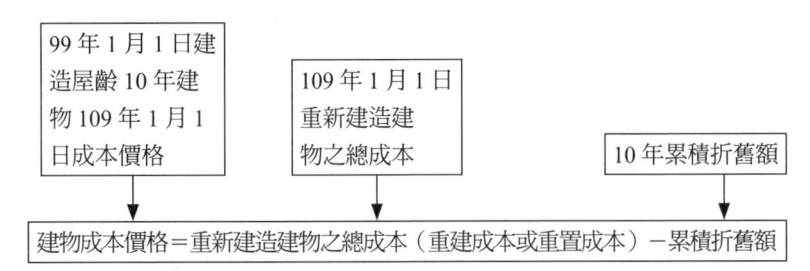

```
┌─────────────────┐   ┌─────────────────┐
│99年1月1日建      │   │109年1月1日       │
│造屋齡10年建      │   │重新建造建        │
│物109年1月1       │   │物之總成本        │            ┌─────────────────┐
│日成本價格        │   │                 │            │10年累積折舊額    │
└────────┬────────┘   └────────┬────────┘            └────────┬────────┘
         ↓                     ↓                              ↓
┌────────────────────────────────────────────────────────────────────┐
│建物成本價格＝重新建造建物之總成本（重建成本或重置成本）－累積折舊額│
└────────────────────────────────────────────────────────────────────┘
```

★成本價格含有合理利潤
★成本價格是建物不含土地的價格

二、成本法核心聯想圖解說：

從成本法的定義、程序、實務作業來理解上圖（成本法核心聯想圖），成本法通常用來評估建物的價格，具體而言，是假設在價格日期，新建造一個與待估勘估標的相同或效用相同建物，所需要之總成本，再扣減其累積折舊額或其他應扣除部分，以推算勘估標的建物價格之

方法。成本法所談的「時間」點,是在估價的「價格日期」,而非勘估標的建造當初的「時間」點,所以「建物新建造總成本」指的是在勘估標的於估價的「價格日期」之建物新建造總成本,而非勘估標的建物當初建造時的總成本。因為我們評估的建物,其屋齡可能已經數十年,試想數十年前建物之建造成本和現在可能差了好幾倍,如何能拿來推求現在建物的成本價格。而累積折舊額,是指建物隨著時間一年、一年的經過,價值逐漸減少,我們把減少的價格累加起來,就是累積折舊額。

三、由成本法的核心聯想圖聯想出成本法的定義、程序、作業需遵守的規定:

理解記憶「核心聯想圖」後,藉由這個「核心聯想圖」聯想出定義、程序、作業遵守事項等。

(一) 從成本法核心聯想圖聯想出成本法定義

從下圖(核心聯想圖),我們從聯想圖的順序描述

順序1、求取勘估標的於價格日期之重建成本或重置成本。

順序2、扣減其累積折舊額或其他應扣除部分。

順序3、以推算勘估標的價格之方法。依前項方法所求得之價格為成本價格。

順序 ↓   順序1 ↓   順序2 ↓

建物成本價格=重新建造建物之總成本(重建成本或重置成本)-累積折舊額

(二) 從成本法核心聯想圖聯想出成本法程序:

從下圖—核心聯想圖,去聯想出成本法估價作業程序

程序1   蒐集資料。

程序2　現況勘察。
程序3　調查、整理、比較及分析各項成本及相關費用等資料。
程序4　選擇適當方法推算營造或施工費。
程序5　推算其他各項費用及利潤。
程序6　計算總成本。
程序7　計算建物累積折舊額。
程序8　計算成本價格。

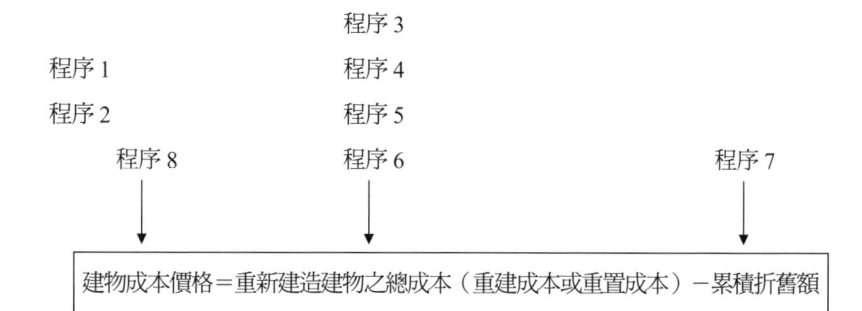

```
                    程序3
程序1                程序4
程序2                程序5
    程序8            程序6                        程序7
     ↓               ↓                            ↓
```

建物成本價格＝重新建造建物之總成本（重建成本或重置成本）－累積折舊額

(三) 由成本法的核心聯想圖聯想出成本法作業需遵守的規定：

成本法作業需遵守的規定，是指以成本法實施不動產估價時，在每個估價程序（步驟）需遵守的規定，所以我們從估價程序（步驟）來聯想出成本法作業需遵守的各項規定。

1. 蒐集資料作業需遵守的規定。

(1)成本法蒐集一般估價資料：

A.勘估標的之標示、權利、法定用途及使用管制等基本資料。

B.影響勘估標的價格之一般因素、區域因素及個別因素。

            C.勘估標的相關交易、收益及成本資料。
    (2)視成本法需要申請及蒐集下列資料：
            A.土地開發及建築構想計畫書。
            B.設計圖說。
            C.相關許可或執照。
            D.施工計畫書。
            E.竣工圖。
            F.使用執照。
            G.登記（簿）謄本或建物平面位置圖。
    (3)成本法應蒐集與勘估標的同一供需圈內之下列資料：
            A.各項施工材料、人工之價格水準。
            B.營造、施工、規劃、設計、廣告、銷售、管理及稅捐等費用資料。
            C.資本利率。
            D.開發或建築利潤率。

2. **現況勘察作業需遵守的規定。**

    現場情況影響重建成本、折舊，所以必需清楚了解，大致有以下幾項：
    A.建材、維護情況。
    B.建物之層數、結構。
    C.目前使用狀況。
    D.周圍的道路、地形、地勢、土地利用影響施工情形。
    E.其他影響開發使用限制。

3. **調查、整理、比較及分析各項成本及相關費用等資料作業需遵守的規定。**

    勘估標的當地建材價格、人力工資、公關費用、習

俗費用、各種資源之供給等都影響重建成本,所以必需調查、整理、比較及分析。

4. **選擇適當方法推算營造或施工費作業需遵守的規定。**

   勘估標的之營造或施工費,項目如下:

   (1)直接材料費。

   (2)直接人工費。

   (3)間接材料費。

   (4)間接人工費。

   (5)管理費。

   (6)稅捐。

   (7)資本利息。

   (8)營造或施工利潤。

   而勘估標的之營造或施工費求取之方法:

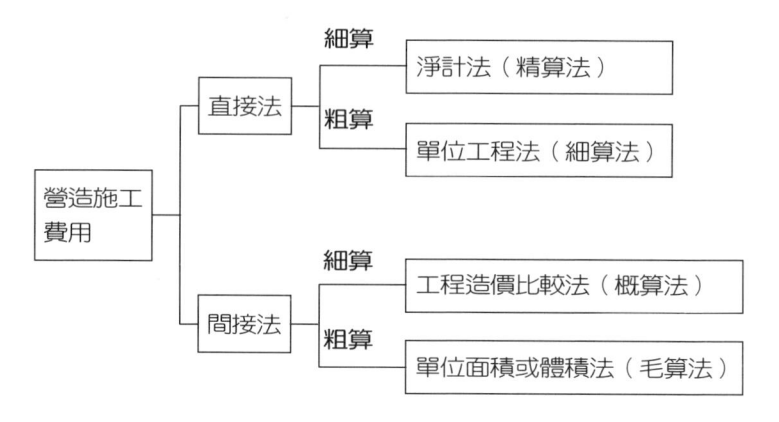

```
                          ┌─ 細算 ── 淨計法(精算法)
                  ┌ 直接法┤
                  │       └─ 粗算 ── 單位工程法(細算法)
   營造施工費用 ──┤
                  │       ┌─ 細算 ── 工程造價比較法(概算法)
                  └ 間接法┤
                          └─ 粗算 ── 單位面積或體積法(毛算法)
```

   (1)**直接法**:指就勘估標的之構成部分或全體,調查其使用材料之種別、品級、數量及所需勞力種別、時間等,並以勘估標的所在地區於價格日期之各種單價為基礎,計算其營造或施工費。

直接法分為下列二種：
①**淨計法**：指就勘估標的所需要各種建築材料及人工之數量，逐一乘以價格日期當時該建築材料之單價及人工工資，並加計管理費、稅捐、資本利息及利潤。前項所稱標準建物，指按營造或施工費標準表所營造或施工之建物。
②**單位工程法**：係以建築細部工程之各項目單價乘以該工程施工數量，並合計之。
③**淨計法、單位工程法之區別**：淨計法是較詳細的方法，考慮到所使用的各種建築材料、人工之數量及單價。而單位工程法是較粗略的方法，僅考慮到建築細部工程的數量、單價。

(2)**間接法**：指就同一供需圈內近鄰地區或類似地區中選擇與勘估標的類似之比較標的或標準建物，經比較與勘估標的營造或施工費之條件差異並作價格調整，以求取勘估標的營造或施工費。
①**工程造價比較法**：指按工程概算項目逐項比較勘估標的與比較標的或標準建物之差異，並依工程價格及工程數量比率進行調整，以求取勘估標的營造或施工費。
②**單位面積（或體積）比較法**：指以類似勘估標的之比較標的或標準建物之單位面積（或體積）營造或施工費單價為基礎，經比較並調整價格後，乘以勘估標的之面積（或體積）總數，以求取勘估標的營造或施工費。（技56）
③**工程造價比較法及單位面積（或體積）比較法之區別**：工程造價比較法是較詳細的方法，考

慮到建物建造的各種工程概算項目。而單位面積（或體積）比較法是較粗略的方法，僅考慮到整體建物建造單位面積（或體積）。

(3) **直接法、間接法之區別**：直接法是從勘估標的建物本身所使用材料、人工、工程等去計算，求其營造施工費用。而間接法是透過，已經知道其營造施工費用之類似比較標的或標準建物來間接推求。

前項營造或施工費標準表應由不動產估價師公會全國聯合會（以下簡稱全聯會）按不同主體構造種類及地區公告之。未公告前，應依直轄市或縣（市）政府發布地價調查用建築改良物標準單價表為準

5. 推算其他各項費用及利潤作業需遵守的規定。

   (1) **規劃設計費**：勘估標的為建物時，規劃設計費按內政部所定建築師酬金標準表及直轄市或縣（市）政府發布之建造執照工程造價表計算之，或按實際營造工費之百分之二至百分之三推估之。

   (2) **廣告費、銷售費**：按總成本之百分之三至百分之七推估。

   (3) **管理費**：按總成本之百分之一.五至百分之三推估。公寓大廈管理條例規定設立公共基金者，應列於管理費項下，並得提高管理費用率為百分之四至百分之五。

   (4) **稅捐**：按總成本之百分之零點五至百分之一點二推估，或就勘估標的之地價稅、營業稅等稅捐，按實際情形估算之。

★以上廣告費、銷售費、管理費及稅捐等費率，依不動產估價技術規則規定，應按總成本乘以相關費率計算，相關費率應由全聯會定期公告之。

(5)**資本利息**：資金中自有資金之計息利率應不高於一年期定存利率且不低於活存利率；借款則以銀行短期放款利率計息；預售收入之資金應不計息。勘估標的之資本利息應依分期投入資本數額及資本使用年數，按自有資金與借貸資金分別計息，其自有資金與借貸資金比例，應依銀行一般放款成數定之。

前項資本利息之計算，應按營造施工費、規劃設計費、廣告費、銷售費、管理費、稅捐及其他負擔之合計額乘以利率計算。第一項勘估標的為土地或包含土地者，前項合計額應另加計土地價格。

(6)**開發或建築利潤**：勘估標的之開發或建築利潤應視工程規模、開發年數與經濟景氣等因素，按營造或施工費、規劃設計費、廣告費、銷售費、管理費、資本利息、稅捐及其他負擔之合計額乘以適當利潤率計算之。

前項利潤率應由全聯會定期公告；未公告前依營造或建築業之平均經營利潤率為準，並得依開發或建物形態之不同，考量經營風險及開發或建築工期之長短酌予調整之。

前項建築工期指自申請建造執照開始至建築完成達到可交屋使用為止無間斷所需之時間。

6. **計算總成本作業需遵守的規定。**
廣告費、銷售費、管理費及稅捐等費率，將中華民

國不動產估價師公會全國聯合會第四號公報規定整理如下圖,但因情況特殊並於估價報告中敘明者,其費率之推估,不在此限。

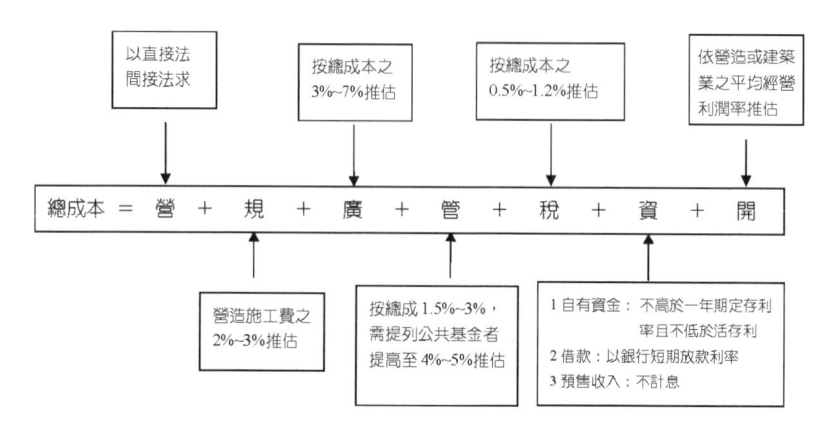

```
┌─────────┐      ┌─────────┐    ┌─────────┐                    ┌─────────┐
│以直接法 │      │按總成本之│    │按總成本之│                    │依營造或建築│
│間接法求 │      │3%~7%推估│    │0.5%~1.2%│                    │業之平均經營│
│         │      │         │    │推估     │                    │利潤率推估 │
└────┬────┘      └────┬────┘    └────┬────┘                    └────┬────┘
     │                │              │                              │
     ↓                ↓              ↓                              ↓
┌─────────────────────────────────────────────────────────────────────┐
│ 總成本 =  營  +  規  +  廣  +  管  +  稅  +  資  +  開              │
└──────────┬───────────┬──────────────────────────┬───────────────────┘
           ↑           ↑                          ↑
    ┌──────┴──┐  ┌─────┴──────┐        ┌──────────┴──────────────┐
    │營造施工費│  │按總成1.5%~3%│        │1 自有資金:不高於一年期定存利│
    │之2%~3%  │  │需提列公共基金│        │   率且不低於活存利        │
    │推估     │  │者提高至4%~5%│        │2 借款:以銀行短期放款利率  │
    │         │  │推估         │        │3 預售收入:不計息          │
    └─────────┘  └─────────────┘        └─────────────────────────┘
```

7. 計算建物累積折舊額作業需遵守的規定。

(1) **估價應用公式(時間價值計算公式)**

時間隱含有機會成本、物價變動、風險等因素,今天的一塊錢和過去、未來的一塊的價值是不同的,以下說明時間價值計算公式

	求現值	求終值
求單筆金額	$\dfrac{1}{(1+r)^n}$ （複利現值率） ←倒數→	$(1+r)^n$ （複利終值率）
求年金總和	$\dfrac{(1+r)^n-1}{r(1+r)^n}$ （複利年金現值率） ←×$(1+r)^n$→	$\dfrac{(1+r)^n-1}{r}$ （複利年金終值率）
求每年年金	倒數 ↕ $\dfrac{r(1+r)^n}{(1+r)^n-1}$ （本利均等年賦償還率）（貸款常數）	倒數 ↕ $\dfrac{r}{(1+r)^n-1}$ 償債基金率 （沉入基金因子）

公式名稱	公式	估價用途	計算實例
複利現價率	$\dfrac{1}{(1+r)^n}$	收益法	$r=3\%$，10 年後 1,344 元，問現值？元 $=1,344 \times \dfrac{1}{(1+3\%)^{10}}$ $=1,000$ 元
複利終價率	$(1+r)^n$	土地開發分析	$r=3\%$，$n=10$ 年後，現存 1,000 元，問 n 年後本利和？元 $=1,000 \times (1+3\%)^{10}$ $=1,344$ 元
複利年金現價率	$\dfrac{(1+n)^n-1}{r(1+r)^n}$	1 收益法 2 租賃權價格 3 地上權價格	$r=3\%$，$n=10$ 年，每年投入 1,000 元，問折現加總？元 $=1,000 \times \dfrac{(1+3\%)^{10}-1}{3\%(1+3\%)^{10}}$ $=8,530$ 元
本利均等償還率（貸款常數）	$\dfrac{r(1+r)^n}{(1+r)^n-1}$	1 實際年租金 2 地上權之年租金 3 重置提撥費	$r=3\%$，$n=10$ 年，期初支付 8,530 元，問每年要償還本利和為？元 $=8,530 \times \dfrac{3\%(1+3\%)^{10}}{(1+3\%)^{10}-1}$ $=1,000$ 元
複利年金終價率	$\dfrac{(1+n)^n-1}{r}$	計算折舊用（償債基金法）	$r=3\%$，$n=10$ 年，每年投入 1000 元，問 10 年後本利和？ $=1,000 \times \dfrac{(1+3\%)^{10}-1}{3\%}$ $=11,463$ 元
償還基金率	$\dfrac{r}{(1+r)^n-1}$	計算折舊用（償債基金法）	$r=3\%$，$n=10$ 年後要得 11,463 元，問每年要存多少元？ $=11,463 \times \dfrac{3\%}{(1+3\%)^{10}-1}$ $=1,000$ 元

(2)**建物折舊的意義**：

建物因時間經過,所造成的價值減損,將每期（年）減損以貨幣金額表示為每期（年）折舊額,累計每期（年）折舊額即為累積折舊額。折舊好像是建物逐漸走向衰弱、老死的過程。但從另一個方向來看,也是一個建物逐漸提存、再生、永續的過程。

(3)**折舊減價的原因**：

折舊減價的原因,一般認為是物理、功能、經濟等三個因素,各別或綜合影響所造成

①**物理因素**：係指實體損壞所造成的,如風吹、日曬、雨淋、地震等自然作用或人為使用、破壞折致。

②**功能因素**：係指功能衰退所造成的,如未設電梯、欠耐地震等建物結構、建材、設計上的不足或型態設備老舊落伍。

③**經濟因素**：係指外部性退化所造成的,如地區使用特性改變、缺乏需求、經濟衰退等外在條件負面改變所造成。

(4)**折舊專有名詞定義**：

①**經濟耐用年數**：指建物因功能或效益衰退至不值得使用所經歷之年數。建物經濟耐用年數表由全聯會依建物之經濟功能及使用效益,按不同主體構造種類及地區公告之。

②**物理耐用年數**：指建物因自然耗損或外力破壞至結構脆弱而不堪使用所經歷之年數。

建物折舊額計算應以經濟耐用年數為主,必要時得以物理耐用年數計算。建物之經歷年數大

於其經濟耐用年數時，應重新調整經濟耐用年數。

③殘餘價格率：指建物於經濟耐用年數屆滿後，其所剩餘之結構材料及內部設備仍能於市場上出售之價格占建物總成本之比例。建物之殘餘價格率應由全聯會公告之，並以不超過百分之十為原則。建物耐用年數終止後確實無殘餘價格者，於計算折舊時不予提列。第一項所稱殘餘價格率，指建物於經濟耐用年數屆滿後，其所賸餘之結構材料及內部設備仍能於市場上出售之價格占建物總成本之比率。依第一項殘餘價格率計算建物殘餘價格時，應考量建物耐用年數終止後所需清理或清除成本。

(5)**建物折舊估計方法**

建物折舊估計方法有耐用年數法和觀察法，兩種方法通常一併使用：

建物折舊估計方法示意圖（兩種方法通常一併使用）

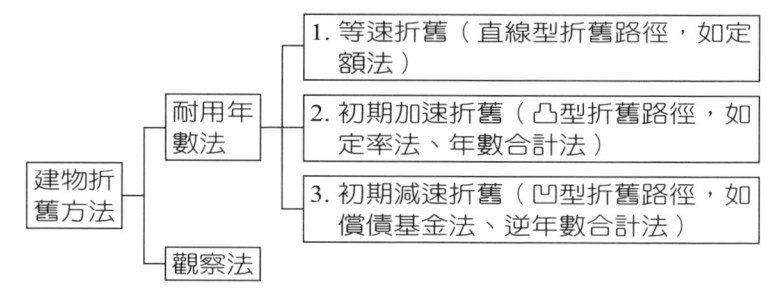

```
                    ┌─ 1. 等速折舊（直線型折舊路徑，如定額法）
            ┌─耐用─┤
            │ 年數法 ├─ 2. 初期加速折舊（凸型折舊路徑，如定率法、年數合計法）
建物折舊方法─┤      │
            │      └─ 3. 初期減速折舊（凹型折舊路徑，如償債基金法、逆年數合計法）
            │
            └─觀察法
```

①**耐用年數法**

耐用年數法是以耐用年數、殘餘價格率等來計算折舊額的方法。建物累積折舊額之計算，應視建物特性及市場動態，選擇屬於等速折舊、

初期加速折舊或初期減速折舊路徑之折舊方法。

②**觀察法**

依不動產估價技術規則規定,建物累積折舊額之計算,除考量物理及功能因素外,並得按個別建物之實際構成部分及使用狀態,考量經濟因素,觀察維修及整建情形,推估建物之剩餘經濟耐用年數,加計已經歷年數,求算耐用年數,並於估價報告書中敘明。

③**耐用年數法與觀察法差異**

A 耐用年數法將同類型的建物耐用年數視為相同,雖簡易,但不一定符合不動產之實際情況。

B 觀察法重視個別建物實際維修及整建情形,除物理因素外,探討建物功能及經濟折舊因素,調整耐用年數,使計算折舊更為切合實際,而其所需的估價經驗、專業更高,而且因為較為主觀,個別差異可能較大。

C 兩種方法通常是合併使用,以耐用年數法評估一般情況,再以觀察法來調整個別情況。

耐用年數法常用的折舊方法有等速折舊（直線型折舊路徑,如定額法）、初期加速折舊（凸型折舊路徑,如定率法、年數合計法）或初期減速折舊路（凹型折舊路徑,如償債基金法、逆年數合計法）分述如下：

①**等速折舊**（直線型折舊路徑,如定額法）：

A **定額法定義**：在建物耐用年數期間,每年以**折舊額相同**的方式進行折舊額計算。因為每

年的折舊額相同,所以又稱為平分法或直線法。

B 示意圖:

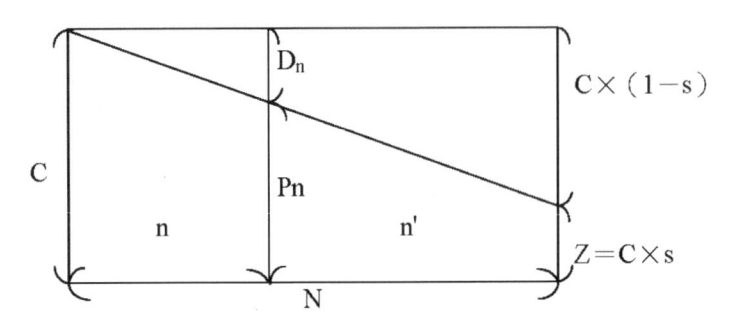

```
         Dn
    ┌────┬────┐
    │    │    │ C×(1-s)
  C │   Pn    │
    │ n  │ n' │
    └────┴────┘ Z=C×s
         N
```

C 公式:$D_n = [C \times (1-s) / N] \times n$

D_n:建物歷經 n 年的累積折舊額。

C:新建物總成本。

s:殘餘價格率。$= Z/C$

n:已經歷年數。

n':殘餘年數

N:耐用年數。($N = n + n'$)

Z:建物到達耐用年數時,最後殘餘價格

P_n:建物歷經 n 年後的殘餘價格(建物成本價格)

D 公式解說:從定義、示意圖去理解公式,而不要去死記公式。

a. $C \times (1-s)$ 項是指建物耐用年數期間的總折舊額,是由 $C-Z$ 推導而來,因 $Z = C \times s$ 代入 $C - Z = C - (C \times s) = C \times (1-s)$

b. $[C \times (1-s) / N]$ 項是指建物耐用年

數期間每年的折舊額，定額法是每年的折舊額相同，所以第 n 年的累積折舊額 D_n ＝〔C×（1−s）／N〕×n

E **計算**：某棟建物之重建成本 1,000 萬元，耐用年數 60 年，殘餘價格率 10%，試以定額法求建物經歷 10 年之累積折舊額及建物經歷 10 年後之價格？

F 以「建物」和「車子」折舊比較說明折舊的意義

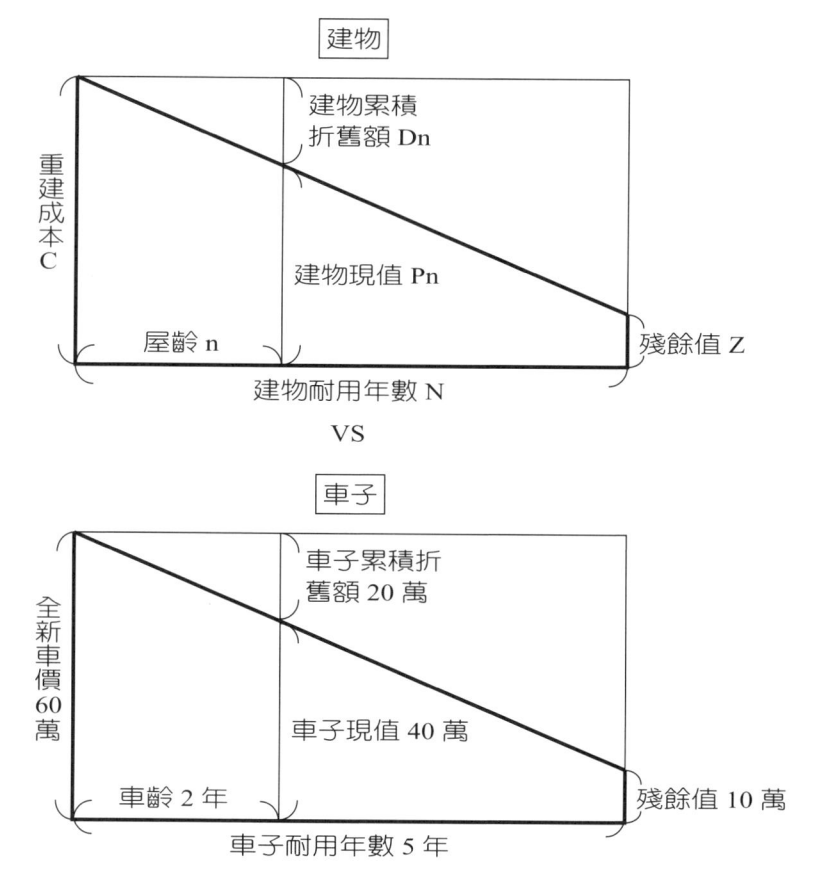

建物

重建成本 C
屋齡 n
建物累積折舊額 Dn
建物現值 Pn
殘餘值 Z
建物耐用年數 N

VS

車子

全新車價 60 萬
車齡 2 年
車子累積折舊額 20 萬
車子現值 40 萬
殘餘值 10 萬
車子耐用年數 5 年

a. 列出已知項 C＝1,000 萬元　N＝60 年
   s＝10%　n＝10
b. 帶入公式 $D_n＝〔C×（1－s）／N〕×n$
   ＝〔1,000×（1－10%）/60〕×10＝150
c. $P_n＝C－D_n＝1,000－150＝850$（萬元）

②**初期加速折舊**（凸型折舊路徑，如定率法、年數合計法）：

A **定率法**：

　　a **定率法定義**：在建物耐用年數期間，每年以折舊比率相同的方式進行折舊額計算。以相同的折舊比率乘上當年的成本價格，以求得每年折舊額的方法，因為成本價格是逐年向下，乘上相同的折舊比率後，所求得的每年折舊額將逐年下降。所以定率法又稱為百分減值法或餘額遞減法。

　　b **定率法示意圖**：【註六】

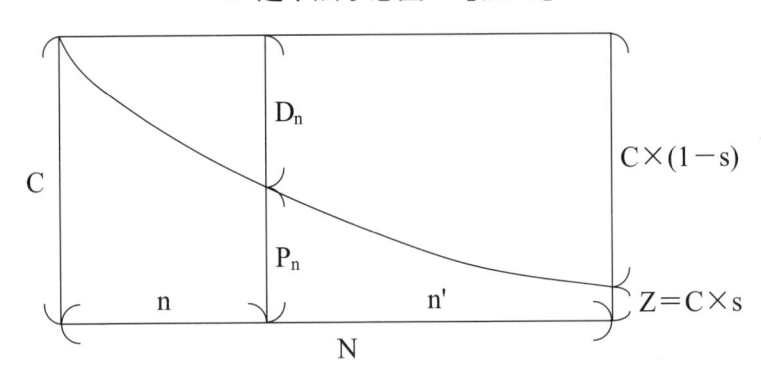

（圖：C、D_n、P_n、n、n'、N、C×(1－s)、Z＝C×s）

　　c **定率法公式**：$D_n＝C〔1－(1－d)^n〕$
　　　　D_n：建物歷經 n 年的累積折舊額。
　　　　C　：建物總成本。
　　　　d　：定率法折舊率，每年相同。

n：已經歷年數。

N：耐用年數。

P_n：建物歷經 n 年後的殘餘價格（建物成本價格）

d **定率法公式解說**：從定義、示意圖去理解公式，而不要去死記公式。

成本法核心架構

$P_n = C - Dn$

$P_1 = C - C \times d = C \times (1-d)$（$C \times d$ 是歷經 1 年的折舊額）

$P_2 = C \times (1-d) - C \times (1-d) \times d = C \times (1-d)^2$（$C \times (1-d) \times d$ 是歷經 2 年的折舊額）

　　　:
　　　:

$P_n = C \times (1-d)^n$

$D_n = C - P_n = C - C \times (1-d)^n = C \times [1 - (1-d)^n]$

e **定率法計算**：

某棟建物之重建成本 1,000 萬元，耐用年數 60 年，殘餘價格率 10%，試以定率法求建物經歷 10 年之累積折舊額及建物經歷 10 年後之價格？

(a) 列出已知項 C＝1,000 萬元　N＝60 年　s＝10%　n＝10

(b) 帶入公式，先考慮歷經 60 年的殘餘價格 $P_{60} = C \times (1-d)^{60}$ ⇒（1,000×10%）

$= 1,000 \times (1-d)^{60}$

求出 d＝0.03765

再依題意推求歷經 10 年的殘餘價格

$P_{10} = C \times (1-d)^{10} \Rightarrow P_{10} = 1,000 \times (1-0.03765)^{10}$

$P_{10} = 681.29$（萬元）

(c) $D_n = C - P_n = 1,000 - 681.29 = 318.71$（萬元）

B **年數合計法**：

a **年數合計法定義**：可稱為變率法，於耐用年數期間，初期折舊率大，而後折舊率逐漸變小。折舊率之分母是耐用年數之各年數相加，分子為殘餘年數。例如：耐用年數 6 年，則第 1～6 年之折舊率為 6/21、5/21、4/21、3/21、2/21、1/21。

b **年數合計法示意圖**：

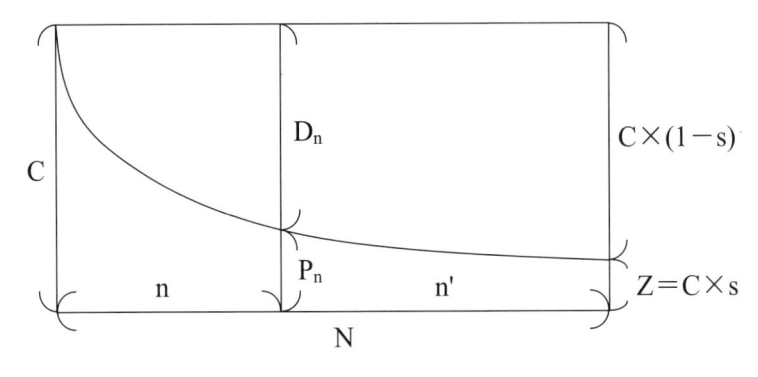

c **年數合計法公式**：

$D_n = C(1-s) \times$

$$= C(1-s) \times \frac{N+(N-1)+(N-2)+\cdots+(N-n+1)}{\frac{N(N+1)}{2}}$$

$$= C(1-s) \times \frac{\frac{[N+(N-n+1)]\times n}{2}}{\frac{N(N+1)}{2}}$$

$$= C(1-s) \times \frac{n(2N-n+1)}{N(N+1)}$$

D_n：累積折舊額。

C ：建物總成本。

s ：殘餘價格率。

n ：已經歷年數。

N ：耐用年數。

③初期減速折舊（凹型折舊路徑、如**償債基金法、逆年數合計法**）：

　A **償債基金法**：在建物耐用年數期間，每年以折舊額相同的方式進行折舊額計算。但加計折舊額提存利息。利息以複利方式計算。

　B **示意圖**：

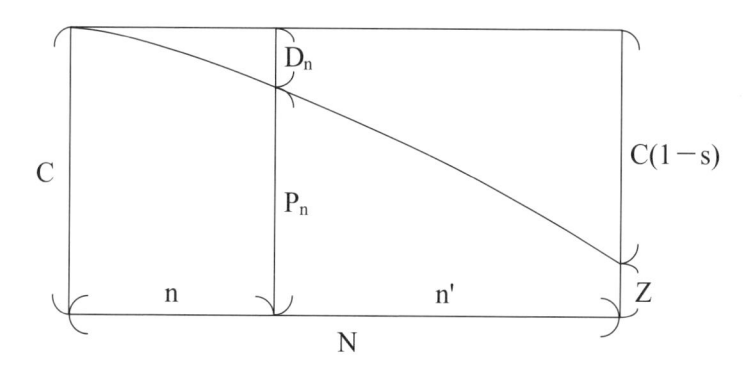

C **公式**：$D_n = C \times (1-s) \times$
$\dfrac{i}{(1+i)^N - 1} \times \dfrac{(1+i)^n - 1}{i}$

D_n：累積折舊額。

C：建物總成本。

s：殘餘價格率。

n：已經歷年數。

N：耐用年數。

i：利率。

P_n：建物歷經 n 年後的殘餘價格

D **公式解說**：從定義、示意圖去理解公式，而不要去死記公式。

　a. $C \times (1-s)$ 項是指建物耐用年數期間的總折舊額，是由 C−Z 推導而來，因 Z＝C×s

　　代入 C−Z＝C−（C×s）＝C×（1−s）

　b. 〔$C \times (1-s) \times \dfrac{i}{(1+i)^N - 1}$〕項是指建物耐用年數期間每年的折舊額，所以歷經 n

　　年的累積折舊額 $D_n = C \times (1-s) \times$
$\dfrac{i}{(1+i)^N - 1} \times \dfrac{(1+i)^n - 1}{i}$

　（以複利計算每年的折舊額為累積折舊額）

E **計算**：

某棟建物之重建成本 1,000 萬元，耐用年數 60 年，殘餘價格率 10%，折舊提存金利率為 2% 試以償債基金法法求建物經歷 10 年

之累積折舊額及建物經歷 10 年後之價格？

a. 列出已知項 C＝1,000 萬元　N＝60 年
　s＝10%　n＝10　d＝2%

b. 帶入公式 $D_n = C \times (1-s) \times \dfrac{i}{(1+i)^N - 1} \times \dfrac{(1+i)^n - 1}{i}$

$D_{10} = 1000 \times (1 - 10\%) \times \dfrac{2\%}{(1+2\%)^{60} - 1} \times \dfrac{(1+2\%)^{10} - 1}{2\%}$

　＝86.41（萬元）

c. $P_n = C - D_n = 1,000 - 86.41 = 913.59$（萬元）

F 等速折舊法和初期減速折舊法之比較

	折舊總額	每年折舊額	折舊總率	每年折舊率	n 年累積折舊額	n 年累積折舊率
定額法	$C(1-s)$	$\dfrac{C(1-s)}{N}$	$1-s$	$\dfrac{(1-s)}{N}$	$\dfrac{C(1-s) \times n}{N}$	$\dfrac{(1-s) \times n}{N}$
償債基金法	$C(1-s)$	$\dfrac{C(1-s)i}{(1+i)^N - 1}$	$1-s$	$\dfrac{(1-s)i}{(1+i)^N - 1}$	$\dfrac{C(1-s)i}{(1+i)^N - 1} \times \dfrac{(1+i)^n - 1}{i}$	$\dfrac{(1-s)i}{(1+i)^N - 1} \times \dfrac{(1+i)^n - 1}{i}$

④**耐用年數法**：定額法、定率法、償債基金法、年數合計法四種折舊方法之比較：

A 耐用年數法累積折舊額及殘餘價格之計算，我們可以比喻說，給不同花錢方式的人（定額法、定率法、償債基金法、年數合計法），一筆相同的錢（總折舊額），在一定

時間（耐用年數）內花完，在過程中第 n 年時總共花了多少錢（累積折舊額），剩下多少錢（殘餘價格）之計算。或是我們從上述另一個方向提存的觀念來看，我們以不同存錢方式的人（定額法、定率法、償債基金法、年數合計法），要在一定時間內（耐用年數），存一筆相同的錢（總折舊額），在過程中第 n 年時總共存了多少錢（累積折舊額），還需存多少錢（殘餘價格）之計算。

B 定額法和償債基金法提存的方式相似，每年要提存的錢數一樣，差別在定額法是將提存的錢放在床下，而償債基金法是將提存的錢放在銀行。錢放在床下和放在銀行的差別是什麼？是利息。償債基金法是將提存的錢以複利來計息。所以償債基金法每年需要提存的錢就可以較少。以上例子來看歷經 10 年時，定額法總共提存（累積折舊額）了 150（萬元），償債基金法總共提存（累積折舊額）了 86.41（萬元）。其差額從下圖中亦可看出。

C 定額法和定率法之不同，在於定額法是每年的折舊額相同，但折舊率不同。而定率法是每年的折舊比率相同，但折舊額不同，是逐年下降。

D 定率法和年數合計法的折舊方式是每年提存按一折舊率計算的折舊費。不同在定率法所提存的折舊率每年相同，年數合計法所提存的折舊率每年不相同，初期大，後逐漸變小

E 定額法每年的折舊額相同,易於瞭解、計算。但與一般認知新物品折舊較多的作法不符。定率法和年數合計法的折舊方式是加速折舊,初期折舊額大,後期折舊額逐漸變小。

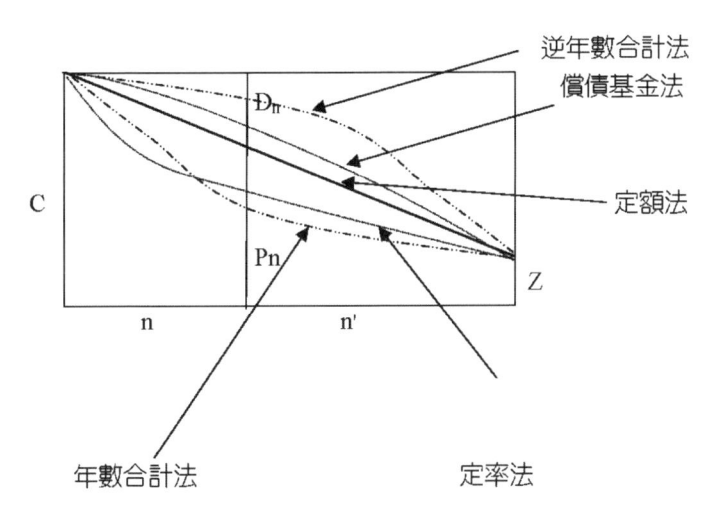

```
                                    逆年數合計法
                                    償債基金法

                                    定額法

 C

      n          n'

年數合計法              定率法
```

8. 計算成本價格作業需遵守的規定。

勘估標的於價格日期之總成本(重建成本或重置成本),扣減累積折舊額為成本價格。

第二節　本章相關不動產估價技術規則條文說明

修正條文	原條文	說明
	第四十八條　成本法，指求取勘估標的於價格日期之重建成本或重置成本，扣減其累積折舊額或其他應扣除部分，以推算勘估標的價格之方法。 　　依前項方法所求得之價格為成本價格。 　　建物估價以求取重建成本為原則。但建物使用之材料目前已無生產或施工方法已改變者，得採重置成本替代之。 　　重建成本，指使用與勘估標的相同或極類似之建材標準、設計、配置及施工品質，於價格日期重新複製建築所需之成本。 　　重置成本，指與勘估標的相同效用之建物，以現代建材標準、設計及配置，於價格日期建築所需之成本。	
	第四十九條　成本法估價之程序如下： 一、蒐集資料。 二、現況勘察。	

修正條文	原條文	說明
	三、調查、整理、比較及分析各項成本及相關費用等資料。 四、選擇適當方法推算營造或施工費。 五、推算其他各項費用及利潤。 六、計算總成本。 七、計算建物累積折舊額。 八、計算成本價格。	
	第五十條 成本法估價除依第十一條規定蒐集資料外，另得視需要申請及蒐集下列土地及建物所需資料： 一、土地開發及建築構想計畫書。 二、設計圖說。 三、相關許可或執照。 四、施工計畫書。 五、竣工圖。 六、使用執照。 七、登記（簿）謄本或建物平面位置圖。	
	第五十一條 成本法估價應蒐集與勘估標的同一供需圈內之下列資料： 一、各項施工材料、人工之價格水準。 二、營造、施工、規劃、設計、廣告、銷售、管理及稅捐等費用資料。	

修正條文	原條文	說明
	三、資本利率。 四、開發或建築利潤率。	
	第五十二條　勘估標的之總成本應包括之各項成本及相關費用如下： 一、營造或施工費。 二、規劃設計費。 三、廣告費、銷售費。 四、管理費。 五、稅捐及其他負擔。 六、資本利息。 七、開發或建築利潤。 　前項勘估標的為土地或包含土地者，總成本應加計價格日期當時之土地價格。 　總成本各項計算過程應核實填寫於成本價格計算表內。	有關土地成本認定原以「素地」為準，但一般民眾、業者對於土地的認知可約略區分為「生地」及「熟地」，其中「生地」係指尚未配置公共設施或尚須整地之土地，定義上較為接近「素地」；而「熟地」則是指可直接建築開發之土地。事實上，除了山坡地、海埔地、農村地區等少數土地外，一般包含土地之建物多為「熟地」，故將第二項「素地成本」修正為「土地價格」並作文字修正。另因於總成本本合計額已含土地價格，利息亦將一併加計。
	第五十三條　勘估標的之營造或施工費，項目如下： 一、直接材料費。 二、直接人工費。 三、間接材料費。 四、間接人工費。 五、管理費。 六、稅捐。 七、資本利息。 八、營造或施工利潤。	
	第五十四條　勘估標的之營造或施工費，得按下列方法擇一求取之：	間接法依含工程造價比較法及單位面（體）積比較法，現行條文第二款針對

修正條文	原條文	說明
	一、直接法：指就勘估標的之構成部分或全體，調查其使用材料之種別、品級、數量及所需勞力種別、時間等，並以勘估標的所在地區於價格日期之各種單價為基礎，計算其營造或施工費。 二、間接法：指就同一供需圈內近鄰地區或類似地區中選擇與勘估標的類似之比較標的或標準建物，經比較與勘估標的營造或施工費之條件差異並作價格調整，以求取勘估標的營造或施工費。	比較標的或標準建物之營造或施工費標準表為基礎，經比較與勘估標的之條件差異並作價格調整，似侷限於單位面（體）積法，易生誤解，爰作文字修正。第二項及第三項並配合移列至第五十六條。
	第五十五條 直接法分為下列二種： 一、淨計法：指就勘估標的所需要各種建築材料及人工之數量，逐一乘以價格日期當時該建築材料之單價及人工工資，並加計管理費、稅捐、資本利息及利潤。 二、單位工程法：係以建築細部工程之各項目單價乘以該工程施工數量，並合計之。	

修正條文	原條文	說明
	第五十六條　間接法分為下列二種： 一、工程造價比較法：指按工程概算項目逐項比較勘估標的與比較標的或標準建物之差異，並依工程價格及工程數量比率進行調整，以求取勘估標的營造或施工費。 二、單位面積（或體積）比較法：指以類似勘估標的之比較標的或標準建物之單位面積（或體積）營造或施工費單價為基礎，經比較並調整價格後，乘以勘估標的之面積（或體積）總數，以求取勘估標的營造或施工費。 前項所稱標準建物，指按營造或施工費標準表所營造或施工之建物。 前項營造或施工費標準表應由不動產估價師公會全國聯合會（以下簡稱全聯會）按不同主體構造種類及地區公告之。未公告前，應依直轄市或縣（市）政府發布地價調查用建築改良物標準單價表為準。	間接法須就同一供需圈內近鄰地區或類似地區中選擇與勘估標的類似之比較標的或標準建物比較推估，其中依工程價格及工程數量比率進行調整，係屬比較推估方式，爰將工程造價比率法修正為工程造價比較法，以符實際。單位面積（或體積）法並配合修正為單位面積（或體積）比較法。 另由於營造或施工費標準表主要係應用於單位面積（或體積）比較法，第二項及第三項爰自現行條文第五十條移列。

修正條文	原條文	說明
	第五十七條 勘估標的為建物時，規劃設計費按內政部所定建築師酬金標準表及直轄市或縣（市）政府發布之建造執照工程造價表計算之，或按實際營造施工費之百分之二至百分之三推估之。	
	第五十八條 勘估標的之資本利息應依分期投入資本數額及資本使用年數，按自有資金與借貸資金分別計息，其自有資金與借貸資金比例，應依銀行一般放款成數定之。 　　前項資本利息之計算，應按營造施工費、規劃設計費、廣告費、銷售費、管理費、稅捐及其他負擔之合計額乘以利率計算。 　　第一項勘估標的為土地或包含土地者，前項合計額應另加計土地價格。	由於勘估標的如包含土地者，資本利息亦應一併考慮計算，爰增訂第三項。
	第五十九條 資金中自有資金之計息利率應不高於一年期定存利率且不低於活存利率；借款則以銀行短期放款利率計息；預售收入之資金應不計息。	
	第六十條 勘估標的之開發或建築利潤應視工程規模、開發年數與經濟景氣等因素，按營造或施工	

修正條文	原條文	說明
	費、規劃設計費、廣告費、銷售費、管理費、資本利息、稅捐及其他負擔之合計額乘以適當利潤率計算之。 　　前項利潤率應由全聯會定期公告；未公告前依營造或建築業之平均經營利潤率為準，並得依開發或建物形態之不同，考量經營風險及開發或建築工期之長短酌予調整之。 　　前項建築工期指自申請建造執照開始至建築完成達到可交屋使用為止無間斷所需之時間。 　　第一項勘估標的為土地或包含土地者，合計額應另加計土地價格。	由於勘估標的如包含土地者，利潤亦應一併考慮計算，爰增訂第四項。
第六十一條　廣告費、銷售費、管理費及稅捐，應按總成本乘以相關費率計算，相關費率應由全聯會定期公告之。	第六十一條　廣告費、銷售費、管理費及稅捐等費率，應由全聯會定期公告，未公告前應依下列規定推估之。但因情況特殊並於估價報告書中敘明者，其費率之推估，不在此限： 一、廣告費、銷售費按總成本之百分之四至百分之五推估。 二、管理費按總成本之百分之三至百分之四推估。公寓大廈管理條例規定設立公共基金	一、本條所定各項間接成本計算之費率已由全聯會以公報方式定期公告，爰刪除各款及但書之規定，授權由全聯會以公報方式一併公告之。 二、另全聯會公告內容如有無法切合市場實際情形時，不動產估價師依第十四條規定應兼採二種以上估價方法推算勘估標的價格，已能排除或調整可能偏離之影響，尚

修正條文	原條文	說明
	者,應列於管理費項下,並得提高管理費用率為百分之四至百分之五。 三、稅捐按總成本之百分之零點五至百分之一點二推估,或就勘估標的之地價稅、營業稅等稅捐,按實際情形估算之。	無保留各款作為基準之必要。
	第六十二條　廣告費、銷售費、管理費、稅捐及開發或建築利潤,視勘估標的之性質,於成本估價時得不予計入。	
	第六十三條　未完工之建物應依實際完成部分估價,或以標準建物之營造或施工費標準表為基礎,參考建物工程進度營造費用比例表估算之。 　　前項建物工程進度營造費用比例表,由全聯會公告之。	
	第六十四條　因特殊狀況致土地或建物投資無法產生相對正常報酬之成本,於成本估價時得不予計入或於折舊中扣除,並應於估價報告書中敘明。	
	第六十五條　建物折舊額計算應以經濟耐用年數為主,必要時得以物理耐用年數計算。	

修正條文	原條文	說明
	經濟耐用年數指建物因功能或效益衰退至不值得使用所經歷之年數。 　　物理耐用年數指建物因自然耗損或外力破壞至結構脆弱而不堪使用所經歷之年數。 　　建物之經歷年數大於其經濟耐用年數時，應重新調整經濟耐用年數。	
	第六十六條　建物經濟耐用年數表由全聯會依建物之經濟功能及使用效益，按不同主體構造種類及地區公告之。	
第六十七條　建物之殘餘價格率應由全聯會公告之，並以不超過百分之十為原則。建物耐用年數終止後確實無殘餘價格者，於計算折舊時不予提列。第一項所稱殘餘價格率，指建物於經濟耐用年數屆滿後，其所賸之結構材料及內部設備仍能於市場上出售之價格占建物總成本之比率。 　　依第一項殘餘價格率計算建物殘餘價格時，應考量建物耐用年數終	第六十七條　建物之殘餘價格率應由全聯會公告，未公告前得視該建物之狀況及社會習慣判定之。但不得超過百分之十。建物耐用年數終止後確實無殘餘價格者，於計算折舊時不予提列。第一項殘餘價格率指建物於經濟耐用年數屆滿後，其所剩餘之結構材料及內部設備仍能於市場上出售之價格占建物總成本之比例。	一、本條所定殘餘價格率已由全聯會以公報方式定期公告，爰酌作文字修正。 二、考量訂定建物殘餘價格率不得超過百分之十上限之規定，如遇有特殊情況（如以檜木為建材）時，不符實際，爰修正以不得超過百分之十為則，以保留彈性調整空間。 三、建物殘餘價格應考量建物耐用年數終止後所需清理或清除成本，爰增訂第四項規定。

修正條文	原條文	說明
第六十八條 建物累積折舊額之計算，應視建物特及市場動態選擇屬於等速折舊、初加速折舊或初期減速折舊路徑之折舊方法。 　　建物累積折舊額之計算，除考量物理與功能因素外，並得按個別建物之實際構成部分與使用狀態，考量經濟因素，觀察維修及整建情形，推估建物之賸餘經濟耐用年數，加計已經歷年數，求算耐用年數，並於估價報告書中敘明。	第六十八條 建物累積折舊額之計算，以定額法為原則，公式如下： $D_n = C \times [(1-s)/N] \times n$ 其中： D_n：累積折舊額。 C：建物總成本。 s：殘餘價格率。 n：已經歷年數。 N：耐用年數。 　　前項累積折舊額有採取下列方法計算之必要者，應於估價報告書中敘明： 一、定率法，公式如下： 　　$D_n = C[1-(1-d)^n]$ 　　其中： 　　D_n：累積折舊額。 　　C：建物總成本。 　　n：已經歷年數。 　　d：定率法折舊率。 二、償債基金法，公式如下： 　　$D_n = C \times (1-s) \times$ 　　$\dfrac{i}{(1+i)^N - 1} \times$ 　　$\dfrac{(1+i)^n - 1}{i}$ 　　其中： 　　D_n：累積折舊額。 　　C：建物總成本。 　　s：殘餘價格率。 　　n：已經歷年數。 　　N：耐用年數。 　　i：利率。	一、考量折舊路徑包含等速折舊（直線型）、初期加速折舊（凸型）及初期減速折舊（凹型）等三大類，衍生出計算折舊之方法眾多，倘逐一規範於本規則條文中，將顯得過於細碎，爰修正改採原則性規範為主，各種折舊方法之規範則朝向由全聯會以公報方式處理為原則。 二、一般通用之折舊方法包含定額法（直線型折舊路徑）、償債基金法與逆年數合計法（凹型折舊路徑）、定率法與年數合計法（凸型折舊路徑）等，應視建物特性及市場動態選擇應用。

修正條文	原條文	說明
	三、其他經中央主管機關認定之方法。 　　建物累積折舊額之計算，除考量物理與功能因素外，並得按個別建物之實際構成部分與使用狀態，考量經濟因素，觀察維修及整建情形，推估建物之剩餘經濟耐用年數，加計已經歷年數，求算耐用年數，並於估價報告書中敘明。	
第六十九條　成本價格之計算公式如下： 一、土地價格＝土地總成本。 二、建物成本價格＝建物總成本－建物累積折舊額。 三、房地成本價格＝土地價格＋建物成本價格。前項土地價格之求取有困難者，得以比較法或收益法計算之，並於估價報告書中敘明。以比較法或收益法計算土地價格者，並需考量土地部分之廣告費、銷售費、管理費、稅捐、資本利息及利潤之合理性。依第一項規定計算土	第六十九條　成本價格之計算公式如下： 一、土地成本價格＝土地總成本。 二、建物成本價格＝建物總成本－建物累積折舊額。或建物成本價格＝建物總成本×[1－（年折舊率×經歷年數）]。 三、房地成本價格＝土地成本價格＋建物成本價格。 　　前項土地成本價格之求取有困難者，得以比較價格或收益價格替代之，並於估價報告書中敘明。	一、為避免實務運用上產生誤解，參酌第五十二條第二項立法意旨修正「土地成本價格」為「土地價格」。 二、配合第六十八條刪除以定額法為原則計算建物累積折舊額之規定，爰刪除第一項第二款後段。 三、第二項「以比較價格或收益價格替代之」之規定可能造成「以價格相互替代」而非「方法選用之替代」之誤解，爰修正為「得以比較法或收益法計算之」，使文意明確。另以比較法或收益法計算土地價格者，或有高估土地價

修正條文	原條文	說明
價格,得考量已投入土地開發改良因時間經過造成之減損,並於土地總成本中扣除。		格之虞,爰增列第二項後段。 四、考量土地之建築使用行為,可能隨社會經濟環境改變產生效用減損,爰增訂第三項得考量效用減損情形並於土地總成本中扣除之規定。

第三節　考古題—選擇題

一、不動產經紀人不動產估價概要試題及參考解答

（D）1　運用成本法估計建築物價格時，如採定額法折舊，則求取建築物累積折舊之公式為：Dn＝C×{（1－s）/N}×n，其中 n 代表下列何者？　(A)物理耐用年數　(B)殘餘年數　(C)經濟耐用年數　(D)已經歷年數【95經】

（A）2　下列有關成本法的描述，何者正確？　(A)重置成本或重建成本皆可用以推算勘估標的成本價格　(B)建物估價以求取重置成本為原則　(C)建物使用之材料目前已無生產者，得採重建成本替代之　(D)重建成本係指與勘估標的相同效用之建物，以現代建材重新複製建築所需之成本【95經】

（B）3　依不動產估價技術規則之規定，建物之殘餘價格率不得超過下列何者？　(A)百分之五　(B)百分之十　(C)百分之二十　(D)百分之三十【95經】

（A）4　一棟樓房因鄰地建築而產生牆壁龜裂情形，請問該棟樓房將產生下列何種折舊？　(A)物理性折舊　(B)功能性折舊　(C)經濟性折舊　(D)外部性折舊【95經】

（D）5　下列有關建物折舊額的敘述，何者有誤？　(A)建物折舊額計算應以經濟耐用年數為主，必要時得以物理耐用年數計算　(B)經濟耐用年數指建物因功能或效益衰退至不值得使用所經歷之年數　(C)物理耐用年數指建物因自然耗損或外力破壞至結構脆弱而

不堪使用所經歷之年數 (D)建物之經歷年數小於其經濟耐用年數時,應重新調整經濟耐用年數【95經】

(D) 6 當不動產管理對不動產價格的影響無法藉由耐用年數法確切分析時,可運用下列何種方法掌握? (A)定額法 (B)定率法 (C)償債基金法 (D)觀察法【95經】

(C) 7 下列有關營造或施工費的敘述,何者有誤? (A)營造或施工費的求取方法,可概分為直接法與間接法 (B)間接法係指就同一供需圈內選擇與勘估標的類似之比較標的,經比較調整,以求取勘估標的營造或施工費的方法 (C)淨計法係以建築細部工程之各項目單價乘以該工程施工數量,並予合計之方法 (D)全聯會未公告前,應依地價調查用建築改良物標準單價表為準【95經】

(D) 8 下列有關資本利息的敘述,何者有誤? (A)應按自有資金與借貸資金分別計息 (B)自有資金之計息利率應不高於一年期定存利率 (C)自有資金之計息利率應不低於活存利率 (D)預售收入要計息

(C) 9 成本法中重建成本或重置成本,是指求取勘估標的於何時的價格? (A)建造完成日期 (B)價格期日 (C)價格日期 (D)勘查日期【96-1經】

(C) 10 於運用成本法時,下列何者非估計勘估標的之營造或施工費時,應該包括之成本或費用? (A)間接人工費 (B)營造或施工利潤 (C)廣告費 (D)間接材料費【96-1經】

(B) 11 以建築細部工程之各項目單價乘以該工程施工數量,藉以估計勘估標的之營造或施工費,此方法稱

為： (A)淨計法 (B)單位工程法 (C)單位面積法 (D)工程造價比較法【96-1 經】

(B) 12 下列有關成本法中估算勘估標的資本利息之敘述，何者有誤？ (A)應依分期投入資本數額及資本使用年數計息 (B)自有資金不應計息 (C)若勘估標的包含土地時，土地價格亦應計息 (D)預售收入之資金應不計息【96-1 經】

(A) 13 建築物因功能或效益衰退至不值得使用所經歷之年數，稱為： (A)經濟耐用年數 (B)物理耐用年數 (C)觀察耐用年數 (D)社會耐用年數【96-1 經】

(B) 14 下列何者不屬於土地建築開發之間接成本？ (A)規劃設計費 (B)施工費 (C)稅捐及其他負擔 (D)管理費【96-1 經】

(C) 15 下列何者不屬於蒐集之比較標的應查證確認事項？ (A)交易價格及各項費用負擔方式 (B)交易條件 (C)交易者之信用現況 (D)交易日期【96-1 經】

(A) 16 某地區因政府設置焚化爐而造成該地區不動產價值減損，稱為何種折舊較為適當？ (A)經濟折舊 (B)物理性折舊 (C)功能性折舊 (D)特殊性折舊【96-1 經】

(C) 17 下列有關以定率法進行建築物折舊之敘述，何者有誤？ (A)計算較定額法繁複 (B)屬於加速折舊 (C)每年折舊額相同 (D)又稱為餘額遞減法【96-1 經】

(D) 18 運用標準營造單價表配合勘估標的之個別條件差異進行調整，以求得勘估標的之營造費用之方法，稱之為： (A)淨計法 (B)工程造價比較法 (C)單位工程法 (D)單位面積比較法【96-2 經】

(B) 19 重置成本成立之依據為下列那一原則？ (A)變動原

則 (B)替代原則 (C)最有效使用原則 (D)預期原則【96-2 經】

(A) 20 依不動產估價技術規則之規定，採成本法評估建物價格時，以求取何種成本為原則？ (A)重建成本 (B)重置成本 (C)興建成本 (D)營造成本【96-2 經】

(C) 21 運用成本法估價時，下列何者不包括在計算勘估標的之總成本中？ (A)規劃設計費 (B)廣告費 (C)折舊費 (D)開發利潤【96-2 經】

(B) 22 依不動產估價技術規則規定，採成本法評估不動產價格時，下列何者不包含於營造施工費項下？ (A)材料費 (B)規劃設計費 (C)管理費 D資本利息【96-2 經】

(C) 23 建物估價，以下列何種方法估價為原則？ (A)比較法 (B)收益法 (C)成本法 (D)土地開發分析【96-2 經】

(A) 24 下列何種方法求算之重建成本最為詳實？ (A)淨計法 (B)單位工程法 (C)工程造價比率法 (D)單位面積法【96-2 經】

(A) 25 建物耐用年數有（1）物理耐用年數（2）經濟耐用年數，通常情況下，二者關係如何？ (A)（1）＞（2） (B)（1）＜（2） (C)（1）＝（2） (D)不一定【96-2 經】

(A) 26 下列有關成本法中重置成本之敘述何者有誤？ (A)包括勘估標的所存在之功能性退化 (B)著重在效用、效能等經濟上的相同 (C)可以是以新的施工方法，建築勘估標的所需的成本 (D)通常較重建成本低【97-1 經】

(C) 27 下列有關成本法中折舊之敘述何者正確？ (A)以不

動產取得價格，進行減值修正　(B)目的通常和會計上的提列折舊相同　(C)成本法中的折舊應具有市場導向　(D)不容許以觀察法，進行減值修正【97-1 經】

(B) 28　建物折舊額計算應以下列何種年數為主？　(A)社會耐用年數　(B)經濟耐用年數　(C)實際經歷年數　(D)物理耐用年數【97-1 經】

(C) 29　因建築物與基地之配合不適宜而造成不動產價值減損，稱為：　(A)物理性折舊　(B)經濟性折舊　(C)功能性折舊　(D)社會性折舊【97-1 經】

(D) 30　根據不動產估價技術規則，下列何者非成本法中估算勘估標的之開發或建築適當利潤應考量之因素？　(A)工程規模　(B)開發年數　(C)經濟景氣　(D)開發機構【97-1 經】

(D) 31　根據不動產估價技術規則，建物因自然耗損或外力破壞至結構脆弱而不堪使用所經歷之年數，稱為：　(A)社會耐用年數　(B)經濟耐用年數　(C)實際經歷年數　(D)物理耐用年數【97-1 經】

(A) 32　根據不動產估價技術規則，下列有關成本法之敘述何者正確？　(A)以重建成本扣減其累積折舊額或其他應扣除部分以推算勘估標的價格之方法　(B)不適用於求取包含土地的勘估標的之價格　(C)用於求取建物建造完工日期之價格　(D)建物估價以求取重置成本為原則【97-1 經】

(C) 33　下列有關成本法中資金計息之敘述何者錯誤？　(A)自有資金之計息利率應不高於一年期定存利率　(B)自有資金之計息利率應不低於活存利率　(C)借款以銀行長期放款利率計息　(D)預售收入之資金應不計

息【97-1 經】

(C) 34 按工程概算項目逐項比較勘估標的與比較標的或標準建物之差異,並依工程價格及工程數量比率進行調整,以求取勘估標的營造或施工費,此方法稱為: (A)淨計法 (B)單位工程法 (C)工程造價比較法 (D)單位面積比較法【97-1 經】

(D) 35 下列有關成本法中利率及利息規定,何者有誤? (A)資金中自有資金之計息利率應不高於一年期定存利率 (B)資金中自有資金之計息利率應不低於活存利率 (C)資金中之借款以銀行短期放款利率計息 (D)預售收入之資金應以活存利率計息【97-2 經】

(C) 36 某建物樓地板面積共 100 坪,重新建造每坪花費 5 萬元,若依經濟耐用年數提列折舊,經濟耐用年數為 50 年,殘值率為 20%,目前已使用 10 年,若採定額法折舊,請問其平均每年折舊率為何? (A) 2.4% (B) 2.0% (C) 1.6% (D) 0.4%【97-2 經】

解析:平均每年折舊率=(1−s)/N=(1−20%)/50〕=1.6%

(B) 37 某建物之重建成本為 200 萬元,若第二年的價格為第一年價格的 98%,第三年的價格亦為第二年價格的 98%,依此方式類推而折舊(定率法),請問經過 10 年後建物價格變成多少元? (A) 166.75 萬元 (B) 163.41 萬元 (C) 160.15 萬元 (D) 160.00 萬元【97-2 經】

解析:定率法 $P_n = C \times (1-d)^n$

C:建物總成本。

d:定率法折舊率,每年相同。

n:已經歷年數。

Pn：建物歷經 n 年後的殘餘價格
Pn＝200×（1－2%）^{10}
＝163.41萬元

（A）38 勘估標的為建物時，規劃設計費除可按內政部所定建築師酬金標準表及直轄市或縣（市）政府發布之建造執照工程造價表計算外，亦可按實際營造施工費用之多少比例推估之？ (A)百分之二至百分之三 (B)百分之三至百分之四 (C)百分之四至百分之五 (D)百分之五至百分之六【97-2 經】

（C）39 成本法中對建築物累積折舊之計算，何種方法於折舊初期所求得的建物現值較高？ (A)定額法 (B)定率法 (C)償債基金法 (D)殘餘法【97-2 經】

（A）40 依不動產估價技術規則之規定，成本法中對建築物累積折舊之計算，以何種方法為原則？ (A)定額法 (B)定率法 (C)償債基金法 (D)殘餘法【97-2 經】

（C）41 某建物之重建價格為 1,000 萬元，耐用年限 40 年，年限期滿時之殘餘價格率為 10%，請問依定額法計算該建物自第 1 年至第 15 年之累積折舊額為多少元？ (A) 375.0 萬元 (B) 350.0 萬元 (C) 337.5 萬元 (D) 325.5 萬元【97-2 經】

解析：Dn＝〔C×（1－s）／N〕×n＝〔1,000×（1－10%）／40〕×15＝337.5（萬元）

（D）42 以成本法計算建築物折舊額，下列敘述何者正確？ (A)以物理耐用年數為主，必要時得以經濟耐用年數計算 (B)以物理耐用年數為主，必要時得以工程耐用年數計算 (C)以經濟耐用年數為主，必要時得以經營耐用年數計算 (D)以經濟耐用年數為主，必要時得以物理耐用年數計算【97-2 經】

（B）43 「以建築細部工程之各項目單價乘以該工程施工數量，並合計之。」此一勘估標的營造或施工費之求取方法稱為： (A)單位面積比較法 (B)單位工程法 (C)工程造價比較法 (D)間接法【97-2 經】

（C）44 在成本法中，勘估標的之營造或施工費，得按下列何種方法求取？ (A)百分率法 (B)差額法 (C)淨計法 (D)價格法【97-2 經】

（C）45 下列何者為建物興建之間接成本？ (A)營造或施工費 (B)建築利潤 (C)規劃設計費 (D)人工成本【98 經】

（B）46 對於大賣場等商用不動產，使用初期營收價值高、建物保養維護較佳者，宜採何種折舊方法？ (A)定額法 (B)償還基金法 (C)定率法 (D)年數合計法【98 經】

（D）47 下列何者係以殘餘耐用年數為權數而加速折舊的方法？ (A)償還基金法 (B)定額法 (C)定率法 (D)年數合計法【98 經】

（A）48 建物估價，以何種估價方法估價為原則？ (A)成本法 (B)比較法 (C)收益法 (D)定額法【98 經】

（C）49 用何種方法計算建築物折舊額時，其殘餘價格不得為零？ (A)償債基金法 (B)定額法 (C)定率法 (D)直線法【98 經】

（C）50 有一建物樓地板面積 100 坪，重建成本每坪 10 萬元，耐用年限 30 年，年限期滿時之殘餘價格率為 10%，請問以定額法計算該建物 15 年後之成本價格為何？ (A) 316 萬元 (B) 708 萬元 (C) 550 萬元 (D) 797 萬元【98 經】

解析：$D_n = [C \times (1-s) / N] \times n$

$P_n = C - D_n$

D_n：建物歷經 n 年的累積折舊額。

C：新建物總成本。

s：殘餘價格率。$= Z / C$

n：已經歷年數。

N：耐用年數。（$N = n + n1$）

P_n：建物歷經 n 年後的殘餘價格

$D_{15} = [100 \times 10 \times (1 - 10\%) / 30] \times 15$
$= 450$ 萬元

$P_n = C - D_n = 100 \times 10 - 450 = 550$ 萬元

(B) 51 某一建物之重建價格為 1,000 萬元，耐用年限 50 年，年限期滿之殘價率為 10%，以定額法計算該不動產每年之折舊額為何？ (A) 25 萬元 (B) 18 萬元 (C) 22.5 萬元 (D) 20.5 萬元【98 經】

解析：每年折舊額 $= C(1-s) / N = 1,000(1 - 10\%) / 50] = 18$ 萬

(C) 52 重新建造與勘估標的完全相同之新建築物所需之成本稱為： (A)直接成本 (B)間接成本 (C)重建成本 (D)重置成本【98 經】

(B) 53 建物因功能或效益衰退至不值得使用所經歷之年數稱為： (A)實體耐用年數 (B)經濟耐用年數 (C)物理耐用年數 (D)實際經歷年數【98 經】

(B) 54 按工程概算項目逐項比較勘估標的與比較標的或標準建物之差異，並依工程價格及工程數量比率進行調整，以求取勘估標的營造或施工費方法，稱之為： (A)淨計法 (B)工程造價比較法 (C)單位工程法 (D)單位面積比較法【99 經】

(A) 55 根據不動產估價技術規則規定,成本法中估算勘估標的資本利息之敘述,何者正確? (A)應依分期投入資本數額及資本使用年數 (B)預售收入之資金應計息 (C)若勘估標的包含土地時,不應另加計土地價格 (D)自有資金之計息利率可高於 1 年以上活存利率【99 經】

(#) 56 建物經過一定時間會產生折舊,有關建物累積折舊額之計算,根據不動產估價技術規則規定應該以何為原則呢? (A)定額法 (B)定率法 (C)償債基金法 (D)觀察法【99 經】

> **解析**:不動產估價技術規則第六十八條建物累積折舊額之計算,應視建物特及市場動態選擇屬於等速折舊、初加速折舊或期減速折舊路徑之折舊方法。

(D) 57 運用成本法進行不動產估價,下列何者不需納入計算? (A)土地總成本 (B)建物總成本 (C)建物累積折舊額 (D)土地增值【100 經】

(B) 58 依不動產估價技術規則之規定,計算建物折舊額時應以何種年數為主? (A)物理耐用年數 (B)經濟耐用年數 (C)資本使用年數 (D)調整耐用年數【100 經】

(C) 59 依不動產估價技術規則規定,以成本法推估建物折舊前之價格時,以求取何種成本為原則? (A)重製成本 (B)重置成本 (C)重建成本 (D)營造成本【100 經】

(D) 60 因接近行動電話基地臺而引起之價值減損,屬於下列何種因素? (A)物理的因素 (B)功能的因素 (C)特殊的因素 (D)經濟的因素【100 經】

（A）61 下列何者不屬於營造或施工費應考量之項目？ (A)銷售費 (B)稅捐 (C)資本利息 (D)利潤【100 經】

（A）62 下列何項費用在計算勘估標的之營造或施工費，不予列入？ (A)廣告費、銷售費 (B)稅捐 (C)資本利息 (D)營造或施工利潤

（C）63 依成本法計算資本利息，資金中自有資金之計息利率應不高於多少，不低於多少？ (A)銀行放款利率，活存利率 (B)銀行放款利率，一年期定存利率 (C)一年期定存利率，活存利率 (D)應不計息

（D）64 建物耐用年數應採用何者為主？ (A)物理耐用年數 (B)有效耐用年數 (C)實質耐用年數 (D)經濟耐用年數

（B）65 建物之經歷年數大於其經濟耐用年數時，應如何處理？ (A)重新調整物理耐用年數 (B)重新調整經濟耐用年數 (C)重新調整經歷年數 (D)該建物之價值為零

（B）66 建物之殘餘價格率不得超過多少？ (A)百分之五 (B)百分之十 (C)百分之十五 (D)百分之二十

（D）67 造成折舊之原因，下列何者不在其中？ (A)物理因素 (B)功能因素 (C)經濟因素 (D)預期因素

（C）68 因勘估標的附近新設嫌惡設施，而使勘估標的價值減損，此種折舊是屬於？ (A)物理折舊 (B)功能折舊 (C)經濟折舊 (D)預期折舊

解析：實體損壞，稱為物理折舊；功能性退化，稱為功能折舊；外部性退化，稱為經濟折舊。

（B）69 應用下列何種方法計算折舊會有加速折舊之效果？ (A)定額法 (B)定率法 (C)償債基金法 (D)觀察法

（C）70 以下列何種方法計算折舊額時，其建物現值最大？ (A)定額法 (B)定率法 (C)償債基金法 (D)年數合計法

（C）71 由耐用年數法計算折舊總額，難以考慮何種因素所造成之減價折舊，故必須以觀察法加以輔助？ (A)物理因素 (B)功能因素 (C)經濟因素 (D)預期因素

（A）72 因建物結構或設計上的瑕疵，導致建物改良價值相對折舊減價的原因，係指何項因素？ (A)功能的 (B)物理的 (C)經濟的 (D)實體的【98 經】

（C）73 建築物因功能或效益衰退至不值得使用所經歷之年數，稱之為何？ (A)物理耐用年數 (B)化學耐用年數 (C)經濟耐用年數 (D)建築耐用年數【99 經】

（C）74 下列何者為成本法重置成本之成立依據？ (A)最有效使用原則 (B)競爭原則 (C)替代原則 (D)均衡原則【100 經】

（A）75 不動產估價技術規則規定，每年折舊提存率＝折舊率／（1－累積折舊率）。請問此種方式係採何種折舊方式？ (A)定額法 (B)定率法 (C)償還基金法 (D)年數合計法【96-2 經】

（C）76 於民國 100 年評估一棟 20 年前建造、樓地板面積 200 坪之建物，該建物之建築成本於民國 80 年每坪 5 萬元、100 年每坪 10 萬元，如經濟耐用年數為 50 年、殘餘價格率為 10%。若採定額法折舊，請問該建物之成本價格為何？ (A) 720 萬元 (B) 1,000 萬元 (C) 1,280 萬元 (D) 2,000 萬元【101 經】

解析：$D_n = [C \times (1-s)/N] \times n$
$P_n = C - D_n$

Dn：建物歷經 n 年的累積折舊額。

C ：新建物總成本。

s ：殘餘價格率。＝Z／C

n ：已經歷年數。

N ：耐用年數。（N＝n＋n'）

Pn：建物歷經 n 年後的殘餘價格

D15＝〔200×10×（1－10%）／50〕×20
＝720 萬元

Pn＝C－Dn＝200×10－720＝1280 萬元

（A）77 依不動產估價技術規則規定，勘估標的營造費求取方式中稱直接法者分為那兩種？①淨計法 ②單位工程法 ③工程造價比較法 ④單位面積比較法 ⑤粗算法 (A)①② (B)②③ (C)③④ (D)④⑤【101 經】

（C）78 營造費＝〔Σ（標準建物工程概算項目每坪單價×單價調整率）〕×總面積，此可為下列何種方法之計算公式？ (A)淨計法 (B)單位工程法 (C)工程造價比較法 (D)單位面積比較法【101 經】

（C）79 運用成本法估計建築物價格時，如採定額法折舊，則求取建築物累積折舊之公式為：Dn＝C×〔（1－s）／N〕×n，其中 N 優先採用下列何者？ (A)物理耐用年數 (B)殘餘年數 (C)經濟耐用年數 (D)已經歷年數【101 經】

（D）80 預售屋的開價如高於市價一成，依此價格進行勘估標的價格調整時，此調整屬於下列何種方法之運用？ (A)差額法 (B)定額法 (C)定率法 (D)百分率法【101 經】

（#）81 採成本法估價時，必須先求取某一基準日期重新

建造對象不動產的原價,該基準日期稱為: (A)估價日期 (B)勘察日期 (C)出件日期 D試算日期【101經】

(A) 82 於不動產估價時,所謂物理的耐用年數,係指: (A)建築改良物從興建完成,至不堪使用的期間 (B)建築改良物對不動產價值具有貢獻的一段期間 (C)建築改良物從興建完成,至毀損的期間 (D)建築改良物從興建完成,至其經濟壽命結束的期間【101經】

(C) 83 以定額法計算建築物折舊額時,係假定在不動產耐用期間: (A)每年乘以一定比率計算折舊額 (B)期初先確定減價額,累計時呈現減價額遞減 (C)每年之減價額劃一計算,與經過年數逐年累計 (D)每年折舊提存一定金額,以複利計算其總減價額【101經】

(A) 84 某棟建物耐用年數為50年,殘價率為10%,該建物每年折舊率為: (A) 1.8% (B) 2.0% (C) 1.5% (D) 2.4%【101經】

解析:(100%－10%)/50＝1.8%

(B) 85 成本法操作中,使用與勘估標的相同或極類似之建材標準、設計、配置及施工品質,於價格日期重新複製建築所需之成本,係指下列何者? (A)重造成本 (B)重建成本 (C)重置成本 (D)提撥成本【102經】

(B) 86 建物累積折舊額之計算,以採下列何種方法之建物成本價格結果最低? (A)定額法 (B)定率法 (C)償債基金法 (D)逆年數合計法【102經】

(B) 87 某建物於10年前興建,面積50坪,目前建材單價

新臺幣10萬元／坪，殘餘價格率 4%、經濟耐用年數 40 年，請問該建物累積折舊額為新臺幣多少萬元？ (A) 140 萬元 (B) 120 萬元 (C) 100 萬元 (D) 80 萬元【102 經】

解析：Dn＝〔C×（1－s）／N〕×n
〔50×10×（1－4%）／40〕×10
＝120 萬元

(D) 88 成本法總成本中營造施工費之求取，估價實務上最常用的方法為何？ (A)淨計法 (B)單位工程法 (C)工程造價比較法 (D)單位面（體）積比較法【102 經】

(B) 89 依不動產估價技術規則規定，建物殘餘價格率之上限為多少？ (A) 5% (B) 10% (C) 15% (D) 20%【102 經】

(C) 90 依中華民國不動產估價師公會全國聯合會第四號公報規定，目前住宅用鋼筋混凝土造房屋之經濟耐用年限為多少年？ (A) 35 年 (B) 40 年 (C) 50 年 (D) 60 年【102 經】

(B) 91 某房屋受地震損害經鑑定無法居住使用，下列估價原則何者較能掌握其房地價格？ (A)先估計重建價格，再以重建後房地價格扣掉重建所花費金額 (B)以素地價格估價，並扣除拆除建物費用 (C)以比較法估計一般正常未受損價格，再以特殊情況調整 (D)無法估價【102 經】

(A) 92 依不動產估價技術規則規定，某建商蓋到一半的建案，其建物應如何估價？ (A)依實際完成部分估價 (B)以總銷售金額扣除土地管銷成本及利潤率，再扣除剩餘建築費用 (C)以總銷售金額扣除土地管銷成

本及利潤率,再扣除延遲損失及剩餘建築費用 (D)無法估價【102經】

(C) 93 估計建築物因經濟因素造成之減價折舊額,通常要採用何種方法? (A)定額法 (B)定率法 (C)觀察法 (D)償還基金法【89經】

(B) 94 由於建築物與基地之配合不適宜、設計不良致效率降低,所引起之不動產相對減價,可認定為何種因素減價? (A)經濟的 (B)功能的 (C)物理的 (D)社會的【91估特】

(A) 95 設某建物之耐用年數為 N,殘餘價格率為 r,依定額法原則,其年折舊率公式為: (A)(1－r)/N (B) N/(1－r) (C)(1－r)×N (D)(1+r)×N 【91估特】

(D) 96 下列何者屬外部性退化而產生折舊? (A)建物外牆剝落 (B)中庭之游泳池荒置 (C)屋頂漏水 (D)位於淹水區【93估特】

(A) 97 對於屋齡很輕之建築物以定率法計算其折舊時,其折舊額將比依定額法所得之折舊額為: (A)高 (B)低 (C)一樣 (D)不一定【94估特】

(D) 98 殘價率為 10%,耐用年數為 50 年之建物,分別以定額法、定率法及償還基金法計算折舊額,並推估第一年之建物現值分別為 a、b、c。請問三者間關係何者正確? (A) b>c>a (B) b>a>c (C) a>c>b (D) c>a>b【93估特】

(A) 99 所謂耐用年數有物理耐用年數與經濟耐用年數之分,如前者以 A 後者以 B 代表,一般情況下二者關係如何? (A) A＞B (B) A＜B (C) A＝B D看使用狀狀而定 (E)二者沒關係【87公會】

（C）100 估計建物築物因經濟因素造成的折舊額，通常要使用 (A)定額法 (B)定率法 (C)觀察法 (D)耐用年數法 (E)償還基金法【87 公會】

（B）101 建物估價，以何種方法估價為原則？ (A)收益法 (B)成本法 (C)比較法 (D)殘餘法【103 經】

（B）102 建物之殘餘價格率應由何者公告之？ (A)內政部地政司 (B)不動產估價師公會全國聯合會 (C)全國建築師公會 (D)內政部營建署【103 經】

（B）103 有一建物耐用年限 40 年，年限屆滿時之殘餘價格率為 10%，若以定額法計算折舊額，則每年之折舊率為 (A) 2% (B) 2.25% (C) 2.5% (D) 2.75%【103 經】

解析：（1−s）/N＝（1−10%）/40＝2.25%

（C）104 某一不動產於 103 年 3 月 1 日的正常價格為 1,000 萬元，綜合市場調查並參考不動產價格指數，得知 103 年 3 月 1 日至 103 年 4 月 1 日期間價格上漲一成，在其他條件不變情況下，請問 103 年 4 月 1 日的正常價格為何？ (A) 900 萬元 (B) 909 萬元 (C) 1,100 萬元 (D) 1,111 萬元【103 經】

解析：1,000×（1＋10%）＝1,100（萬元）

（D）105 請問計算建物累積折舊額，下列何者不屬於不動產估價技術規則規範之折舊路徑？ (A)等速折舊 (B)初期加速折舊 (C)初期減速折舊 (D)後期減速折舊【103 經】

（C）106 不動產估價技術規則規定，下列有關總成本中廣告費之敘述，何者正確？ (A)計算營造或施工費應考量廣告費 (B)廣告費按營造或施工費乘以相關費率計算 (C)廣告費之相關費率應由不動產估價師公會

全國聯合會定期公告之　(D)廣告費視勘估標的之性質，於成本估價時應予計入【103 經】

（D）107 某一屋齡 20 年的 40 坪建物，經調查，其目前之重置成本為每坪 10 萬元，假設其經濟耐用年度為 50 年、殘餘價格率為 10%，請問其建物成本價格為何？　(A) 184 萬元　(B) 216 萬元　(C) 240 萬元　(D) 256 萬元【103 經】

> **解析**：Dn＝[C×（1－s）/ N]×n＝[400×（1－10%）/ 50]×20＝144（萬元）
> Pn＝C－Dn＝400－144＝256（萬元）

（A）108 依不動產估價技術規則規定，於收益法之建物折舊提存費，得依下列何種方式計算？①等速折舊型 ②初期減速折舊型 ③初期加速折舊型 ④償債基金型　(A)①④　(B)②③　(C)①②③　(D)①②③④【103 經】

（D）109 下列有關耐用年度之敘述，何者有誤？　(A)建物耐用年度終止後確實無殘餘價格者，於計算折舊時不予提到　(B)建物折舊額計算應以經濟耐用年度為主　(C)建物經濟耐用年度表由不動產估價師公會全國聯合會公告之　(D)物理耐用年數指建物因功能或效益衰退至不值得使用所經歷之年數【103 經】

（B）110 依不動產估價技術規則規定，下列有關總成本中規劃設計費之敘述，何者正確？　(A)規劃設計費按縣（市）政府發布之建築師酬金標準表計算之　(B)規劃設計費按縣（市）政府發布之建造執照工程造價表計算之　(C)規劃設計費按實際營造施工費之百分之二至百分之五推估之　(D)規劃設計費率由不動產估價師公會全國聯合會定期公告之【103 經】

(D) 111 若某房屋經濟耐用年數 45 年、經歷年數 20 年、殘餘價格率 10%，於收益法估價時，等速折舊型，建物價格日期當時價值未來每年折舊提存率為何？
(A) 0.02　(B) 0.025　(C) 0.03　(D) 0.033【106 經】

解析：d＝((1－s)／N)／(1－(1－s)×n／N)＝0.02／0.39＝0.033

(D) 112 下列有關成本法耐用年數之敘述，何者正確？　(A)建物折舊額計算應以物理耐用年數為主　(B)物理耐用年數指建物因功能或效益衰退至不值得使用所經歷之年數　(C)經濟耐用年數指建物因自然耗損或外力破壞至結構脆弱而不堪使用所經歷之年數　(D)建物之經歷年數大於其經濟耐用年數時，應重新調整經濟耐用年數【106 經】

(B) 113 勘估標的之營造或施工費之求取方法中，「以建築細部工程之各項目單價乘以該工程施工數量，並合計之」之方法，係指何方法？　(A)淨計法　(B)單位工程法　(C)工程造價比較法　(D)單位面積（或體積）比較法【106 經】

(D) 114 某建物於 10 年前興建，重建成本 500 萬元，殘餘價格率 4%、經濟耐用年數 40 年，請問等速折舊型之建物成本價格為何？　(A) 120 萬元　(B) 240 萬元　(C) 300 萬元　(D) 380 萬元【106 經】

解析：Dn＝C(1－s)×n／N＝500(1－4%)×10／40＝120 萬元
Pn＝C－Dn＝500－120 萬元

(C) 115 初入社會的陳君預計在往後 10 年，每年有 10 萬元的償債能力，假設此時銀行利率為 3%，請問其可貸得金額為何？　(A) 134,390 元　(B) 457,970 元

(C) 853,020 元　(D) 1146,390 元【106 經】

解析：$\frac{(1+r)^n-1}{(1+r)^n r} = \frac{(1+2\%)^{10}-1}{(1+2\%)^{10} 2\%} = 853,020$

（C）116　依不動產估價技術規則第 68 條規定，建物累積折舊額之計算，應視下列何者選擇屬於等速折舊、初期加速折舊或初期減速折舊路徑之折舊方法？　(A)建商信譽　(B)建管單位要求　(C)建物特性及市場動態　(D)建築設計及建築投資公會【106 經】

（A）117　某建物已完工 5 年，面積 100m2，目前重建成本單價為新臺幣 3 萬元/ m2，殘餘價格率為 5%、經濟耐用年數為 50 年，請問該建物累積折舊額為多少？　(A) 28.5 萬元　(B) 30 萬元　(C) 94.2153 萬元　(D) 99.174 萬元【106 經】

解析：Dn＝C（1－s）×n / N＝100×3（1－5%）×5 / 50＝28.5 萬元

（A）118　成本法中，指與勘估標的相同效用之建物，以現代建材標準、設計及配置，於價格日期建築所需之成本，是指何種成本？　(A)重置成本　(B)重建成本　(C)重蓋成本　(D)替換成本【106 經】

（A）119　依不動產估價技術規則第 55 條第 1 款之規定，就勘估標的所需要各種建築材料及人工之數量，逐一乘以價格日期當時該建築之單價及人工工資，並加計管理費、稅捐、資本利息及利潤之估價方法稱為：　(A)淨計法　(B)單位法　(C)工程造價比較法　(D)單位面積比較法【106 經】

（A）120　在使用成本法估價時，建物估價以求取（甲）為原則。但建物使用之材料目前已無生產或施工方法已改變者，得採（乙）替代之。請問甲、乙分別為何

種成本？ (A)甲為重建成本、乙為重置成本 (B)甲為重置成本、乙為重建成本 (C)甲為直接成本、乙為間接成本 (D)甲為間接成本、乙為直接成本【107經】

(A) 121 使用與勘估標的相同或極類似之建材標準、設計、配置及施工品質，於價格日期重新複製建築所需之成本，稱為： (A)重建成本 (B)重置成本 (C)直接成本 (D)間接成本

(#) 122 下列敘述何者為正確？ (A)建物價格日期當時價值未來每年折舊提存率，得依下列方式計算：等速折舊型：$d = \dfrac{i}{(1+i)^n - 1}$；償債基金型 $d = \dfrac{(1-s)/N}{1-(1-s)^n/N}$ (B)建物折舊提存費，得依下列方式計算：等速折舊型：$C \times (1-s) \times \dfrac{i}{(1+i)^n - 1}$；償債基金型：$C \times (1-s) \times \dfrac{1}{N}$ (C)不動產構成項目中，於耐用年數內需重置部分之重置提撥費，按其利息及按該支出之有效使用年期及耗損比率分年攤提 (D)勘估標的總費用之推算，除推算勘估標的之各項費用外，勘估標的包含建物者，應加計建物之折舊折存費，或於計算收益價格時，除考量建物收益資本化率或折現率外，應加計建物價格日期當時價值未來每年折舊提存率【108經】

(A) 123 就勘估標的之構成部分或全體，調查其使用材料之種別、品級、數量及所需勞力種別、時間等，並以勘估標的所在地區於價格日期之各種單價為基礎，計算其營造或施工費的方法為： (A)直接法 (B)

間接法　(C)工程造價比較法　(D)單位面積比較法
【108 經】

(D) 124　下列有關成本法之建物殘餘價格之敘述，何者正確？　(A)建物之殘餘價格率以不超過百分之二十為原則　(B)建物耐用年數終止後無殘餘價格者，於計算折舊時以最低殘餘價格率提列　(C)殘餘價格率，指建物於經濟耐用年數屆滿後，於市場上出售之價格占房地總價格之比率　(D)計算建物殘餘價格時，應考量建物耐用年數終止後所需清理或清除成本
【109 經】

(C) 125　某一建築物重建成本為 800 萬元，經濟耐用年數為 40 年，物理耐用年數為 50 年，該建築物殘餘價格為 80 萬元，現已完工使用經過 10 年，請問該建築物以等速折舊計算時，每年折舊額為多少？
(A) 14.4 萬元　(B) 16 萬元　(C) 18 萬元　(D) 20 萬元
【109 經】

解析：每年折舊額 = 800 × (1 － 80 / 800) / 40 = 18（萬）

(D) 126　依據不動產估價技術規則，有關成本法資本利息的敘述，下列敘述何者錯誤？　(A)資金中自有資金之計息利率應不高於 1 年期定存利率　(B)資金中自有資金之計息利率應不低於活存利率　(C)借款則以銀行短期放款利率計息　(D)預售收入之資金以定存利率計息【109 經】

(B) 127　成本法營造施工費求取方式，有分為直接法及間接法兩大類，其中以建築細部工程之各項目單價乘以該工程施工數量合計之方法係指下列何者？　(A)淨計法　(B)單位工程法　(C)工程造價比較法　(D)單位

面積（或體積）比較法【109 經】

（C）128 估價人員就某建物使用與勘估標的相同之建材標準、設計、配置及施工品質，於價格日期重新複製建築所需之成本，是指下列何者？ (A)重置成本 (B)重製成本 (C)重建成本 (D)複舊成本【109 經】

（D）129 依據不動產估價技術規則，有關成本法建築工期係指自申請建造執照開始至那個時間點為止無間斷所需之時間？ (A)變更建照執照 (B)擬定權利變換計畫 (C)銷售完竣 (D)建築完成達到可交屋使用【109 經】

（B）130 建物總成本 1,000 萬元，經濟耐用年數 50 年，建物殘餘價格率 10%。若每年折舊額皆相同，請問每年折舊率為何？ (A) 1.5% (B) 1.8% (C) 2% (D) 2.2%【110 經】

解析：每年折舊率＝（1－s）/ N＝（1－10%）/ 50＝1.8%

（D）131 勘估標的之營造或施工費，依不動產估價技術規則之規定，不包含下列那一項目？ (A)間接材料費 (B)稅捐 (C)資本利息 (D)廣告費

（B）132 就同一供需圈內近鄰地區或類似地區中，選擇與勘估標的類似之比較標的或標準建物，經比較與勘估標的之營造或施工費之條件差異並作價格調整，以求取勘估標的之營造或施工費的方法為何？ (A)直接法 (B)間接法 (C)淨計法 (D)單位工程法【110 經】

第四節 考古題—申論題

一、不動產經紀人不動產估價概要試題及參考解答

一、請說明重建成本（Reproduction cost）與重置成本（Replace-ment cost）之差異？【88 經】

答：重建成本與重置成本之差異分述如下：
1. 重建成本：指使用與勘估標的相同或類似之建材標準、設計、配置及施工品質，於價格日期重新複製建築所需成本。
2. 重置成本：指使用與勘估標的相同效用之建物，以現代建材標準、設計及配置，於價格日期建築所需成本。
3. 兩者間之差異：重建成本指取相同或類似之建材，於價格日期重新複製勘估標的所需之成本。而重置成本是指如因建材式樣、建築技術變遷等因素，重建有所困難，則以現代建材標準、設計及配置，於價格日期，建造使用與勘估標的相同效用之建物所需成本。

二、何謂構造耐用年數？何謂經濟耐用年數？（10分）【89 經】

答：不動產估價技術規則定義，構造耐用年數（物理耐用年數）、經濟耐用年數分述如下：
(一) 構造耐用年數（物理耐用年數）：指建物因自然耗損或外力破壞至結構脆弱而不堪使用所經歷之年數。
(二) 經濟耐用年數指建物因功能或效益衰退至不值得使用所經歷之年數。

(三) 建物折舊額計算應以經濟耐用年數為主，必要時得以物理耐用年數計算。建物之經歷年數大於其經濟耐用年數時，應重新調整經濟耐用年數。

建物經濟耐用年數表由全聯會依建物之經濟功能及使用效益，按不同主體構造種類及地區公告之。

三、某建築改良物已經歷十年，已知其重建成本為五百萬元，其耐用年數為五十年，其殘價率為10%，請以定額法計算其折舊額。（15分）【89經】

答：

(一) 由定額法公式：$D_n = [C \times (1-s) / N] \times n$

D_n：建物歷經 n 年的累積折舊額。

C ：新建物總成本。

s ：殘餘價格率。

n ：已經歷年數。

N ：耐用年數。

(二) 計算

1. 題目已知項 C＝500萬元　N＝50年　s＝10%　n＝10

2. 帶入公式 $D_n = [C \times (1-s) / N] \times n$
$$= [500 \times (1-10\%) / 50] \times 10 = 90$$
（萬元）

3. 建築改良物已經歷十年以定額法計算其累積折舊額90萬元

四、何謂成本法？請說明運用成本法估價之程序。（25分）【91經】

答：依不動產估價技術規則，成本法是指以勘估標的價格日

期重新取得或重新建造所需成本,扣減其累積折舊額或其他應扣除之部份,以推算勘估標的價格之方法。

(二) 成本法估價之程序如下:
   1. 蒐集資料
   2. 現況勘察
   3. 調查、整理、比較分析各項成本及相關費用等資料
   4. 選擇適當方法推算營造及施工費
   5. 推算其他各項費用及利潤
   6. 計算總成本
   7. 計算建物累積折舊額
   8. 計算成本價格

五、估計建築物折舊額之方法可採取耐用年數法及觀察法,試分別說明其意涵及適用之差異。(25分)【91經】

答:應用成本法估價,建築物折舊額之方法有耐用年數法及觀察法兩種,而兩種方法通常是合併使用,其意涵之適用及差異分述如下:

(一) 耐用年數法及觀察法意涵:
   1. 耐用年數法
      耐用年數法是以耐用年數、殘餘價格率等來計算折舊額的方法。其常用的方法有定額法、定率法、償債基金法。
   2. 觀察法
      依不動產估價技術規則規定,建物累積折舊額之計算,除考量物理及功能因素外,並得按個別建物之實際構成部分及使用狀態,考量經濟因素,觀察維修及整建情形,推估建物之剩餘經濟耐用年數,加計已經歷年數,求算耐用年數,並於估價報告書中

敘明。

3. 耐用年數法與觀察法適用之差異分析如下：
   (1)耐用年數法將同類型的建物耐用年數視為相同，雖簡易，但不一定符合不動產之實際情況。
   (2)觀察法重視個別建物實際維修及整建形，除物理因素外，探討建物功能及經濟折舊因素，調整耐用年數，使計算折舊更為切合實際，而其所需的估價經驗、專業更高，而且因為較為主觀，個別差異可能較大。
   (3)兩種方法通常是合併使用，以耐用年數法評估一般情況，再以觀察法來調整個別情況。

六、何謂定額法？何謂定率法？同一建物採用那一種方法折舊，第一年之折舊額較高？【92 經】

答：

(一) 定額法：

在建物耐用年數期間，每年以折舊額相同的方式進行折舊額計算。因為每年的折舊額相同，所以又稱為平分法或直線法。建物累積折舊額之計算，其累積折舊額公式如下：

$D_n = C(1-s)^n / N$

D_n：累積折舊額

C ：建物總成本

s ：殘餘價格率

n ：已經歷年數

N ：耐用年數

(二) 定率法：

在建物耐用年數期間，每年以折舊比率相同的方式進

行折舊額計算。以相同的折舊比率乘上當年的成本價格，以求得每年折舊額的方法，因為成本價格是逐年向下，乘上相同的折舊比率後，所求得的每年折舊額將逐年下降。所以定率法又稱為百分減值法或餘額遞減法。其累積折舊額公式如下：

$D_n = C[1-(1-d)^n]$

D_n：累積折舊額

C ：建物總成本

n ：已經歷年數

d ：定率法折舊率

(三) 同一建物採用定率法，其折舊率固定，而每期建物成本價格逐漸變小，折舊額也隨之遞減，由此判斷定率法第一年之折舊額較高。

七、何謂貢獻原則？不動產估價時，對於建築改良物之建物累積折舊額之計算有那三種方法？請詳細說明其意涵？（25分）【97-1 經】

答：

(一) 所謂貢獻原則：

不動產價值的產生，受到土地、勞力、資本、經營四大生產要素所影響，當某生產因素改變時，對整體不動產價值所產生的貢獻。而貢獻有正、負面。例如：賣房子時花100萬裝潢，而使房子具有好賣相，多賣了200萬，這種情況是正貢獻。但貢獻不見得都是正的。也有可能是負向的。如上例，如果花的裝潢費比賣房子所得還多，就是負貢獻。所以貢獻原則可以作為是否對不動產增加投入生產要素的判斷。

(二) 建築改良物之建物累積折舊額之計算有三種方法：

1. 定額法：在建物耐用年數期間，每年以折舊額相同的方式進行折舊額計算。因為每年的折舊額相同，所以又稱為平分法或直線法。

   $D_n = C \times [(1-s)/N] \times n$

   其中：

   D_n：累積折舊額。

   C ：建物總成本。

   s ：殘餘價格率。

   n ：已經歷年數。

   N ：耐用年數。

2. 定率法：在建物耐用年數期間，每年以折舊比率相同的方式進行折舊額計算。以相同的折舊比率乘上當年的成本價格，以求得每年折舊額的方法，因為成本價格是逐年向下，乘上相同的折舊比率後，所求得的每年折舊額將逐年下降。

   $D_n = C[1-(1-d)^n]$

   其中：

   D_n：累積折舊額。

   C ：建物總成本。

   n ：已經歷年數。

   d ：定率法折舊率。

3. 償債基金法：在建物耐用年數期間，每年以折舊額相同的方式進行折舊額計算。但加計折舊額提存利息。利息以複利方式計算。

   公式：$D_n = C \times (1-s) \times \dfrac{i}{(1+i)^N - 1} \times \dfrac{(1+i)^n - 1}{i}$

   其中：

Dₙ：累積折舊額。
C ：建物總成本。
s ：殘餘價格率。
n ：已經歷年數。
N ：耐用年數。
i ：利率。

八、成本法使用時必須求取所謂重新建造原價，請分別說明重建成本與重置成本的意義。（10分）此外，由於隨建築物使用的效用遞減，造成估價上必須進行減價，請說明造成減價的主要因素有那些？（15分）【98經】

答：

(一) 重建成本與重置成本的意義：

1. 重建成本：指使用與勘估標的相同或極類似之建材標準、設計、配置及施工品質，於價格日期重新複製建築所需之成本。

2. 重置成本：指與勘估標的相同效用之建物，以現代建材標準、設計及配置，於價格日期建築所需之成本。

3. 重建成本、重置成本區別：兩者的區別在，重建成本是「複製」，就是建造一棟和勘估標的一模一樣建物，在價格日期建造所需的成本。而重置成本是「相同效用」，如果建造一棟和勘估標的一模一樣建物有困難，則以替代的方式，改建造一棟和勘估標的「相同效用」建物在價格日期建造所需的成本替代，兩者都推求建物新建造總成本的方法。建物估價以求取重建成本為原則。但建物使用之材料目前已無生產或施工方法已改變者，得採重置成本替

代之。
(二) 造成減價的主要因素：
折舊減價的原因，一般認為是物理、功能、經濟等三個因素，各別或綜合影響所造成
1. 物理因素：係指實體損壞所造成的，如風吹、日曬、雨淋、地震等自然作用或人為使用、破壞所致。
2. 功能因素：係指功能衰退所造成的，如未設電梯、欠耐地震等建物結構、建材、設計上的不足或型態設備老舊落伍。
3. 經濟因素：係指外部性退化所造成的，如地區使用特性改變、缺乏需求、經濟衰退等外在條件負面改變所造成。

九、何謂成本法？在那些情形之估價，適用此法？【75普】【76普】

答：所謂成本法及在那些情形之估價適用此法，分述如下：
(一) 依不動產估價技術規則定義，成本法係指求取勘估標的於價格日期之重建成本或重置成本，扣減其累積折舊額或其他應扣除部分，以推算勘估標的價格之方法。依前項方法所求得之價格為成本價格。
(二) 成本法估價之適用情形：
建物以成本法為估價原則，但不是建物的專屬估價方法，土地估價亦可採用成本法，一般估價之適用情形如下：
1. 建物評估時：
(1)新近完成或計畫建築之不動產，作為評估、可行性研究之基礎。

(2)建物增建或大修繕成本之評估。
　　(3)不動產價值分離土地、建物價格時。
  2. 土地評估時：
     新開發之海埔地、山坡地、河川地、重劃區土地等價格評估。

十、試述成本法之基本觀念為何？並說明成本法之成立與替代原則有何關係？【88高】

答：成本法之基本觀念及成本法之成立與替代原則之關係，分述如下：

(一) 成本法係指求取勘估標的於價格日期之重建成本或重置成本，扣減其累積折舊額或其他應扣除部分，以推算勘估標的價格之方法。所以成本法的基本觀念是以重製的觀點分析不動產的價值。

(二) 成本法之成立與替代原則之關係
    成本法重建或重置成本之求取，需以同一供需圈比較標的或標準建物推估，即屬替代原則之應用。替代原則也是成本法之成立的基礎。

十一、試述定額法、定率法及償債基金法義差異？

答：定額法、定率法及償債基金法義差異整理如下表，三種方法各有其特點，可依不同的情況選擇使用。

	定額法	定率法	償債基金法
特性	每年折舊額相同。	每年折舊率相同，每年折舊額不相同，每年折舊額前期大後期小。	每年提存相同折舊額，但加計利息。
優點	1. 理論簡單明瞭，計算容易。 2. 可定標準減價額。	初期即大量折舊，企業節稅方便。	1. 可定標準折舊額。 2. 相同折舊總額下，每年折舊費比定額法少，有利於股東盈餘分配。
缺點	1. 計算出之折舊額與一般折舊的情況不符 2. 未考量實際保養、維護狀況，亦未考慮功能因素、經濟因素造成之折舊。	1. 計算較為繁複。 2. 每年折舊額不同，不能定標準減價額。 3. 未考量實際保養、維護狀況，亦未考慮經濟因素造成之折舊。	1. 計算較為繁複。 2. 因加計利息，易高估標的現值。 3. 未考量實際保養、維護狀況，亦未考慮經濟因素造成之折舊

第四章

土地開發分析法

第一節　精華導讀

壹、土地開發分析法定義：

土地開發分析法，指根據土地法定用途、使用強度進行開發與改良所導致土地效益之變化，估算開發或建築後總銷售金額，扣除開發期間之直接成本、間接成本、資本利息及利潤後，求得開發前或建築前土地開發分析價格。

貳、土地開發分析法之程序：

土地開發分析估價之程序如下：
一、確定土地開發內容及預期開發時間。
二、調查各項成本及相關費用並蒐集市場行情等資料。
三、現況勘察並進行環境發展程度之調查及分析。
四、估算開發或建築後可銷售之土地或建物面積。
五、估算開發或建築後總銷售金額。
六、估算各項成本及相關費用。
七、選擇適當之利潤率及資本利息綜合利率。
八、計算土地開發分析價格。

參、土地開發分析法核心聯想圖解說：

一、土地開發分析核心聯想圖

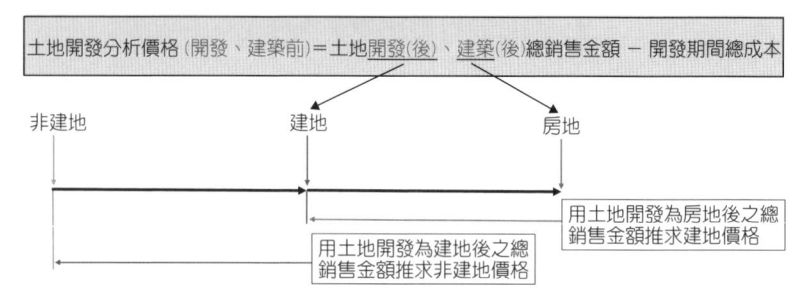

土地開發分析價格(開發、建築前)＝土地開發(後)、建築(後)總銷售金額－開發期間總成本

非建地　　　　　建地　　　　　　房地

用土地開發為建地後之總銷售金額推求非建地價格

用土地開發為房地後之總銷售金額推求建地價格

二、土地開發分析法核心聯想圖解說：

土地開發分析價格，係指開發前或建築前土地的價格。一般開發商、建商購地進行開發建築時，利用土地開發或建築後之總銷售金額扣除開發期間的總成本，來反推求購買土地所能支出的最高成本，避免因購地成本太高，造成開發利潤太差，甚至虧損。土地開發分析法是用於土地的成本法，所以開發建築的總成本和前述成本法的總成本是一致的。前面成本法所述，總成本應包括之各項成本及相關費用有1營造或施工費2規劃設計費3廣告費、銷售費4管理費5稅捐及其他負擔6資本利息7開發或建築利潤。在土地開發分析法把1營造或施工費歸在直接成本。2規劃設計費3廣告費、銷售費4管理費5稅捐及其他負擔歸在間接成本。

三、由土地開發分析法核心聯想圖聯想出土地開發分析法的定義、程序、作業需遵守的規定：

(一) 從土地開發分析法核心聯想圖聯想出成本法定義

從下圖（核心聯想圖），我們從聯想圖的順序描述，也可將公式和定義，以**中翻數，數翻中**一樣理解、記

憶

順序1、根據土地法定用途、使用強度進行開發與改良所導致土地效益之變化，估算開發或建築後總銷售金額。

順序2、扣除開發期間之直接成本、間接成本、資本利息及利潤後。

順序3、求得開發前或建築前土地開發分析價格。

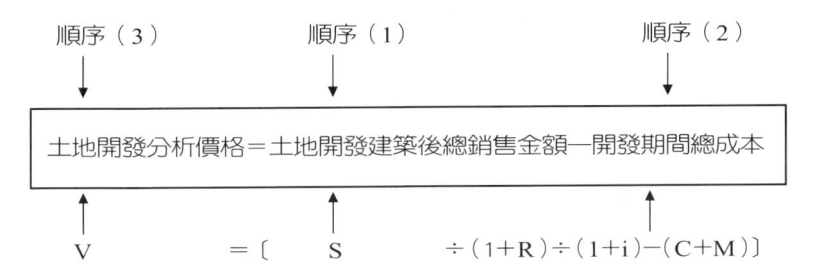

```
  順序（3）           順序（1）              順序（2）
     ↓                  ↓                     ↓
┌─────────────────────────────────────────────────────────┐
│ 土地開發分析價格＝土地開發建築後總銷售金額－開發期間總成本 │
└─────────────────────────────────────────────────────────┘
     ↑                  ↑                     ↑
     V          = 〔    S      ÷(1+R)÷(1+i)－(C+M)〕
```

(二) 從土地開發分析法核心聯想圖聯想出土地開發分析法程序：

從下圖—核心聯想圖，去聯想出土地開發分析法估價作業程序：

程序1 確定土地開發內容及預期開發時間。

程序2 調查各項成本及相關費用並蒐集市場行情等資料。

程序3 現況勘察並進行環境發展程度之調查及分析。

程序4 估算開發或建築後可銷售之土地或建物面積。

程序5 估算開發或建築後總銷售金額。

程序6 估算各項成本及相關費用。

程序7 選擇適當之利潤率及資本利息綜合利率。

程序8 計算土地開發分析價格。

```
程序1
程序2
程序3                    程序4              程序6
           程序8          程序5              程序7
             ↓             ↓                 ↓
```

土地開發分析價格＝土地開發建築後總銷售金額－開發期間總成本

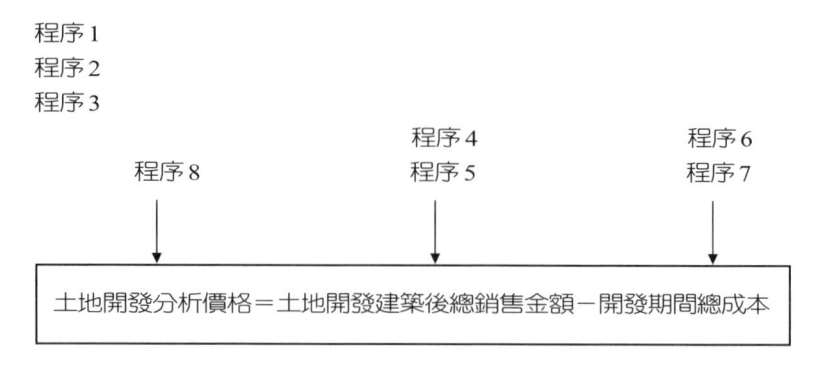

(三) 由土地開發分析法的核心聯想圖聯想出土地開發分析法作業需遵守的規定：

土地開發分析法作業需遵守的規定，是指以土地開發分析法實施不動產估價時，在每個估價程序（步驟）需遵守的規定，所以我們從估價程序（步驟）來聯想出土地開發分析法作業需遵守的規定需遵守的各項規定

1. **確定土地開發內容及預期開發時間作業需遵守的規定。**

    開發年數之估計應自價格日期起至開發完成為止無間斷所需之時間。

2. **調查各項成本及相關費用並蒐集市場行情等資料作業需遵守的規定。**

    (1)土地開發分析法蒐集一般估價資料

    　　A.勘估標的之標示、權利、法定用途及使用管制等基本資料。

    　　B.影響勘估標的價格之一般因素、區域因素及個別因素。

    　　C.勘估標的相關交易、收益及成本資料

    (2)視成本法需要申請及蒐集下列

A.開發構想計畫書。
　　B.建築設計圖說或土地規劃配置圖說。
　　C.建照申請書或建造執照。
　　D.營造或施工費資料。
　　E.規劃、設計、廣告、銷售、管理及稅捐等費用資料。
　　F. 資本利率。
　　G.開發或建築利潤率。

3. **現況勘察並進行環境發展程度之調查及分析作業需遵守的規定。**

　現況勘察與環境發展程度之調查及分析包括下列事項：

　⑴調查影響總銷售金額、成本及費用等因素。

　⑵確認勘估標的之工程進度、施工及環境狀況並攝製必要照片或影像檔。

　⑶市場交易資料之蒐集、調查。

　⑷週遭環境土地建物及公共設施開發程度。

4. **估算開發或建築後可銷售之土地或建物面積作業需遵守的規定。**

　開發或建築後可銷售之土地或建物面積應依下列原則估算之：

　⑴依建造執照及建築設計圖說或土地開發許可文件及規劃配置圖計算之面積。

　⑵未取得建造執照或土地開發許可文件時應按相關法令規定下最有效使用之狀況，根據土地之地形、地勢並參酌當地市場狀況等因素估算其可銷售面積。

　前項可銷售面積之計算過程應詳列計算式以便校

對。

5. 估算開發或建築後總銷售金額作業需遵守的規定。

開發或建築後預期總銷售金額應按開發或建築後可銷售之土地或建物面積乘以推定之銷售單價計算之。可銷售面積中之各部分銷售單價不同時，應詳列各部分面積及適用之單價。

前項銷售單價應考量價格日期當時銷售可實現之價值，以比較法或收益法求取之。

6. 估算各項成本及相關費用作業需遵守的規定。

(1)直接成本：營造或施工費。

(2)間接成本，其內容如下：

　　A. 規劃設計費。

　　B. 廣告費、銷售費。

　　C. 管理費。

　　D. 稅捐及其他負擔。

7. 選擇適當之利潤率及資本利息綜合利率作業需遵守的規定。

(1)勘估標的之開發或建築利潤應視工程規模、開發年數與經濟景氣等因素，按營造或施工費、規劃設計費、廣告費、銷售費、管理費、資本利息、稅捐及其他負擔之合計額乘以適當利潤率計算之。

前項利潤率應由全聯會定期公告；未公告前依營造或建築業之平均經營利潤率為準，並得依開發或建物形態之不同，考量經營風險及開發或建築工期之長短酌予調整之。前項建築工期指自申請建造執照開始至建築完成達到可交屋使用為止無間斷所需之時間。

(2)土地開發分析之資本利息綜合利率,應依不動產估價技術規則第五十八條及第五十九條規定計算資本利息年利率,並參考下列公式計算之:

資本利息綜合利率＝資本利息年利率×(土地價值比率＋建物價值比率×1／2)×開發年數。勘估標的資本利息負擔特殊,或土地取得未立即營造施工者,資本利息綜合利率得再就前項規定之二分之一部分調整計算,並於估價報告書中敘明。第一項建物價值比率之建物價值,得以營造施工費加計規劃設計費計算之。

8. **計算土地開發分析價格作業需遵守的規定。**

其中:

$V = S \div (1+R) \div (1+i) - (C+M)$

V:土地開發分析價格。

S:開發或建築後預期總銷售金額。

R:適當之利潤率。

C:開發或建築所需之直接成本。

M:開發或建築所需之間接成本。

i :開發或建築所需總成本之資本利息綜合利率。

(技81)

第二節　本章相關不動產估價技術規則條文說明

修正條文	原條文	說明
第七十條　土地開發分析法，指根據土地法定用途、使用強度進行開發與改良所導致土地效益之變化，估算開發或建築後總銷售金額，扣除開發期間之直接成本、間接成本、資本利息及利潤後，求得開發前或建築前土地開發分析價格。	第七十條　土地開發分析，指根據土地法定用途、使用強度進行開發與改良所導致土地效益之變化，估算開發或建築後總銷售金額，扣除開發期間之直接成本、間接成本、資本利息及利潤後，求得開發前或建築前土地開發分析價格。	考量「土地開發分析」亦為成本法於宗地估價之一種應用方法，故酌作文字修正，以資明確。
第七十一條　土地開發分析法之估價程序如下： 一、確定土地開發內容及預期開發時間。 二、調查各項成本及相關費用並蒐集市場行情等資料。 三、現況勘察並進行環境發展程度之調查及分析。 四、估算開發或建築後可銷售之土地或建物面積。 五、估算開發或建築後總銷售金額。 六、估算各項成本及相關費用。	第七十一條　土地開發分析估價之程序如下： 一、確定土地開發內容及預期開發時間。 二、調查各項成本及相關費用並蒐集市場行情等資料。 三、現況勘察並進行環境發展程度之調查及分析。 四、估算開發或建築後可銷售之土地或建物面積。 五、估算開發或建築後總銷售金額。 六、估算各項成本及相關費用。	

修正條文	原條文	說明
七、選擇適當之利潤率及資本利息綜合利率。 八、計算土地開發分析價格。	七、選擇適當之利潤率及資本利息綜合利率。 八、計算土地開發分析價格。	修正理由同第七十條。
第七十二條 依土地開發分析法進行估價除依第十一條規定蒐集資料外，另得視需要蒐集下列土地及建物所需資料： 一、開發構想計畫書。 二、建築設計圖說或土地規劃配置圖說。 三、建照申請書或建造執照。 四、營造或施工費資料。 五、規劃、設計、廣告、銷售、管理及稅捐等費用資料。 六、資本利率。 七、開發或建築利潤率。	第七十二條 土地開發分析估價除依第十一條規定蒐集資料外，另得視需要蒐集下列土地及建物所需資料： 一、開發構想計畫書。 二、建築設計圖說或土地規劃配置圖說。 三、建照申請書或建造執照。 四、營造或施工費資料。 五、規劃、設計、廣告、銷售、管理及稅捐等費用資料。 六、資本利率。 七、開發或建築利潤率。	修正理由同第七十條。
第七十三條 現況勘察與環境發展程度之調查及分析包括下列事項： 一、調查影響總銷售金額、成本及費用等因素。 二、確認勘估標的之工程進度、施工及環境狀況並攝製必要照片或影像檔。	第七十三條 現況勘察與環境發展程度之調查及分析包括下列事項： 一、調查影響總銷售金額、成本及費用等因素。 二、確認勘估標的之工程進度、施工及環境狀況並攝製必要照片。 三、市場交易資料之蒐	配合第十三條增列第一項第四款紀錄形式增加影像檔，較能完整呈現勘估標的及比較標的之實際現況，爰第二款酌作文字修正。

修正條文	原條文	說明
三、市場交易資料之蒐集、調查。 四、週遭環境土地建物及公共設施開發程度。	集、調查。 四、週遭環境土地建物及公共設施開發程度。	
	第七十四條 開發或建築後可銷售之土地或建物面積應依下列原則估算之： 一、依建造執照及建築設計圖說或土地開發許可文件及規劃配置圖計算之面積。 二、未取得建造執照或土地開發許可文件時應按相關法令規定下最有效使用之狀況，根據土地之地形、地勢並參酌當地市場狀況等因素估算其可銷售面積。 前項可銷售面積之計算過程應詳列計算式以便校核。	
	第七十五條 開發或建築後預期總銷售金額應按開發或建築後可銷售之土地或建物面積乘以推定之銷售單價計算之。 可銷售面積中之各部分銷售單價不同時，應詳列各部分面積及適用之單價。	由於現行規定隱含開發或建築後之土地及建物即刻銷售完畢之樂觀情形；然而，一旦房地產市場景氣欠佳或開發規模較大時，開發或建築個案於價格日期並無法全部銷售完竣，故定第三項，以免高估土地開發分析價格。可實現

修正條文	原條文	說明
	前項銷售單價應考量價格日期當時銷售可實現之價值,以比較法或收益法求取之。	之價值,其計算得先預估未來銷售金額,再乘以複利現價率求取價格日期當時之現值為之。
	第七十六條 土地建築開發之直接成本、間接成本項目如下: 一、直接成本:營造或施工費。 二、間接成本,其內容如下: ㈠規劃設計費。 ㈡廣告費、銷售費。 ㈢管理費。 ㈣稅捐及其他負擔。	
第七十七條 廣告費、銷售費、管理費及稅捐,應按總銷售金額乘以相關費率計算,相關費率應由全聯會定期公告之。	第七十七條 廣告費、銷售費、管理費及稅捐等費率,應由全聯會定期公告,未公告前應依下列規定推估之。但因情況特殊並於估價報告書中敘明者,其費率之推估,不在此限: 一、廣告費、銷售費按總銷售金額之百分之四至百分之五推估。 二、管理費按總銷售金額之百分之三至百分之四推估。公寓大廈管理條例規定設立公共基金者,應列於管理費項下,並得提高管理費用率為百分之四至百分之五。	修正理由同第六十一條。

修正條文	原條文	說明
	三、稅捐按總銷售金額之百分之零點五至百分之一點二推估,或就勘估標的之地價稅、營業稅等稅捐,按實際情形估算之。	
第七十八條 土地開發分析法之規劃設計費與利潤率應依第五十七條及第六十條規定計算之。	第七十八條 土地開發分析之規劃設計費與利潤率應依第五十七條及第六十條規定計算之。	修正理由同第七十條。
第七十九條 土地開發分析法之資本利息綜合利率,應依第五十八條及第五十九條規定計算資本利息年利率,並參考下列公式計算之: 資本利息綜合利率＝資本利息年利率(土地價值比率＋建物價值比率×$\frac{1}{2}$)開發年數。 勘估標的資本利息負擔特殊,或土地取得未立即營造施工者,資本利息綜合利率得再就前項規定之二分之一部分調整計算,並於估價報告書中敘明。 第一項建物價值比率之建物價值,得以營造施工費加計規劃設計費計算之。	第七十九條 土地開發分析之資本利息綜合利率,應依第五十八條及第五十九條規定計算資本利息年利率,並參考下列公式計算之: 資本利息綜合利率＝資本利息年利率(土地價值比率＋建物價值比率×$\frac{1}{2}$)開發年數。 勘估標的資本利息負擔特殊,或土地取得未立即營造施工者,資本利息綜合利率得再就前項規定之二分之一部分調整計算,並於估價報告書中敘明。 第一項建物價值比率之建物價值,得以營造施工費加計規劃設計費計算之。	第一項修正理由同第七十條。

修正條文	原條文	說明
	第八十條 開發年數之估計應自價格日期起至開發完成為止無間斷所需之時間。	
第八十一條 土地開發分析法價格之計算公式如下： V＝S÷（1+R）÷（1+i）－（C+M） 其中： V：土地開發分析價格。 S：開發或建築後預期總銷售金額。 R：適當之利潤率。 C：開發或建築所需之直接成本。 M：開發或建築所需之間接成本。 i：開發或建築所需總成本之資本利息綜合利率。	第八十一條 土地開發分析價格之計算公式如下： V＝[S÷（1+R）÷（1+i）－（C+M）] 其中： V：土地開發分析價格。 S：開發或建築後預期總銷售金額。 R：適當之利潤率。 C：開發或建築所需之直接成本。 M：開發或建築所需之間接成本。 i：開發或建築所需總成本之資本利息綜合利率。	一、修正理由同第七十條。 二、刪除多餘之括號。
第八十二條 全聯會依第五十六條、第六十條、第六十一條、第六十三條、第六十六條、第六十七條及第七十七條公告之資料，應先報請中央主管機關備查。		

第三節　考古題—選擇題

一、不動產經紀人不動產估價概要試題及參考解答

(C) 1　土地開發分析估價，在不動產估價技術規則中屬於何種方法？　(A)比較法　(B)收益法　(C)成本法　(D)推算法【96-1 經】

(C) 2　土地開發分析價格之計算公式 V＝〔S÷（1＋R）÷（1＋i）－（C＋M）〕中，V 為下列何者？　(A)營建成本　(B)預期銷售金額　(C)開發前土地價格　(D)開發後土地價格【96-2 經】

(B) 3　根據不動產估價技術規則，土地開發分析之資本利息綜合利率，應參考下列那個公式計算？　(A)資本利息年利率×（建物價值比率＋土地價值比率×1/2）×開發年數　(B)資本利息年利率×（土地價值比率＋建物價值比率×1/2）×開發年數　(C)借款利息年利率×（土地價值比率＋建物價值比率×1/2）×開發年數　(D)借款利息年利率×（土地價值比率×1/2＋建物價值比率）×開發年數

(A) 4　根據不動產估價技術規則，土地開發分析估價程序中的現況勘察與環境發展程度之調查及分析，不包含下列那一項？　(A)勘估標的之標示、權利、法定用途及使用管制等基本資料　(B)調查影響總銷售金額、成本及費用等因素　(C)確認勘估標的之工程進度、施工及環境狀況並攝製必要照片　(D)週遭環境土地建物及公共設施開發程度【97-1 經】

(A) 5　大甲建設公司擬投資某一建地興建住宅，預估營建

完成後之總銷售金額為 264 億元；若開發總直接成本為 100 億元，總間接成本為 20 億元，整個投資案的要求利潤率為 20%。今假設開發所需總成本之資本利息綜合利率為 10%，請問取得該建地之土地開發分析價格為何？ (A) 80 億元 (B) 90.91 億元 (C) 109.09 億元 (D) 110 億元【97-2 經】

解析：V＝〔S÷(1＋R)÷(1＋i)－(C＋M)〕

其中：

V：土地開發分析價格。

S：開發或建築後預期總銷售金額。

R：適當之利潤率。

C：開發或建築所需之直接成本。

M：開發或建築所需之間接成本。

i：開發或建築所需總成本之資本利息綜合利率。

V＝〔264÷(1＋20%)÷(1＋10%)－(100＋20)〕＝80 億元

(C) 6 銷售之土地或建物面積乘以推定之銷售單價之乘積，依土地開發分析，該乘積係指： (A)土地開發分析價格 (B)建築總費用 (C)預期總銷售金額 (D)不動產取得之總成本【98 經】

(C) 7 土地開發分析中，係以何者推估營建費用？ (A)建物殘餘法 (B)收益資本化法 (C)成本法 (D)分配法【98 經】

(C) 8 依據不動產估價技術規則，下列何者是土地建築開發之直接成本？ (A)規劃設計費 (B)廣告費 (C)營造或施工費 (D)管理費【98 經】

(C) 9 根據土地法定用途、使用強度進行開發與改良所導

致土地效益之變化，估算後，求得之土地價格，此估價方法是依據那一種方式呢？ (A)比較法 (B)直接資本化法 (C)土地開發分析法 (D)現金流量分析法【99 經】

(C) 10 土地開發分析法屬於何種不動產估價方法？ (A)比較法 (B)收益法 (C)成本法 (D)計量模型分析法【99 經】

(A) 11 下列有關土地開發分析法之敘述，何者正確？ (A)主要估計開發或建築前之土地開發分析價格 (B)不應將開發期間的資本利息列入成本考量 (C)不應將開發利潤列入考量 (D)預期總銷售金額應按法定容積面積乘上推定之銷售單價計算【99 經】

(D) 12 下列何者非估計勘估標的之營造或施工費時應包括之成本？ (A)稅捐 (B)間接人工費 (C)資本利息 (D)廣告費【99 經】

(B) 13 依建築細部工程之各項目單價，乘以該工程施工數量，並合計之，此方法為何？ (A)工程造價比較法 (B)單位工程法 (C)淨計法 (D)單位面積比較法

(B) 14 下列有關成本法中估算勘估標的資本利息之敘述何者錯誤？ (A)應依分期投入資本數額及資本使用年數計息 (B)自有資金不應計息 (C)若勘估標的包含土地時，土地價格亦應計息 (D)資本利息之計算應按各項費用之合計額乘上利率計算【99 經】

(D) 15 土地開發分析價格之計算公式 V＝[S÷（1＋R）÷（1＋i）－（C＋M）] 其中 R 代表？ (A)開發或建築所需之直接成本 (B)開發或建築所需之間接成本 (C)開發或建築後預期總銷售金額 (D)適當之利潤率

（D）16 採土地開發分析法進行不動產估價時，其基本之假設前提為： (A)必須符合法定容積之規定為上限進行開發 (B)必須以預售方式為前提 (C)必須以個別投資廠商之利潤率為依據 (D)必須於開發完成時取得全部房地銷售金額【101 經】

（A）17 某建商擬開發建地，預計興建樓板面積 1,000 坪，另雨遮外加 50 坪，若推定銷售單價平均新臺幣 60 萬元／坪，利潤率 20%、資本利息綜合利率 5%、直接成本新臺幣 2 億元、間接成本新臺幣 5 千萬元，則土地開發分析價格為新臺幣多少萬元？ (A) 22,619 萬元 (B) 23,480 萬元 (C) 25,000 萬元 (D) 26,814 萬元【102 經】

解析：V＝〔S÷(1＋R)÷(1＋i)－(C＋M)〕
V＝(1,000)×60÷(1＋20%)÷(1＋5%)－(20,000＋5,000)＝22,619 萬元

（D）18 某建商欲以土地開發分析法評估某土地作為住宅銷售個案之土地價值，請問下列何者非建商運用該方法應蒐集的資料？ (A)資本利率 (B)廣告費 (C)利潤率 (D)資本化率【102 經】

（D）19 土地開發分析法公式V＝[S÷(1＋R)÷(1＋i)－(C＋M)]，其中 i 為開發或建築所需總成本之資本利息綜合利率，則 R 為： (A)資本化率 (B)土地價值率 (C)營業稅率 (D)適當之利潤率【102 經】

（C）20 如以 S 代表推算開發或建築後總銷售金額，R 代表報酬率，那麼土地開發分析法計算公式中 S÷(1＋R)所得結果代表之意義為 (A)投資報酬 (B)開發間接費用 (C)減除利潤後後之土地與開發成

本　(D)開發後建築前總價格　(E)營建總成本【87公會】

(C) 21　某建商擬開發建地，預計興建樓板面積 1,000 坪，若推定銷售單價平均 80 萬元／坪，利潤率 20%、資本利息綜合利率 5%、直接成本 3 億元、間接成本 6 千萬元，則土地開發分析價格為何？　(A) 26,582 萬元　(B) 27,215 萬元　(C) 27,492 萬元　(D) 28,200 萬元【106 經】

解析：$V = S \div (1+R) \div (1+i) - (C+M)$
$= 1,000 \times 80 \div (1+20\%) \div (1+5\%) - (30,000 + 6,000) = 27,492$ 萬元

(B) 22　於採土地開發分析法之資本利息綜合利率之計算中，如果資本利息年利率為 3%，土地價值比率為 40%，建物價值比率為 60%，開發年數為 3 年，請問資本利息綜合利率為何？　(A) 9%　(B) 6.3%　(C) 4.5%　(D) 3%【107 經】

解析：資本利息綜合率＝資本利息年利率×（土地價值比率＋建物價值比率×1/2）×開發年數
$= 3\% \times (40\% + 60\% \times 1/2) \times 3 = 6.3\%$

(A) 23　下列那一項不屬於土地建築開發之間接成本？　(A)施工費　(B)規劃設計費　(C)銷售費　(D)管理費【107 經】

(D) 24　當某土地開發後預期總銷售金額為 1,000 萬元，適當之利潤率為 12%，開發所需之直接成本為 300 萬元，開發所需之間接成本為 250 萬元，開發所需總成本之資本利息綜合利率為 4% 時，請問土地開發分析法價格大約為何？　(A) 433 萬元　(B) 402 萬

元 (C) 386 萬元 (D) 309 萬元【107 經】

解析：V＝S÷（1＋R）÷（1＋i）－（C＋M）
＝1,000÷（1＋12%）÷（1＋4%）－
（300＋250）＝309 萬元

(C) 25 有一筆建地面積 1,000 坪，預期興建為住宅大樓後的總銷售金額為 3.8 億元，若營建施工費為 1 億元，管理銷售及規劃設計等費用為 1,100 萬元，合理利潤率為 16%，資本利息綜合利率為 2%，請問該筆建地每坪單價約為： (A) 210 萬元 (B) 420 萬元 (C) 21 萬元 (D) 42 萬元【108 經】

解析：V＝S÷（1＋R）÷（1＋i）－（C＋M）
（1,000×建地每坪單價）＝380,000,000÷
（1＋16%）÷（1＋2%）－（100,000,000
＋11,000,000）

建地每坪單價＝210,163（元／坪）（千位以下四捨五入—21萬／坪）

(A) 26 某建築開發公司擬開發建地，開發或建築後預期總銷售金額估計 8.8 億元，開發直接成本 3 億元、間接成本 8 千萬元，開發商要求利潤率 20%、資本利息綜合利率 4%，試問土地開發分析價格多少？ (A) 32513 萬元 (B) 31083 萬元 (C) 30886 萬元 (D) 30562 萬元【109 經】

解析：V＝S÷（1＋R）÷（1＋i）－(C＋M)
＝88,000÷（1＋20%）÷（1＋4%）－
（30,000＋8,000）＝32,513（萬元）

(B) 27 有一 500 坪建地可興建大樓出售，預期新大樓之總銷售金額為 10 億元，若營建施工費為 3 億元、管理銷售費用等間接成本為 9 千萬元、要求的利潤率

為 18%、資本綜合利率為 5%。請問該建地每坪價格約為多少？ (A) 100.5 萬元 (B) 83.4 萬元 (C) 65.8 萬元 (D) 41.7 萬元【110 經】

解析：500× 每坪單價 ＝ 100,000÷（1 ＋ 18%）
÷（1 ＋ 5%）－（300,00 ＋ 9,000）每坪單
價 ＝ 83.42（萬元）

第四節 考古題—申論題

一、不動產經紀人不動產估價概要試題及參考解答

一、何謂「土地開發分析」？運用「土地開發分析」估價時，應如何決定適當之資利息綜合利率？【95經】

答：依據不動產估價技術規則，所謂「土地開發分析」及運用「土地開發分析」估價時，應如何決定適當之資本利息綜合利率，分項敘述如下：

(一) 土地開發分析：

指根據土地法定用途、使用強度進行開發與改良所導致土地效益之變化，估算開發或建築後總銷售金額，扣除開發期間之直接成本、間接成本、資本利息及利潤後，求得開發前或建築前土地開發分析價格。

(二) 運用「土地開發分析」估價時，決定適當之資本利息綜合利率之規定：

土地開發分析之資本利息綜合利率，應依不動產估價技術規則算資本利息年利率，並參考下列公式計算之：

資本利息綜合利率＝資本利息年利率×（土地價值比率＋建物價值比率×1／2）×開發年數。

勘估標的資本利息負擔特殊，或土地取得未立即營造施工者，資本利息綜合利率得再就前項規定之二分之一部分調整計算，並於估價報告書中敘明。

第一項建物價值比率之建物價值，得以營造施工費加計規劃設計費計算之。

1. 勘估標的之資本利息應依分期投入資本數額及資本

使用年數，按自有資金與借貸資金分別計息，其自有資金與借貸資金比例，應依銀行一般放款成數定之。

前項資本利息之計算，應按營造施工費、規劃設計費、廣告費、銷售費、管理費稅捐及其他負擔之合計額乘以利率計算。第一項勘估標的為土地或包含土地者，前項合計額應另加計土地價格。

2. 資金中自有資金之計息利率應不高於一年期定存利率且不低於活存利率；借款則以銀行短期放款利率計息；預售收入之資金應不計息。

二、運用土地開發分析法進行估價，除了必須確定開發計畫之可銷售土地與建築面積，同時估算總銷售金額與各項成本及相關費用，還有更重要的是如何有效選擇適當之利潤率及資本利息綜合利率，試說明利潤率及資本利息綜合利率計算依據與方法？（25 分）【100 經】

答：土地開發分析法利潤率及資本利息綜合利率計算依據與方法分述如下：

(一) 土地開發分析法利潤率計算依據與方法：

1. 計算依據：依不動產估價技術規則第 60 條「勘估標的之開發或建築利潤應視工程規模、開發年數與經濟景氣等因素，按營造或施工費、規劃設計費、廣告費、銷售費、管理費、資本利息、稅捐及其他負擔之合計額乘以適當利潤率計算之。」

2. 計算方法：前項利潤率應由全聯會定期公告，未公告前依營造或建築業之平均經營利潤率為準，並得依開發或建物形態之不同，考量經營風險及開發或建築工期之長短酌予調整之。前項建築工期指自申

請建造執照開始至建築完成達到可交屋使用為止無間斷所需之時間。

(二) 土地開發分析法資本利息綜合利率計算依據與方法：

1. 計算依據：依不動產估價技術規則土地開發分析之資本利息綜合利率，應依第58條及第59條規定計算資本利息年利率，並參考下列公式計算之：

資本利息綜合利率＝資本利息年利率×（土地價值比率＋建物價值比率×１／２）×開發年數。

勘估標的資本利息負擔特殊，或土地取得未立即營造施工者，資本利息綜合利率得再就前項規定之二分之一部分調整計算，並於估價報告書中敘明。第一項建物價值比率之建物價值，得以營造施工費加計規劃設計費計算之。

2. 計算方法：不動產估價技術規則第58條 勘估標的之資本利息應依分期投入資本數額及資本使用年數，按自有資金與借貸資金分別計息，其自有資金與借貸資金比例，應依銀行一般放款成數定之。前項資本利息之計算，應按營造施工費、規劃設計費、廣告費、銷售費、管理費、稅捐及其他負擔之合計額乘以利率計算。

不動產估價技術規則第59條 資金中自有資金之計息利率應不高於一年期定存利率且不低於活存利率；借款則以銀行短期放款利率計息；預售收入之資金應不計息。

三、何謂土地開發分析法，並請說明依此種方法進行估價之程序及計算公式？（25分）【94估高】

答：土地開發分析法意義、程序及計算公式分述如下：

(一) 依不動產估價技術規則，土地開發分析法定義

土地開發分析，指根據土地法定用途、使用強度進行開發與改良所導致土地效益之變化，估算開發或建築後總銷售金額，扣除開發期間之直接成本、間接成本、資本利息及利潤後，求得開發前或建築前土地開發分析價格。

(二) 土地開發分析法之程序

1. 確定土地開發內容及預期開發時間。
2. 調查各項成本及相關費用並蒐集市場行情等資料。
3. 現況勘察並進行環境發展程度之調查及分析。
4. 估算開發或建築後可銷售之土地或建物面積。
5. 估算開發或建築後總銷售金額。
6. 估算各項成本及相關費用。
7. 選擇適當之利潤率及資本利息綜合利率。
8. 計算土地開發分析價格。

(三) 土地開發分析價格之計算公式

$$V = [S \div (1+R) \div (1+i) - (C+M)]$$

其中：

V：土地開發分析價格。
S：開發或建築後預期總銷售金額。
R：適當之利潤率。
C：開發或建築所需之直接成本。
M：開發或建築所需之間接成本。
I：開發或建築所需總成本之資本利息綜合利率。

四、現有一筆建地，土地面積 1,600 坪，位於都市計畫住宅區，建蔽率 50%，容積率 225%，所在地區生活機能健全，土地現況不需整地為可建築狀態。根據最有效利用原則確立未來土地開發方式為興建透天住宅，在計算開發完成之總銷售面積與蒐集市場行情之後，得知一年後建築完成之預期總銷售金額為新臺幣 12 億 4,200 萬元（一年之資金折現率為 1.33%），建築所需的直接成本為新臺幣 1 億 8,000 萬元，資本利息綜合利率為 1.94%，開發商的要求利潤率為 20%，規劃設計費用為營造費用的 3%，廣告銷售費用為總銷售金額的 5%，稅捐費用為總銷售金額的 1%，管理費用為總銷售金額的 3%，施工期間 1 年。請以土地開發分析法推估該土地的試算價格。（25 分）【102 經】

答：依不動產技術規則第 81 條土地開發分析價格之計算公式如下：

$V=[S\div(1+R)\div(1+i)-(C+M)]$

其中：

V：土地開發分析價格。

S：開發或建築後預期總銷售金額。

R：適當之利潤率。

C：開發或建築所需之直接成本。

M：開發或建築所需之間接成本。

i：開發或建築所需總成本之資本利息綜合利率。

一、S＝124,200 萬元＝124,200 萬元〔開發或建築後預期總銷售金額（S），不考慮折現，是以適當之利潤率（R）來考慮其風險〕

二、R＝20%

三、C＝18,000 萬元

四、M：

規畫設計費 18,000 萬元×3%＝540 萬元

廣告銷售費 124,200 萬元×5%＝6,210 萬元

稅捐 124,200 萬元×1%＝1,242 萬元

管理費 124,200 萬元×3%＝3,726 萬元

合計 540 萬元＋6,210 萬元＋1,242 萬元＋3,726 萬元＝11,718 萬元

五、i＝1.94%

六、V＝〔S÷（1+R）÷（1+i）－（C+M）〕

V＝〔124,200 萬元÷（1+20%）÷（1+1.94%）－（18,000 萬元＋11,718 萬元）〕＝71,812.31 萬元

七、單價＝71,812.31／1,600＝44.88 萬元

五、請列式說明定率法的折舊公式。如果一個 1,000 萬元的建築物，以每年減損 2% 的速度折舊，請問第 5 年末，該建築物的現值多少？【107 經】

答：

(一) 列式說明定率法的折舊公式如下：

1. $D_n = C[1-(1-d)]^n$

 $P_n = C(1-d)^n$

其中：

Dn：累積折舊額。

Pn：建築物的現值。

C ：建物總成本。

n ：已經歷年數。

d ：定率法折舊率。

2. 定率法是「不動產估價技術規則」第 68 條：的

「初期加速折舊（凸型）」折舊法。在建物耐用年數期間，每年以折舊比率相同的方式進行折舊額計算。以相同的折舊比率乘上當年的成本價格，以求得每年折舊額的方法，因為成本價格是逐年向下，乘上相同的折舊比率後，所求得的每年折舊額將逐年下降。所以定率法又稱為百分減值法或餘額遞減法。

(二) 如果一個 1,000 萬元的建築物，以每年減損 2% 的速度折舊，請問第 5 年末，該建築物的現值多少？

如上(一)所述

$P_n = C(1-d)^n$

C＝1,000 萬

d＝2%

n＝5年

$P_5 = 1,000(1-2\%)^5 = 903.92$ 萬

六、依土地開發分析法對不動產進行估價時，需要蒐集那些資料，方能利於計算土地開發分析價格？（25 分）

答：土地開發分析法對不動產進行估價時，需要蒐集下列 (一)、(二) 項資料，方能利於運用下列 (三)、(四) 土地開發分析法來計算土地開發分析價格

(一) 依據「不動產估價技術規則」第 11 條　不動產估價應蒐集之資料如下：

1. 勘估標的之標示、權利、法定用途及使用管制等基本資料。
2. 影響勘估標的之價格之一般因素、區域因素及個別因素。
3. 勘估標的相關交易、收益及成本資料。

(二) 依據「不動產估價技術規則」第 72 條　依土地開發分析法進行估價除依第十一條規定蒐集資料外,另得視需要蒐集下列土地及建物所需資料:
1. 開發構想計畫書。
2. 建築設計圖說或土地規劃配置圖說。
3. 建照申請書或建造執照。
4. 營造或施工費資料。
5. 規劃、設計、廣告、銷售、管理及稅捐等費用資料。
6. 資本利率。
7. 開發或建築利潤率。

(三) 依據「不動產估價技術規則」第 70 條
土地開發分析法,指根據土地法定用途、使用強度進行開發與改良所導致土地效益之變化,估算開發或建築後總銷售金額,扣除開發期間之直接成本、間接成本、資本利息及利潤後,求得開發前或建築前土地開發分析價格。

(四) 依據「不動產估價技術規則」第 81 條土地開發分析法價格法

計算公式如下:

$$V = S \div (1+R) \div (1+i) - (C+M)$$

其中:

V:土地開發分析價格。

S:開發或建築後預期總銷售金額。

R:適當之利潤率。

C:開發或建築所需之直接成本。

M:開發或建築所需之間接成本。

i:開發或建築所需總成本之資本利息綜合利率。

第五章

收益法

第一節 精華導讀

壹、收益法定義：

收益法是將不動產未來每期的淨收益，以適當的收益資本化率或折現率折算為現在的價值之總合。依收益能力、穩定性、持續性收益價格之計算方式，有 Inwood（英伍德）法、直接資本化法、折現現金流量分析法等方法。

貳、收益法估價之程序：

收益法估價之程序如下：
一、蒐集總收入、總費用及收益資本化率或折現率等資料。
二、推算有效總收入。
三、推算總費用。
四、計算淨收益。
五、決定收益資本化率或折現率。
六、計算收益價格。

參、收益法核心聯想圖解說：

一、收益法核心聯想圖

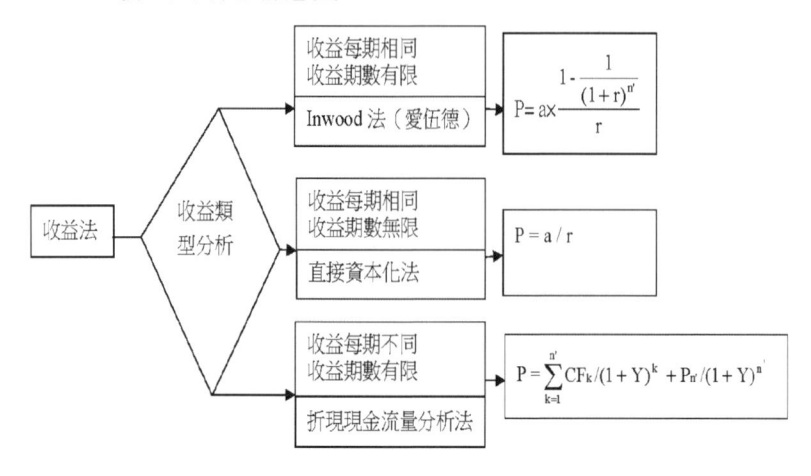

```
                    ┌─ 收益每期相同
                    │  收益期數有限         P = a × (1 - 1/(1+r)^n') / r
                    │  Inwood法（愛伍德）
          收益類     │
收益法 ── 型分析 ────┼─ 收益每期相同
                    │  收益期數無限         P = a / r
                    │  直接資本化法
                    │
                    └─ 收益每期不同
                       收益期數有限         $P = \sum_{k=1}^{n'} CF_k/(1+Y)^k + P_{n'}/(1+Y)^{n'}$
                       折現金流量分析法
```

二、收益法核心聯想圖解說：

　　收益法是將不動產未來每期的收益，以適當的收益資本化率或折現率折算為現在的價值之總合，依收益能力、穩定性、持續性等情況，收益價格之計算如上圖（收益法核心聯想圖）所示，可分為下列幾項：

(一) 收益每期相同、收益期數有限之計算方式

　　依不動產技術規則第47條一定期間之收益價格，依下列計算式求取：

$$P = a \times \frac{1 - \frac{1}{(1+r)^{n'}}}{r} = a_x \frac{\frac{(1+r)^{n'}}{(1+r)^{n'}} - \frac{1}{(1+r)^{n'}}}{r}$$

$$= a_x \frac{(1+r)^{n'} - 1}{(1+r)^{n'} r}$$

其中：

P：收益價格

a：平均一年期間折舊前淨收益

r：收益資本化率

n'：可收益之年數（投資幾年）

收益價格已知者，適用該公式反推平均一年期間折舊前淨收益。

一定期間終止後，有期末價值者，收益價格得加計該期末價值之現值，期末價值並得扣除處分不動產所需之相關費用。

公式推導

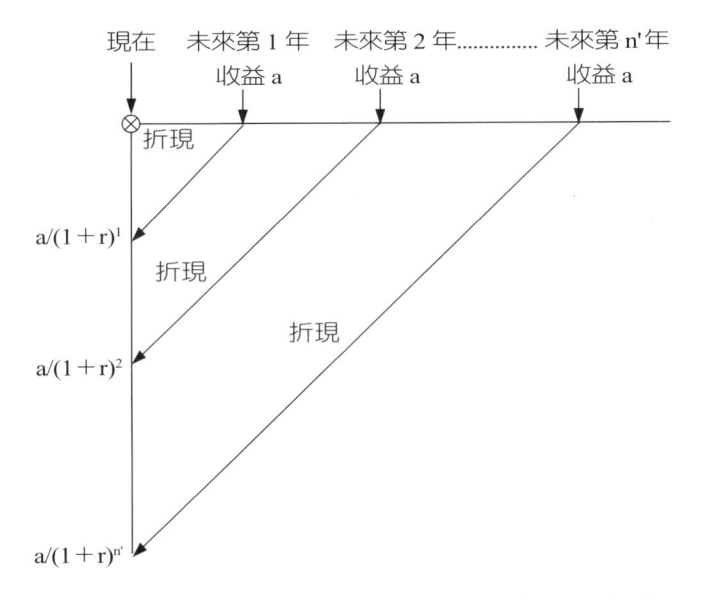

```
現在    未來第1年   未來第2年............  未來第n'年
 ↓        收益a       收益a                  收益a
 ⊗────────↓───────────↓──────────────────────↓
   折現
a/(1+r)¹◄────┘
        折現
a/(1+r)²◄────────────────┘
                折現
a/(1+r)ⁿ'◄───────────────────────────────────┘
```

依收益法定義，將將不動產未來每期的淨收益 a，以適當的收益資本化率或折現率 r 折算為現在的價值加總 P，如上圖所示

未來第 1 年之淨收益為 a 將其折現到現在的價值為 $a/(1+r)^1$

未來第 2 年之淨收益為 a 將其折現到現在的價值為 $a/(1+r)^2$

：

：
：

第 n' 年之淨收益為 a 將其折現到現在的價值為 $a/(1+r)^{n'}$

加總得收益價格 $p = a/(1+r)^1 + a/(1+r)^2 + \cdots\cdots a/(1+r)^{n'}$

上式數列由每個數的關係，可看出上式為一等比級數

而等比級數總和公式 = 首項 × $\dfrac{1-(公比)^{項數}}{1-公比}$

首項：$\dfrac{a}{(1+r)}$

公比：$\dfrac{1}{(1+r)}$

項數：n'

將上式代入等比級數總和公式

$$P = \dfrac{a}{(1+r)} \times \dfrac{1-\left[\dfrac{1}{(1+r)}\right]^{n'}}{1-\left[\dfrac{1}{(1+r)}\right]}$$

將式中分母通分相減，再將分子、分母（1+r）約分相消，整理得到下式：

$$P = \dfrac{a}{(1+r)} \times \dfrac{1-\left[\dfrac{1}{(1+r)}\right]^{n'}}{\dfrac{(1+r)}{(1+r)}-\dfrac{1}{(1+r)}} = \dfrac{a}{(1+r)} \times \dfrac{1-\dfrac{1}{(1+r)^{n'}}}{\dfrac{r}{(1+r)}}$$

$$= a \times \dfrac{1-\dfrac{1}{(1+r)^{n'}}}{r}$$

此公式就是 Inwood（英伍德）法公式。也就是收益每期相同，收益期數有限收益情況下收益法的公式：

$$P = a \times \frac{1 - \frac{1}{(1+r)^{n'}}}{r}$$

將上式分子通分相減，整理後可得下式，而下式就是前述的「複利年金現值率」

$$= a \times \frac{(1+r)^{n'} - 1}{r(1+r)^{n'}}$$

(二) 收益每期相同、收益期數無限之計算方式

依不動產技術規則第 30 條直接資本化法之計算公式如下：

收益價格＝勘估標的未來平均一年期間之客觀淨收益÷收益資本化率

$P = a / r$

其中：

P：收益價格

a：未來平均一年期間之客觀淨收益

r：收益資本化率

公式推導：利用上述 Inwood（愛伍德）法公式來推求

$$P = a \times \frac{1 - \frac{1}{(1+r)^{n'}}}{r}$$

如題意假設 n' 收益期數無限，就是 n' 趨近 ∞（無限大）時

則上式 a／（1＋r）就趨近於 0

$$P = a \times \frac{1 - \frac{1}{(1+r)^n}}{r} = a \times \frac{1 - \frac{1}{(1+r)^\infty}}{r} = a \times \frac{1 - \frac{1}{\infty}}{r} = \frac{a}{r}$$

此公式就是直接資本化法公式。也就是收益每期相同,收益期數無限收益情況下收益法的公式。

★使用本公式注意事項:

1. 上式 P＝a／r 是假設每期的收益時間點在期末,如果收益時間點在期初
   上式必需改成 P＝(a/r)/(1+r)

2. 上式 P＝a／r 是假設每期的收益 a 每期固定,如果收益有成長,假設每期固定比例成長率 g,上式必需改成 P＝a/(r－g)。

3. 上述 P＝a/(r－g) 是假設收益 a 在未來第 2 年才開始長成,如果在未來第 1 年就開始長成,上式必需改成 P＝a(1+g)/(r－g)。

(三) 收益每期不同、收益期數有限之計算方式

折現現金流量分析,指勘估標的未來折現現金流量分析期間之各期淨收益及期末價值,以適當折現率折現後加總推算勘估標的價格之方法。

前項折現現金流量分析法,得適用於以投資為目的之不動產投資評估。

折現現金流量分析法之計算公式如下:

$$P = \sum_{k=1}^{n'} CF_k/(1+Y)^k + P_{n'}/(1+Y)^{n'}$$

其中:

P ：收益價格

CF_k：各期淨收益

Y ：折現率

n' ：折現現金流量分析期間
k ：各年期
$P_{n'}$ ：期末價值（勘估標的出售的價值）

期末價值的計算，是以分析期間次期的淨收益予以直接資本化求取，而其使用之期末直接資本化率因經濟壽命已減少、較高的風險等因素，一般高期初直接資本化率

公式推導

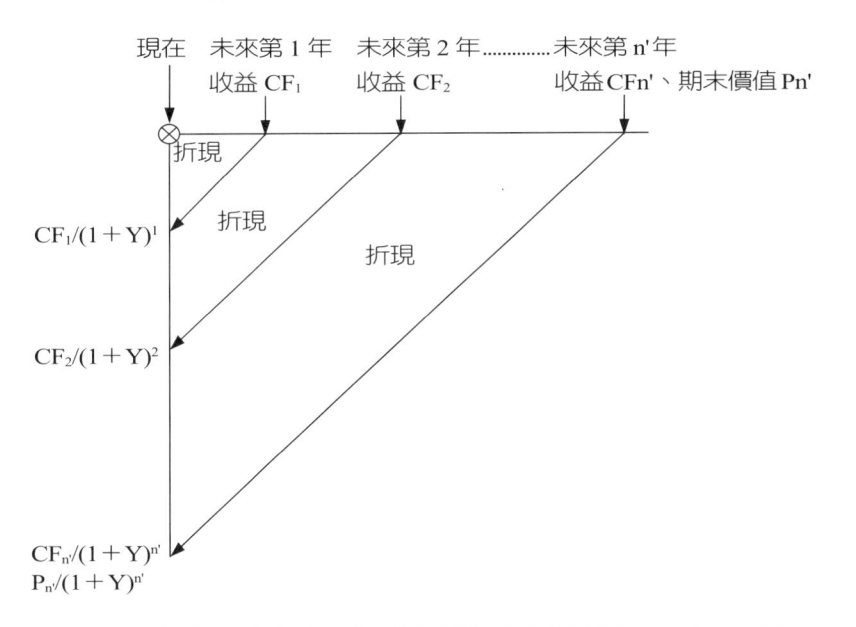

現在　　未來第 1 年　未來第 2 年…………未來第 n' 年
　　　　收益 CF_1　　收益 CF_2　　　　收益 $CF_{n'}$、期末價值 $P_{n'}$

折現

$CF_1/(1+Y)^1$

折現

$CF_2/(1+Y)^2$

折現

$CF_{n'}/(1+Y)^{n'}$
$P_{n'}/(1+Y)^{n'}$

依收益法定義，指勘估標的未來折現現金流量分析期間之各期淨收益及期末價值 CF_1 CF_2……$CF_{n'}$、$P_{n'}$，以適當的收益資本化率或折現率 Y，折算為現在的價值加總 P，如上圖所示

未來第 1 年之淨收益為 CF_1 將其折現到現在的價值為 $CF_1/(1+Y)^1$

未來第 2 年之淨收益為 CF_2 將其折現到現在的價值為 $CF_2/(1+Y)^2$

⋮

⋮

⋮

第 n' 年之淨收益為 $CF_{n'}$ 將其折現到現在的價值為 $CF_{n'}/(1+Y)^{n'}$

第 n' 年之期末價值為 $P_{n'}$ 將其折現到現在的價值為 $P_{n'}/(1+Y)^{n'}$

加總得收益價格 $p=CF_1/(1+Y)^1+CF_2/(1+Y)^2+\cdots CF_{n'}/(1+Y)^{n'}+P_{n'}/(1+Y)^{n'}$

將上式以較簡易數學方式改寫得到下式：

$$P=\sum_{k=1}^{n'}CF_k/(1+Y)^k+P_{n'}/(1+Y)^{n'}$$

此公式就是折現現金流量分析公式。也就是收益每期可能不同，收益期數有限收益情況下收益法的公式。

(四) 其他方式：Hoskold（霍斯科德）方式。

$$P=a\times\cfrac{1}{r+\cfrac{i}{(1+r)^{n'}-1}}$$

其中：

P：收益價格

a：平均一年期間折舊前淨收益

r：收益資本化率

n'：可收益之年數

i：資本回收額再投資報酬率

1. Hoskold（霍斯科德）方式和 Inwood（愛伍德）相

同：

兩者都用於收益每期相同、收益期數有限情況之計算方式。

2. Hoskold（霍斯科德）方式和 Inwood（愛伍德）不同：

投資收益除了要考量投資的資本報酬外，尚需考慮資本回收。

Inwood 是假設資本報酬率與資本回收額再投資報酬率相同，而 Hoskold 是假設資本報酬率與資本回收額再投資報酬率不相同。所以如果以 i＝r（資本回收額再投資報酬率＝收益資本化率）代入 Hoskold（霍斯科德）公式，就可得到 Inwood（愛伍德），由此得證。

一般情況下，取資本報酬率較大於資本回收額再投資報酬率。所以在同一條件下，以 Inwood 來計算一定期間之收益價格會比 Hoskold 之計算方式之數值高。

一般性之投資評估以 Inwood 方式來計算，在一些特別情況，如礦山開採等耗竭性資產評估等，其期末價值趨近 0 的情況時，採用 Hoskold 方式。但隨著電腦應用的普及，漸以 DCF（折現現金流量分析法）取代 Hoskold 方式。

三、**由收益法的核心聯想圖聯想出收益法的定義、程序、作業需遵守的規定：**

理解記憶「核心聯想圖」後，藉由這個「核心聯想圖」聯想出定義、程序、作業遵守事項等

(一) 從收益法核心聯想圖聯想出定義

1. **直接資本化法**：指勘估標的未來平均一年期間之客

觀淨收益，應用價格日期當時適當之收益資本化率推算勘估標的價格之方法。

從下圖（核心聯想圖），我們從聯想圖的順序描述，先從**分子**，再到**分母**順序描述。也可將公式和定義，以中翻數，數翻中一樣理解、記憶。

順序1：勘估標的未來平均一年期間之客觀淨收益。

順序2：應用價格日期當時適當之收益資本化率。

順序3：推算勘估標的價格之方法。

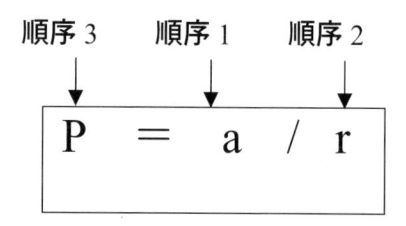

順序3　　順序1　　順序2

$$P = a / r$$

2. **折現現金流量分析法**：折現現金流量分析，指勘估標的未來折現現金流量分析期間之各期淨收益及期末價值，以適當折現率折現後加總推算勘估標的價格之方法。

從下圖（核心聯想圖），我們從聯想圖的順序描述，先從分析期間、再到分子……分母順序描述。也可將公式和定義，以中翻數，數翻中一樣理解、記憶。

順序1：勘估標的未來折現現金流量分析期間。

順序2：各期淨收益及期末價值。

順序3：以適當折現率折現。

順序4：加總推算勘估標的價格

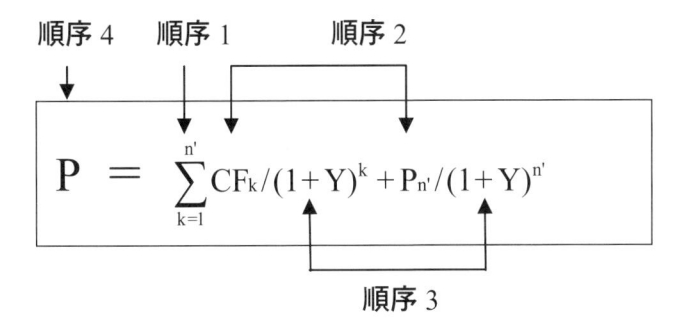

```
         順序4    順序1      順序2
           ↓       ↓          ↓
                   n'
        P  =      Σ  CF_k/(1+Y)^k + P_{n'}/(1+Y)^{n'}
                  k=1
                          ↑              ↑
                          └──────┬───────┘
                              順序3
```

$$P = \sum_{k=1}^{n'} CF_k/(1+Y)^k + P_{n'}/(1+Y)^{n'}$$

(二) 從收益法核心聯想圖聯想出收益法程序：

從下圖一核心聯想圖，去聯想出收益法估價作業程序

程序1：蒐集總收入、總費用及收益資本化率或折現率等資料。

程序2：推算有效總收入。

程序3：推算總費用。

程序4：計算淨收益。

程序5：決定收益資本化率或折現率。

程序6：計算收益價格。

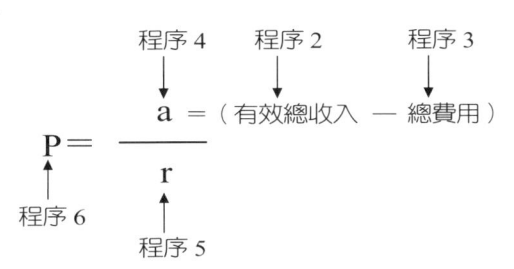

```
 程序1
              程序4   程序2      程序3
                ↓      ↓          ↓
                a = （有效總收入 — 總費用）
         P = ─────────────────────
                         r
         ↑               ↑
       程序6            程序5
```

(三) 由收益法的核心聯想圖聯想出收益法作業需遵守的規定：

收益法作業需遵守的規定，是指以收益法實施不動產估價時，在每個估價程序（步驟）需遵守的規定，所以我們從估價程序（步驟）來聯想出收益法作業需遵

守的規定

1. 蒐集總收入、總費用及收益資本化率或折現率等資料作業需遵守的規定。

    收益法估價應蒐集勘估標的及與其特性相同或相似之比較標的最近三年間總收入、總費用及收益資本化率或折現率等資料。前項蒐集最近三年間之資料有困難時，應於估價報告書中敘明。蒐集第一項資料時，應就其合理性進行綜合研判，以確定資料之可用性，並得依其持續性、穩定性及成長情形加以調整。前條蒐集總收入資料，得就其不動產之租金估計之，以確認總收入資料之合理性

2. 推算有效總收入作業需遵守的規定。

    勘估標的之有效總收入計算方式如下：
    (1)分析並推算勘估標的之總收入。
    (2)推算閒置及其他原因所造成之收入損失。
    (3)第一款總收入扣除前款收入損失後之餘額為勘估標的之有效總收入。

    前項第一款所稱總收入，指價格日期當時勘估標的按法定用途出租或營運，在正常情況下所獲得之租金或收入之數額。

    另外，推算總收入及有效總收入時，應與下列相關資料校核比較：
    (1)勘估標的往年之總收入及有效總收入。
    (2)相同產業或具替代性比較標的總收入及有效總收入。
    (3)目前或未來可能之計畫收入。

3. 推算總費用作業需遵守的規定。

    勘估標的總費用之推算，應根據相同或相似不動產

所支出之費用資料或會計報表所載資料加以推算，其項目包括

(1) **地價稅或地租、房屋稅、保險費、管理費及維修費等**。其為營運性不動產者，並應加計營運費用。以不動產證券化為估價目的者，其折現現金流量分析之總費用應依信託計畫資料加以推算。

(2) **重置提撥費（重大修繕費）之計算**

　　勘估標的總費用之推算，應推估不動產構成項目中，於耐用年數內需重置部分之重置提撥費，並按該支出之有效使用年期及耗損比率分年攤提。例如：電梯之更換費用300萬元，不能在更換當年度全部計入費用，而是需依更換電梯之有效使用年期及耗損比率分年攤提費用，假設電梯有效使用年期20年，則每年提列300／20＝15（萬元）。

　　否則將造成，當以收益法對一棟房地產價值評估時，由於總費用一次提撥，使得更換新電梯的當年的房地產價值，反而低於更換新電梯前的房地產價值的矛盾現象。

(3) **勘估標的總費用之推算**，除推算勘估標的之各項費用外，勘估標的包含建物者，應加計建物之折舊提存費（等速折舊型：$C \times (1-s) \times 1/N$，償債基金型：$C \times (1-s) \times i/[(1+i)^N - 1]$，或於計算收益價格時，除考量建物收益資本化率或折現率外，應加計建物價格日期當時價值未來每年折舊提存率 d。建物價格日期當時價值未來每年折舊提存率 d，得依下列方式計算：

一、等速折舊型：$d=[(1-s)/N]/\{1-[(1-s)n/N]\}$

二、償債基金型：$d=i/[(1+i)^{n'}-1]$

建物折舊方式示意圖

$$P = \frac{a}{r+d} = 有效總收入 - 總費用$$

方式(2)應加計建物價格日期當時價值未來每年折舊提存率 d

方式(1)加計建物之折舊提存費

4. **計算淨收益作業需遵守的規定。**

有效總收入減總費用即為淨收益。前項淨收益為營運性不動產之淨收益者，應扣除不屬於不動產所產生之其他淨收益。

淨收益分為客觀淨收益及實際淨收益，一般不動產估價是採客觀淨收益，但法規定買賣不破租賃，所以在有些情況是採實際淨收益，如投資價值的評估。客觀淨收益應以勘估標的作最有效使用之客觀淨收益為基準，並參酌鄰近類似不動產在最有效使用情況下之收益推算之。以不動產證券化為估價目的，採折現現金流量分析估價時，各期淨收益應以勘估標的之契約租金計算為原則。但因情況特殊不宜採契約租金估價，並於估價報告書中敘明者，不在此限。前項契約租金未知者，應以市場經濟租金推估客觀淨收益。

5. **決定收益資本化率或折現率作業需遵守的規定。**

收益資本化率是以不動產的淨收益，計算不動產價值所採用的比率。是報酬率之概念，報酬與風險是相對的，較高的報酬，一般要負擔較高的風險。以

土地、建物、房地結合體之收益資本化率來比較，一般情況下，土地的毀損、滅失之風險相對於建物為低，所以土地之收益資本化率相對低於建物之收益資本化率。而房地結合體之收益資本化率則介於兩者之中。

收益資本化率與折現率之不同在於，收益資本化率，指一年度淨收益與價格之比率；折現率，指將未來各期淨收益及期末資產價值加以折現，所採用之比率。兩者最大不同是，收益資本化率不只要考慮資本報酬，還要考慮資本回收；而折現率只要考慮資本報酬，不需考慮資本回收。

收益資本化率或折現率應依下列方式擇一決定：

(1) **風險溢酬法**：

收益資本化率或折現率應考慮銀行定期存款利率、政府公債利率、不動產投資之風險性、貨幣變動狀況及不動產價格之變動趨勢等因素，選擇最具一般性財貨之投資報酬率為基準，比較觀察該投資財貨與勘估標的個別特性之差異，並就流通性、風險性、增值性及管理上之難易程度等因素加以比較決定之。

(2) **市場萃取法（比較法）**：

選擇數個與勘估標的相同或相似之比較標的，以其淨收益除以價格後，以所得之商數加以比較決定之。以收益法的概念 $p=a/r$ 所以移項後 $r=a/p$ 即在勘估標的同一供需圈選擇數個與勘估標的相同或相似之比較標的，以其淨收益 a 除以其價格 p，所得之商數 r 加以比較決定之

(3) **加權平均資金成本法**：依加權平均資金成本方式

決定，其計算式如下：

收益資本化率或折現率＝$\sum_{i=1}^{n}w_ik_i$

其中：w_i：第 i 個資金來源占總資金成本比例，$\sum_{i=1}^{n}w_i=1$。

k_i：為第 i 個資金來源之利率或要求報酬率。

例如：一個案子之資金結構，有兩個資金來源，第 1 個資金來源占總資金成本比例 70%，第 1 個資金來源之利率或要求報酬率 2%；第 2 個資金來源占總資金成本比例 30%，第 2 個資金來源之利率或要求報酬率 3%。

其加權平均成本法決定之收益資本化率為

r＝$\sum_{i=1}^{n}w_ik_i$＝70%×2%＋30%×3%＝2.3%

(4)**依債務保障比率法**：

依債務保障比率方式決定，其計算式如下：

收益資本化率或折現率＝債務保障比率×貸款常數×貸款資金占不動產價格比率

債務保障比率＝淨收益／償債支出

貸款常數＝償債支出／貸款資金

貸款資金占不動產價格比率＝貸款資金／不動產價格

(5)**有效總收入乘數法**：考量市場上類似不動產每年淨收益占每年有效總收入之合理淨收益率，及類似不動產合理價格除以每年有效總收入之有效總收入乘數，以下列公式計算之：

收益資本化率或折現率＝淨收益率／有效總收入乘數

淨收益率＝營運淨收益／有效毛收益

有效總收入乘數＝投資價值／有效毛收益

透過市場中符合收益資本化率定義，且較易取得之類似不動產的有效毛收益、淨收益率、營運淨收益等推估收益資本化率的方法

除了以上五種方法外，收益資本化率或折現率之決定有採取其他方法計算之必要時，應於估價報告書敘明。

6. **計算收益價格作業需遵守的規定。**

(1)土地收益價格依下列計算式求取：

①地上無建物者：

土地收益價格＝土地淨收益／土地收益資本化率

$$P_土 = \frac{a_土}{r_土}$$

②地上有建物者：

對地上有建物，欲求取其基地價格的方法為土地殘餘價法

土地殘餘價法：是以房、地結合之不動產總淨收益扣除建物淨收益，得到基地淨收益，再以適當土地收益資本化率，推求得基地價格的方法。

土地收益價格＝（房地淨收益－建物淨收益）／土地收益資本化率

$$P_土 = \frac{a_土 = (a_{房地} - a_{建})}{r_土}$$

建物淨收益依下列計算式求取之。

A 淨收益已扣除折舊提存費者：

建物淨收益＝建物成本價格×建物收益資本化率

　　B 淨收益未扣除折舊提存費者：
　　　建物折舊前淨收益＝建物成本價格×（建物收益資本化率＋建物價格日期當時價值未來每年折舊提存率）

(2)建物收益價格依下列計算式求取：③
　①淨收益已扣除折舊提存費者：
　　A 建物收益價格＝建物淨收益／建物收益資本化率

$$P_{建}=\frac{a_{建}}{r_{建}}$$

　　B 建物收益價格＝（房地淨收益－土地淨益）／建物收益資本化率對地上有建物，欲求取其建物價格的方法為建物殘餘價法
　　　建物殘餘價法：是以房、地結合之不動產總淨收益扣除土地淨收益，得到建物淨收益，再以適當建物收益資本化率，推求得建物價格的方法。

$$P_{建}=\frac{a_{建}}{r_{建}}=（a_{房地}-a_{土}）$$

　②淨收益未扣除折舊提存費者：
　　A 建物收益價格＝建物折舊前淨收益／（建物收益資本化率＋建物價格日期當時價值未來每年折舊提存率）
　　B 建物收益價格＝（房地折舊前淨收益－土地淨收益）／（建物收益資本化率或折現率＋建物價格日期當時價值未來每年折舊提存率）

前項土地淨收益，可先以比較法求取土地比較價格後，再乘以土地收益資本化率得之。

(3)推算房地收益價格時，依下列方式計算之：

房地收益價格＝房地淨收益／房地綜合收益資本化率

$$P_{房地} = \frac{a_{房地}}{r_{房地}}$$

房地綜合收益資本化率或折現率除依上述五種方法決定外，亦得依下列計算式求取之。

(1)淨收益已扣除折舊提存費者：

房地綜合收益資本化率＝土地收益資本化率×土地價值比率＋建物收益資本率×建物價值比率

(2)淨收益未扣除折舊提存費者：

房地綜合收益資本化率＝土地收益資本化率×土地價值比率＋（建物收益資本化率＋建物價格日期當時價值未來每年折舊提存率）×建物價值比率

前項所稱土地價值比率及建物價值比率，應參酌當地市場調查資料，運用估價方法計算之。

第二節 本章相關不動產估價技術規則條文說明

修正條文	原條文	說明
第二十八條 收益法得採直接資本化法、折現現金流量分析法等方法。 　依前項方法所得之價格為收益價格。	第二十八條 收益法得採直接資本化法、折現現金流量分析等方法。 　依前項方法所求得之價格為收益價格。	修正理由同第十五條說明一。
	第二十九條 直接資本化法,指勘估標的未來平均一年期間之客觀淨收益,應用價格日期當時適當之收益資本化率推算勘估標的價格之方法。	直接資本化法定義。
	第三十條 直接資本化法之計算公式如下: 收益價格＝勘估標的的未來平均一年期間之客觀淨收益÷收益資本化率	直接資本化法之計算公式
第三十一條 折現現金流量分析法,指勘估標的之未來折現現金流量分析期間之各期淨收益及期末價值,以適當折現率折現後加總推算勘估標的的價格之方法。 　前項折現現金流量分析法,得適用於以投資為目的之不動產投資評估。	第三十一條 折現現金流量分析,指勘估標的之未來折現現金流量分析期間之各期淨收益及期末價值,以適當折現率折現後加總推算勘估標的的價格之方法。 　前項折現現金流量分析,得適用於以投資為目的之不動產投資評估。	修正理由同第十五條說明一。

修正條文	原條文	說明
第三十二條　折現現金流量分析法之計算公式如下： $P=\sum_{k=1}^{n'}CF_k/(1+Y)^k+P_{n'}/(1+Y)^{n'}$ 其中： P：收益價格。 CF_k：各期淨收益。 Y：折現率。 n'：折現現金流量分析期間。 k：各年期。 $P_{n'}$：期末價值。	第三十二條　折現現金流量分析之計算公式如下： 其中： $P=\sum_{k=1}^{n'}CF_k/(1+Y)^k+P_{n'}/(1+Y)^{n'}$ 其中： P：收益價格。 CF_k：各期淨收益。 Y：折現率。 n'：折現現金流量分析期間。 k：各年期。 $P_{n'}$：期末價值。	修正理由同第十五條說明一。
第三十三條　客觀淨收益應以勘估標的作最有效使用之客觀淨收益為基準，並參酌鄰近類似不動產在最有效使用情況下之收益推算之。 　　以不動產證券化為估價目的，採折現現金流量分析法估價時，各期淨收益應以勘估標的之契約租金計算為原則。但因情況特殊不宜採契約租金估價，並於估價報告書中敘明者，不在此限。 　　前項契約租金未知者，應以市場經濟租金推估客觀淨收益。	第三十三條　客觀淨收益應以勘估標的作最有效使用之客觀淨收益為基準，並參酌鄰近類似不動產在最有效使用情況下之收益推算之。 　　以不動產證券化為估價目的，採折現現金流量分析估價時，各期淨收益應以勘估標的之契約租金計算為原則。但因情況特殊不宜採契約租金估價，並於估價報告書中敘明者，不在此限。 　　前項契約租金未知者，應以市場經濟租金推估客觀淨收益。	修正理由同第十五條說明一。
	第三十四條　收益法估價之程序如下：	由於收益法得採直接資本化法、折現現金流量分析

修正條文	原條文	說明
	一、蒐集總收入、總費用及收益資本化率或折現率等資料。 二、推算有效總收入。 三、推算總費用。 四、計算淨收益。 五、決定收益資本化率或折現率。 六、計算收益價格。	等方法。折現現金流量分析通常適用折現率。
	第三十五條 收益法估價應蒐集勘估標的及與其特性相同或相似之比較標的最近三年間總收入、總費用及收益資本化率或折現率等資料。 　　前項蒐集最近三年間之資料有困難時，應於估價報告書中敘明。 　　蒐集第一項資料時，應就其合理性進行綜合研判，以確定資料之可用性，並得依其持續性、穩定性及成長情形加以調整。 　　前條蒐集總收入資料，得就其不動產之租金估計之，以確認總收入資料之合理性。	一、因租賃權毋須登記，故相關租賃實例資料蒐集不易，爰增列第二項蒐集最近三年間之資料有困難時，應於估價報告書中敘明。 三、由於總收入估算需掌握出租不動產之租金收入資料，但租金資訊查證不易，為確定其合理性，爰訂第四項規定得就其不動產之租金估計之。
	第三十六條 勘估標的之有效總收入計算方式如下： 一、分析並推算勘估標的之總收入。 二、推算閒置及其他原因所造成之收入損失。	條次調整，條文未修正。

修正條文	原條文	說明
	三、第一款總收入扣除前款收入損失後之餘額為勘估標的之有效總收入。 　　前項第一款所稱總收入,指價格日期當時勘估標的按法定用途出租或營運,在正常情況下所獲得之租金或收入之數額。	
	第三十七條　推算總收入及有效總收入時,應與下列相關資料校核比較: 一、勘估標的往年之總收入及有效總收入。 二、相同產業或具替代性比較標的總收入及有效總收入。 三、目前或未來可能之計畫收入。	
第三十八條　勘估標的之總費用之推算,應根據相同或相似不動產所支出之費用資料或會計報表所載資料加以推算,其項目包括地價稅或地租、房屋稅、保險費、管理費及維修費等。其為營運性不動產者,並應加計營運費用。 　　以不動產證券化為估價目的者,其折現現金流量分析法之總費用應依信託計畫資料加以推算。	第三十八條　勘估標的之總費用之推算,應根據相同或相似不動產所支出之費用資料或會計報表所載資料加以推算,其項目包括地價稅或地租、房屋稅、保險費、管理費及維修費等。其為營運性不動產者,並應加計營運費用。 　　以不動產證券化為估價目的者,其折現現金流量分析之總費用應依信託計畫資料加以推算。	修正理由同第十五條說明一。

修正條文	原條文	說明
	第三十九條 勘估標的總費用之推算，應推估不動產構成項目中，於耐用年數內需重置部分之重置提撥費，並按該支出之有效使用年期及耗損比率分年攤提。	根據美國估價協會（Appraisal Institute）之定義，「重置提撥費」（replacement allowance 或 replacement reserves）係屬屋頂、地毯、電梯、外部粉刷……等組成項目低於建物主體耐用年數之設備，爰將名稱修正為「重置提撥費」，以符合國際應用。總費用應推估不動產構成項目中，於耐用年數內需重置部分之重置提撥費。
	第四十條 勘估標的總費用之推算，除推算勘估標的之各項費用外，勘估標的包含建物者，應加計建物之折舊提存費，或於計算收益價格時，除考量建物收益資本化率或折現率外，應加計建物價格日期當時價值未來每年折舊提存率。	一、條次調整。 二、勘估標的包含建物時，無論採「加計建物之折舊費用」，或「除考量建物收益資本化率外，應加計建物價格日期當時價值未來每年折舊提存率」，計算結果實無不同。且考量美國以 recapture rate 處理折舊提存之方式，基於殘價率為零時，計算結果亦與「建物價格日期當時價值未來每年折舊提存率」相同，亦較為簡便，免去先應用成本法估算折舊費之作業。美國估價協會認定之收

修正條文	原條文	說明
		益法並未提列折舊費用，僅於收益資本化率之中考慮 recapture rate。故本條應對折舊提存費及折舊提存率並列適用，無須再以但書方式處理「建物價格日期當時價值未來每年折舊提存率」。至於收益法折舊費實為收回建物原本，俾利直接資本化法應用，現行折舊費用語修正為折舊提存費較為適當。
第四十條之一　建物折舊提存費，得依下列方式計算： 一、等速折舊型： $C \times (1-s) \dfrac{1}{N}$ 二、償債基金型： $C \times (1-s) \dfrac{1}{(1+i)^N - 1}$ 其中： C：建物總成本。 s：殘餘價格率。 i：自有資金之計息利率。 N：建物經濟耐用年數。 　　前項建物總成本、殘餘價格率、自有資金之計息利率及建物經濟耐用年數依成本法相關規定估計		一、本條新增。 二、配合第四十條規定推算勘估標的之總費用，如包含建物者，應加計建物之折舊提存費，爰增訂其計算方式。 三、國內外對於折舊提存費之計算，有以收益資本化率作調整者，亦有以折舊提存費作調整者，本規則分別規範於第四十條之一及第四十一條。上開調整方法，可分為不計利息的（直線）折舊提存、須加計利息的折舊提存，爰依此將實務上常用之直線

修正條文	原條文	說明
之。		折舊提存（等速折舊型）及凹型折舊提存（償債基金型）納入規範。
第四十一條　建物價格日期當時價值未來每年折舊提存率，得依下列方式計算： 一、等速折舊型： $$d = \frac{(1-s)/N}{1-(1-s)n/N}$$ 二、償債基金型： $$d = \frac{i}{(1+i)^{n'}-1}$$ 其中： d：建物價格日期當時價值未來每年折舊提存率。 $\frac{(1-s)}{N}$折舊率。 n：已經歷年數。 n'：剩餘可收益之年數。 i：自有資金之計息利率。 　前項折舊率，依成本法相關規定估計之。	第四十一條　建物價格日期當時價值未來每年折舊提存率，得依下列方式計算： 建物價格日期當時價值未來每年折舊提存率＝折舊率／（1－累積折舊率）。 　前項折舊率，依成本法相關規定估計之。	一、配合國外及實務上執行，新增償債基金型之計算方式，並將原規定明定為等速折舊型。償債基金型應用本條文第一項第二款公式時，須配合建物耐用年數終止後確實無殘餘價格者，於計算折舊時不予提列之情形。 二、修正理由同新增第四十條之一說明三。 三、修正計算公式以符號表示。
第四十二條　有效總收入減總費用即為淨收益。 　前項淨收益為營運性不動產之淨收益者，應扣除不屬於不動產所產生之其他淨收益。		

修正條文	原條文	說明
第四十三條 收益資本化率或折現率應於下列各款方法中，綜合評估最適宜之方法決定： 一、風險溢酬法：收益資本化率或折現率應考慮銀行定期存款利率、政府公債利率、不動產投資之風險性、貨幣變動狀況及不動產價格之變動趨勢等因素，選擇最具一般性財貨之投資報酬率為基準，比較觀察該投資財貨與勘估標的個別特性之差異，並就流通性、風險性、增值性及管理上之難易程度等因素加以比較決定之。 二、市場萃取法：選擇數個與勘估標的相同或相似之比較標的，以其淨收益除以價格後，以所得之商數加以比較決定之。 三、加權平均資金成本法： 依加權平均資金成本方式決定，其計算式如下： 收益資本化率或折現率	第四十三條 收益資本化率或折現率應依下列方式擇一決定： 一、收益資本化率或折現率應考慮銀行定期存款利率、政府公債利率、不動產投資之風險性、貨幣變動狀況及不動產價格之變動趨勢等因素，選擇最具一般性財貨之投資報酬率為基準，比較觀察該投資財貨與勘估標的個別特性之差異，並就流通性、風險性、增值性及管理上之難易程度等因素加以比較決定之。 二、選擇數個與勘估標的相同或相似之比較標的，以其淨收益除以價格後，以所得之商數加以比較決定之。 三、依加權平均資金成本方式決定，其計算式如下： 收益資本化率或折現率 $=\sum_{i=1}^{n} w_i k_i$ 其中： w_i：第 i 個資金來源占總資金成本比例， $\sum_{i=1}^{n} w_i = 1$	一、不動產估價師對於收益資本化率或折現率之計算，不論係採條列方法擇一決定，或採多種方法計算決定，皆應綜合考量並詳予分析後為之，爰修正第一項文字。 二、為利實務上易於敘明收益資本化率或折現率之決定方法，爰明定第一項第一款至第五款估計方法之名稱。

修正條文	原條文	說明
$=\sum_{i=1}^{n}w_i k_i$ 其中： wi：第 i 個資金來源占總資金成本比例， $\sum_{i=1}^{n}w_i=1$ ki：為第 i 個資金來源之利率或要求報酬率。 四、債務保障比率法：依債務保障比率方式決定，其計算式如下： 收益資本化率或折現率＝債務保障比率×貸款常數×貸款資金占不動產價格比率 五、有效總收入乘數法：考量市場上類似不動產每年淨收益占每年有效總收入之合理淨收益率，及類似不動產合理價格除以每年有效總收入之有效總收入乘數，以下列公式計算之： 收益資本化率或折現率＝淨收益率／有效總收入乘數收益資本化率或折現率之決定有採取其他方法計算之必要時，應於估價報告書中敘明。	ki：為第 i 個資金來源之利率或要求報酬率。 四、依債務保障比率方式決定，其計算式如下： 收益資本化率或折現率＝債務保障比率×貸款常數×貸款資金占不動產價格比率 五、考量市場上類似不動產每年淨收益占每年有效總收入之合理淨收益率，及類似不動產合理價格除以每年有效總收入之有效總收入乘數，以下列公式計算之： 收益資本化率或折現率＝淨收益率／有效總收入乘數收益資本化率或折現率之決定有採取其他方法計算之必要時，應於估價報告書中敘明。	
第四十四條　土地收益價格依下列計算式求取	第四十四條　土地收益價格依下列計算式求取之。	一、建物淨收益之計算式，明列「淨收益已

修正條文	原條文	說明
之： 一、地上無建物者： 　土地收益價格＝土地淨收益／土地收益資本化率 二、地上有建物者： 　土地收益價格＝（房地淨收益－建物淨收益）／土地收益資本化率 建物淨收益依下列計算式求取之： 一、淨收益已扣除折舊提存費者： 　建物淨收益＝建物成本價格×建物收益資本化率 二、淨收益未扣除折舊提存費者： 　建物折舊前淨收益＝建物成本價格×（建物收益資本化率＋建物價格日期當時價值未來每年折舊提存率）	一、地上無建物者： 　土地收益價格＝土地淨收益／土地收益資本化率或折現率 二、地上有建物者： 　土地收益價格＝（房地淨收益－建物淨收益）／土地收益資本化率或折現率 建物淨收益依下列計算式求取之。 一、已扣除折舊提存費者： 　建物淨收益＝建物成本價格×建物收益資本化率或折現率 二、未扣除折舊提存費者： 　建物折舊前淨收益＝建物成本價格×（建物收益資本化率或折現率＋建物價格日期當時價值未來每年折舊提存率）	扣除折舊提存費者」及「淨收益未扣除折舊提存費者」，以使文義明確。 二、修正「收益資本化率或折現率」為「收益資本化率」，以符合收益法之直接資本化法計算基礎。
第四十五條　建物收益價格依下列計算式求取之： 一、淨收益已扣除折舊提存費者： ㈠建物收益價格＝建物淨收益／建物收益資本化率 ㈡建物收益價格＝（房地	第四十五條　建物收益價格依下列計算式求取之： 一、已扣除折舊提存費者： ㈠建物收益價格＝建物淨收益／建物收益資本化率或折現率 ㈡建物收益價格＝（房地淨收益－土地淨收益）／建物收益資本化率或折現率	修正理由同第四十四條

修正條文	原條文	說明
淨收益－土地淨收益）／建物收益資本化率 二、淨收益未扣除折舊提存費者： ㈠建物收益價格＝建物折舊前淨收益／（建物收益資本化率＋建物價格日期當時價值未來每年折舊提存率） ㈡建物收益價格＝（房地折舊前淨收益－土地淨收益）／（建物收益資本化率＋建物價格日期當時價值未來每年折舊提存率） 　前項土地淨收益，得先以比較法求取土地比較價格後，再乘以土地收益資本化率得之。	二、未扣除折舊提存費者： ㈠建物收益價格＝建物折舊前淨收益／（建物收益資本化率或折現率＋建物價格日期當時價值未來每年折舊提存率） ㈡建物收益價＝（房地折舊前淨收益－土地淨收益）／（建物收益資本化率或折現率＋建物價格日期當時價值未來每年折舊提存率） 　前項土地淨收益，可先以比較法求取土地比較價格後，再乘以土地收益資本化率或折現率得之。	
第四十六條　推算房地收益價格時，依下列方式計算之： 房地收益價格＝房地淨收益／房地綜合收益資本化率房地綜合收益資本化率除依第四十三條決定外，亦得依下列計算式求取之： 一、淨收益已扣除折舊提存費者： 　房地綜合收益資本化率＝土地收益資本化率×土地價值比率＋建物收益資本率×建物價值比率	第四十六條　推算房地收益價格時，依下列方式計算之： 房地收益價格＝房地淨收益／房地綜合收益資本化率或折現率房地綜合收益資本化率或折現率除依第四十三條決定外，亦得依下列計算式求取之。 一、已扣除折舊提存費者： 　房地綜合收益資本化率或折現率＝土地收益資本化率或折現率×土地價值比率＋建物收益資本率或折現率×建物價值比率	修正理由同第四十四條。

修正條文	原條文	說明
二、淨收益未扣除折舊提存費者： 房地綜合收益資本化率＝土地收益資本化率×土地價值比率＋（建物收益資本化率＋建物價格日期當時價值未來每年折舊提存率）×建物價值比率前項土地價值比率及建物價值比率，應參酌當地市場調查資料，運用估價方法計算之。	二、未扣除折舊提存費者： 房地綜合收益資本化率或折現率＝土地收益資本化率或折現率×土地價值比率＋（建物收益資本化率或折現率＋建物價格日期當時價值未來每年折舊提存率）×建物價值比率前項所稱土地價值比率及建物價值比率，應參酌當地市場調查資料，運用估價方法計算之。	
第四十七條 一定期間之收益價格，依下列計算式求取： $$P = a \times \frac{1-\frac{1}{(1+r)^{n'}}}{r}$$ 其中： P：收益價格 a：平均一年期間折舊前淨收益 r：收益資本化率 n'：可收益之年數 　　收益價格已知者，適用該公式反推平均一年期間折舊前淨收益。 　　一定期間終止後，有期末價值者，收益價格得加計該期末價值之現值，期末價值並得扣除處分不動產所需之相關費用。	條次調整折現現金流量法通常針對收益期間各期不同淨收益分別折現而設；本條則對一定期間之各期平均淨收益，直接乘以複利年金現價率，無須各期分別折現。故本條仍與折現現金流量法有別；惟現行條文淨收益需就該一定期間先求其平均一年期間淨收益始得適用，且一定期間無須折舊提存。 　　一定期間終止後如有處分價格者，如屬建物殘值通常與拆除清理費相抵，可能無剩餘價值；但如有土地出售權利則可另加其折現值，爰訂第三項。其扣除處分不動產所需之相關費用如拆除費用。	

第三節　考古題─選擇題

一、不動產經紀人不動產估價概要試題及參考解答

（C）1　某不動產之純收益，每年推估為 50 萬元，若該不動產之還原利率為 4%，則該不動產之收益價格應為多少？　(A) 200 萬元　(B) 1,000 萬元　(C) 1,250 萬元　(D) 2,000 萬元【88 經】
解析：P＝a/r　50/4%＝1,250（萬元）

（A）2　下列何種資料之蒐集，並非運用直接資本化法所必須者？　(A)總銷售金額　(B)總收入　(C)總費用　(D)資本化率【95 經】

（D）3　依不動產估價技術規則之規定，下列收益法之估價步驟中，何種排列次序較為正確？甲：計算淨收益；乙：推算總費用；丙：決定收益資本化率；丁：推算有效總收入。　(A)甲乙丙丁　(B)甲乙丁丙　(C)丁甲乙丙　(D)丁乙甲丙【95 經】

（D）4　運用直接資本化法推算勘估標的之價格時，下列何者不應列入總費用中？　(A)地價稅　(B)管理費　(C)維修費　(D)貸款利息【95 經】

（A）5　依不動產估價技術規則之規定，下列何者係以勘估標的未來平均一年期間之客觀淨收益，應用價格日期當時適當之收益資率推算勘估標的之價格之方法？　(A)直接資本化法　(B)淨收益法　(C)折現現金流量分析　(D)投資估價【95 經】

（D）6　土地收益資本化率為 4% 的土地，表示可以用多少年的淨收益購買此土地？　(A) 10 年　(B) 15 年　(C)

20 年 (D) 25 年【95 經】

解析：$y = \dfrac{1}{4\%} = 25$（年）

(D) 7 下列有關折現現金流量分析之敘述，何者有誤？ (A)得適用於投資為目的之不動產評估 (B)以適當折現率折現 (C)考量勘估標的期末價值折現 (D)考量各期總收益之折現【96-1 經】

(D) 8 以不動產證券化為目的，採折現現金流量分析估價時，各期淨收益以勘估標的之何種租金計算為原則？ (A)市場租金 (B)預期租金 (C)限定租金 (D)契約租金【96-1 經】

(B) 9 下列有關有效總收入之敘述，何者正確？ (A)為勘估標的總收入扣除建築物累積折舊之餘額 (B)為勘估標的總收入扣除閒置或其他原因所造成收入損失之餘額 (C)為勘估標的總收入扣除總費用之餘額 (D)以上皆非【96-1 經】

(A) 10 應用收益法進行不動產估價時，勘估標的總費用計算，不包括下列何種項目？ (A)土地增值稅 (B)管理費 (C)地價稅 (D)保險費【96-1 經】

(A) 11 應用收益法時，若勘估標的包含建築物，其總費用如何計算？ (A)應加計建築物之折舊提存費 (B)僅計算建築物折舊提存費以外之各項費用 (C)僅計算建築物以外之各項費用 (D)應加計該建築物之契稅【96-1 經】

(B) 12 下列有關收益法之敘述何者有誤？ (A)有效總收入減總費用即為淨收益 (B)營運性不動產之總費用不應加計營運費用 (C)營運性不動產之淨收益應扣除不屬於不動產所產生之其他淨收益 (D)客觀淨收益

應以勘估標的作最有效使用之客觀淨收益為基準
【96-1 經】

（D）13 土地收益資本化率為 2% 的土地，表示可以用多少年的淨收益購買此土地？ (A) 10 年 (B) 20 年 (C) 25 年 (D) 50 年【96-1 經】
解析：y＝1／r　y：購買年　r：收益資本化率
y＝1／2%＝50（年）

（A）14 直接資本化法之基本原則為： (A)未來期待收益之現值總和 (B)未來期待收益之終值總和 (C)過去租金收益之現值總和 (D)過去租金收益之終值總和【96-2 經】

（D）15 依不動產估價技術規則規定，直接資本化法係以勘估標的何期間之客觀淨收益，應用價格日期當時適當之收益資本化率推算勘估標的價格之方法？ (A)過去 1 年 (B)現在 1 年 (C)未來 1 年 (D)未來平均 1 年【96-2 經】

（D）16 根據不動產估價技術規則，下列何者不屬於推算總收入時，應校核比較的資料？ (A)相同產業比較標的總收入 (B)具替代性比較標的總收入 (C)勘估標的往年之總收入 (D)比較標的因閒置及其他原因所造成的收入損失【97-1 經】

（B）17 下列有關直接資本化法之敘述何者正確？ (A)應以過去平均一年期間之客觀總收益為基礎 (B)應以未來平均一年期間之客觀淨收益為基礎 (C)應用勘估日期當時適當之收益資本化率 (D)應用勘估日期當時適當之折現率【97-1 經】

（C）18 根據不動產估價技術規則，下列有關收益資本化率或折現率的計算式，何者正確？ (A)淨收益／總收

入乘數 (B)淨收益／有效總收入乘數 (C)債務保障比率×貸款常數×貸款資金占不動產價格比率 (D)利息保障比率×貸款常數×貸款資金占不動產價格比率【97-1 經】

(B) 19 下列有關淨收益的敘述，何者正確？ (A)為總收入扣除總費用 (B)為有效總收入扣除總費用 (C)為總收入扣除閒置及其他原因所造成之收入損失 (D)為有效總收入扣除閒置及其他原因所造成之收入損失【97-1 經】

(D) 20 下列有關折現現金流量法之敘述何者正確？ (A)考量期初價值折現 (B)以收益資本化率折現 (C)考量各期總收益之折現 (D)得適用於以投資為目的之不動產投資評估【97-1 經】

(D) 21 根據不動產估價技術規則，下列有關未扣除折舊提存費之建物收益價格計算式，何者正確？ (A)建物折舊後淨收益／（土地收益資本化率＋建物折舊提存率） (B)建物折舊前淨收益／（土地收益資本化率＋建物折舊提存率） (C)建物折舊後淨收益／（建物收益資本化率＋建物折舊提存率） (D)建物折舊前淨收益／（建物收益資本化率＋建物折舊提存率）【97-1 經】

(A) 22 應用收益法進行不動產估價時，下列有關勘估標的總費用計算，不應包括那種項目？ (A)利息支出 (B)營運費用 (C)維修費 (D)管理費【97-1 經】

(B) 23 設勘估標的之每年總收益為 60 萬元，客觀淨收益為 40 萬元，收益資本化率為 4%，則其收益價格為： (A) 500 萬元 (B) 1,000 萬元 (C) 1,500 萬元 (D) 2,500 萬元【97-1 經】

解析：P＝a／r＝40／4％＝1,000萬元

(B) 24 依不動產估價技術規則之規定，收益法得採下列那些方法求取收益價格？ (A)淨收益法及加權平均法 (B)直接資本化法及折現現金流量分析 (C)折現現金流量分析及淨收益法 (D)直接資本化法及加權平均法【97-2 經】

(C) 25 一面積 300 坪之土地，年租金 30 萬元，租金每年調漲 2％，資本化率為 5％，若租金收益年期為無窮時，此時土地之收益價格為何？ (A) 428.6 萬元 (B) 600 萬元 (C) 1,000 萬元 (D) 9,000 萬元【97-2 經】

解析：P＝a／r－g＝30／（5％－2％）＝1,000萬元

(D) 26 下列何者不屬於收益資本化率應考慮之因素？ (A)銀行定期存款利率 (B)政府公債利率 (C)貨幣變動狀況 (D)國民生產毛額狀況【97-2 經】

(A) 27 求算建物價格日期當時價值未來每年折舊提存率之公式為： (A)折舊率／（1－累積折舊率） (B)累計折舊率／建物耐用年限 (C)建物價格日期當時價值／建物耐用年限 (D)建物價格日期當時價值／建物經濟年限【97-2 經】

(D) 28 依不動產估價技術規則之規定，地上尚存已不具備使用價值建物之土地，如何估計其價值？ (A)得依其過去土地及建物之總收益推估其價值 (B)得推估其未來土地及建物之總收益，進而推估其價值 (C)得只依其過去土地之收益推估其價值 (D)得將其基地視為素地估價，但應考量建物拆除成本予以調整【97-2 經】

(C) 29 下列關於收益資本化率的敘述何者有誤？ (A)流通

性較高的資產，其收益資本化率較低 (B)風險性較高的資產，其收益資本化率較高 (C)增值性較高的資產，其收益資本化率較高 (D)管理較難的資產，其收益資本化率較高【97-2 經】

(A) 30 下列關於收益資本化率之敘述，何者正確？ (A)收益資本化率應將不動產價格之變動趨勢納入考慮 (B)收益資本化率只考量自有資金來源之成本 (C)折現率為收益資本化率及債務成本之加權平均 (D)收益資本化率為折現率及債務成本之加權平均【97-2 經】

(D) 31 某棟十二層樓辦公大樓之第五層，面積 250 坪，於 2007 年 7 月交易價格每坪 25 萬元，其有效總收益乘數為 14.62，合理費用比率為 20%，請問其資本化率為多少？ (A) 11.70% (B) 2.92% (C) 6.84% (D) 5.47%【97-2 經】

解析：收益乘數＝1／收益資本化率
r＝a／P＝（250×25×1／14.62）×（1－20%）／（250×25）＝5.47%

(B) 32 下列何者不屬於收益資本化率之推估方式？ (A)由市場萃取 (B)從資本乘數求算 (C)依債務保障比率方式求算 (D)依加權平均資金成本方式求算【97-2 經】

(D) 33 房地折舊前淨收益為 10 萬元，土地淨收益為 4 萬元，建物收益資本化率為 5%，建物價格日期當時價值未來每年折舊提存率為 5%。請問建物收益價格為何？ (A) 200 萬元 (B) 120 萬元 (C) 100 萬元 (D) 60 萬元【97-2 經】

解析：$P_{建} = \dfrac{a_{建} = (a_{房地} - a_{土})}{r_{建}}$

$= \dfrac{(10-4)}{(5\%+5\%)} = 60$（萬元）

(C) 34 某一不動產的貸款條件是貸款利率 5%，貸款金額是不動產總值的 70%，自有資金比例為 30%，自有資金報酬率為 3.5%，此時依貸款與自有資金比例求算資本化率時，其資本化率為何？ (A) 3.5% (B) 3.95% (C) 4.55% (D) 5%【97-2 經】

解析：綜合資本化率＝5%×70%＋3.5%×30%＝4.55%

(C) 35 下列何種估價方式，係以未來期望利益來計算不動產價值？ (A)比較方式 (B)成本方式 (C)收益方式 (D)預期開發法【98 經】

(B) 36 以土地殘餘法推估基地價格，為何種學說之主張？ (A)建物貢獻說 (B)土地貢獻說 (C)聯合貢獻說 (D)土地與建物合併貢獻說【98 經】

(A) 37 依不動產估價技術規則之規定，收益法估價蒐集勘估標的及比較標的總收入、總費用及收益資本化率或折現率等資料，應涵蓋多久期間？ (A)最近三年間 (B)最近半年間 (C)最近兩年間 (D)最近一年間【98 經】

(D) 38 應用收益法推估勘估標的之價格時，下列何者不可列入費用項目由總收入中扣除？ (A)地價稅 (B)房屋稅 (C)管理費 (D)土地增值稅【98 經】

(B) 39 運用收益法估計不動產價格時，下列何者不宜列入收入項目計算？ (A)租金 (B)押金 (C)押金運用收益 (D)保證金運用收益【98 經】

（C）40 下列有關直接資本化法之敘述何者正確？ (A)為成本法之一種 (B)所求得之價格為比較價格 (C)應使用勘估標的未來平均1年之客觀淨收益 (D)應使用勘估日期當時適當之收益資本化率【99經】

（D）41 以不動產證券化為目的，採折現現金流量分析估價時，各期淨收益採勘估標的之何種租金計算為原則？ (A)預期租金 (B)歷史租金 (C)市場租金 (D)契約租金【99經】

（C）42 應用收益法進行不動產估價時，勘估標的總費用之計算，不包括下列何種項目？ (A)地價稅 (B)房屋稅 (C)所得稅 (D)建物之折舊提存費【99經】

（C）43 下列有關收益法之敘述，何者有誤？ (A)有效總收入減總費用即為淨收益 (B)營運性不動產之總費用應加計營運費用 (C)勘估標的包含建物時，不應加計建物之折舊提存費 (D)應蒐集勘估標的及與其特性相同或相似之比較標的最近三年間總收入、總費用及收益資本化率或折現率等資料【99經】

（#）44 如果有一個不動產每年可以獲得的淨收益是10萬元，該不動產之建築物興建成本是100萬，根據調查，該不動產的土地部分之資本化率是5%，建物部分之資本化率是1%，請問該不動產的價格是多少呢？ (A) 100萬 (B) 130萬 (C) 160萬 (D) 190萬【99經】

> **解析**：1. 建物收益＝100×1％＝1（萬）
> 2. 土地收益＝10－1＝9（萬）
> 3. 土地價格＝9／5％＝180（萬）
> 4. 不動產綜合資本化率＝100／280×1％＋180／280×5％＝3.6%

5. 不動產價格＝10／3.6%＝277.78 萬）

(C) 45 有一土地平均每年之淨收益為 50 萬元整，而土地的資本化率皆為年利率 5%，請問該土地之價格？ (A) 2,100 萬元 (B) 900 萬元 (C) 1,000 萬元 (D) 1,800 萬元【100 經】

解析：P＝a／r＝50／5%＝1,000 萬元

(A) 46 某店面每月租金 8 萬元，押金為 3 個月租金額，銀行定存年利率 3%，空置損失約占總收入之 8%，該不動產之有效總收入為： (A) 88.98 萬元／年 (B) 96 萬元／年 (C) 96.72 萬元／年 (D) 120 萬元／年【100 經】

解析：有效總收入＝總收入－空閒和其他原因造成的損失

實質總收入＝（8×12）＋（8×3）×3%＝96.72 萬元

有效總收入＝96.72×（1－8%）＝88.98 萬元／年

(C) 47 某一不動產之土地價格為 600 萬元，建築物價格為 400 萬元，已知土地之個別資本化率為 5%，建築物之個別資本化率為 8%，請問該不動產之綜合資本化率為： (A) 13% (B) 3% (C) 6.2% (D) 7.2%【100 經】

解析：綜合資本化率＝（600／1,000）×5%＋（400／1,000）×8%＝6.2%

(B) 48 下列何者不宜列入收益法中總費用之項目？ (A)地租 (B)貸款利息 (C)保險費 (D)維修費【100 經】

(B) 49 對具永續性固定收益之土地，以直接資本化法評估其價值，如於第 0 年年初評得其價值為 A、第 5 年

年初評得其價值為 B，則兩者關係如何？ (A) A＞B (B) A＝B (C) A＜B (D)不一定【100 經】

(D) 50 直接資本化法之資本化率為下列何者間關係？ (A)自有資金與貸款額 (B)有效收益與價值 (C)毛收益與價值 (D)淨收益與價值【100 經】

(C) 51 應用直接資本化法推算不動產淨收益時，下列那些項目不應列入費用項？①地價稅及房屋稅 ②房屋貸款的利息 ③改良性資本支出 ④土地增值稅 ⑤租金收入所產生的所得稅 (A)②③⑤ (B)③④⑤ (C)②③④⑤ (D)①②③④⑤【100 經】

(C) 52 應用直接資本化法估價時，已知獲利率為 5%、收益年增率為 2%，則直接資本化率應採下列何者較佳？ (A) 7% (B) 5% (C) 3% (D) 2%【100 經】

(A) 53 有一塊農地，年總收入 500 萬元，年總費用 400 萬元，收益資本化率為 5%，則該農地之收益價格？ (A) 2,000 萬元 (B) 1,600 萬元 (C) 3,000 萬元 (D) 1,800 萬元

解析：（500－400）／5%＝2,000 萬元

(D) 54 以投資為目的之不動產投資評估，採何種方法為佳？ (A)比較法 (B)成本法 (C)直接資本化法 (D)折現現金流量分析

(D) 55 以契約約定租金作為不動產證券化受益證券信託利益分配基礎者，何種價格應賦予相對較大之權重？ (A)比較法之比較價格 (B)土地開發分析之土地開發分析價格 (C)直接資本化法之收益價格 (D)折現現金流量分析之收益價格

(C) 56 收益法估價應蒐集勘估標的及與其特性相同或相似之比較標的最近幾年間總收入、總費用及收益資本

化率或折現率等資料？　(A)一　(B)二　(C)三　(D)四

（D）57　出租性房屋之總費用推算，何項不應包括在內？　(A)地價稅及房屋稅　(B)保險費　(C)維修費　(D)銀行貸款之償債支出

（A）58　建物數年一次之大修繕費，應以何種費用處理？　(A)重置提撥費　(B)折舊提存費　(C)管理費　(D)維修費

（A）59　設建物價格當時價值未來每年折舊提存率為 R，則 R 等於？　(A)折舊率／（1－累積折舊率）　(B)累積折舊率／（1－折舊率）　(C)折舊率／（1＋累積折舊率）　(D)累積折舊率／（1＋折舊率）

（D）60　依債務保障比率方式決定收益資本化率或折現率，其計算式為：收益資本化率或折現率＝債務保障比率×S×貸款資金占不動產價格比率，其中 S 代表？　(A)複利年金終值率　(B)複利年金現值率　(C)償還基金率　(D)貸款常數

（B）61　土地與建物價值比為 3：2，土地收益資本化率為 3%，建物收益資本化率為 5%，則房地綜合收益資本化率為？　(A) 3.2%　(B) 3.8%　(C) 4.2%　(D) 4.8%

　　解析：3%×3／5＋5%×2／5＝3.8%

（B）62　下列有關直接資本化法之敘述何者有誤？　(A)屬於收益法之一種　(B)應以勘估標的過去平均一年之客觀淨收益為基礎　(C)應使用價格日期當時適當之收益資本化率　(D)求得之價格稱為收益價格【96-1經】

（B）63　下列何種折舊方式比較適合運用於直接資本化法中的折舊提列？　(A)定率法　(B)定額法　(C)償還基金

法 (D)觀察法【96-2 經】

(B) 64 不動產估價技術規則第 31 條規定,何種估價方法得適用於以投資為目的之不動產投資評估? (A)直接資本化法 (B)折現現金流量分析 (C)剩餘法 (D)分配法【101 經】

(D) 65 請問折現現金流量分析之計算公式中,為下列何者? (A)收益價格 (B)淨收益 (C)折現率 (D)期末價值【101 經】

(C) 66 以收益為目的而出租之不動產在進行不動產估價時,何者應列入總費用,加以扣除? (A)抵押債務利息 (B)租賃所得稅 (C)維護修繕費 (D)自有資本之利息【101 經】

(C) 67 從已知投資成分的價值,乘以資本化率,求得其收益後,由總收益中扣除,進而求得未知投資成分之價格的方法,上述方法稱為: (A)分配法 (B)積算法 (C)殘餘法 (D)收益倍數法【101 經】

(B) 68 以收益法估價時,對於折舊前及折舊後的純收益,使用資本化率還原,應如何處理? (A)折舊前的純收益,應僅以資本化率還原 (B)折舊後的純收益,應僅以資本化率還原 (C)折舊後的純收益,應以資本化率加折舊率還原 (D)折舊前的純收益,應僅以折舊率加以還原【101 經】

(C) 69 依不動產估價技術規則規定,以不動產證券化為估價目的,採折現現金流量分析估價時,下列敘述何者錯誤? (A)各期淨收益應以勘估標的之契約租金計算為原則 (B)因情況特殊不宜採契約租金估價者得敘明 (C)契約租金未知者,應以限定租金推估淨收益 (D)總費用應依信託計畫資料加以推算【102

經】

(D) 70 依不動產估價技術規則規定，收益法估價程序有六個項目如下：①計算收益價格 ②推算有效總收入 ③蒐集總收入、總費用及收益資本化率或折現率等資料 ④推算總費用 ⑤計算淨收益 ⑥決定收益資本化率或折現率。其估價步驟順序以下何者正確？ (A)⑤③①⑥④② (B)②①⑤⑥④③ (C)⑥④③①⑤② (D)③②④⑤⑥①【102 經】

(C) 71 不動產估價收益法之總費用估算項目，不包含下列何者？ (A)地價稅或地租 (B)房屋稅 (C)所得稅 (D)維修費【102 經】

(B) 72 收益資本化率之擇定如採風險溢酬法，下列敘述何者錯誤？ (A)應考慮銀行定期存款利率、政府公債利率、不動產投資之風險性、貨幣變動狀況及不動產價格之變動趨勢等因素 (B)選擇最具特殊性財貨之投資報酬率為基準 (C)比較觀察該投資財貨與勘估標的個別特性之差異 (D)需就流通性、風險性、增值性及管理上之難易程度等因素加以比較決定之【102 經】

(D) 73 若某不動產之建物經濟耐用年數 50 年、經歷年數 20 年、殘價率 10%，於收益法估價時，建物價格日期當時價值未來每年折舊提存率為何？ (A) 0.018 (B) 0.036 (C) 0.05 (D) 0.028【102 經】

解析：建物價格日期當時價值未來每年折舊提存率＝折舊率／（1－累積折舊率）。
＝[（100%－10%）/ 50] / [1－（100%－10%）×20 / 50]＝0.028

(A) 74 土地徵收補償估價時，因無買賣實例而採徵收區段

內透天租賃實例，如折舊前房地淨收益每年新臺幣 25 萬元、建物價格日期當時價值未來每年折舊提存率 2.5%、建物淨收益推算為每年新臺幣 10 萬元、土地收益資本化率 3%，則土地收益價格為新臺幣多少萬元？ (A) 500 萬元 (B) 833 萬元 (C) 455 萬元 (D) 273 萬元【102 經】

解析：

$$a_{土} = \frac{(a_{房地} - a_{建})}{r_{土}}$$

$$a_{土} = \frac{25 - 10}{3\%} = 500 \text{（萬元）}$$

(D) 75 請問折現現金流量分析之公式
$P = \sum_{k=1}^{n'} CF_k / (1+Y)^k + P_{n'} / (1+Y)^{n'}$，n' 為下列何者？
(A)物理耐用年數 (B)經濟耐用年數 (C)殘餘耐用年數 (D)折現現金流量分析期間【102 經】

(A) 76 土地殘餘法之觀念，立基於下列何種原則？ (A)剩餘生產力原則 (B)最有效使用原則 (C)預期原則 (D)變動原則【96-2 經】

(A) 77 若其他條件不變，投資標的流動性愈低，則收益資本化率愈如何？ (A)高 (B)不一定 (C)低 (D)不變【91 估特】

解析：以投資風險和報酬相對性觀念來判斷，風險愈高，要求報酬率要愈高。如管理愈容易，其收益資本化率愈低。增值性愈低，其收益資本化率愈高。

(A) 78 設 p＝收益價格，a＝淨收益，r＝收益資本化率，n＝可收益之年數，則 n 是下列何者之計算公式？

$A \times \dfrac{(1+r)^{n^1}-1}{r(1+r)^{n^1}}$ 請問 $\dfrac{(1+r)^{n^1}-1}{r(1+r)^{n^1}}$ 是下列何者之計算公式？

(A)複利年金現價率　(B)本利均等償還率　(C)複利年金終價率　(D)複利現價率【91 估特】

(B) 79 採用風險溢酬法決定收益資本化率時，如果市場中最具一般性財貨之投資報酬率為 3%，而勘估標的之風險性較此一般性財貨為高，也不具明顯的未來增值。則在估算收益價格時，所採用的收益資本化率較可能為何者？　(A) 3%　(B) 5%　(C) 1%　(D) 2%【94 估特】

(D) 80 以收益法進行估價，其應蒐集勘估標的及與其特性相同或相似之比較標的何時之總收入、總費用、收益資本化率、折現率等資料　(A)未來一年　(B)未來三年　(C)過去一年　(D)最近三年間　(E)最近五年間【87 公會】

(A) 81 收益法之基原則　(A)未來收益之目前價值　(B)未來收益之最終價值　(C)過去租金收益之總計　(D)由過去至未來所有租金收益之總計【88 公會】

(B) 82 採收益法估算不動產價格時，下列何者不宜做為費用由收益中扣除？　(A)地價稅　(B)房屋貸款利息費用　(C)房屋稅　(D)修繕費【88 公會】

(A) 83 假設民國 86 年之名目利率為 6.5%，當年之物價指數為 103%，請問當年之實質利率是多少？　(A) 3.5%　(B) 6.53%　(C) 6.31%　(D) 9.5%　(E) 6.2%【87公會】

解析：實質利率＝名目利率－物價上漲率
　　　＝6.5%－3%＝3.5%

(B) 84 某住宅折舊前淨收益為 165,000 元，已知土地收益率為 3.5%，價值比為 60%；建物收益率為 4.5%，建物剩餘壽命為 25 年，購該他宅之土地價格為：
(A) 2,828,571 元　(B) 1,800,000 元　(C) 1,200,000 元　(D) 3,000,000 元【88 公會】

解析：土地殘餘價法公式 L＝[a－（r2+d）×B]/r1

L：土地價值佔 60%

B：建物價值（1－60%）＝40%　所以 L：B＝6：4 → B＝4/6L

a：淨收益 165,000 元

r1：土地收益率 3.5%

r2：建物收益率 4.5%

d：建物價格日期當時價值未來每年折舊提存率

建物剩餘壽命為 25 年，所 d＝1/25＝0.04

代入 L＝[a－（r2+d）×B]/r1＝[165,000－（4.5%＋0.04）×4/6L]/3.5%

L＝1,800,000 元

(B) 85 以土地殘餘法來估計土地價格時，如果採用折舊前的收益則應當採用那一項計算公式？　(A) L＝(a－Br2)/r1　(B) L＝[a－B（r2+d）]/r1　(C) L＝[a－B（r1+d）]/r2　(D) L＝a－Br1/r2　E B＝(a－Lr1)/(r2+d)【87 公會】

(D) 86 下列何者可以表現出正常情形下，土地還原利率、建築物還原利率、綜合還原利率三者的高低關係？
(A)土地還原利率居中　(B)土地還原利率最高　(C)綜合還原利率最高　(D)建築物還原利率最高【88 經

紀】

(A) 87 若其他條件不變，投資標的流動性愈低，則收益資本化率愈如何？ (A)高 (B)不一定 (C)低 (D)不變【91 估特】

(C) 88 下列有關收益法之敘述，何者有誤？ (A)保險費可計入總費用之推算 (B)地價稅或地租可計入總費用之推算 (C)營運性不動產者，不可加計營運費用 (D)有效總收入減總費用即為淨收益【103 經】

(B) 89 某甲擬投資購買一不動產，預計每年可以獲得 10 萬元淨收益，第三年年底預計可以 200 萬元出售，假設折現率為 5%，請問合理的價格約為多少？ (A) 173 萬元 (B) 200 萬元 (C) 227 萬元 (D) 232 萬元【103 經】

解析：$P = \sum_{k=1}^{n'} CF_k / (1+Y)^k + P_{n'} / (1+Y)^{n'}$
$P = [10/(1+5\%)^1] + [10/(1+5\%)^2] + [10/(1+5\%)^3] + 200/(1+5\%)^3 = 200$（萬元）

(B) 90 運用收益法進行不動產估價時，下列何者可列入費用項目估計？ (A)改良性資本支出 (B)保險費 (C)貸款債務利息 (D)所得稅【103 經】

(C) 91 某出租型不動產之年總收益為 100 萬元，若總費用率為總收益的 40%，收益資本化率 4%，則該不動產之收益價格應為多少？ (A) 1,000 萬元 (B) 1,200 萬元 (C) 1,500 萬元 (D) 2,500 萬元【106 經】

解析：收益價格＝年總收益×（1－總費用率）/ 收益資本化率＝100×（1－40%）/ 4%＝

1,500萬元

（B）92 「考慮銀行定期存款利率、政府公債利率、不動產投資之風險性、貨幣變動狀況及不動產價格之變動趨勢等因素，選擇最具一般性財貨之投資報酬率為基準，比較觀察該投資財貨與勘估標的個別特性之差異，並就流通性、風險性、增值性及管理上之難易程度等因素加以比較決定之。」係指收益資本化率何種方式？　(A)債務保障比率法　(B)風險溢酬法　(C)市場萃取法　(D)有效總收入乘數法【106經】

（C）93 蒐集市場上僅有的5個交易案例之資本化率分別為10%、1%、5%、4.5%、4.9%，經估價師判斷應去掉差距過大之異常值，試問若依市場萃取法，勘估標的之資本化率應為：　(A) 3.85%　(B) 4.5%　(C) 4.8%　(D) 5.04%【106經】

解析：（5% + 4.5% + 4.9%）/ 3 = 4.8%

（D）94 有關土地開發分析法之估價程序中，最後四個步驟順序如何？　(A)估算開發或建築後總銷售金額。選擇適當之利潤率及資本利息綜合利率。估算各項成本及相關費用。計算土地開發分析價格　(B)估算各項成本及相關費用。估算開發或建築後總銷售金額。選擇適當之利潤率及資本利息綜合利率。計算土地開發分析價格　(C)選擇適當之利潤率及資本利息綜合利率。估算開發或建築後總銷售金額。估算各項成本及相關費用。計算土地開發分析價格　(D)估算開發或建築後總銷售金額。估算各項成本及相關費用。選擇適當之利潤率及資本利息綜合利率。計算土地開發分析價格【106經】

（D）95 有關勘估標的總費用之推算項目，不包括下列那一

項？　(A)管理費及維修費　(B)地價稅或地租、房屋稅　(C)保險費　(D)貸款利息【107經】

(B) 96　收益法估價應蒐集勘估標的及與其特性相同或相似之比較標的最近幾年間總收入、總費用及收益資本化率或折現率等資料？　(A) 2年　(B) 3年　(C) 4年　(D) 5年【107經】

(C) 97　當建物價格日期當時價值未來每年折舊提存率大於零時，下列對淨收益已扣除折舊提存費之房地綜合收益資本化率與淨收益未扣除折舊提存費之房地綜合收益資本化率兩者間之敘述，何者正確？　(A)淨收益已扣除折舊提存費之房地綜合收益資本化率高於淨收益未扣除折舊提存費之房地綜合收益資本化率　(B)淨收益已扣除折舊提存費之房地綜合收益資本化率等於淨收益未扣除折舊提存費之房地綜合收益資本化率　(C)淨收益已扣除折舊提存費之房地綜合收益資本化率小於淨收益未扣除折舊提存費之房地綜合收益資本化率　(D)無法判斷【107經】

(D) 98　依不動產估價技術規則之規定，下列收益法之估價步驟中，何種排列次序較為正確？①計算淨收益　②推算總費用　③決定收益資本化率或折現率　④推算有效總收入　⑤蒐集總收入、總費用及收益資本化率或折現率等資料　⑥計算收益價格　(A)①⑤②③④⑥　(B)⑤①②④③⑥　(C)⑤④①②⑥③　(D)⑤④②①③⑥【107經】

(A) 99　下列關於收益資本化率之敘述，何者錯誤？　(A)增值性較高的不動產，其收益資本化率較高　(B)流通性高的不動產，其收益資本化率較低　(C)風險性較高的不動產，其收益資本化率較高　(D)管理度較難

的不動產，其收益資本化率較高【107 經】

（D）100 選擇數個與勘估標的相同或相似之比較標的，以其淨收益除以價格後，以所得之商數加以比較決定收益資本化率之方法為： (A)加權平均資金成本法 (B)有效總收入乘數法 (C)債務保障比率法 (D)市場萃取法【107 經】

（C）101 不動產估價師應兼採二種以上估價方法推算勘估標的價格。以契約約定租金作為不動產證券化受益證券信託利益分配基礎者，何種方法之價格應賦予相對較大之權重？ (A)成本法 (B)土地開發分析法 (C)折現現金流量分析法 (D)比較法【108 經】

（C）102 推算總收入及有效總收入時，應與相關資料校核比較，下列何者非屬該相關資料？ (A)目前或未來可能之計畫收入 (B)相同產業或具替代性比較標的總收入及有效總收入 (C)期末價值 (D)勘估標的的往年之總收入及有效總收入【108 經】

（C）103 有關直接資本化法，下列敘述何者為正確？ (A)指勘估標的的過去平均一年期間之客觀淨收益，應用價格日期當時適當之收益資本化率推算勘估標的的價格之方法 (B)指勘估標的的過去平均三年期間之客觀淨收益，應用價格日期當時適當之收益資本化率推算勘估標的的價格之方法 (C)指勘估標的的未來平均一年期間之客觀淨收益，應用價格日期當時適當之收益資本化率推算勘估標的的價格之方法 (D)指勘估標的的未來平均三年期間之客觀淨收益，應用價格日期當時適當之收益資本化率推算勘估標的的價格之方法【108 經】

（C）104 經分析考量市場上類似不動產之正常租金為每年

每坪 12,000 元,合理空置率為 5%,淨收益率為 75%,貸款資金占不動產價格比率 80%,有效總收入乘數為 15,請以有效總收入乘數法計算出收益資本化率為多少？　(A) 4.27%　(B) 4.67%　(C) 5.0%　(D) 5.33%【109 經】

解析：淨收益率＝75%
有效總入乘數＝15
收益資本化率＝淨收益率／有效總收入乘數
＝75%／15＝5%

(C) 105 勘估標的為辦公大樓之第 10 層,建物登記面積 50 坪,每月每坪正常租金收入為 2,000 元,該建物大樓經合理市場分析推算空置率為 5%,勘估標的每年地價稅、房屋稅及保險費等相關總費用推算為 200,000 元。請問該建物以直接資本化法估價時,推算其有效總收入為多少？　(A) 940,000 元　(B) 1,000,000 元　(C) 1,140,000 元　(D) 1,200,000 元【109 經】

解析：有效總收入＝（總收入－閒置等其他原因損失）＝50×2000×12×（1－5%）＝1,140,000 元

(B) 106 某一筆建築用地將以土地開發分析法推估價格,其資本利息綜合利率 4.8%,該土地開發之土地價值比率占 60%,建物價值比率占 40%,預計開發年數為2年,請問資本利息年利率應為多少？　(A) 2.4%　(B) 3.0%　(C) 7.68%　(D) 9.6%【109 經】

解析：資本利息綜合利率＝資本利息年利率×（土地價值比率＋建物價值比率×1/2）
4.8%＝資本利息年利率×（60%＋40%

×1/2）×2
　　資本利息年利率＝3%

（B）107 以下直接資本化法之定義敘述，何者為正確？ (A)係指勘估標的未來平均 1 年期間之客觀淨收益，應用調查日期當時適當之收益資本化率推算勘估標的價格之方法 (B)係指勘估標的未來平均 1 年期間之客觀淨收益，應用價格日期當時適當之收益資本化率推算勘估標的價格之方法 (C)係指比較標的未來平均 1 年期間之客觀淨收益，應用價格日期當時適當之收益資本化率推算勘估標的價格之方法 (D)係指比較標的未來平均 3 年期間之客觀淨收益，應用價格日期當時適當之收益資本化率推算勘估標的價格之方法【109 經】

（B）108 某商用不動產之自有資金要求報酬率 8%、向銀行融資之利率 4%，當自有資金的比重為 50%，以加權平均資金成本法估算之收益法折現率為何？ (A) 4% (B) 6% (C) 8% (D) 10%【109 經】

解析：收益法折現率＝（8%×50%＋4%×50%）
　　　　＝6%

（C）109 估價人員應用收益法估價時，若某建物經濟耐用年數 45 年、經歷年數 10 年、殘價率 10%，當採取等速折舊型時，建物價格日期當時價值未來每年折舊提存率為何？ (A) 2% (B) 2.25% (C) 2.5% (D) 3%【109 經】

解析：d＝[(1−s)/N] / {1−[(1−s)n/N]}
　　　　d＝[(1−10%)/45] / {1−[(1−10%)10/45]}
　　　　＝2.5%

（D）110 國內已有不動產證券化的個案，依據不動產估價技

術規則規定，以契約約定租金作為不動產證券化受益證券信託利益分配基礎者，何種價格應視不同價格所蒐集資料可信度及估價種類目的條件差異，考量價格形成因素之相近度情形賦予相對較大之權重？　(A)比較法之實例價格　(B)土地開發分析價格　(C)直接資本化法之收益價格　(D)折現現金流量分析法之收益價格【109 經】

(B) 111 100 坪之辦公室出租，每月每坪正常租金為 1,000 元，推估該辦公室合理空置率為 8%，每之地價稅、房屋稅、保險費、管理費及維修費為 120,000 元，貸款支出為 200,000 元。該辦公室每年之淨收益為多少？　(A) 1,080,000 元　(B) 984,000 元　(C) 880,000 元　(D) 784,000 元【110 經】

> **解析**：淨收益＝有效總收入－閒置及其他損失
> ＝1,000×12×（1－8%）×100－120,000
> ＝984,000（元）

(B) 112 依不動產估價技術規則規定，以不動產證券化為估價目的者，其折現現金流量分析法之總費用應依何種資料加以推算？　(A)市場相關資料　(B)信託計畫資料　(C)類似產品資料　(D)歷史費用資料【110 經】

(B) 113 某房地之淨收益 100 萬元／年，其中建物淨收益 60 萬元／年。假設土地、建物之收益資本化率分別為 2%、4%，請問土地收益價格為？　(A) 1,000 萬元　(B) 2,000 萬元　(C) 2,500 萬元　(D) 5,000 萬元【110 經】

> **解析**：土地收益價格＝（100－60）/2%＝2,000（萬元）

（C）114 依據不動產估價技術規則第 43 條規定，收益資本化率應考慮之因素不包括下列何者？ (A)貨幣變動之狀況 (B)銀行定期存款利率 (C)不動產投資之損益 (D)不動產價格變動趨勢【110 經】

第四節　考古題—申論題

一、不動產經紀人不動產估價概要試題及參考解答

一、何謂土地殘餘法（The land residual techniques）？並請列出其算式說明之。【88經】

答：
(一) 土地殘餘價法：是以房、地結合之不動產總淨收益扣除建物淨收益，得到基地淨收益，再以適當土地收益資本化率或折現率，推求得基地價格的方法。
而建物淨收益依下列計算式求取之。
1　已扣除折舊提存費者：
建物淨收益＝建物成本價格×建物收益資本化率
2　未扣除折舊提存費者：
建物折舊前淨收益＝建物成本價格×（建物收益資本化率＋建物價格日期當時價值未來每年折舊提存率）

(二) 土地殘餘價法計算式如下
土地收益價格＝（房地淨收益－建物淨收益）／土地收益資本化率或折現率

二、何謂淨收益？何謂收益資本化率？兩者與收益價格有何關係？（25分）【93經】

答：所謂淨收益、所謂收益資本化率及兩者與收益價格之關係如下：
(一) 淨收益：
在收益法評估中，以有效總收入減總費用即為淨收益

淨收益分為客觀淨收益及實際淨收益，一般不動產估價是採客觀淨收益，但法規定買賣不破租賃，所以在有些情況是採實際淨收益，如投資價值的評估。客觀淨收益應以勘估標的作最有效使用之客觀淨收益為基準，並參酌鄰近類似不動產在最有效使用情況下之收益推算之。以不動產證券化為估價目的，採折現現金流量分析估價時，各期淨收益應以勘估標的之契約租金計算為原則。但因情況特殊不宜採契約租金估價，並於估價報告書中敘明者，不在此限。前項契約租金未知者，應以市場經濟租金推估客觀淨收益。

(二) 收益資本化率：

是以不動產的淨收益，計算不動產價值所採用的比率。是報酬率之概念。報酬與風險是相對的，較高的報酬，一般要負擔較高的風險。以土地、建物、房地結合體之收益資本化率來比較，一般情況下，土地的毀損、滅失之風險相對於建物為低。所以土地之收益資本化率相對低於建物之收益資本化率。而房地結合體之收益資本化率則介於兩者之中。不動產估價技術規則規定以下列方法來求取 1 風險報酬法 2 市場萃取法 3 加權平均成本法 4 依債務保障比率 5 收益乘數法

(三) 淨收益、收益資本化率兩者與收益價格之關係如下

$$P = \frac{a}{r}$$

P：收益價格

r：收益資本化率

a：淨收益

就是不動產的收益價格，是由不動產之淨收益，以收益資本化率計算資本化而得

三、何謂收益法？並請說明運用收益法估價之程序。（25分）【94經】

答：收益法的意義及運用收益法估價之程序，分述如下：

(一) 收益法的意義

收益法是不動產估價三大基本方法之一，其法是將不動產未來每期的收益，以適當的收益資本化率或折現率折算為現在的價值之總合。收益法得採直接資本化法、折現現金流量分析等方法。依前項方法所求得之價格為收益價格。

1. 直接資本化法：

指勘估標的未來平均一年期間之客觀淨收益，應用價格日期當時適當之收益資本化率或折現率推算勘估標的價格之方法。

直接資本化法之計算公式如下：

p＝a／r

a：為未來平均一年期間之客觀淨收益

r：價格日期當時適當之收益資本化率或折現率

p：收益價格

2. 折現現金流量分析：

指勘估標的未來折現現金流量分析期間之各期淨收益及期末價值，以適當折現率折現後加總推算勘估標的價格之方法。前項折現現金流量分析，得適用於以投資為目的之不動產投資評估。

折現現金流量分析之計算公式如下：

$$P=\sum_{k=1}^{n'}CF_k/(1+Y)^k+P_{n'}/(1+Y)^{n'}$$

其中：

P ：收益價格

CF_k：各期淨收益

Y ：折現率

n' ：折現現金流量分析期間

k ：各年期

Pn'：期末價值

(二) 運用收益法估價之程序

1. 蒐集總收入、總費用及收益資本化率或折現率等資料。

   收益法估價應蒐集勘估標的及與其特性相同或相似之比較標的最近三年間總收入、總費用及收益資本化率或折現率等資料。前項蒐集最近三年間之資料有困難時，應於估價報告書中敘明。

2. 推算有效總收入。

   勘估標的之有效總收入計算方式如下：

   (1)分析並推算勘估標的之總收入。

   (2)推算閒置及其他原因所造成之收入損失。

   (3)第一款總收入扣除前款收入損失後之餘額為勘估標的之有效總收入。

3. 推算總費用。

   勘估標的總費用之推算，應根據相同或相似不動產所支出之費用資料或會計報表所載資料加以推算，其項目包括地價稅或地租、房屋稅、保險費、管理費及維修費等。

4. 計算淨收益。

   淨收益分為客觀淨收益及實際淨收益，一般不動產估價是採客觀淨收益，但法規定買賣不破租賃，所以在有些情況是採實際淨收益，如投資價值的評估。

5. 決定收益資本化率或折現率。
   依風險報酬法、市場萃取法加、權平均成本法、依債務保障比率、收益乘數法決定收益資本化率或折現率
6. 計算收益價格。
   依直接資本化法、折現現金流量分析計算收益價格

四、收益法中直接資本化法之公式為 P＝a/r，其中 P 為收益價格，a 為淨收益，r 為收益資本化率，但上述公式必須在收益期間為永續且未來每期淨收益為固定的假設條件下方能成立。試分別以估價公式說明在下列情況下，如何利用收益法進行估價？【96-1 經】
（一）每期淨收益成固定比例（假設為 g）成長，且收益期限為永續。（8 分）
（二）收益期間為一固定期間（N），但每期淨收益不固定，期末價值為 Pn。（8 分）
（三）收益期間為一固定期間（N），但每期淨收益為固定，期末價值為 Pn'。（9 分）

答：收益法中直接資本化法公式 P＝a／r 在不同情況之估價應用，分述如下：

(一) 每期淨收益成固定比例（假設為 g）成長，且收益期限為永續的情況下：
   若每期淨收益成固定比例（假設為 g）成長，且收益期限為永續時，收益法中直接資本化法之公式為 P＝a/r，則可依高登（Gordon）所發展的穩定成長模型轉變成：P＝a／(r-g)（假設未來第二年才開始成長）
   如果未來第一年就開始成長，則公式應為 P＝a（1＋

g）/（r-g）

(二) 收益期間為一固定期間（N），但每期淨收益不固定，期末價值為 Pn'

折現現金流量分析之計算公式如下：

$$P=\sum_{k=1}^{n'} CF_k/(1+Y)^k + P_{n'}/(1+Y)^{n'}$$

其中：

P ：收益價格

CF_k：各期淨收益

Y ：折現率

n' ：折現現金流量分析期間

k ：各年期

Pn' ：期末價值

(三) 收益期間為一固定期間 n'，但每期淨收益為固定，期末價值為 Pn'

依不動產估價技術規則第四十七條一定期間之收益價格，依下列計算式求

$$P=a\times\frac{1-\frac{1}{(1+r)^{n'}}}{r}+P_{n'}/(1+r)^{n'}$$

其中：

P ：收益價格

a ：平均一年期間折舊前淨收益

r ：收益資本化率

n' ：可收益之年數

Pn'：期末價值

五、依據不動產估價技術規則之規定，收益資本化率（或折現率）如何決定？（15 分）【96-2 經】【94 高】

答：依不動產估價技術規則，資本化率（capitalization rate）之求取之方法有以下五種

1. 風險溢酬法：收益資本化率或折現率應考慮銀行定期存款利率、政府公債利率、不動產投資之風險性、貨幣變動狀況及不動產價格之變動趨勢等因素，選擇最具一般性財貨之投資報酬率為基準，比較觀察該投資財貨與勘估標的個別特性之差異，並就流通性、風險性、增值性及管理上之難易程度等因素加以比較決定之。

2. 市場萃取法：選擇數個與勘估標的相同或相似之比較標的，以其淨收益除以價格後以所得之商數加以比較決定之。收益法公式 p＝a／r 所以移項後 r＝a／p 即在勘估標的同一供需圈選擇數個與勘估標的相同或相似之比較標的，以其淨收益 a 除以其價格 p，所得之商數 r 加以比較決定之

3. 加權平均資金成本法：依加權平均資金成本方式決定，其計算式如下：

   收益資本化率或折現率 $=\sum_{i=1}^{n} w_i k_i$

   其中：w_i：第 i 個資金來源占總資金成本比例，$\sum_{i=1}^{n} w_i = 1$

   k_i：為第 i 個資金來源之利率或要求報酬率。

4. 債務保障比率法：依債務保障比率方式決定，其計算式如下：

   收益資本化率或折現率＝債務保障比率×貸款常數×貸款資金占不動產價格比率

   債務保障比率＝淨收益／償債支出

貸款常數＝償債支出／貸款資金

　　　貸款資金占不動產價格比率＝貸款資金／不動產價格

5. 有效總收入乘數法：考量市場上類似不動產每年淨收益占每年有效總收入之合理淨收益率，及類似不動產合理價格除以每年有效總收入之有效總收入乘數，以下列公式計算之：

　　　收益資本化率或折現率＝淨收益率／有效總收入乘數

　　　淨收益率＝營運淨收益／有效毛收益

　　　有效總收入乘數＝投資價值／有效毛收益

　　　透過市場中符合收益資本化率定義，且較易取得之類似不動產的有效毛收益、淨收益率、營運淨收益等推估收益資本化率的方法除了以上五種方法外，收益資本化率或折現率之決定有採取其他方法計算之必要時，應於估價報告書敘明。

六、何謂折現現金流量分析？（10分）何謂重置成本（replace-ment cost）？在何情況下可以使用重置成本進行估價？（15分）【96-2 經】

答：

(一) 所謂現金流量分析，敘述如下：

1. 依不動產估價技術規則，折現現金流量分析，指勘估標的未來折現現金流量分析期間之各期淨收益及期末價值，以適當折現率折現後加總推算勘估標的價格之方法。

2. 折現現金流量分析之計算公式如下：

$$P=\sum_{k=1}^{n'}CF_k/(1+Y)^k+P_{n'}/(1+Y)^{n'}$$

其中：

P ：收益價格

CF_k：各期淨收益

Y ：折現率

n' ：折現現金流量分析期間

k ：各年期

$P_{n'}$：期末價值

(二) 所謂重置成本及在何種情況下可以使用重置成本進行估價，分述如下：

1. 所謂重置成本，依不動產估價技術規則定義，重置成本：指與勘估標的相同
用之建物，以現代建材標準、設計及配置，於價格日期建築所需之成本。

2. 在何種情況下可以使用重置成本進行估價
依不動產估價技術規則規定，建物估價以求取重建成本為原則。但建物使用之材料目前已無生產或施工方法已改變者，得採重置成本替代之。

七、何謂直接資本化法？何謂折現現金流量分析？試分別列出計算公式加以說明。【97-2 經】

答：

(一) 所謂直接資本化法：

指勘估標的未來平均一年期間之客觀淨收益，應用價格日期當時適當之收益資本化率或折現率推算勘估標的價格之方法。

$P = a/r$

P：收益價格

a：淨收益

r：收益資本化率

(二) 折現現金流量分意義析

指勘估標的未來折現現金流量分析期間之各期淨收益及期末價值，以適當折現率折現後加總推算勘估標的價格之方法。

$$P=\sum_{k=1}^{n'}CF_k/(1+Y)^k+P_{n'}/(1+Y)^{n'}$$

其中：

P ：收益價格

CF_k：各期淨收益

Y ：折現率

n' ：折現現金流量分析期間

k ：各年期

$P_{n'}$：期末價值

八、收益資本化率或折現率一般考慮的風險因素與選擇比較基準？及舉例說明加權平均成本法決定收益資本化率或折現率的計算過程與結果？【99經】

答：

(一) 收益資本化率或折現率一般考慮的風險因素與選擇比較基準

1. 收益資本化率或折現率選擇比較基準

收益資本化率或折現率一般考慮的風險因素由「無風險利率」與「風險溢酬」所組成，一般來說，收益資本化率或折現選擇比較基準有「銀行定期存款利率」、「政府公債」、「不動產投資之風險

性」、「貨幣變動狀況」及「不動產價格之變動趨勢」等因素。

2. 收益資本化率或折現率一般考慮的風險因素

就上述收益資本化率或折現率選擇比較基準，選擇「最具一般性財貨之投資報酬率」為基準，比較觀察該投資財貨與勘估標的個別特性之差異，並就風險因素如「流通性」、「風險性」、「增值性」及「管理上之難易程度」等因素加以比較決定之。

(二) 舉例說明加權平均成本法決定收益資本化率或折現率的計算過程與結果：

1. 加權平均資金成本方式決定，其計算式如下：

$$r=\sum_{i=1}^{n}w_ik_i$$

其中：

r ：收益資本化率或折現率

w_i：第 i 個資金來源占總資金成本比例。

k_i：為第 i 個資金來源之利率或要求報酬率。

2. 舉例如下：

例如：一個案子之資金結構，有兩個資金來源，第 1 個資金來源占總資金成本比例 70%，第 1 個資金來源之利率或要求報酬率 2%；第 2 個資金來源占總資金成本比例 30%，第 2 個資金來源之利率或要求報酬率 3%。

其加權平均成本法決定之收益資本化率為

$$r=\sum_{i=1}^{n}w_ik_i=70\%\times 2\%+30\%\times 3\%=2.3\%$$

九、以地租或房租為總收益,各應扣除那些費用,始能求得淨收益?大修繕費、抵押債務之利息及自有資金之利息應否自總收益中扣除?理由何在?【90 估高】【92 估高】

答:勘估標的總費用之推算,應根據相同或相似不動產所支出之費用資料或會計報表所載資料加以推算,其項目包括

(一) 地價稅或地租、房屋稅、保險費、管理費及維修費等。其為營運性不動產者,並應加計營運費用。以不動產證券化為估價目的者,其折現現金流量分析之總費用應依信託計畫資料加以推算。

(二) 重置提撥費(重大修繕費)之計算

勘估標的總費用之推算,應推估不動產構成項目中,於耐用年數內需重置部分之重置提撥費,並按該支出之有效使用年期及耗損比率分年攤提。例如:電梯之更換費用 300 萬元,不能在更換當年度全部計入費用,而是需依更換電梯之有效使用年期及耗損比率分年攤提費用,假設電梯有效使用年期 20 年,則每年提列 300 / 20 = 15(萬元),否則將造成,當以收益法對一棟房地產價值評估時,由於總費用一次提撥,使得更換新電梯的當年的房地產價值,反而低於更換新電梯前的房地產價值的矛盾現象。

(三) 勘估標的總費用之推算,除推算勘估標的之各項費用外,勘估標的包含建物者,應加計建物之折舊提存費,或於計算收益價格時,除考量建物收益資本化率或折現率外,應加計建物價格日期當時價值未來每年折舊提存率。建物價格日期當時價值未來每年折舊提存率,得依下列方式計算:

建物價格日期當時價值未來每年折舊提存率＝折舊率／（1－累積折舊率）。

前項折舊率，依成本法相關規定估計之。

十、試列舉計算直接資本化法之公式，並說明該公式成立之前提條件，請問建築物可否運用收益法，求取收益價格？理由為何？

答：直接資本化法之公式、成立之前提條件及建築物可否運用直接資本化法，求取收益價格？理由，分述如下：

(一) 直接資本化法之公式、成立之前提條件：

其成立之條件為假設收益每年相同、不動產具永續性，讓可收益之年數，趨近無限大

公式 p＝a／r

a：為未來平均一年期間之客觀淨收益

r：價格日期當時適當之收益資本化率或折現率

p：收益價格

(二) 建築物可否運用直接資本化法，求取收益價格之理由

建築物，亦可用運用直接資本化法求取收益價格。一般認為建築物會老舊毀損，無法適用以具永續性為前提之直接資本化法，但建築物可透過折舊提存的方式達到類似永續性，所以建築物亦可用運用直接資本化法求取收益價格。

十一、運用收益法估價時，有收益期限與無收益期限之不動產，在估價方法上有何差別？試舉估價公式說明？【85特】

答：運用收益法估價時，有收益期限與無收益期限之不動產，其在估價方法上之差別，分述如下：

(一) 有收益期限之估價方法

    1. Inwood 方式之計算方式

$$P = a \times \frac{1 - \frac{1}{(1+r)^{n'}}}{r} = a \times \frac{(1+r)^{n'} - 1}{r(1+r)^{n'}}$$

（複利年金現值率）

其中：

P：收益價格

a：平均一年期間折舊前淨收益

r：收益資本化率

n'：可收益之年數

    2. Hoskold 估價方式

$$P = a \times \frac{1}{r + \frac{i}{(1+i)^{n'} - 1}}$$

其中：

P：收益價格

a：平均一年期間折舊前淨收益

r：收益資本化率

n'：可收益之年數

i：資本回收額再投資報酬率

    3. 折現現金流量分析之計算方式

$$P = \sum_{k=1}^{n'} CF_k / (1+Y)^k + P_{n'} / (1+Y)^{n'}$$

其中：

P　：收益價格

CF_k：各期淨收益

Y　：折現率

n'　：折現現金流量分析期間

k：各年期

Pn'：期末價值

(二) 無收益期限之估價方法

無收益期限之估價方法，以直接資本化法計算

p＝a／r

其中：

a：為未來平均一年期間之客觀淨收益

r：價格日期當時適當之收益資本化率或折現率

p：收益價格

十二、Inwood方式和折現現金流量分析（DCF），經常被用以估計有收益期限之不動產市場價值，請列示各該計算公式，並闡述其間的差異。（25分）【91估高】

答：Inwood方式、折現現金流量分析（DCF）計算公式及兩者間的差異，分述如下：

(一) Inwood方式之計算公式

$$P = a \times \frac{1 - \frac{1}{(1+r)^{n'}}}{r} = a \times \frac{(1+r)^{n'} - 1}{r(1+r)^{n'}}$$ （複利年金現值率）

其中：

P：收益價格

a：平均一年期間折舊前淨收益

r：收益資本化率

n'：可收益之年數

(二) 折現現金流量分析之計算公式如下：

$$P = \sum_{k=1}^{n'} CF_k / (1+Y)^k + P_{n'} / (1+Y)^{n'}$$

其中：

P ：收益價格

CF_k：各期淨收益

Y ：折現率

n' ：折現現金流量分析期間

k ：各年期

$P_{n'}$：期末價值

(三) Inwood方式、折現現金流量分析（DCF）兩者間的差異

1. 在收益部分，Inwood 方式是以平均一年期間折舊前淨收益來計算，所以每年相同，而折現現金流量分析（DCF）是以各期淨收益，所以每年可能都不同。

2. 期末價值部分，Inwood 方式沒有考量，而折現現金流量分析（DCF）有考慮。

3. 資產之價值部分，Inwood 方式資產持有期間終了遞減至零。而折現現金流量分析（DCF）仍考量其現存價值。

第六章

其他相關估價應用

第一節 精華導讀

壹、租金估價

不動產之租金估計應考慮契約內容、租期長短、使用目的、稅費負擔、租金水準、變遷狀態、租約更新、變更條件及其他相關因素估計之。不動產租金估計，以估計勘估標的之實質租金為原則。前項所稱實質租金，指承租人每期支付予出租人之租金，加計押金或保證金、權利金及其他相關運用收益之總數。（支付租金：承租人依據租賃契約每期支付給出租人的租金。純租金：實質租金扣除管理費、維修費、稅金等費用，即總收益減總費用）

一、租金之種類

(一) 正常租金：指具有市場性之不動產，於有意願之租賃雙方，依專業知識、謹慎行動，不受任何脅迫，經適當市場行銷及正常租賃條件形成之合理租賃價值，並以貨幣金額表示者。

(二) 限定租金：指基於續訂租約或不動產合併為目的形成之租賃價值，並以貨幣金額表示者。

二、租金估價之方法

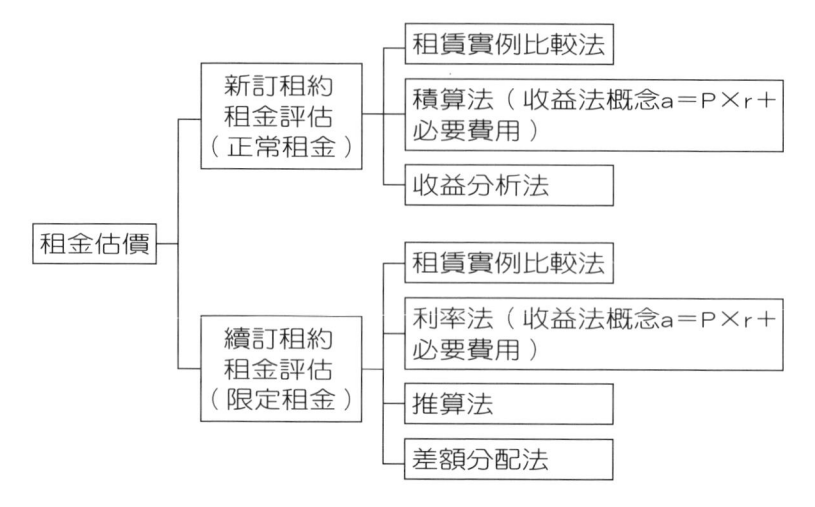

```
租金估價 ─┬─ 新訂租約租金評估（正常租金）─┬─ 租賃實例比較法
          │                                  ├─ 積算法（收益法概念 a＝P×r＋必要費用）
          │                                  └─ 收益分析法
          │
          └─ 續訂租約租金評估（限定租金）─┬─ 租賃實例比較法
                                           ├─ 利率法（收益法概念 a＝P×r＋必要費用）
                                           ├─ 推算法
                                           └─ 差額分配法
```

(一) 新訂租約之租金估計（估計正常租金）：

1. **租賃實例比較法**：以新訂租約之租賃實例為比較標的，運用比較法估計之。

   此法是蒐集適當的新訂租約租賃實例，然後就情況、價格日期、區域因素、個別因素進行比較調整，以求得勘估標的之租金的方法。其程序為：

   (1) 蒐集並查證新訂租約租賃比較實例相關資料。
   (2) 選擇與勘估標的條件相同或相似之新訂租約租賃比較實例。
   (3) 對比較標的價格進行情況調整及價格日期調整。
   (4) 比較、分析勘估標的及租賃比較實例間之區域因素及個別因素之差異，並求取其調整率或調整額。
   (5) 計算新訂租約租賃比較實例之試算租金。
   (6) 決定勘估標的之新訂租約比較租金。

2. 積算法：

以勘估標的價格乘以租金收益率，以估計淨收益，再加計必要費用。為新訂租金收益法。此法是收益法的方式，求取租金的方法。

計算方式：積算租金＝勘估標的價格×租金收益率＋必要費用。

其估計要領如下：

(1) 勘估標的價格：此價格要以收益法外之比較法或成本法求取。因為收益法是以租金為計算基礎。

(2) 租金收益率：其求取的方法，可採用收益法之收益資本化率之方法。

(3) 必要費用：維持租賃之必要費用，包含，地價稅、房屋稅、保險費、營運費用、修繕費用、折舊費、重置提撥費及欠租、其他租金損失等。

(4) 計算積算租金＝勘估標的價格×租金收益率＋必要費用

3. 收益分析法：分析企業經營之總收入，據以估計勘估標的在一定期間內之淨收益，再加計必要費用。此法是以收益法的方式，求取租金的方法。此法較適合用於供企業用之不動產。一般居住性的不動產較不適用。

計算方式：收益租金＝淨收益＋必要費用

其估計要領如下：

(1) 分析企業經營之總收入

(2) 估計總費用：維持租賃之必要費用，包含，地價稅、房屋稅、保險費、營運費用、修繕費用、折舊費、重置提撥費及欠租、其他租金損失等。

(3) 計算淨收益：以總收入扣除總費用。

(4)依收益租金＝淨收益＋必要費用計算。
(二) 續訂租約之租金估計（估計限定租金）：
1. **租賃實例比較法**：以續訂租約之租賃實例為比較標的，運用比較法估計之。

   此法是蒐集適當的續訂租約租賃實例，然後就情況、價格日期、區域因素、個別因素進行比較調此法是蒐集適當的續訂租約租賃實例，然後就情況、價格日期、區域因素、個別因素進行比較調整，以求得勘估標的之租金的方法。其程序為：

   (1)蒐集並查證續訂租約租賃比較實例相關資料。

   (2)選擇與勘估標的之條件相同或相似之續訂租約租賃比較實例。

   (3)對比較標的價格進行情況調整及價格日期調整。

   (4)比較、分析勘估標的及租賃比較實例間之區域因素及個別因素之差異，並求取其調整率或調整額。

   (5)計算續訂租約租賃比較實例之試算租金。

   (6)決定勘估標的之續訂租約比較租金。

2. **推算法**：以勘估標的之原契約租金之淨收益，就其租金變動趨勢調整後，再加計必要費用。

   此法是將現行的租金分成淨收益及必要費用兩部分，就這兩部分變動情形，分別調整後合計之，以求得續訂租約租金的方法。

   計算方式：續訂租約租金＝淨收益×變動率＋必要費用×變動率。

   其估計要領如下：

   (1)將現行的租金分成淨收益及必要費用兩部分

   (2)推估淨收益變動率

(3)推估必要費用變動率

(4)續訂租約租金＝淨收益×變動率＋必要費用×變動率

3. **利率法**：以勘估標的於價格日期當時之正常價格為基礎，乘以續租之租金收益率，以估計淨收益，再加計必要費用。此法是以收益法的方式，求取租金的方法

    計算方式：續訂租約租金＝勘估標的價格×續租之租金收益率＋必要費用

    其估計要領如下：

    (1)評估勘估標的價格：此價格要以收益法外之比較法或成本法求取。因為收益法是以租金為計算基礎。

    (2)推求續租之租金收益率：以同一供需圈內與勘估標的相同或類似實例之續租之租金收益率推求之。

    (3)必要費用：維持租賃之必要費用，包含，地價稅、房屋稅、保險費、營運費用、修繕費用、折舊費、重置提撥費及欠租、其他租金損失等。

    (4)依續訂租約租金＝勘估標的價格×續租之租金收益率＋必要費用計算

4. **差額分配法**：分析勘估標的原契約租金與市場經濟租金之差額中，應歸屬於出租人之適當部分，加計契約租金。

    計算方式：續訂租約租金＝原契約租金＋租金之差額中應歸屬於出租人之適當部分

    其估計要領如下：

    (1)求取市場經濟租金

(2)求原契約租金與市場經濟租金之差額
(3)租金之差額中應歸屬於出租人之適當部分，考量契約內容、期間、情況變動、承租人支付能力、當地習慣等決定。
(4)續訂租約租金＝原契約租金＋租金之差額中應歸屬於出租人之適當部分

貳、房地估價

★房地估價方法

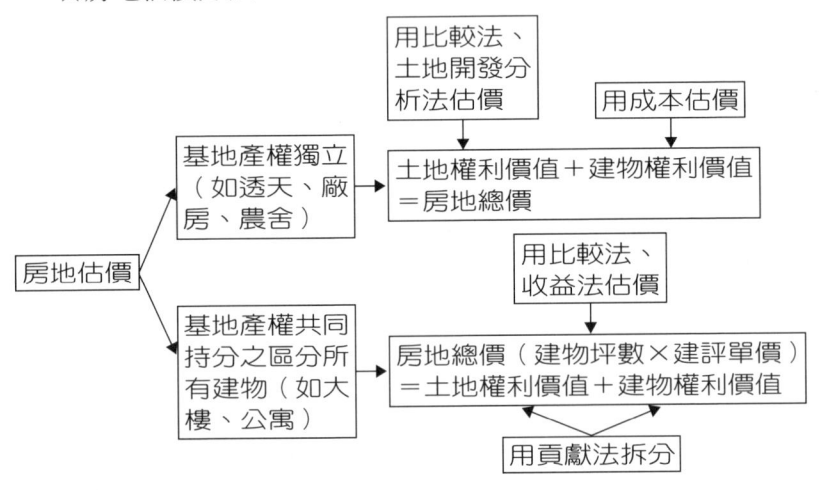

```
                          ┌─用比較法、
                          │ 土地開發分
                          │ 析法估價          ┌─用成本估價
                          ▼                  ▼
         ┌─基地產權獨立─→ 土地權利價值＋建物權利價值
         │ （如透天、廠              ＝房地總價
         │ 房、農舍）
房地估價─┤                       ┌─用比較法、
         │                       │ 收益法估價
         │                       ▼
         └─基地產權共同─→ 房地總價（建物坪數×建評單價）
           持分之區分所      ＝土地權利價值＋建物權利價值
           有建物（如大              ▲
           樓、公寓）                │
                                  用貢獻法拆分
```

　　在不動產估價實務中，對土地、建築物、土地與建築物結合體的估價的情況佔了大部分，而房地估價，係指對建物與其所座落土地結合體的估價，房地的估價方法，依土地與建物的結合情況、估價的目的、估價的條件分別採用不同的估價方法。對一般透天、廠房等基地持分全部的不動產，通常是先以比較法、土地開發分析法評估土地價格，再以成本法評估建築物價格，合計為房地結合之價格。但對區分所有建物之估價，如一般的公寓、大樓等不動產估價，應就專有部分、共用部分

之比例及基地權利合併估價,通常是以比較法、收益法進行評估,然後再視需要拆分為土地和建物權利價值。

　　土地和建物權利價值拆分法,有以下三種理論,三種理論說法最主要的差別在於,房、地結合而成的不動產,該不動產所投入土地成本、土地正常利潤、建物成本、建物正常利潤合計的總成本和該不動產房、地總價間,由於土地和建物結合效益的發揮、市場景氣情況等因素,一般情形下,會存在有超額利潤,對此超額利潤,應歸屬於土地,或是歸屬建物,或是依價值比例分配於土地和建物的見解不同,而有以下三種學說

1. **土地貢獻說**:土地貢獻說認為,有土地才能有建物,而且建物會逐漸折舊,所以在拆分土地和建物價格時,超額利潤應全部歸屬在土地。

2. **建物貢獻說**:建物貢獻說認為,光有土地沒有興建建物,效能也無從發揮,所以在拆分土地和建物價格時,超額利潤應全部歸屬在建物。

3. **聯合貢獻說**:聯合貢獻說認為,不動產的價值,由土地與建物共同創造,所以在拆分土地和建物價格時,超額利潤應按土地和建物價值比例共同分享。

　　例如:$P_T = P_L + P_{LC} + P_B + P_{BC} + S$

　　　　P_T :房、地總價

　　　　P_L :土地成本

　　　　P_{LC}:土地正常利潤

　　　　P_B :建物成本

　　　　P_{BC}:建物正常利潤

　　　　S:超額利潤

1. 土地貢獻說:

　土地價值:$P_L + P_{LC} + S$

　建物價值:$P_B + P_{BC}$

2. 建物貢獻說：
   土地價值：P_L+P_{LC}
   建物價值：$P_B+P_{BC}+S$
3. 聯合貢獻說：
   土地價值：$P_L+P_{LC}+S \times \dfrac{P_L+P_{LC}}{(P_L+P_{LC}+P_B+P_{BC})}$

   建物價值：$P_B+P_{BC}+S \times \dfrac{P_B+P_{BC}}{(P_L+P_{LC}+P_B+P_{BC})}$

現行不動產估價技術規則，依不同情況採土地貢獻說及聯合貢獻說，建物貢獻說實務上少被採用。如不動產估價技術規則第九十九條　第一項以勘估標的之房地價格推估其基地單價時，得以下列方式估計之：

(1)勘估標的之基地價格＝勘估標的之房地價格－勘估標的之建物成本價格。

(2)勘估標的之基地單價＝勘估標的之基地價格／勘估標的之基地面積。

以上由勘估標的之房地價格抽出勘估標的之建物成本價格，以求得勘估標的之基地價格的方法稱為抽取法。所採用就是土地貢獻說。

現行不動產估價技術規則第九十九條　第二項勘估標的之土地價值比率及建物價值比率已知者，以勘估標的之房地價格推估其基地單價時，亦得以下列方式估計之：

(1)勘估標的之基地價格＝勘估標的之房地價格×土地價值比率。

(2)勘估標的之基地單價＝勘估標的之基地價格／勘估標的之基地面積。

前項所稱土地價值比率及建物價值比率，應參酌當地

市場調查資料，運用估價方法計算之。

以上由土地和建物價值比例分配超額利潤的方法稱分配法。所採用就是聯合貢獻說。

參、高樓房地估價

公寓、大樓高樓房地產，由於可及性、寧適性、避難、視野景觀、風俗、價值觀等因素之不同，各樓層之單價會有差異，在台灣一般是以四樓之單價最低，向上及向下樓層單價隨之上升。

(一) 而樓層價差的來源，依見解不同，也可以上述土地貢獻說、建物貢獻說、聯合貢獻說來說明：

1. **土地貢獻說**：土地貢獻說認為，各層樓建物的造價差異不大，樓層的價差最主要來自土地立體區位不同。就是將土地效用立體化，不同高度效用有所不同的看法。

2. **建物貢獻說**：建物貢獻說認為，沒有興建建物，效能也無從發揮，所以樓層的價差來自建物而非土地。

3. **聯合貢獻說**：聯合貢獻說認為，不動產的價值，由土地與建物共同創造，所以樓層的價差，也由土地與建物共同造成。

三種貢獻說拆分土地、建物權利價值之異同

類　　別	土地貢獻說	建物貢獻說	聯合貢獻說
各層樓土地權利價值	不同	相同	不同
各層樓建物權利價值	相同	不同	不同

(二) 樓層價差計算方式：有樓層別效用比與地價分配率兩種方式

1. **樓層別效用比**：顧名思義是一棟建築物各樓層效用的比例。具體的表示法是將土地、建物結合之不動產各樓層之價格或租金價差，以百分比來表示。此種方式，考量到土地、建物結合之整體之不動產，屬於上述的聯合貢獻說。

2. **地價分配率**：是以樓層別效用比扣掉建物效用比，是為地價分配率。建物效用比係以整棟建物價格（不含土地）佔整棟房、地總價之比率乘以平均樓樓層效用比。此種，僅以土地立體效用來表示各樓層價差的方式，因只考慮土地之立體效用，屬上述之土地貢獻說。

建物效用比＝整棟建物價格佔整棟房、地總價之比率×平均樓樓層效用比

例如：一7層樓華廈，假設整棟建物價格占整棟房、地總價之比率為50%

(1)以第4層樓之建坪價10萬／坪，當作基準100%，其他各樓層別效用比，就以其建坪單價除以10，再乘100% 如下表。

(2)建物效用比＝50%×112.14%＝56.07%

則第1層樓之地價分配率＝130%－56.07%＝73.93%

同理得出各層樓之地價分配率。

樓層	各樓層單價	樓層別效用比	建物效用比	地價分配率（樓層別效用—建物效用比）
1F	13 萬	130%	56.07%	73.93%
2F	12 萬	120%	56.07%	63.93%
3F	10.5 萬	105%	56.07%	48.93%
4F	10 萬	100%	56.07%	43.93%
5F	10.5 萬	105%	56.07%	48.93%
6F	11 萬	110%	56.07%	53.93%
7F	11.5 萬	115%	56.07%	58.93%
平均	11.21 萬	112.14%		

肆、宗地之估價：

以合併或分割為前提之宗地估價，應考慮合併或分割前後之價格變動情形，而予酌量增減。數筆土地合併為一宗進行土地利用之估價，應以合併後土地估價，並以合併前各筆土地價值比例分算其土地價格。非以合併一宗進行土地利用為目的之數筆相連土地，其屬同一土地所有權人所有者，比照前項規定計算。其價值比例分算依情況不同，有以面積比、單價比、總價比、貢獻比等方式，也有數種方式合併使用。

伍、地上權、區分地上權、租賃權之估價：

依民法之定義，地上權指以在他人土地上有建築物，或其他工作物，或竹木為目的而使用其土地之權。而區分地上權則指在他人的土地上或下某部分空間，所設定的地上權。如公寓、大樓、高壓電線、地下鐵路、管路、捷運等。依不動產估價技術規則第 116 條地上權估價，應考慮其用途、權利存續期間、支付地租之有無、權利讓與之限制及地上權設定之空間位

置等因素估計之。其估價方法為比較法及收益法，另考量區分地上權之立體空間位置設定之特性，另以立體利用阻礙率法及樓層別效用比進評估

一、地上權、區分地上權之估價方法

(一) 比較法

1. 買賣實例比較法：

蒐集同一供需圈之地上權或區分地上權買賣實案，進行情況調整、價格日期調整、區域因素調整、個別因素調整，以求得勘估標的地上權或區分地上權價格的方法。

2. 價格比率法：

地上權或區分地上權價格＝未設定地上權或區分地上權價格之素地正常價格×地上權或區分地上權價格佔素地正常價格比率。未設定地上權或區分地上權價格之素地正常價格依一般的估價方法估計。而地上權或區分地上權價格佔素地正常價格比率之求取，係蒐集地上權或區分地上權設定實例，依比較法進行調整後決定之。再依上式求得地上權或區分地上權價格。

3. 設定實例比較法：

如地上權或區分地上權設定實例很少，僅針對單一地上權或區分地上權設定實例，就該實例與勘估標的在設定契約內容、宗地條件等因素之差異，以比較法之情況、價格日期、區域因素、個別因素進行比較、調整，以求得勘估標的地上權或區分地上權價格佔素地正常價格比率，再以比率乘上未設定地上權或區分地上權價格之素地正常價格，得到地上權或區分地上權價格。

(二) 收益法：

以收益法來求地上權或區分地上權價格之方法，稱為差額租金還原法，是以勘估標的每年之淨收益，扣除地上權之每年租金後之收益，以收益資本化率還原為地上權或區分地上權價格的方法

(三) 立體利用阻礙率法

立體利用阻礙率法（補償基準法）：

地上權或區分地上權價格＝未設定地上權或區分地上權價格之素地正常價格×土地平面阻礙率×土地立體阻礙率

土地平面阻礙率：該區分地上權對該土地水平效能的影響比率。

土地立體阻礙率：該區分地上權對該土地立體效能的影響比率。

土地立體阻礙率＝$aV_1+bV_2+cV_3+dV_4$

V_3 土地地面上可建築部分以上之利用價值比例
c 阻礙土地地面上可建築部分以上之利用價值比例

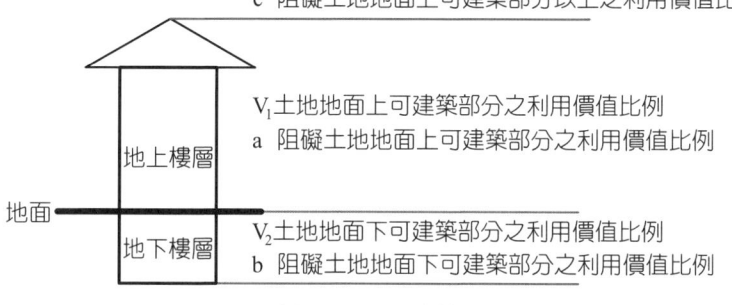

V_1 土地地面上可建築部分之利用價值比例
a 阻礙土地地面上可建築部分之利用價值比例

地面 ── 地上樓層

地下樓層　V_2 土地地面下可建築部分之利用價值比例
b 阻礙土地地面下可建築部分之利用價值比例

V_4 土地地面下可建築部分以下之利用價值比例
d 阻礙土地地面下可建築部分以下之利用價值比例

(四) 樓層別效用比率法：

運用樓層別效用比率法求取區分地上權之價格，首先是以比較法、土地開發分析法等一般的估價方法求出

素地正常價格，然後再推求地上權佔素地正常價格的比率。將上述兩者相乘得地上權價格，其次再以高樓估價方式，計算出勘估標的的樓層別效用比，再將地上權價格乘樓層別效用比得區分地上權之價格。簡言之，運用樓層別效用比率法求取區分地上權之價格，就是先求地上權價格，再計算區分地上權所佔的比例之價格。其步驟如下：

(1)地上權價格＝素地正常價格×地上權價格／素地正常價格

(2)區分地上權價格＝地上權價格×樓層別效用比率

二、租賃權之估價：

依不動產估價技術規則第122條 規定租賃權估價，應考慮契約內容、用途、租期、租金支付方式、使用目的及使用情形等因素估計之。租賃權估價時機為承租人將不動產轉租於他人時、承租人轉讓其租賃權時、出租人收回不動產給予承租人之補償、課稅需要、照價收買之補償時。其估價方法同上述地上權之估價方法。

陸、都市更新權利變換之估價

依不動產估價技術規則第125條權利變換前為區分所有建物者，得以全棟建物之土地價值比率及建物價值比率，分算各區分所有建物房地總價之土地權利價值及建物權利價值，公式如下：

(一) 各區分所有建物之土地權利價值＝各區分所有建物房地總價×土地價值比率

(二) 各區分所有建物之建物權利價值＝各區分所有建物房地總價×建物價值比率

前項土地價值比率及建物價值比率之計算公式如下：

土地價值比＝

$$\frac{素地單價基 \times 地總面積}{素地單價 \times 基地總面積+[營造或施工費單價 \times (1-累積折舊率) \times 全棟建物面積]}$$

建物價值比率＝

$$\frac{營造或施工費單價 \times (1-累積折舊率) \times 全棟建物面積}{素地單價 \times 基地總面積+[營造或施工費單價 \times (1-累積折舊率) \times 全棟建物面積]}$$

柒、土地改良物估價

土地改良物分為建築改良物及農作改良物。附著於土地之建築物或工事為建築改良物。附著於土地之農作物及其他植物與水利土壤之改良，為農作改良物。建物之估價以成本法為原則，其附屬設施得一併估計之。附著於土地之工事及水利土壤之改良，以成本法估價為原則。但得勘酌比較法及收益法估價之結果。決定其估價額。農作改良物之估價方式如下：

(一) 農作改良物幼小且距孳息成熟期尚長者，依其種植及培育費用，並視作物生長情況估計之。

(二) 農作改良物接近孳息成熟期者，應估計其收穫量及市場價格，必要時得扣減價格日期至作物孳息成熟期間收成所應投入之費用。

(三) 農作改良物距成熟期一年以上，且有期待收穫價值者，得以產地價格為基礎，推估未來收穫價格後，折算為價格日期之價格。但應扣除價格日期至作物孳息成熟期間收成所應投入之費用。

捌、大量土地之估價

大量土地之估價為數量大、要求快速、但不需要太精確之土地估價方法。如台灣約有1400萬多筆土地每年公告現值之

評估。其作法是只評估出區段地價、路線價,然後再依價格影響因素推求出各宗土地價格,沒有直接對各宗土地進行評估。

一、區段價法：

地政機關地價查估所採用的方法,以地價調查估計規則為作業準則。區段地價法優點是簡便,但無法充分考量土地個別因素。

地價調查估計之辦理程序如下：

1. 蒐集、製作或修正有關之基本圖籍及資料。
2. 調查買賣或收益實例、繪製地價區段草圖及調查有關影響區段地價之因素。
3. 估計實例土地正常單價。
4. 劃分或修正地價區段,並繪製地價區段圖。
5. 估計區段地價。
6. 計算宗地單位地價。

二、路線價估價法：

對面臨特定街道而可及性相同的市街土地,設定標深度（台灣以 18 公尺為標深度）,並求取其代表性單價,此單價為路線價。以此路線價配合深度指數、其他修正,以計算同一街道各宗土地地價。

宗地地價＝路線價×深度指數×面積±修正額

(一) 深度指數：是指由於土地之臨街深度不同導致價格有所差別,將此種差別程度製成比率,深度指數。深度指數的種類有以下 3 種

1. 單獨深度百分比率：將標準深度內土地分成與道路平行的幾塊土地,並定出各塊土地之價格百分比。
2. 累計深度百分比率：累計上述單獨深度百分比率而得,其比率隨深度的加大,而遞增。

計算宗地地價＝路線價×累計深度百分比率×宗地

寬度

3. 平均深度百分比率：平均上述單獨深度百分比率而得，其比率隨深度的加大，而遞減。

計算宗地地價＝路線價×平均深度百分比率×宗地寬度×宗地深度

深度 （英尺）	單獨深度 百分比率	累計深度百分比率	平均深度百分比率
25	40%	40%	40%
50	30%	70%=40%+30%	35%=(40%+30%)/2
75	20%	90%=40%+30%+20%	30%=(40%+30%+20%)/3
100	10%	100%=40%+30%+20%+10%	25%=(40%+30%+20%+10%)/4
125	9%	109%	
150	8%	117%	
175	7%	124%	
200	6%	130%	

(二) 四三二一與九八七六法則：

將標準深度100呎深之臨街地與街道平行區分四等分，由臨街內向外側算，第一個25呎價值佔路線價之40%。第二個25呎價值佔路線價之30%。第三個25呎價值佔路線價之20%。第四個25呎價值佔路線價之10%。超過100呎深度部分，則以九八七六法則定價。超過超過100呎的第一個25呎價值佔路線價之9%。第二個25呎價值佔路線價之8% 第三個25呎價值佔路線價之7% 第四個25呎價值佔路線價之6%

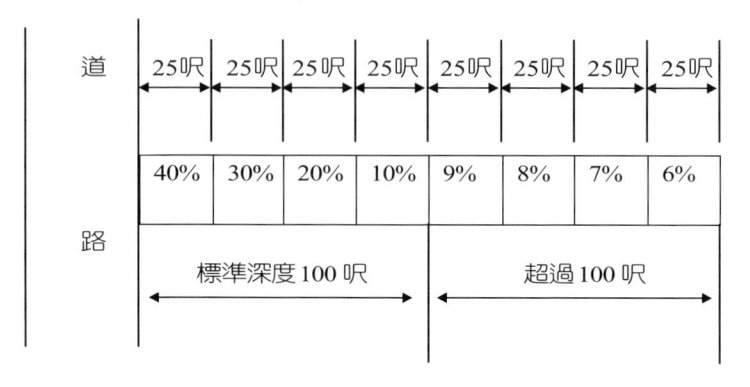

道	25呎	25呎	25呎	25呎	25呎	25呎	25呎	25呎
	40%	30%	20%	10%	9%	8%	7%	6%
路	標準深度100呎				超過100呎			

三、地價基準地估價：

在地價區段內選定具代表性基準地，以不動產估價技術規則較精準的方法評估出基準地地價後，以此基準地地價，代表區段地價，再推求出各宗地地價。

第二節 本章相關不動產估價技術規則條文說明

修正條文	原條文	說明
第一節　通則		
	第八十三條　以合併或分割為前提之宗地估價,應考慮合併或分割前後之價格變動情形,而予酌量增減。	
	第八十四條　數筆土地合併為一宗進行土地利用之估價,應以合併後土地估價,並以合併前各筆土地價值比例分算其土地價格。 　　非以合併一宗進行土地利用為目的之數筆相連土地,其屬同一土地所有權人所有者,比照前項規定計算。	數筆土地無合併為一宗進行土地利用目的,但其屬同一土地所有權人所有且土地相連者,亦應以合併後土地估價,並以合併前各筆土地價值比例分算其土地價格,爰列第二項。
	第八十五條　一宗土地內有數種不同法定用途時,應考量其最有效使用及各種用途之相關性及分割之難易度後,決定分別估價或依主要用途估價。	
第八十六條　附有建物之宗地估價,應考慮該建物對該宗地價格造成之影響。	第八十六條　附有建物之宗地估價,應考慮該建物對該宗地價格造成之影響。	考量附有建物之宗地估價,或有採忽略地上建物之影響而估計素地價格者,即「獨立估價」之概

修正條文	原條文	說明
但以素地估價為前提並於估價報告書敘明者,不在此限。		念,爰增訂但書之規定,以符實務作業需求。
第八十七條 對以進行開發為前提之宗地,得採土地開發分析法進行估價,並參酌比較法或收益法之評估結果決定其估價額。	第八十七條 對即將進行開發之宗地,可採土地開發分析進行估價,並參酌比較法之評估結果決定其估價額。	一、不動產估價應視其估價目的、價格種類及估價條件等個案狀況,依本規則第十四條規定兼採兩種以上適當之估價方法為之;因土地開發分析法係適用於以進行開發為估價條件者,爰予以明定,並修正「即將進行開發」為「以進行開發為前提」,文意較為明確。 二、酌作文字修正,修正理由同第七十條。 三、實務上雖以「比較法」為常用之估價方式,惟如有收益實例,自得以「收益法」為之,爰新增「收益法」,以避免誤解並符特殊標的估價實務之所需。
	第八十八條 土地之上下因有其他設施通過,致使用受限制之宗地,應先估算其正常價格,再考量該設施通過造成土地利用之影響,並計算其地價減損額後,從正常價格中扣除	

修正條文	原條文	說明
	之,以其餘額為該宗地之價格。	
	第八十九條 受有土壤或地下水污染之土地,應先估算其未受污染之正常價格,再依據委託人提供之土壤污染檢測資料,考量該土壤或地下水污染之影響,並計算其地價減損額後,從正常價格中扣除之,以其餘額為該宗地之價格。	一、按美國民間非營利性組織「評估基金會(Appraisal Foundation)」之「專業估價操作通用標準(Uniform Standards of Professional Appraisal Practice, USPAP)」,其 AO (Advisory Opinion) -9: "The Appraisal of Real Property That May Be Impacted by Environ-mental Contamination" 明定已遭受或疑似遭受污染之不動產,考量環境污染衝擊所造成之影響進行評估之準則。美國交通部聯邦公路總署(Federal Highway Administration; FHWA) 訂定之「估價指南(The Appraisal Guide)」亦建議參考 USPAP-AO9 進行評估。 二、日本配合「土壤污染對策法」之推動,國土交通省「不動產鑑定評價基準」,已將用地土壤污染等地下

修正條文	原條文	說明
		環境狀況（土壤及土層之狀態、土壤污染之有無及狀態），納入物件調查應具體記載之價格形成因素之一。國土交通省「不動產鑑定評價基準運用上之留意事項」亦針對土壤污染有無與狀態之考量留意重點及時機加以敘述。
		三、按土壤及地下水污染整治法第八條及第九條，分別規範「中央主管機關指定公告之事業所使用之土地移轉時，讓與人應提供土壤污染檢測資料。」及「中央主管機關指定公告之事業於設立、停業或歇業前，應檢具用地之土壤污染檢測資料，報請所在地主管機關備查後，始得向目的事業主管機關申辦有關事宜。」，不動產估價師受託土地如屬該類土地，即需留意土壤及地下水污染對土地價值之影響。
	第二節　特殊宗地估價	
	第九十條　溫泉地之估價，應考慮溫泉地之水權內容、開發成本、水量、水	

修正條文	原條文	說明
	質、水溫、當地之交通情形、相關設施及遊客人數等影響溫泉地價格之因素。	
	第九十一條 高爾夫球場之估價,應考慮會員制度、球場設施、開發成本、收益及營運費用等因素。	
	第九十二條 林地之估價,得視林木之成長情形而分別採取比較法、收益法及成本法估計之。於採成本法估價時,其總費用之計算,應考量造林費、林地改良費及道路開挖費用。	
	第九十三條 農場或牧場之估價,以比較法估價為原則。無買賣實例者,得以附近土地價格為基礎,考慮其位置、形狀、地形、土壤特性及利用狀況等差異,比較推估之。	
	第九十四條 鹽田之估價,以比較法估價為原則。無買賣實例者,得以附近土地價格為基礎,考慮其日照、通風、位置及形狀等差異,比較推估之。	
第九十五條 池沼、墓地之估價,以比較法估價為原則。無買賣實例者,得以附近土地價格為基礎,考慮位置、形狀、利用狀況等差異,比較推估之。	第九十五條 池沼之估價,以比較法估價為原則。無買賣實例者,得以附近土地價格為基礎,考慮位置、形狀、利用狀況等差異,比較推估之。	墓地估價與池沼估價同屬特殊宗地估價,且估價原則相同,爰因應實際情況修正估價原則及應考量事項並納入本條一併規範。

修正條文	原條文	說明
第九十六條（刪除）	第九十六條 墓地之估價，以比較法估價為原則。無買賣實例者，得參酌政府機關徵收補償標準訂定之補償額估計之。	本條併入第九十五條規範，爰予刪除。
	第九十七條 公共設施用地及公共設施保留地之估價，以比較法估價為原則。無買賣實例者，得比較其與毗鄰土地使用分區及使用強度差異，及土地價值減損情況，並斟酌毗鄰土地平均價格為基礎推算之。	
	第五章 房地估價	
	第九十八條 區分所有建物之估價，應就專有部分、共用部分之比例及基地權利合併估價，並考量其與比較標的之樓層別效用比及位置差異作適當之調整。 前項樓層別效用比，由全聯會按不同地區所蒐集之案例公告，供前項調整之參考，並依市場行情及地方習慣推估之。	一、即使位於同一個近鄰地區，不同建物個案之樓層別效用比亦有不同，實務上難以由不動產估價師公會全國聯合會按不同地區公告一定標準。爰修正為第二項為全聯會就不同地區區分所有建物案例之樓層別效用比公告之，供第一項調整之參考，調整時並依市場行情及地方習慣推估之。
	第九十九條 以勘估標的之房地價格推估其基地單價時，得以下列方式估計之：	現行條文第九十二條係針對以某一層樓之房地價格推估該區分所有建物基地權利單價而言，惟若非屬

修正條文	原條文	說明
	一、勘估標的之基地價格＝勘估標的之房地價格－勘估標的之建物成本價格。 二、勘估標的之基地單價＝勘估標的之基地價格／勘估標的之基地面積。 　　勘估標的之土地價值比率及建物價值比率已知者，以勘估標的之房地價格推估其基地單價時，亦得以下列方式估計之： 一、勘估標的之基地價格＝勘估標的之房地價格×土地價值比率 二、勘估標的之基地單價＝勘估標的之基地價格／勘估標的之基地面積。 　　前項所稱土地價值比率及建物價值比率，應參酌當地市場調查資料，運用估價方法計算之。	區分所有建物，有關以勘估標的之房地價格推估其土地單價尚未規定，爰本條規範一般勘估標的，至區分所有建物則移列至第一百條規定。 本條之觀點為部分學者專家所稱之土地貢獻說應用；惟因應目前實務上亦有聯合貢獻說之應用者，爰規定第二項，至土地價值比率及建物價值比率，應參酌當地市場調查資料，運用估價方法計算之。
	第一百條　前條勘估標的屬區分所有建物時，以其房地價格推估該區分所有建物基地單價時，得以下列方式估計之： 一、該區分所有建物基地權利價格＝該區分所有建物房地價格－該區分所有建物之建物成本價格。	一、第一項文字修正，規定區分所有建物除對房地分離估價外，尚須考量各樓層房價之不同，基地單價須以地價分配率調整之。 二、第二項地價分配率之求取，配合將某層樓修正為該區分所有物。

第六章　其他相關估價應用

371

修正條文	原條文	說明
	二、該區分所有建物之基地權利單價＝該區分所有建物基地權利價格／該區分所有建物之基地持分面積。 三、基地單價＝該區分所有建物之基地權利單價×平均地價分配率／該區分所有建物之地價分配率。 　　前項第三款該區分所有建物之地價分配率公式如下： 　　該區分所有建物之地價分配率＝該區分所有建物之樓層別效用比－平均樓層別效用比 × 全棟建物成本價格占全棟房地總價格比率。	
	第一百零一條　勘估標的之土地價值比率及建物價值比率已知者，前條以房地價格推估該區分所有建物基地單價，亦得以下列方式估計之： 一、該區分所有建物基地權利價格＝該區分所有建物房地價格 × 土地價值比率 二、該區分所有建物之基地權利單價＝該區分所有建物基地權利價格／該區分所有建物之基地持分面積。	一、前條之觀點為一般學術所稱之土地貢獻說應用；惟因應目前實務上亦有聯合貢獻說之應用者，爰規定本條。如土地價值比率及建物價值比率已知者，房地分離無須以前條方式為之，而係採部分學者專家所稱之聯合貢獻說，須考量各樓層房價之不同下，基地單價須以樓層別效用比調整之。至土地價值比率及建

修正條文	原條文	說明
	三、該區分所有建物之基地單價＝該區分所有建物之基地權利單價×平均樓層別效用比／該區分所有建物之樓層別效用比 前項所稱土地價值比率及建物價值比率，應參酌當地市場調查資料，運用估價方法計算之。	物價值比率，應參酌當地市場調查資料，運用估價方法計算之。
第一百零一條之一　勘估標的之土地價值比率及建物價值比率已知者，以勘估標的之房地價格推估其建物價格時，得以房地價格乘以建物價值比率計算之。		一、本條新增。 二、配合第九十九條至第一百零一條僅規範以房地價值推估其基地價值之計算方式，爰新增以房地價值推估建物價值之計算方式。
	第一百零二條　實際建築使用之容積率超過法定容積率之房地估價，應以實際建築使用合法部分之現況估價，並敘明法定容積對估值之影響。	對於實際建築使用之容積率超過法定容積率之房地估價，因應實務上之需要，規定應以實際建築使用合法部分之現況估價，並敘明法定容積對估值之影響，爰酌作文字修正。
	第一百零三條　附有違章建築之房地估價，其違建部分不予以評估。但委託人要求評估其價值，並就合法建物及違建部分於估價報告書中分別標示各該部分之價格者，不在此限。	附有違章建築之房地估價，由於並非合法，故其違建部分不予以評估為原則。但違建仍具效用，不動產估價師根據效用，仍可計其價值，故增訂但書規定。
	第一百零四條　未達最有效使用狀態之房地估價，應	就估價原理應先進行最有效利用分析後，扣除其創

修正條文	原條文	說明
	先求取其最有效使用狀態之正常價格,再視其低度使用情況進行調整。	造最有效利用之成本,方為其最適價值,爰酌作文字修正。
	第一百零五條　建物原核定用途與現行土地使用管制不符之合法建物,應以現行土地使用分區管制允許之建物用途估價,並就其與建物法定用途估價之差額於估價報告書中敘明。	當勘估之合法建物於謄本上或使用執照上登載之法定用途違反土地使用分區管制時,例如原屬工業區內之工業廠房因都市計畫變更為住宅區時,建物法定用途仍為工業用而致與住宅區之土地使用管制違反時;不動產估價師應以現行土地使用管制允許之建物用途評估,並考量建物當時之法定用途與變更後土地使用管制允許建物用途之價值差異於估價報告書中敘明,爰酌作文字修正。
	第一百零六條　建物已不具備使用價值,得將其基地視為素地估價。但應考量建物拆除成本予以調整之。	
	第六章　土地改良物估價	
	第一百零七條　土地改良物之分類,依土地法第五條規定。	
	第一百零八條　建物估價,以成本法估價為原則。 　　辦理建物估價時,其附屬設施得一併估計之。	
	第一百零九條　本規則所稱農作改良物之估價,指附	

修正條文	原條文	說明
	著於土地之果樹、茶樹、竹類、觀賞花木、造林木及其他各種農作物之估價。	
	第一百十條　農作改良物之估價，應依其類別，考量其生產環境、農業災害、生產技術、生產期間、樹齡大小、生長情形、結果習性、管理狀況及農業設施等因素估計之。	
	第一百十一條　農作改良物之估價方式如下： 一、農作改良物幼小且距孳息成熟期尚長者，依其種植及培育費用，並視作物生長情況估計之。 二、農作改良物接近孳息成熟期者，應估計其收穫量及市場價格，必要時得扣減價格日期至作物孳息成熟期間收成所應投入之費用。 三、農作改良物距成熟期一年以上，且有期待收穫價值者，得以產地價格為基礎，推估未來收穫價格後，折算為價格日期之價格。但應扣除價格日期至作物孳息成熟期間收成所應投入之費用。	

修正條文	原條文	說明
	第一百十二條 附著於土地之工事及水利土壤之改良，以成本法估價為原則。但得斟酌比較法及收益法估價之結果，決定其估價額。	
	第一百十三條 受有土壤或地下水污染之建物，應先估算其未受污染之正常價格，再依據委託人提供之土壤污染檢測資料，考量該土壤或地下水污染之影響，並計算其減損額後，從正常價格中扣除之，以其餘額為該建物之價格。	
第七章　權利估價		
第一百十四條　權利估價，包括地上權、典權、永佃權、農育權、不動產役權、耕作權、抵押權、租賃權、市地重劃、容積移轉及都市更新權利變換之估價。	第一百十四條　權利估價，包括地上權、典權、永佃權、地役權、耕作權、抵押權、租賃權、容積移轉及都市更新權利變換之估價。	一、配合民法物權編，修正「地役權」為「不動產役權」，並增列農育權。 二、配合增列第一百二十二條之一有關市地重劃估價條文，酌作文字修正。
第一百十五條　權利估價，應考慮契約內容、權利存續期間、權利登記狀況、相關法令規定、民間習俗及正常市場權利狀態等影響權利價值之因素估計之。		
第一百十六條　地上權估價，應考慮其用途、權		

修正條文	原條文	說明
利存續期間、支付地租之有無、權利讓與之限制及地上權設定之空間位置等因素估計之。		
第一百十七條 典權估價,應考慮權利存續期間、權利讓與之限制等因素,以典價為基礎估計之。		
第一百十八條 永佃權估價,應考慮佃租支付情形、民間習俗等因素估計之。		
第一百十八條之一 農育權估價,應考慮設定目的、約定方法、權利存續期間、支付地租之有無及高低、權利讓與之限制、民間習俗、得為增加土地生產力或使用便利之特別改良等因素估計之。		一、本條新增。 二、民法物權編雖刪除永佃權,增列農育權,惟仍有九十九年八月三日前已存在之永佃權估價需要,故第一百十八條仍予維持,爰增訂本條。
第一百十九條 不動產役權估價,應考慮需役不動產與供役不動產之使用情況、權利存續期間、不動產役權使用性質、民間習俗等因素估計之。	第一百十九條 地役權估價,應考慮需役地與供役地之使用情況、權利存續期間、地役權使用性質、民間習俗等因素估計之。	配合民法物權編,修正「地役權」為「不動產役權」。
第一百二十條 耕作權估價,應考慮耕作期間、權利登記狀況、相關法令規定等因素估計之。		

修正條文	原條文	說明
第一百二十一條　抵押權估價，應估計價格日期當時勘估標的正常價格，以實際債權額為基礎，考慮其他順位抵押權設定狀況、流通性、風險性、增值性及執行上之難易程度等因素調整估計之。		
第一百二十二條　租賃權估價，應考慮契約內容、用途、租期、租金支付方式、使用目的及使用情形等因素估計之。		
第一百二十二條之一　市地重劃估價，其重劃前、後地價評估項目應依平均地權條例及其施行細則、市地重劃實施辦法及獎勵土地所有權人辦理市地重劃辦法等相關法令規定辦理。		一、本條新增。 二、辦理市地重劃估價應考量之因素及規範。
第一百二十三條　容積移轉估價，應考慮容積送出基地、接受基地及其他影響不動產價格及相關法令等因素估計之。		
第一百二十四條　都市更新權利變換估價，其評估項目應依都市更新條例及都市更新權利變換實施辦法等相關法令規定辦理。	第一百二十四條　都市更新權利變換估價，其評估項目應依都市更新條例及都市更新權利變換實施辦法規定辦理。	都市更新權利變換尚有其他相關法令，且時有修正，其對估價結果會有影響，故酌作文字修正。

修正條文	原條文	說明
第一百二十五條　權利變換前為區分所有建物者，應以全棟建物之基地價值比率，分算各區分所有建物房地總價之基地權利價值，公式如下： 　　各區分所有建物之基地權利價值＝各區分所有建物房地總價×基地價值比率前項基地價值比率之計算公式如下： 基地價值比率＝ 素地單價 × 基地總面積 素地單價×基地總面積＋〔營造或施工費單價×（１－累積折舊率）×全棟建物面積〕 區分所有建物情況特殊致依第一項計算之基地權利價值顯失公平者，得依第一百二十六條之二計算之基地權利價值予以調整。	第一百二十五條　權利變換前為區分所有建物者，得以全棟建物之土地價值比率及建物價值比率，分算各區分所有建物房地總價之土地權利價值及建物權利價值，公式如下： 一、各區分所有建物之土地權利價值＝各區分所有建物房地總價×土地價值比率 二、各區分所有建物之建物權利價值＝各區分所有建物房地總價×建物價值比率 前項土地價值比率及建物價值比率之計算公式如下： 土地價值比率＝ 素地單價×基地總面積 素地單價 × 基地總面積＋〔營造或施工費單價×（１－累積折舊率）×全棟建物面積〕 建物價值比率＝ 營造或施工費單價×（１－累積折舊率）×全棟建物面積 素地單價×基地總面積＋〔營造或施工費單價×（１－累積折舊率）×全棟建物面積〕	一、將區分所有建物坐落之「土地」一詞修正為區分所有建物之「基地」，相關用詞配合修正，以使文意明確。 二、鑑於都市更新權利變換係以土地權利價值作為分配基礎，如有計算建物所有權價值之需要時，得依第三十一條、第三十二條或第四十七條方式計算，爰刪除第一項及第二項有關建物權利價值及建物權利價值比率計算方式。 三、因應實務上如有區分所有建物對應基地持分過大過小，顯與一般正常持分比例有別者，得比照第一百二十六條之二規範未持有區分所有建物產權之基地所有權人權利價值計算方式，就其特殊比例與一般正常合理持分比例計算結果進行調整。爰增訂第三項得依實際情形評估並酌予反應於估價結果之規定。

修正條文	原條文	說明
第一百二十六條　權利變換前區分所有建物之基地總價值低於區分所有建物坐落基地之素地總價值者，各區分所有建物之基地權利價值，計算方式如下： 一、依前條規定計算基地價值比率。 二、各區分所有建物基地權利價值＝各區分所有建物房地總價×基地價值比率。 三、各區分所有建物基地權利價值比率＝各區分所有建物基地權利價值／Σ（各區分所有建物基地權利價值）。 四、各區分所有建物調整後基地權利價值＝區分所有建物坐落基地之素地總價值×各區分所有建物基地權利價值比率。	第一百二十六條　權利變換前區分所有建物之基地使用容積未達法定容積，且其基地總價值低於區分所有建物坐落基地之素地總價值者，各區分所有建物之土地權利價值，計算方式如下： 一、依前條規定計算土地價值比率。 二、未達法定容積之各區分所有建物土地權利價值＝未達法定容積之各區分所有建物房地總價×土地價值比率。 三、各區分所有建物土地權利價值比率＝未達法定容積之各區分所有建物土地權利價值／Σ未達法定容積之各區分所有建物土地權利總價。 四、各區分所有建物土地權利價值＝區分所有建物坐落基地之素地總價值×各區分所有建物土地權利價值比率。	一、鑑於現況容積高低並非判斷土地現況價值是否高於重新開發之素地價值之唯一依據，爰刪除「基地使用容積未達法定容積」之規定。 二、配合前條將區分所有建物坐落之「土地」一詞修正為區分所有建物之「基地」，相關用詞配合修正。
第一百二十六條之一　權利變換前為非屬區分所有之建物者，應以該建物之房地總價乘以基地價值比率計算基地權利		一、本條新增。 二、本規則原僅規範區分所有建物及基地未建築使用者之基地權利價值評估方式，未就

修正條文	原條文	說明
價值。但基地權利價值低於素地價值者，以素地價值為準。		非屬區分所有之建物（包括俗稱之「透天厝」或「透天建物」等）予以規範，爰增訂本條。
第一百二十六條之二　權利變換前地上有區分所有建物之基地所有權人未持有該區分所有建物產權者，其土地權利價值計算方式如下： 一、該基地所有權人持有之土地持分可確認其對應之區分所有建物者，依第一百二十五條或第一百二十六條計算其對應區分所有建物之基地權利價值，再扣除該合法區分所有建物權利價值。 二、該基地所有權人持有之土地持分無法確認其對應之區分所有建物者，依下列方式計算： ㈠依第一百二十五條或第一百二十六條計算同一建築基地平均單價。 ㈡前目平均單價乘以無持分建物權屬之基地持分面積。		一、本條新增。 二、考量權利變換前地上有區分所有建物之基地所有權人未持有該區分所有建物產權者（即有地無屋之情形），如逕依第一百二十五條或第一百二十六條計算各區分所有權人之基地權利價值並不公平，爰新增本條規範未對應區分所有建物之土地權利價值計算方式。 三、實務上區分所有建物權屬與其坐落之基地權屬，或有土地權屬可對應其他建物權屬；及土地權屬無法對應其他建物權屬之情形，爰依各該情形分別規範未對應區分所有建物之土地權利價值計算方式。 四、參照都市更新條例第三十九條，需先由土地及合法建築物所有權人於實施者擬定權利變換計畫前，自行協議處理，協議不成

修正條文	原條文	說明
㈢計算地上建物全棟之權利價值。 ㈣前目乘以無持分建物權屬之基地持分比例。 ㈤第二目扣除前目之餘額。 　前項無持分建物權屬之基地所有權人與其地上建物所有權人自行協議者，依其協議辦理。		時，始由實施者估定合法建築物所有權價值占原土地價值比例並分配之規定。針對區分所有建物土地及建物權屬不同之情形，亦應以協議為先，並依協議內容辦理，爰於第二項明定之。
第一百二十七條　權利變換前之基地未建築使用者，以素地價值推估其土地權利價值。	明定權利變換前之基地未建築使用者，應以素地價值推估其土地權利價值。	
第一百二十八條　權利變換後區分所有建物及其土地應有部分，應考量都市更新權利變換計畫之建築計畫、建材標準、設備等級、工程造價水準及更新前後樓層別效用比關聯性等因素，以都市更新評價基準日當時之新成屋價格查估之。	明定權利變換後區分所有建物及其土地應有部分應考量之因素，應以都市更新評價基準日當時之新成屋價格查估之。其中更新前後樓層別效用比關聯性需把握相對效用高低邏輯之一致性。	
第八章　租金估價		
第一百二十九條　不動產之租金估計應考慮契約內容、租期長短、使用目的、稅費負擔、租金水準、變遷狀態、租約	明定不動產租金估計應考慮因素。	

修正條文	原條文	說明
更新、變更條件及其他相關因素估計之。		
第一百三十條　不動產租金估計，以估計勘估標的之實質租金為原則。 　　前項所稱實質租金，指承租人每期支付予出租人之租金，加計押金或保證金、權利金及其他相關運用收益之總數。	明定不動產租金估計應以估計勘估標的之實質租金為原則。	
第一百三十一條　不動產租金估計，應視新訂租約與續訂租約分別為之。	明定租金之估計應視新訂租約或續訂租約而查估不同租金。	
第一百三十二條　新訂租約之租金估計，得採下列方式為之： 一、以新訂租約之租賃實例為比較標的，運用比較法估計之。 二、以勘估標的之價格乘以租金收益率，以估計淨收益，再加計必要費用。 三、分析企業經營之總收入，據以估計勘估標的在一定期間內之淨收益，再加計必要費用。	明定新訂租約之租金估計方式。	
第一百三十三條　續訂租約之租金估計，得採下列方式為之：	明定續訂租約之租金估計方式。	

第六章　其他相關估價應用

383

修正條文	原條文	說明
一、以續訂租約之租賃實例為比較標的，運用比較法估計之。 二、以勘估標的於價格日期當時之正常價格為基礎，乘以續租之租金收益率，以估計淨收益，再加計必要費用。 三、以勘估標的原契約租金之淨收益，就其租金變動趨勢調整後，再加計必要費用。 四、分析勘估標的原契約租金與市場經濟租金之差額中，應歸屬於出租人之適當部分，加計契約租金。		
第九章　附則		
第一百三十四條　本規則自發布日施行。	不動產估價技術規則於九十年十月十七日臺（九十）內地字第九○七七六九二號令發布施行，共計一百十六條。民國95年06月12日修正為一百三十四	

第三節　考古題—選擇題

一、不動產經紀人不動產估價概要試題及參考解答

（B）1　一般不動產租金估計，以估計勘估標的之何種租金為原則？　(A)契約租金　(B)實質租金　(C)純租金　(D)支付租金【95 經】

（D）2　估計不動產租金應考慮下列那些因素？甲：契約內容；乙：租期長短；丙：使用目的；丁：稅費負擔；戊：租約更新。　(A)甲丙丁戊　(B)甲乙丁戊　(C)甲乙丙戊　(D)甲乙丙丁戊【95 經】

（C）3　下列何者係以續訂租約之租賃實例為比較標的，運用比較法估計續租租金的評估方法？　(A)積算法　(B)收益分析法　(C)租賃實例比較法　(D)推算法【95 經】

（D）4　依不動產估價技術規則之規定，實際建築使用之容積率超過法定容積率之房地，應如何估價？　(A)直接依實際建築使用之容積率進行估價　(B)直接依法定容積率進行估價　(C)依法定容積率估價，並敘明實際建築使用合法部分容積率對估值的影響　(D)依實際建築使用合法部分之現況估價，並敘明法定容積率對估值的影響【95 經】

（C）5　下列有關樓層別效用比的敘述，何者為真？　(A)一樓的樓層別效用比永遠最高　(B)一樓的樓層別效用比永遠最低　(C)樓層別效用比反應各樓層間的效用關係　(D)相同樓高而使用分區不同的樓層別效用比亦相同【95 經】

(D) 6 依不動產估價技術規則之規定，下列有關不動產租金估計的敘述，何者有誤？ (A)以估計勘估標的之實質租金為原則 (B)不動產租金估計方法，視新訂租約與續訂租約而有不同 (C)新訂租約之租金估計，得以勘估標的價格乘以租金收益率，再加計必要費用 (D)新訂租約之租金估計，得以續訂租約之租賃實例為比較標的，運用比較法【95 經】

(C) 7 假設林乙向王甲租房屋一棟，五年前的實質租金為每年 100,000 元，其中包含必要經費 10,000 元。近五年房租指數共上漲 5%，今王甲擬調整租金，假設今年的必要經費為 12,000 元，請問依推算法計算，其合理的租金應該調整為多少？ (A) 94,500 元 (B) 105,000 元 (C) 106,500 元 (D) 117,000 元【95 經】

> **解析**：依依推算法計算，其合理的租金，分為必要經費和房租指數上漲情況分開考量：
> 1. 房租＝100,000－10,000＝90,000（元）
> 2. 房租上漲後租金：（1＋5%）×90,000＝94,500（元）
> 3. 必要經費由 10,000 元漲為 12,000（元）
> 4. 合理的租金 94,500＋12,000＝106,500（元）

(C) 8 傑克向蘿絲租房屋一戶，約定每月租金 2,000 元，押金兩個月，假設年利率 5%，其一年支付之實質租金為多少元？ (A) 24,000 元 (B) 24,100 元 (C) 24,200 元 (D) 28,000 元【96-1 經】

> **解析**：實質租金＝契約租金＋押金利息
> （2,000×12）＋（2,000×2）×5%

= 24,200（元）

(B) 9 下列有關樓層別效用比之敘述,何者有誤? (A)不同地區建物之樓層別效用比會不同 (B)同一建物中樓層愈高的建物其效用值也愈高 (C)相同地區不同使用類型建物之樓層別效用比會不同 (D)主要是因為不同樓層之高度、可及性、寧適性、景觀、避難時效等因素所產生【96-1 經】

(A) 10 附著於土地之工事及水利土壤之改良,以下列何種方法估價為原則? (A)成本法 (B)比較法 (C)收益法 (D)計量模型分析法【97-1 經】

(B) 11 計算實質租金時,不須自承租人每期支付予出租人之租金中調整下列那個項目? (A)押金 (B)折舊費用 (C)保證金 (D)權利金【97-1 經】

(B) 12 依不動產估價技術規則之規定,溫泉地之估價,應考慮之影響價格因素不包括下列何者? (A)水溫 (B)當地人口 (C)當地之交通情形 (D)水權內容【97-2 經】

(A) 13 有關附著於土地之工事及水利土壤之改良估價,下列敘述何者正確? (A)以成本法為原則,但得斟酌比較法及收益法估價之結果 (B)以成本法為原則,但得斟酌比較法及計量模型分析法估價之結果 (C)以比較法為原則,但得斟酌成本法及收益法估價之結果 (D)以收益法為原則,但得斟酌比較法及成本法估價之結果【97-2 經】

(A) 14 公共設施用地及公共設施保留地之估價,以何種估價方法為原則? (A)比較法 (B)成本法 (C)收益法 (D)計量模型分析法【97-2 經】

(D) 15 下列何者不屬於地役權估價應考慮之因素? (A)地

役權之使用性質　(B)民間習俗　(C)需役地與供役地之使用情況　(D)耕作存續期間【97-2 經】

(C) 16　不動產估價技術規則規範不動產租金估計，以估計勘估標的之實質租金為原則。有關前項「實質租金」之內容，下列敘述何者正確？　(A)實質租金包含押金、仲介酬金、權利金及保證金　(B)實質租金包含仲介酬金、權利金及保證金　(C)實質租金包含押金、權利金及保證金　(D)實質租金包含押金、仲介酬金及保證金【97-2 經】

(D) 17　依不動產估價技術規則之規定，農作改良物距成熟期一年以上，且有期待收穫價值者，得以何種價格為基礎，推估未來收穫價格後，折算為價格日期之價格。　(A)市場價格　(B)生產成本　(C)政府收購價格　(D)產地價格【97-2 經】

(C) 18　主張聯合貢獻說之大樓估價，需運用下列何項比率求之？　(A)共同部分價值比率　(B)地價分配率　(C)樓層別效用比率　(D)專有部分價值比辛【98 經】

(D) 19　下列何者非屬不動產估價技術規則規定之權利估價種類？　(A)地上權　(B)租賃權　(C)都市更新權利變換　(D)商標權【98 經】

(C) 20　某甲向某乙承租房屋乙棟，約定每月租金為 10,000 元，押金 2 個月，假設年利率為 1%，請問某甲 1 年支付之實質租金為多少元？　(A) 10,200 元　(B) 120,000 元　(C) 120,200 元　(D) 140,000 元【98 經】

解析：實質租金＝10,000×12＋2×10,000×1%
　　　　＝120,200元

(C) 21　不動產租金估計，以估計勘估標的之何種租金為原

則？ (A)支付租金 (B)經濟租金 (C)實質租金 (D)契約租金【98 經】

(C) 22 評估 5 層樓公寓價格時，若其各層之建物價格均相同，請問是採用何種學說為基礎進行估價？ (A)最高最有效原則 (B)建物貢獻原則 (C)土地貢獻原則 (D)聯合貢獻原則【98 經】

(D) 23 將平面地價（基地價格）作立體上下分配到各樓層的比率，稱為： (A)樓層別效用比 (B)土地持分比率 (C)高度價格比率 (D)地價分配率【98 經】

(C) 24 對即將進行開發之宗地，較適合運用何種方法進行估價？ (A)分配法 (B)差額法 (C)土地開發分析法 (D)抽取法【98 經】

(D) 25 有一棟 5 層樓公寓，各樓層之建築面積皆相同，其中 4 樓單價為每坪 20,000 元，5 樓單價為每坪 25,000 元，若 4 樓之樓層別效用比為 100%，請問 5 樓之樓層別效用比為多少？ (A) 150% (B) 130% (C) 115% (D) 125%【98 經】

> **解析**：5 樓之樓層別效用比 = 25,000 / 20,000
> = 125%

(B) 26 有關房地估價之說明，下列何者錯誤？ (A)實際建築使用之容積率超過法定容積率之房地估價，應以實際建築使用合法部分之現況估價，並敘明法定容積對估值之影響 (B)附有違章建築之房地估價，其違建部分以合法建築物價值之三分之一予以評估 (C)未達最有效使用狀態之房地估價，應先求取其最有效使用狀態之正常價格，再視其低度使用情況進行調整 (D)建物原核定用途與現行土地使用管制不符之合法建物，應以現行土地使用分區管制允許之

建物用途估價,並就其與建物法定用途估價之差額於估價報告書中敘明【98 經】

(C) 27 下列有關不動產租金估算之敘述,何者有誤? (A)以勘估標的之實質租金為原則 (B)應視新訂租約與續訂租約分別為之 (C)不可將權利金之收益列入計算 (D)應將押金或保證金之收益列入計算【99 經】

(A) 28 抵押權估價,應估計價格日期當時勘估標的正常價格,且應以何種債權額為基礎進行估價呢? (A)以實際債權額為基礎 (B)以銀行認定為基礎 (C)以抵押權人信用為基礎 (D)以債權人信用為基礎【99 經】

(B) 29 農作改良物之估價時,如果農作改良物距成熟期 1 年以上,且有期待收穫價值者,其價格應該以何者為基礎呢? (A)依其種植及培育費用為基礎 (B)依產地價格為基礎 (C)應估計其收穫量及市場價格為基礎 (D)依作物成本費用為基礎【99 經】

(B) 30 當估價師進行不動產估價時,對於附有違章建築之房地估價,有關違建部分是否需要評估呢? (A)違建部分一定要評估。並需就合法建物及違建部分於估價報告書中合併計算其價值 (B)違建部分不予以評估。但委託人要求評估其價值,並就合法建物及違建部分於估價報告書中分別標示各該部分之價格者,不在此限 (C)違建部分一定要評估。但委託人要求評估其價值,可就合法建物及違建部分於估價報告書中分別標示各該部分之價格者 (D)違建部分不予以評估。但受託人可自行斟酌其價值【99 經】

（B）31 根據不動產估價技術規則規定，實際建築使用之容積率超過法定容積率之房地估價，應以何種容積估價呢？ (A)以法定容積估價 (B)以實際建築使用合法部分之現況估價 (C)根據法定容積或是實際建築使用合法部分擇一估價 (D)根據重新測量所得面積估價【99 經】

（C）32 根據不動產估價技術規則規定，下列那些不是不動產權利估價範圍呢？ (A)地上權估價 (B)典權估價 (C)質權估價 (D)地役權估價【99 經】

（D）33 勘估標的如果是區分所有建物時，以其房地價格推估該區分所有建物基地單價時，下列估計方式的敘述何種有誤？ (A)該區分所有建物基地權利價格＝該區分所有建物房地價格－該區分所有建物之建物成本價格 (B)該區分所有建物之基地權利單價＝該區分所有建物基地權利價格／該區分所有建物之基地持分面積 (C)基地單價＝該區分所有建物之基地權利單價×平均地價分配率／該區分所有建物之地價分配率 (D)基地單價＝該區分所有建物基地持分價格×該區分所有建物之基地持分面積【99 經】

（C）34 下列有關樓層別效用比之敘述，何者有誤？ (A)不同類型建物之樓層別效用比會不同 (B)不同地區建物之樓層別效用比會不同 (C)同一棟建物中，愈高的樓層其效用比也愈高 (D)主要是因為不同樓層之高度、可及性、寧適性、景觀、避難時效差異所產生【99 經】

（C）35 依不動產估價技術規則之規定，下列何者非以比較法估價為原則？ (A)公共設施保留地 (B)池沼 (C)建物 (D)墓地【100 經】

(B) 36 都市更新權利變換後區分所有建物及其土地應有部分應考量之因素，應以何種價格查估之？ (A)估價當時之新成屋價格 (B)評價基準日當時之新成屋價格 (C)估價當時之預售屋價格 (D)評價基準日當時之預售屋價格【100 經】

(D) 37 不動產於市場上以最有效利用方式利用所能產生的收益，稱為： (A)支付租金 (B)實質租金 (C)差額租金 (D)經濟租金【100 經】

(A) 38 樓層別效用比係以何種學說為基礎？ (A)土地與建物聯合貢獻說 (B)土地貢獻說 (C)建物貢獻說 (D)最有效使用原則【100 經】

(B) 39 有一棟公寓其平均樓層別效用比為 124%，全棟建物成本占全棟房地總價格之 60%，1 樓之樓層別效用比為 150%，1 樓之地價分配率為： (A) 74.4% (B) 75.6% (C) 159% (D) 150%【100 經】

> **解析**：地價分配率＝樓層別效用比－建物效用比
> 建物效用比＝平均樓層別效用比×全棟建物成本占全棟房地總價格之比例
> ＝124%×60%＝74.4%
> 一樓地價分配率＝150%－74.4%＝75.6%

(D) 40 以差額租金還原法所得出之價格為： (A)所有權價格 (B)經濟租金 (C)實質租金 (D)租賃權價格【100 經】

(C) 41 兩宗土地合併後整體利用，合併後價格為 1,000 萬元，其合併前價格分別為 300 萬元及 500 萬元，則對於原來 500 萬元之土地，其合併後價格應為： (A) 600 萬元 (B) 700 萬元 (C) 625 萬元 (D) 425 萬

元【100 經】

解析：500／800×（1,000－500－300）＋500＝625萬元

(B) 42 林乙向王甲承租房屋，每月支付的實質租金為 10,000 元，這棟房屋如於市場上重新出租，合理租金為 16,000 元。假設王甲、林乙對該租金增加的貢獻各半，請問於王甲考慮續約的情況下，其合理的租金應該調整為多少？ (A) 10,000 元 (B) 13,000 元 (C) 16,000 元 (D) 19,000 元【100 經】

解析：10,000＋（16,000－10,000）／2＝13,000 萬元

(C) 43 依不動產估價技術規則規定，承租人每期支付予出租人之租金，加計押金或保證金、權利金及其他相關運用收益之總數，稱為？ (A)純租金 (B)支付租金 (C)實質租金 (D)經濟租金【100 經】

(C) 44 下列有關樓層別效用比的敘述，何者為真？ (A)一樓的樓層別效用比永遠最高 (B)一樓的樓層別效用比永遠最低 (C)樓層別效用比反應各樓層間的效用關係 (D)相同樓高而使用分區不同的樓層別效用比亦相同

(B) 45 權利變換後區分所有建物及土地應有部分，以都市更新評價基準日當時之何種價格查估？ (A)預售屋價格 (B)新成屋價格 (C)屋齡一年之中古屋價格 (D)屋齡五年之中古屋價格

(B) 46 不動產租金估計，以估計勘估標的之何種租金為原則？ (A)支付租金 (B)實質租金 (C)純租金 (D)有效租金

解析：租金分一般分以下三種

1. 支付租金：承租人依據租賃契約每期支

付給出租人之租金

2. 實質租金：承租人每期支付予出租人之租金，加計押金或保證金、權利金及其他相關運用收益之總數。

3. 純租金（淨租金）：由實質組合扣除管理費、維修費、稅金等費用。即總收益減去總成本，即得純租金

（A）47　不動產租金估計，應視新訂租約與續訂租約分別為之。其性質為？　(A)前者為正常租金，後者為限定租金　(B)前者為限定租金，後者為正常租金　(C)兩者皆為正常租金　(D)兩者皆為限定租金

（C）48　區分所有建物基地權利價格，如採樓層別效用比調整，是屬於？　(A)土地貢獻說　(B)建物貢獻說　(C)聯合貢獻說　(D)統一貢獻說

（C）49　區分所有建物基地權利價格，如採地價分配率調整，則下列敘述何者為錯誤？　(A)各層房地單價不同　(B)各層土地單價不同　(C)各層建物單價不同　(D)各層建物單價相同

（A）50　深度指數之原理，在宗地各部分價值，隨離街道深度而呈何種趨勢？　(A)遞減　(B)遞增　(C)不變　(D)先遞減，後遞增

（B）51　台灣標準宗地之深度定為多少公尺？　(A) 10　(B) 18　(C) 20　D 22

（C）52　台灣路線價估價法，距離臨街線十八公尺以外之土地，稱為：　(A)臨街地　(B)素地　(C)裡地　(D)袋地

（A）53　台灣路線價估價法，深度指數因採平均深度百分率製作，故其指數隨離街道深度而呈何種趨勢？　(A)遞減　(B)遞增　(C)不變　(D)先遞減，後遞增

（B）54 美國路線價估價法，有所謂「四三二一法則」及「九八七六法則」，即深度超過 100 呎的第一個 25 呎占路線價百分之幾？ (A)四 (B)九 (C)四十 (D)九十

（D）55 地政機關每年辦理地價查估，以下列何日為估價基準日 (A)一月一日 (B)二月二十八日 (C)七月一日 (D)九月一日

（A）56 下列何者係以勘估標的價格乘以租金收益率，再加計必要費用的租金評估方法？ (A)積算法 (B)收益分析法 (C)租賃實例比較法 (D)推算法【95 經】

（D）57 林乙向王甲租房屋一棟，約定每月租金 10,000 元，押金兩個月，假設年利率為 2%，請問其一年支付之實質租金為多少元？ (A) 10,400 元 (B) 122,400 元 (C) 120,000 元 (D) 120,400 元【95 經】

> **解析**：年租金＝10,000×12＝120,000元／年
> 押金收益＝20,000×0.02＝400元／年
> 實質租金為：120,000＋400＝120,400元／年

（D）58 以不動產總價扣除建物價格求得地價的方法，稱為： (A)土地殘餘法 (B)建築物殘餘法 (C)推算法 (D)抽取法【96-2 經】

（D）59 新訂租約租金之估計，得分析企業經營之總收入，據以估計勘估標的在一定期間內之何種收益，再加計必要費用？ (A)總收益 (B)毛收益 (C)有效總收益 (D)淨收益【101 經】

（B）60 下列何者能反映租賃不動產經濟價值的租金？ (A)實質租金 (B)經濟租金 (C)支付租金 (D)差額租金【101 經】

(B) 61 對房地結合所產生之超額利潤之歸屬,採土地貢獻說者,主要係基於下列何者? (A)土地經營管理之貢獻 (B)土地區位特性之貢獻 (C)土地取得成本之貢獻 (D)土地開發投資之貢獻【101 經】

(C) 62 進行不動產估價時,所謂獨立估價,係指: (A)土地上有建築物,但估價時將土地與建物併同估價 (B)土地上無建築物,但估價時假設土地與建物併同估價 (C)土地上有建築物,但估價時將土地視為素地加以估價 (D)土地上無建築物,但估價時視為存有地上權加以估價【101 經】

(C) 63 乙將房屋出租與丙,每月租金 10,000 元,押金 30,000 元,押金利率為 1%,若該區房屋空置率為 25%,則乙出租房屋的年有效總收入為: (A) 120,000 元 (B) 95,000 元 (C) 90,300 元 (D) 90,000 元【101 經】

解析:(10,000×12)×(1－25%)+(30,000×1%)＝90,300元

(A) 64 就目前房屋課稅價格,經常發生樓上層納稅義務人,因為各層建物價格未加以分層分攤,導致樓上層與地面層的房屋稅課稅單價相差無幾,如從不動產估價的觀點,以前述建物價格計算各樓層地價時,主要係以何種觀點進行? (A)土地貢獻原則 (B)建物貢獻原則 (C)聯合貢獻原則 (D)收益遞增遞減原則【101 經】

(B) 65 下列不動產權利估價之相關敘述,何者錯誤? (A)地上權估價,應考慮其用途、權利存續期間、支付地租之有無、權利讓與之限制及地上權設定之空間位置等因素 (B)抵押權估價,應直接以實際債權額

為基礎，考慮其他順位抵押權設定狀況、流通性、風險性、增值性及執行上之難易程度等因素調整 (C)租賃權估價，應考慮契約內容、用途、租期、租金支付方式、使用目的及使用情形等因素 (D)容積移轉估價，應考慮容積送出基地、接受基地及其他影響不動產價格及相關法令等因素【102 經】

（A）66 權利變換後區分所有建物及其土地應有部分，應考量都市更新權利變換計畫之建築計畫、建材標準、設備等級、工程造價水準及更新前後樓層別效用比關聯性等因素，以都市更新評價基準日當時之何種類型價格查估之？ (A)新成屋價格 (B)預售屋價格 (C)中古屋價格 (D)徵收補償價格【102 經】

（B）67 T 市東區某店面於 5 年前出租經營，現到期擬續租，當年簽約契約租金每年新臺幣 250 萬元，目前市場經濟租金每年可達新臺幣 350 萬元，若分析此租金上漲應有 60% 歸功於承租經營者，在相關必要費用不增加情況下，最合理之續租租約年租金為何？ (A)新臺幣 250 萬元 (B)新臺幣 290 萬元 (C)新臺幣 310 萬元 (D)新臺幣 350 萬元【102 經】

解析：差額分配法＝（350－250）×（100%－60%）＋250＝290 萬元

（A）68 依不動產估價技術規則規定，實際建築使用的容積率超過法定容積率時，應如何估價？ (A)以實際建築使用合法部分之現況估價 (B)以法定容積之使用方式估價，再依使用狀況調整 (C)僅能依法定容積估價 (D)實際使用部分全部均可以估價【102 經】

（A）69 將地價作立體把握之後分配給各樓層之比率，被稱為： (A)地價分配率 (B)空間權比率 (C)部分價值

比率　(D)樓層別效用比率【88 經紀】

(B) 70　主張聯合貢獻說之大樓估價需運用下列何種比率？(A)地價分配率　(B)樓層別效用比率　(C)專有部分價值比率　(D)共同部分價值比率【88 經紀】

(B) 71　設路線價為 1,000 元，某宗地面臨此街路之寬度為 5 公尺，深為 15 公尺，深度指數 105%，則該宗地價格若干元？　(A) 82,500　(B) 78,750　(C) 69,470　(D) 57,820【91 估特】

　　解析：宗地地價＝路線價×深度指數×面積
　　　　　＝1,000×105%×5×15＝78,750 元

(B) 72　不動產租金評價時，對租賃之不動產實際支付之一切經濟性代價，稱為：(A)支付租金　(B)實質租金　(C)純租金　(D)試算租金【91 估特】

(D) 73　農地估價方法中，採用影響收益因素，以判定農地之優劣並區分等級，再按等級換算價格者，係指下列何種估價法？(A)收益分析法　(B)收益倍數法　(C)開發成本法　(D)評分估價法【91 估特】

(C) 74　運用差額租金還原法所求取的價格是：(A)經濟租金　(B)支付租金　(C)租賃權價格　(D)所有權價格【91 估特】

(A) 75　依慎格爾所謂四三二一法則，其標準深度 100 呎深之臨街地中，第三個 25 呎之價值是占多少？(A) 20%　(B) 25%　(C) 30%　(D) 35%【91 估特】

(B) 76　路線價估價法之基本原理，係認為市區之各宗土地價值隨其離開街道之程度而遞減，換言之，一宗土地愈接近裡地部分的價值愈如何？(A)高　(B)低　(C)增加　(D)不變【91 估特】

(C) 77　請問那一種法則，主張深度 100 呎之宗地，在最初

50呎之價值應占全宗地價值的三分之二？ (A)哈柏 (B)蘇慕斯 (C)霍夫曼 (D)愛迪加【91估特】

（B）78 在地價區段內抽查數宗土地之地價，求取平均數、中位數或眾數，稱為甚麼地價？ (A)路線價 (B)區段地價 (C)宗地地價 (D)標準地價【91估特】

（C）79 以積算法求取新訂租金時，其對象不動產之基礎價格，不能運用何種估價法求取？ (A)成本法 (B)買賣實例比較法 (C)收益法 (D)原價法【91估特】

（A）80 設某樓房各樓層面積及土地持分相等，運用樓層別效用比估價者，其結果為何？ (A)建物價格不等，地價亦不相等 (B)地價不等 (C)建物價格相等，地價相等，建物價格亦相等 (D)建物價格不等，地價相等【91估特】

（B）81 台灣地區運用路線價估價法所採取之深度價格遞減率，為何種類型？ (A)單獨深度百分率 (B)平均深度百分率 (C)累計深度百分率 (D)加權深度百分率【93估特】

（C）82 就路線價估價法的精神而言，一宗土地中接近街道部分的價值較接近裡地部分價值為： (A)一樣 (B)低 (C)高 (D)不一定【94估特】

（B）83 地政單位調查地價時，應以何種資料為主？ (A)成本資料 (B)買賣資料 (C)收益資料 (D)無特別優先順序【94估特】

（B）84 各樓層高度不同往往導致方便性、視野或寧適性之差異，而此差異也將反映在各樓層不同的單價上。這種各樓層間單價的比例關係稱為： (A)高度價格比 (B)樓層別效用比 (C)地價分配比 (D)建築物效用比【94估特】

(A) 85 計算五層樓公寓之樓層別效用比時，如果以價格最低的四樓為基礎，則二樓的效用比較不可能為：(A) 90% (B) 110% (C) 115% (D) 107%【94 估特】

(D) 86 假設勘估標的為五層樓公寓，在採用何種貢獻原則時，各樓層的建物價格將會相同？ (A)最高貢獻原則 (B)聯合貢獻原則 (C)建物貢獻原則 (D)土地貢獻原則【94 估特】

(A) 87 假設三宗土地合併後整體利用，其合併後價格為 900 萬，而合併前價格分別為 300 萬、200 萬及 100 萬。則對於原來 300 萬之土地，其合併後價格應該為： (A) 450萬 (B) 300萬 (C) 600萬 (D) 500萬【94 估特】

> **解析**：依價值比來分配合併後效益
> 900－（300＋200＋100）＝300
> 300×300／（300＋200＋100）＝150
> 150＋300＝450

(C) 88 某一層樓之房地產總價減去房價，其餘額稱為 (A)地價 (B)地分地價 (C)基地權利價格 (D)樓層效用比 (E)地價分配率【87 公會】

(D) 89 樓房中同一層樓可能分成幾戶，如果各戶對外之視野景觀不同，則應以哪一種比率來調整其價格？(A)樓層別效比 (B)地價分配率 (C)土地持分比率 (D)部分別效用比 (E)樓地板面積比率【87 公會】

(D) 90 如果有一棟樓房，各層之樓地板面積及基地持分面積相等，在這種情況之下，若採層別效比來估計各層之房價及地價，結果如何？ (A)地價相等，房價不等 (B)地價相等，房價也相等 (C)地價不等，房價相等 (D)地價不等，房價也不等【88 公會】

（C）91 如果依土地實際移轉價格課徵增值稅，則採取何種主張之房價與地價分算方法，對出售樓房（包括土地）者較為有利？ (A)土地貢獻說 (B)聯合貢獻說 (C)建物貢獻說率 (D)都一樣【88公會】

（A）92 採取土地貢獻說各層樓房地產價格時，各層樓建物單位面積之效用比如何？ (A)相等 (B)不等 (C)視情況而定 (D)一樓較大其他樓層相等【88公會】

（C）93 差額租金還原法所稱之差額租金，係指下列何種情形而言？ (A)實質租金與支付租金之差額 (B)實質租金與純租金之差額 (C)經濟租金與實質租金之差額 (D)正常租金與限定租金之差額。【88公會】

（B）94 何者是地價區段內具代表性，以作為查估公共設施保留地毗鄰非公共設施保留地區段地價之宗地？ (A)基準地 (B)比準地 (C)標準地 (D)比較標的【103經】

（C）95 不動產租金估計，以估計勘估標的之何種租金為原則？ (A)支付租金 (B)契約租金 (C)實質租金 (D)押租金【103經】

（C）96 農場或牧場之估價，以何種方法估價為原則？ (A)收益法 (B)成本法 (C)比較法 (D)殘餘法【103經】

（C）97 依路線價法之基本原則，假設其他條件均相同，一宗土地愈接近街道部分，其價值： (A)愈低 (B)不受接近街道之影響 (C)愈高 (D)不變【103經】

（D）98 有一棟七層建物，一層一戶，每戶面積皆相同，一樓每坪100萬元，七樓每坪75萬元，若七樓之樓層別效用比為150%，則一樓之樓層別效用比為何？ (A) 100% (B) 125% (C) 175% (D) 200%

【103 經】

解析：150%/75＝X/100，X＝200%

(D) 99 一區分所有建物進行權利變換估價時，經調查其素地總額為 5,000 萬元、總成本為 3,000 萬元、營造或施工費單價為 20 萬元、累積折舊率為 80%、全棟建物面積為 100 坪，請問其基本地價值比率為何？ (A) 63% (B) 71% (C) 89% (D) 93%【103 經】

解析：土地價值比＝

$$\frac{素地單價 \times 基地總面積}{素地單價 \times 基地總面積＋[營造或施工費單價 \times（1－累積折舊率）\times 全棟建物面積]}$$

$$=\frac{5000}{5000＋2[20\times（1－80\%）\times 100]}$$

$$=93\%$$

(D) 100 甲向其好友乙承租房屋乙棟，約定每月租金為 25,000 元，此租金低於合理租金 5,000 元，押金為 2 個月租金，押金運用收益率 2%。請問該房屋每年之支付租金為何？ (A) 361,000 元 (B) 360,000 元 (C) 301,000 元 (D) 300,000 元【103 經】

解析：支付租金＝契約租金＝25,000×12＝300,000 元

(C) 101 不動產估價時，對於土地與建物結合體於市場形成之不動產價格中，扣除土地、建物成本外，其餘部分認為是來自土地與建物之價值，此一原則係指：(A)土地貢獻原則 (B)建物貢獻原則 (C)土地建物聯合貢獻原則 (D)均衡原則【99 經】

(D) 102 依不動產估價技術規則規定，公共設施用地及公共設施保留地之估價，是以何種估價方法為原則？

(A)土地開發分析法　(B)收益法　(C)折現現金流量分析法　(D)比較法【106 經】

（D）103 某公寓 1 至 4 樓之單價分別為 100、70、60、70 萬元／坪，若全棟建物成本價格占全棟房地總價格比率為 30%，若以 3 樓為基準，1 至 4 樓之樓層別效用比分別為下列何者？　(A) 100%、70%、60%、70%　(B) 100%、70%、70%、60%　(C) 167%、117%、117%、100%　(D) 167%、117%、100%、117%【106 經】

（C）104 不動產估價技術規則第 89 條規定：「受有土壤或地下水污染之土地，應先估算其未受污染之正常價格，再依據委託人提供之土壤污染檢測資料，考量該土壤或地下水污染之影響，並計算其地價減損額後，從正常價格中扣除之，以其餘額為該宗地之價格。」假設受污染宗地，未受污染正常價格 2,000 萬元，經勘估地價減損額 500 萬元，則受污染地價格多少？　(A) 500 萬元　(B) 1000 萬元　(C) 1500 萬元　(D) 2000 萬元【106 經】

（A）105 西門町某店面於 3 年前出租經營，到期擬續租，當年契約租金每年 200 萬元，目前市場經濟租金每年可達 250 萬元，若分析此租金上漲應有 60% 歸功於承租經營者，在必要費用不增加情況下，合理續租年租金多少？　(A) 220 萬元　(B) 230 萬元　(C) 240 萬元　(D) 250 萬元【106 經】

解析：歸功於房東：（250－200）×（1－60%）＝20
合理續租每租金＝200＋20＝220 萬元

（D）106 已開闢道路及其二側或一側帶狀土地，可就具有顯著商業活動之繁榮地區，依當地發展及地價高低情

形而劃設為下列那二種地價區段？ (A)住宅價區段與商業價區段 (B)商業價區段與非商業價區段 (C)基準地價區段與標準地價區段 (D)繁榮街道路線價區段與一般路線價區段【106 經】

（B）107 某一不動產每年營業淨收益 60 萬元，貸款成數 80%，貸款利率 5%，貸款年數 20 年，債權保障比率 1.5，若以這些條件計算下之不動產價格應為： (A) 404 萬元 (B) 631 萬元 (C) 909 萬元 (D) 1420 萬元【106 經】

（D）108 臺灣南部有許多鹽田，其價值評估以比較法估價為原則。若無買賣實例者，下列敘述何者正確？ (A)得以收益法估計之 (B)得以成本法估計之 (C)得以鹽田會員制度及曬鹽費用等因素推估之 (D)得以附近土地價格為基礎，考慮其日照、通風、位置及形狀等差異，比較推估之【106 經】

（B）109 下列有關永佃權估價之敘述，何者正確？ (A)應考慮設定目的估計之 (B)應考慮佃租支付情形、民間習俗等因素估計之 (C)應考慮權利存續期間、權利讓與之限制等因素，以典價為基礎估計之 (D)應考慮設定目的、約定方法、權利存續期間、支付地租之有無及高低估計之【106 經】

（A）110 附有違章建築之房地估價，有關違建部分之處理方式，下列何者正確？ (A)違建部分不予以評估 (B)委託人要求評估違建部分之價值時，只需就合法建物及違建部分於估價報告書中標示合併之總價格即可 (C)委託人如果要求評估違建部分之價值時，應拒絕之 (D)不論委託人有無要求，皆應就合法建物及違建部分於估價報告書中標示合併之總價格

【107 經】

(B) 111 附著於土地之工事及水利土壤之改良,以何種方法估價為原則? (A)收益法 (B)成本法 (C)比較法 (D)土地開發分析法【107 經】

(A) 112 同棟多層樓之不動產估價,估價師通常以某一層為比準層,再依樓層別效用比推估其他樓層之價格,若以最低價之樓層為比準層,其他各樓層之效用比為何? (A)均大於 100 (B)均等於 100 (C)均小於 100 (D)大於或小於 100【107 經】

(B) 113 三筆土地分別為 1500 萬元、2500 萬元及 6000 萬元,今決定將三筆土地合併開發,經評估合併後土地總價值為 1 億 5 千萬元,請問相對於原來 1500 萬元之土地,其合併後價格應為: (A) 3750 萬元 (B) 2250 萬元 (C) 9000 萬元 (D) 2500 萬元【107 經】

解析:150,000,000 × 1,500 /(1,500 + 2,500 + 6,000)
= 2,250 萬

(C) 114 依不動產估價技術規則規定,承租人每期支付予出租人之租金,加計押金或保證金、權利金及其他相關運用收益之總數,稱為: (A)純租金 (B)支付租金 (C)實質租金 (D)經濟租金【107 經】

(C) 115 設三宗土地合併後整體開發利用,其合併後價格為 2,500 萬元,合併前價格分別為 800 萬元、500 萬元及 700 萬元。則對於原來 700 萬元之土地,其合併後之價格應為何? (A) 825 萬元 (B) 850 萬元 (C) 875 萬元 (D) 895 萬元【108 經】

解析:2500 ×(700)/(800 + 500 + 700)
= 875(萬)

(D) 116 某 4 層樓公寓，其各層面積均相同，若四樓每坪售價 23 萬元，三樓每坪售價 20 萬元，二樓每坪售價 24 萬元，一樓每坪售價 30 萬元，若三樓之樓層別效用比為 100%，則一樓之樓層別效用比為何？ (A) 120% (B) 130% (C) 140% (D) 150%【108 經】
解析：30 / 20 = 1.5 = 150%

(A) 117 不動產估價技術規則第 99 條之計算公式，勘估標的之基地價格＝勘估標的之房地價格－勘估標的之建物成本價格。請問此為何種學說之主張？ (A)土地貢獻說 (B)建物貢獻說 (C)聯合貢獻說 (D)合併貢獻說【108 經】

(D) 118 進行宗地估價時，下列敘述何者錯誤？ (A)以分割為前提之宗地估價，應考慮分割前與分割後之價格變動情形，而予酌量增減 (B)數筆土地合併為一宗進行土地利用之估價，應以合併後土地估價，並以合併前各筆土地價值比例分算其土地價格 (C)一宗土地內有數種不同法定用途時，應考量其最有效使用及各種用途之相關性及分割之難易度後，決定分別估價或依主要用途估價 (D)土地之上下有其他設施通過，致使用受限制之宗地，應先估算其特定價格，再考量該設施通過造成土地利用之影響，並計算其地價減損額後，從特定價格中扣除之，以其餘額為該宗地之價格【109 經】

(C) 119 對於區分所有建物估價運用樓層別效用比時，下列敘述何者正確？ (A)樓層別效用比是各層樓區分所有建物之立體地價差異所形成的樓層別效用比率 (B)樓層別效用比可從各層樓出售價格案例，扣除開發利潤與土地成本費用後，推算區分所有建物各樓

層效用比 (C)樓層別效用比包含區分所有建物的土地效用與建築物效用 (D)樓層別效用比通常地面層是最高,4 樓為最低;當樓層數越高,樓層別效用比就越高【109 經】

（A）120 有關都市更新權利變換估價,下列敘述何者錯誤? (A)權利變換前為區分所有建物者,應以全棟建物價值比率,分算各區分所有建物房地總價之基地權利價值 (B)權利變換前區分所有建物之基地總價值低於區分所有建物坐落基地之素地總價值者,應以各區分所有建物房地總價乘上基地價值比率,計算出各區分所有建物之基地權利價值 (C)權利變換前之基地未建築使用者,以素地價值推估其土地權利價值 (D)權利變換前為非屬區分所有之建物者,應以該建物之房地總價乘以基地價值比率計算基地權利價值【109 經】

（C）121 某三層樓獨棟透天新成屋,建物登記面積為 40 坪,坐落基地登記面積為 20 坪,房地之正常價格為 1200 萬元,經參酌當地市場調查資料,運用估價方法計算出建物價值比率為占房地價格的 30%,請問該基地單價應為多少? (A) 18 萬元／坪 (B) 30 萬元／坪 (C) 42 萬元／坪 (D) 60 萬元／坪【109 經】

> **解析**：房地總價＝土地價值＋建物成本價值
> 1200＝（20×基地單價）＋30%×1200
> ＝42（萬元）

（C）122 依不動產估價技術規則規定,下列有關租金之兩種敘述,何者正確? (A)不動產租金估計,以估計勘估標的之實質租金為原則;以不動產證券化為估價

目的，採折現現金流量分析法估價時，各期淨收益應以勘估標的之經濟租金計算為原則 (B)不動產租金估計，以估計勘估標的之契約租金為原則；以不動產證券化為估價目的，採折現現金流量分析法估價時，各期淨收益應以勘估標的之經濟租金計算為原則 (C)不動產租金估計，以估計勘估標的之實質租金為原則；以不動產證券化為估價目的，採折現現金流量分析法估價時，各期淨收益應以勘估標的之契約租金計算為原則 (D)不動產租金估計，以估計勘估標的之契約租金為原則；以不動產證券化為估價目的，採折現現金流量分析法估價時，各期淨收益亦以勘估標的之契約租金計算為原則【110經】

（C）123 都市更新權利變換前之透天厝（僅有一所有權人）房地總價為 1,500 萬元，房地價值比為 1：9。若該基地素地價格經評估為 1,300 萬元整，請問該基地之權利價值依不動產估價技術規則規定應為多少？(A) 1,500 萬元　(B) 1,400 萬元　(C) 1,350 萬元　(D) 1,300 萬元【110經】

> **解析**：依不動產估價技術規則第 126-1 條
> 權利變換前為非屬區分所有之建物者，應以該建物之房地總價乘以基地價值比率計算基地權利價值。但基地權利價值低於素地價值者，以素地價值為準。
> 1500×9/110＝1350 萬元。

（B）124 勘估標的若為未完工之建物，應依何種方式估價？(A)未完工之建物應依比準建物進行估價　(B)未完工之建物應依實際完成部分估價　(C)未完工之建物應

待完工後再進行估價 (D)未完工之建物無法產生正常報酬，不予估計【110 經】

（C）125 勘估標的丙之市場價格 1,000 萬元，經分析當地同類型不動產之租金收益率 5%，必要費用 20 萬元／年，租賃所得稅約 2 萬元。若丙為新訂租約，根據上開資料估計之年租金為？ (A) 50 萬元 (B) 52 萬元 (C) 70 萬元 (D) 72 萬元【110 經】

> **解析**：年租金＝1000×5%＋20＝70（萬元）

（A）126 續訂租約之租金估計方法中，差額分配法係指下列何種差額？ (A)市場經濟租金與原契約租金之差額 (B)原實質租金與市場經濟租金之差額 (C)市場正常租金與原實質租金之差額 (D)原契約租金與市場正常租金之差額【110 經】

（C）127 某區分所有建物位於住宅大樓十樓，其樓層別效用比為 110%，平均樓層別效用比為 105%。假設全棟建物成本價格占全棟房地總價格比率為 40%，該區分所有建物之地價分配率為何？ (A) 65% (B) 66% (C) 68% (D) 70%【110 經】

> **解析**：建物效用比＝整棟建物價格佔整棟房地總價之比率×平均樓層別效用比
> ＝40%×105%＝42%
> 地價分配率＝樓層別效用比－建物效用比
> ＝110%－42%＝68%

第四節 考古題─申論題

一、不動產經紀人不動產估價概要試題及參考解答

一、何謂樓層別效用比？何謂地價分配率？兩者有何差異？（15分）【89經】

答：樓層別效用比、地價分配率之意義，兩者有何差異，分述如下：

(一) 樓層別效用比：

顧名思義是一棟建築物各樓層效用的比例。具體的表示法是將土地、建物結合之不動產各樓層之價格或租金價差，以百分比來表示。此種方式，考量到土地、建物結合之整體之不動產，屬於上述的聯合貢獻說。

(二) 地價分配率：

是以樓層別效用比扣掉建物效用比，是為地價分配率。建物效用比係以整棟建物價格（不含土地）佔整棟房、地總價之比率乘以平均樓樓層效用比。此種，僅以土地立體效用來表示各樓層價差的方式，因只考慮土地之立體效用，屬上述之土地貢獻說。

(三) 樓層別效用比、地價分配率兩者之差異

樓層別效用比、地價分配率兩者都是樓層效用、價差的計算方式，其主要之差異在，樓層別效用比。考量到土地、建物結合之整體之不動產所造成的樓層價差，屬於聯合貢獻說。而地價分配率只考慮土地之立體效用，所造成的樓層價差，屬土地貢獻說。

建物效用比＝整棟建物價格整棟房、地總價之比率×平均樓樓層效用比

例如:一 7 層樓華廈,假設整棟建物價格整棟房、地總價之比率為 50%

(1)以第 4 層樓之建坪價 10 萬／坪,當作基準 100%,其他各樓層別效用比,就以其建坪單價除以 10,再乘 100% 如下表。

(2)建物效用比＝50%×112.14%＝56.07%
則第 1 層樓之地價分配率＝130%－56.07%＝73.93%
同理得出各層樓之地價分配率。

樓層	各樓層單價	樓層別效用比	建物效用比	地價分配率（樓層別效用扣減建物效用比）
1F	13 萬	130%	56.07%	73.93%
2F	12 萬	120%	56.07%	63.93%
3F	10.5 萬	105%	56.07%	48.93%
4F	10 萬	100%	56.07%	43.93%
5F	10.5 萬	105%	56.07%	48.93%
6F	11 萬	110%	56.07%	53.93%
7F	11.5 萬	115%	56.07%	58.93%
平均	11.21 萬	112.14%		

二、如何運用收益分析法求取不動產租金？（25 分）【91 經】

答:收益分析法是評估「新訂租約租金」的方法之一,依不動產估價技術規則,收益分析法是指分析企業經營之總收入,據以估計勘估標的在一定期間內之淨收益,再加計必要費用。其步驟如下:

1. 分析總收入:推估企業經營之總營業額,以分析總收入。

2. 估計淨收益:以總收入扣除各項必要費用。即收益分配原則之應用。各項必要費用以企業經營者負擔的角

度計算。
3. 計算租賃必要費用：指維持租賃之必要費用，如一般租賃費用、重置費用及閒置費用。租賃必要費用以出租人負擔的角度計算。
4. 新訂租金＝淨收益＋租賃必要費用

三、何謂價格比率法？其估價要領如何？請說明之。（25分）【92經】

答：

(一) 何謂價格比率法：

所謂價格比率法，係對估計地上權、區分地上權及租賃權價格之方法。

地上權、區分地上權及租賃權價格＝未設定地上權或區分地上權價格之素地正常價格×地上權或區分地上權價格佔素地正常價格比率。

未設定地上權或區分地上權價格之素地正常價格依一般的估價方法估計。

而地上權或區分地上權價格佔素地正常價格比率之求取，係蒐集地上權或區分地上權設定實例，依比較法進行調整後決定之。再依上式求得地上權、區分地上權價格及租賃權價格。

(二) 價格比率法估價要領如下：

1. 蒐集同一供需圈內近鄰地區或類似地區地上權、區分所有權及租賃權之實例。
2. 依比較法進行情況、價格日期、區域因素及個別因素調整，求取該價格佔完整所有權價格比率。
3. 以比較法、土地開發分析法等求素地正常價格。
4. 素地正常價格×地上權或區分地上權價格佔素地正

常價格比率。

5. 求得地上權、區分地上權價格及租賃權價格。

四、圖中甲、乙兩地為細長而無法單獨利用之建築用地，若合併則可建築利用，而丙地可獨立建築利用。請問圖中之乙地出售給何者價格較高？為什麼？（25分）【93經】

```
┌─────────────────┐
│    道　路         │
├──┬──┬───────────┤
│甲│乙│    丙      │
│  │  │           │
└──┴──┴───────────┘
```

答：就上圖中之乙地出售給甲、乙何者價格較高及其理由，敘述如下：

乙地出售給甲地所有人，合併使用價格會較高，因為甲、乙地都是細長形，較不好利用，如果甲、乙地合併使用將使兩地變得易規畫利用，互蒙其利。故乙宜依「貢獻原則」出售給甲。甲較願出高於市價購買乙地，就是限定價格。因丙地已可獨立建築利用，買乙地合併利用的效益相對較低。所以乙地出售給丙或第三人，僅是一般的正常價格而已。

五、如何運用樓層別效用比率法求取區分地上權之價格？（25分）【93經】

答：運用樓層別效用比率法求取區分地上權之價格之方法，敘述如下：

(一) 區分地上權之意義：在土地之上、下之某特定空間設定地上權，稱為區分地上權

(二) 運用樓層別效用比率法求取區分地上權之價格，首先

是以比較法、土地開發分析法等一般的估價方法求出素地正常價格，然後再推求地上權佔素地正常價格的比率。將上述兩者相乘得地上權價格，其次再以高樓估價方式，計算出勘估標的的樓層別效用比，再將地上權價格乘樓層別效用比得區分地上權之價格。簡言之，運用樓層別效用比率法求取區分地上權之價格，就是先求地上權價格，再計算區分地上權所佔的比例之價格。其步驟如下：

1. 評估出素地正常價格
2. 再推求地上權佔素地正常價格的比率
3. 地上權價格＝素地正常價格×地上權價格／素地正常價格
4. 區分地上權價格＝地上權價格×樓層別效用比率

六、試申述如何由樓房中之某層樓的買賣價格來估計該棟樓房之基地價格？請依樓層別效用比之方法說明之。（25分）【94 經】

答：依樓層別效用比，說明如何由樓房中之某層樓的買賣價格來估計該棟樓房之基地價格如下：

依「不動產估價技術規則」第 101 條，計算如下：

(一) 該區分所有建物基地權利價格＝該區分所有建物房地價格×土地價值比率。

(二) 該區分所有建物之基地權利單價＝該區分所有建物基地權利價格／該區分所有建物之基地持分面積。

(三) 該區分所有建物之基地單價＝該區分所有建物之基地權利單價×平均樓層別效用比／該區分所有建物之樓層別效用比。

前項所稱土地價值比率及建物價值比率，應參酌當地

市場調查資料,運用估價方法計算之。

七、新訂約之不動產租金估計方法有幾種?請說明之。(25分)【94 經】

答:新訂租約之租金估計(估計正常租金):

1. 租賃實例比較法:以新訂租約之租賃實例為比較標的,運用比較法估計之。
   此法是蒐集適當的新訂租約租賃實例,然後就情況、價格日期、區域因素、個別因素進行比較調整,以求得勘估標的之租金的方法。

2. 積算法:
   以勘估標的價格乘以租金收益率,以估計淨收益,再加計必要費用。為新訂租金收益法。此法是收益法的方式,求取租金的方法。

3. 收益分析法:分析企業經營之總收入,據以估計勘估標的在一定期間內之淨收益,再加計必要費用。此法是以收益法的方式,求取租金的方法。此法較適合用於供企業用之不動產。一般居住性的不動產較不適用。

八、何謂限定租金?在進行不動產估價時,採取收益法進行不動產價格估價時,必須對於不動產租金清楚地掌握,請問對於新訂及續租租金應該如何估計。(25%)【97-1 經】

答:

(一) 限定租金:指基於續訂租約或不動產合併為目的形成之租賃價值,並以貨幣金額表示者。

(二) 新訂及續租租金之估計:
依不動產估價技術規則,不動產租金估計,應視新訂

租約與續訂租約分別為之
1. 新訂租約之租金估計，得採下列方式為之：
   (1)以新訂租約之租賃實例為比較標的，運用比較法估計之。
   (2)以勘估標的價格乘以租金收益率，以估計淨收益，再加計必要費用。
   (3)分析企業經營之總收入，據以估計勘估標的在一定期間內之淨收益，再加計必要費用。
2. 續訂租約之租金估計，得採下列方式為之：
   (1)以續訂租約之租賃實例為比較標的，運用比較法估計之。
   (2)以勘估標的於價格日期當時之正常價格為基礎，乘以續租之租金收益率，以估計淨收益，再加計必要費用。
   (3)以勘估標的原契約租金之淨收益，就其租金變動趨勢調整後，再加計必要費用。
   (4)分析勘估標的原契約租金與市場經濟租金之差額中，應歸屬於出租人之適當部分，加計契約租金。

九、不動產估價技術規則第八十二條規定，土地之上下因有其他設施通過，致使用受限制之宗地，應先估算其正常價格，再考量該設施通過造成土地利用之影響，並計算其地價減損額後，從正常價格中扣除之，以其餘額為該宗地之價格。試就本條規定之內容作詳細之說明，並具體敘述估計地價減損額之方法。（25分）【90估高】

有捷運系統通過（高壓電線、地下鐵）之土地，請問應如何評估其價值？【93估特】

答：土地之上下因有其他設施通過，致使用受限制之宗地，估計地價減損額之方法為區分地上權的估價方法，分述如下：

(一) 比較法：
1. 買賣實例比較法：蒐集同一供需圈之區分地上權買賣實案，進行情況調整、價格日期調整、區域因素調整、個別因素調整，以求得勘估標的地上權或區分地上權價格的方法。
2. 價格比率法：
   區分地上權價格＝未設定區分地上權價格之素地正常價格×區分地上權價格佔素地正常價格比率。未設定區分地上權價格之素地正常價格依一般的估價方法估計。而區分地上權價格佔素地正常價格比率之求取，係蒐集區分地上權設定實例，依比較法進行調整後決定之。再依上式求得區分地上權價格。
3. 設定實例比較法：
   如區分地上權設定實例很少，僅針對單一區分地上權設定實例，就該實例與勘估標的在設定契約內容、宗地條件等因素之差異，以比較法之情況、價格日期、區域因素、個別因素進行比較、調整，以求得勘估標的區分地上權價格佔素地正常價格比率，再以此比率乘上未設定區分地上權價格之素地正常價格，得到區分地上權價格。

(二) 收益法（差額租金還原法）：
以收益法來求地上權或區分地上權價格之方法，稱為差額租金還原法，是以勘估標的每年之淨收益，扣除地上權之每年租金後之收益，以收益資本化率還原為地上權或區分地上權價格的方法

(三) 立體利用阻礙率法（補償基準法）：

地上權或區分地上權價格＝未設定地上權或區分地上權價格之素地正常價格×土地平面阻礙率×土地立體阻礙率

(1) 土地平面阻礙率：該區分地上權對該土地水平效能的影響比率。

(2) 土地立體阻礙率：該區分地上權對該土地立體效能的影響比率。

土地立體阻礙率＝$aV_1＋bV_2＋cV_3＋dV_4$

V_3 土地地面上可建築部分以上之利用價值比例
c 阻礙土地地面上可建築部分以上之利用價值比例

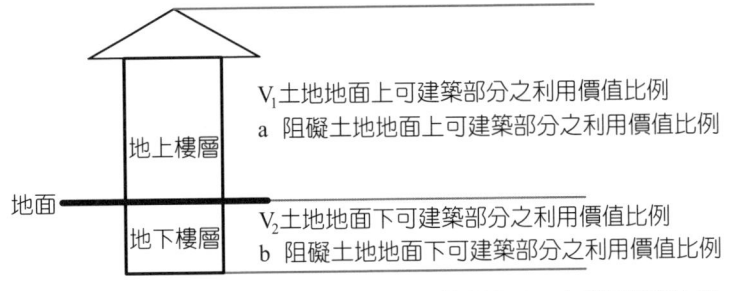

V_1 土地地面上可建築部分之利用價值比例
a 阻礙土地地面上可建築部分之利用價值比例

地面　地上樓層

地下樓層

V_2 土地地面下可建築部分之利用價值比例
b 阻礙土地地面下可建築部分之利用價值比例

V_4 土地地面下可建築部分以下之利用價值比例
d 阻礙土地地面下可建築部分以下之利用價值比例

(四) 樓層別效用比率法：

運用樓層別效用比率法求取區分地上權之價格，首先是以比較法、土地開發分析法等一般的估價方法求出素地正常價格，然後再推求地上權佔素地正常價格的比率。將上述兩者相乘得地上權價格，其次再以高樓估價方式，計算出勘估標的的樓層別效用比，再將地上權價格乘樓層別效用比得區分地上權之價格。簡言之，運用樓層別效用比率法求取區分地上權之價格，就是先求地上權價格，再計算區分地上權所佔的比例

之價格。其步驟如下：

(1)地上權價格＝素地正常價格×地上權價格／素地正常價格

(2)區分地上權價格＝地上權價格×樓層別效用比率

十、何謂土地貢獻說？何謂聯合貢獻說？（10分）【91估特】

答：土地貢獻、聯合貢獻說之意義，分述如下：

1. 土地貢獻說：土地貢獻說認為，有土地才能有建物，而且建物會逐漸折舊，所以在拆分土地和建物價格時，超額利潤應全部歸屬在土地。

2. 建物貢獻說：建物貢獻說認為，光有土地沒有興建建物，效能也無從發揮，所以在拆分土地和建物價格時，超額利潤應全部歸屬在建物。

3. 聯合貢獻說：聯合貢獻說認為，不動產的價值，由土地與建物共同創造，所以在拆分土地和建物價格時，超額利潤應按土地和建物價值比例共同分享。

例如：$P_T = P_L + P_{LC} + P_B + P_{BC} + S$

P_T　：房、地總價

P_L　：土地成本

P_{LC}：土地正常利潤

P_B　：建物成本

P_{BC}：建物正常利潤

S　：超額利潤

1. 土地貢獻說：

　土地價值：$P_L + P_{LC} + S$

　建物價值：$P_B + P_{BC}$

2. 建物貢獻說：

　土地價值：$P_L + P_{LC}$

建物價值：$P_B + P_{BC} + S$

3. 聯合貢獻說：

土地價值：$P_L + P_{LC} + S \times (P_L + P_{LC}) / (P_L + P_{LC} + P_B + P_{BC})$

建物價值：$P_B + P_{BC} + S \times (P_B + P_{BC}) / (P_L + P_{LC} + P_B + P_{BC})$

十一、何謂「支付租金」？何謂「實質租金」？何謂「純租金」？何謂「經濟租金」？何謂「差額租金」？何謂「限定租金」？請分項說明之。

答：

(一) 支付租金：指承租人依契約實際支付予出租人之租金。

(二) 實質租金：指承租人每期支付予出租人之租金，加計押金或保證金、權利金及其他相關運用收益之總數。（技術規則 130）

(三) 純租金：指實質租金扣除租稅公課、減價折舊費、維持管理費、保險費、租賃損失準備金、閒置準備金等必要經費，即所謂純租金。

(四) 經濟租金：指能真正反映租賃不動產經濟價值之適當支付租金或實質租金。

(五) 差額租金：指經濟租金與支付租金之差額。

(六) 限定租金：指基於續訂租約或不動產合併為目的形成之租賃價值，並以貨幣金額表示者。（技術規則 2）

十二、何謂經濟租金？何謂實質租金？何謂支付租金？某甲以低於市場行情一成的租金向某乙承租房屋一年，言明月租金 9,000 元、押金兩個月，於一年期定存利率 2% 下，請問年經濟租金、實質租金、支付租金各為多少？（25 分）【101 經估】

答：

(一) 經濟租金、實質租金、支付租金意義，分述如下：
1. 經濟租金：指能真正反映租賃不動產經濟價值之適當支付租金或實質租金。
2. 實質租金：指承租人每期支付予出租人之租金，加計押金或保證金、權利金及其他相關運用收益之總數。
3. 支付租金：指承租人依契約實際支付予出租人之租金。

(二) 某甲以低於市場行情租金一成的租金向某乙承租房屋一年，言明月租金 9,000 元，押金兩個月，於一年期定存利率 2% 下，其經濟租金、實質租金、支付租金如下：
1. 經濟租金：市場行情月租金×90％＝9,000（元／月）市場行情月租金＝9,000÷90％＝10,000（元／月）

  市場行情年租金＝10,000（元／月）×12＝120,000（元／年）
2. 實質租金：支付租金＋押金兩個月＝9,000×12＋2×9,000×2％＝108,360（元／年）
3. 支付租金：承租人依契約實際支付予出租人之租金＝9,000×12＝108,000（元／年）

十三、依不動產估價技術規則之規定,不動產價格有那些種類?(10分)基於公有土地資源永續利用,政府對公有大面積土地皆以設定地上權方式釋出,請說明評估已設定地上權的土地是評估那一種價格?(5分)又設定地上權土地的估價方式有那些?請說明之。(10分)

答:依不動產估價技術規則之規定,不動產價格有那些種類?已設定地上權的土地是評估那一種價格?設定地上權土地的估價方式有那些?分述如下:

(一) 依不動產估價技術規則之規定,不動產價格有那些種類:

不動產價格的種類,有正常價格、限定價格、特定價格及特殊價格。

1. 正常價格:指具有市場性之不動產,於有意願之買賣雙方,依專業知識、謹慎行動,不受任何脅迫,經適當市場行銷及正常交易條件形成之合理價值,並以貨幣金額表示者。

2. 限定價格:指具有市場性之不動產,在下列限定條件之一所形成之價值,並以貨幣金額表示者:

   (1)以不動產所有權以外其他權利與所有權合併為目的。
   (2)以不動產合併為目的。
   (3)以違反經濟合理性之不動產分割為前提。

3. 特定價格:指具有市場性之不動產,基於特定條件下形成之價值,並以貨幣金額表示者。

4. 特殊價格:指對不具市場性之不動產所估計之價

值，並以貨幣金額表示者。
(二) 已設定地上權的土地是評估那一種價格：
　　從上述正常價格、限定價格、特定價格及特殊價格之定義來看，一般情況應屬正常價格。而在特別情況，如要與地上權合併為目的評估時，則為限定價格。
(三) 設定地上權土地的估價方式：
　　1. 設定地上權土地價值＝該土地未設定地上權之素地價值－地上權價值
　　2. 土地未設定地上權之素地價值估價估算法：
　　　(1) 比較法
　　　　指以比較標的價格為基礎，經比較、分析及調整等，以推算勘估標的價格之方法。
　　　(2) 土地開發分析法
　　　　指根據土地法定用途、使用強度進行開發與改良所導致土地效益之變化，估算開發或建築後總銷售金額，扣除開發期間之直接成本、間接成本、資本利息及利潤後，求得開發前或建築前土地開發分析價格。
　　　(3) 收益法
　　　　收益法是將不動產未來每期的淨收益，以適當的收益資本化率或折現率折算為現在的價值之總合。
　　3. 地上權價值估算法：
　　　(1) 比較法
　　　　A. 買賣實例比較法：蒐集同一供需圈之地上權或區分地上權買賣實案，進行情況調整、價格日期調整、區域因素調整、個別因素調整，以求得勘估標的地上權或區分地上權價格的方法。

B. 價格比率法：

地上權或區分地上權價格＝未設定地上權或區分地上權價格之素地正常價格×地上權或區分地上權價格佔素地正常價格比率。未設定地上權或區分地上權價格之素地正常價格依一般的估價方法估計。而地上權或區分地上權價格佔素地正常價格比率之求取，係蒐集地上權或區分地上權設定實例，依比較法進行調整後決定之。再依上式求得地上權或區分地上權價格。

C. 設定實例比較法：

如地上權或區分地上權設定實例很少，僅針對單一地上權或區分地上權設定實例，就該實例與勘估標的在設定契約內容、宗地條件等因素之差異，以比較法之情況、價格日期、區域因素、個別因素進行比較、調整，以求得勘估標的地上權或區分地上權價格佔素地正常價格比率，再以比率乘上未設定地上權或區分地上權價格之素地正常價格，得到地上權或區分地上權價格。

(2)收益法：

以收益法來求地上權或區分地上權價格之方法，稱為差額租金還原法，是以勘估標的每年之淨收益，扣除地上權之每年租金後之收益，以收益資本化率還原為地上權或區分地上權價格的方法。

十四：數筆土地合併開發利用，應如何估價？應採用何種估價方法？詳細分述如下：

答：

(一) 數筆土地合併開發利用，應如何估價？【經108】

依「不動產估價技術規則」第84條數筆土地合併為一宗進行土地利用之估價，應以合併後土地估價，並以合併前各筆土地價值比例分算其土地價格。

數筆土地合併開發之前其個別價值可能不同，合併開發利用之個別貢獻度可能也不同，所以須考量合併前各筆土地價值比例分算其土地價格。

(二) 應採用何種估價方法？

依「不動產估價技術規則」第87條對以進行開發為前提之宗地，得採土地開發分析法進行估價，並參酌比較法或收益法之評估結果決定其估價額。

1. 依「不動產估價技術規則」第70條

土地開發分析法，指根據土地法定用途、使用強度進行開發與改良所導致土地效益之變化，估算開發或建築後總銷售金額，扣除開發期間之直接成本、間接成本、資本利息及利潤後，求得開發前或建築前土地開發分析價格。

土地開發分析法價格之計算公式如下：

$V = S \div (1+R) \div (1+i) - (C+M)$

其中：

V：土地開發分析價格。

S：開發或建築後預期總銷售金額。

R：適當之利潤率。

C：開發或建築所需之直接成本。

M：開發或建築所需之間接成本。

i：開發或建築所需總成本之資本利息綜合利率。

2. 依「不動產估價技術規則」第 18 條

　　比較法指以比較標的價格為基礎，經比較、分析及調整等，以推算勘估標的價格之方法。依前項方法所求得之價格為比較價格。

3. 依「不動產估價技術規則」第 28 條

　　收益法得採直接資本化法、折現現金流量分析法等方法。依前項方法所求得之價格為收益價格。

　　直接資本化法，指勘估標的未來平均一年期間之客觀淨收益，應用價格日期當時適當之收益資本化率推算勘估標的價格之方法。

　　直接資本化法之計算公式如下：

　　收益價格＝勘估標的未來平均一年期間之客觀淨收益÷收益資本化率

　　折現現金流量分析法，指勘估標的未來折現現金流量分析期間之各期淨收益及期末價值，以適當折現率折現後加總推算勘估標的價格之方法。

　　前項折現現金流量分析法，得適用於以投資為目的之不動產投資評估。

　　折現現金流量分析法之計算公式如下：

$$P = \sum_{k=1}^{n'} CF_k / (1+Y)^k + P_{n'} / (1+Y)^{n'}$$

　　其中：

　　P　：收益價格。

　　CF_k：各期淨收益。

　　Y　：折現率。

　　n'　：折現現金流量分析期間。

　　k　：各年期。

Pn'：期末價值。

從以上三個估價基本方法的定義、計算方法、蒐集資料等方面考量，本題數筆土地合併開發利用，採用土地開發分析法進行估價，並參酌比較法或收益法之評估結果決定其估價額，較為適當。

十五、社會住宅包租代管的政策讓不動產經紀人投入租賃仲介，根據不動產估價技術規則規定，不動產經紀人要如何提供租戶租金估計建議？試敘述分析之。【經110】

答：

(一) 依據「不動產估價技術規則」第132條新訂租約之租金估計，得採下列方式為之：

1. 以新訂租約之租賃實例為比較標的，運用比較法估計之。
2. 以勘估標的價格乘以租金收益率，以估計淨收益，再加計必要費用。
3. 分析企業經營之總收入，據以估計勘估標的在一定期間內之淨收益，再加計必要費用。

(二) 依據「不動產估價技術規則」第133條續訂租約之租金估計，得採下列方式為之：

1. 以續訂租約之租賃實例為比較標的，運用比較法估計之。
2. 以勘估標的於價格日期當時之正常價格為基礎，乘以續租之租金收益率，以估計淨收益，再加計必要費用。
3. 以勘估標的原契約租金之淨收益，就其租金變動趨勢調整後，再加計必要費用。
4. 分析勘估標的原契約租金與市場經濟租金之差額

中，應歸屬於出租人之適當部分，加計契約租金。
(三) 社會住宅依住宅法第 3 條第 2 款規，係指由政府興辦或獎勵民間興辦，專供出租之住宅及其必要附屬設施，目前政府推動之社會住宅主要分為以下兩種：

新建：政府或獎勵民間直接興建社會住宅，以低於市場租金出租給所得較低的家庭、弱勢對象及就業、就學有居住需求者的住宅。

包租代管：以活化及利用現有空屋，辦理民間租屋媒合，以低於市場租金包租或代管方式提供給所得較低家庭、弱勢對象及就業、就學有居住需求者之租屋協助。

本題所述社會住宅包租代管的政策讓不動產經紀人投入租賃仲介，根據不動產估價技術規則規定，不動產經紀人可依情況不同，就上述「不動產估價技術規則」第 132、133 條估計租金，再依相關的規定折減，提供租戶租金建議。

附錄一 不動產經紀人考試不動產估價概要試題及參考解答

113年不動產紀人不動產估價概要試題及參考解答

甲、申論題部分：（50分）

一、何謂折現現金流量分析法？又其與直接資本化法有何差異？（25分）

答：

(一) 依不動產估價技術規則第31條：折現現金流量分析法，指勘估標的未來折現現金流量分析期間之各期淨收益及期末價值，以適當折現率折現後加總推算勘估標的價格之方法。

依不動產估價技術規則第32條：折現現金流量分析法之計算公式如下：

$$P = \sum_{k=1}^{n'} CFk/(1+Y)^k + Pn'/(1+Y)^{n'}$$

其中：P：收益價格。

CFk：各期淨收益。

Y：折現率。

n'：折現現金流量分析期間。

k：各年期。

Pn'：期末價值。

(二) 折現現金流量分析法與直接資本化法之差異：

1. 依不動產估價技術規則第29條 直接資本化法，指

勘估標的未來平均一年期間之客觀淨收益，應用價格日期當時適當之收益資本化率推算勘估標的價格之方法。

依不動產估價技術規則第 30 條直接資本化法之計算公式如下：

收益價格＝勘估標的未來平均一年期間之客觀淨收益 ÷ 收益資本化率

2. 折現現金流量分析法與直接資本化法之差異：
   (1) 直接資本化法之各期淨收益相同（未來平均一年期間之客觀淨收益），折現現金流量分析法之各期淨收益不同。
   (2) 直接資本化法無期末價值，折現現金流量分析法有期末價值。
   (3) 直接資本化法採收益資本化率，折現現金流量分析法採折現率。
   (4) 直接資本化法之收益年數為無窮年限，折現現金流量分析法之收益年數有一定年限。

二、請說明土地開發分析法之計算公式，又土地開發分析法之成本項目內容為何？（25 分）

答：

(一) 土地開發分析法之計算公式：
依不動產估價技術規則第 81 條 土地開發分析法之計算公式

$V＝S÷(1＋R)÷(1＋i)－(C＋M)$

其中：V：土地開發分析價格。
　　　S：開發或建築後預期總銷售金額。
　　　R：適當之利潤率。

C：開發或建築所需之直接成本。

　　M：開發或建築所需之間接成本。

　　i：開發或建築所需總成本之資本利息綜合利率。

(二) 土地開發分析法之成本項目內容：

依不動產估價技術規則第 76 條 土地開發分析法之成本項目內容

1. 直接成本：營造或施工費。

2. 間接成本，其內容如下：

　　(1) 規劃設計費。

　　(2) 廣告費、銷售費。

　　(3) 管理費。

　　(4) 稅捐及其他負擔。

乙、選擇題部分：（50 分）

(一) 本測驗試題為單一選擇題，請選出一個正確或最適當的答案，複選作答者，該題不予計分。
(二) 共 25 題，每題 2 分，須用 2B 鉛筆在試卡上依題號清楚劃記，於本試題或申論試卷上作答者，不予計分。

(B) 1 不動產市場循環受到諸多經濟因素的影響，評估不動產價格時都訂有價格日期，依價格日期評估時必須掌握那項原則？ (A)預測原則 (B)變動原則 (C)收益分配原則 (D)外部性原則

(B) 2 王小姐住家旁有一個高壓電塔，電塔周遭的房子不太容易售出，價格也比較低，不動產估價師評估該嫌惡設施對於房屋價格的影響是基於那一項原則？ (A)適合原則 (B)外部性原則 (C)貢獻原則 (D)競爭原則

(D) 3 下列何者非屬於不動產估價範疇？ (A)大鵬灣濕地 (B)地上權房屋，如 101 大樓 (C)種植在山上的果樹 (D)從果樹上摘下來的果實

(B) 4 某預售建案因取得綠建築黃金級標章，每坪開價比附近未取得標章之建案貴，建商申請綠建築標章的行為是基於不動產估價之何種經濟原則？ (A)最高最有效原則 (B)貢獻原則 (C)供需原則 (D)外部性原則

(B) 5 下列有關租金估計的敘述何者錯誤？ (A)租金估價的價格種類包括正常租金與限定租金兩種 (B)名目租金，指承租人每期支付予出租人之租金，加計押金或保證金、權利金及其他相關運用收益之總數

(C)續訂租金與正常市場租金不同，故續訂租金屬於限定租金　(D)積算法用於評估正常租金

（C）6　不動產估價技術規則對不動產估價方法運用的規定，下列何者錯誤？　(A)不動產估價師應兼採二種以上估價方法推算勘估標的價格　(B)不動產估價師應就不同估價方法估價所獲得之價格進行綜合比較，就其中金額顯著差異者重新檢討　(C)評估證券化不動產清算價格時，對於折現現金流量分析法之收益價格應賦予相對較大之權重　(D)對於各方法試算價格應視不同價格所蒐集資料可信度及估價種類目的條件差異，考量價格形成因素之相近程度，決定勘估標的價格，並將決定理由詳予敘明

（A）7　有關比較法的敘述下列何者錯誤？　(A)比較標的價格經情況調整、價格日期調整、區域因素調整及個別因素調整後所獲得之價格稱為比較價格　(B)比較法指以比較標的價格為基礎，經比較、分析及調整等，以推算勘估標的價格之方法　(C)價格日期調整是指比較標的之交易日期與勘估標的之價格日期因時間之差異，致價格水準發生變動，應以適當之變動率或變動金額，將比較標的價格調整為勘估標的價格日期之價格　(D)比較標的與勘估標的不在同一近鄰地區內時，為將比較標的之價格轉化為與勘估標的同一近鄰地區內之價格水準的調整稱為區域因素調整

（D）8　不動產估價技術規則第26條第1項：經比較調整後求得之勘估標的試算價格，應就價格偏高或偏低者重新檢討，經檢討確認適當合理者，始得作為決定比較價格之基礎。檢討後試算價格之間差距仍達

百分之二十以上者,應排除該試算價格之適用。若比較標的一、二、三之試算價格分別為 79 萬元／坪,77 萬元／坪及 95 萬元／坪,下列敘述何者正確? (A)三個試算價格之間皆符合排除條件 (B)三個試算價格之間皆不符合排除條件 (C)比較標的一與三之間符合排除條件 (D)比較標的二與三之間符合排除條件

解析:(1) 比較標的一試算價格和比較標的二試算價格之間:

$(79-77)/[(79+77)/2]=2.56\%$

(2) 比較標的二試算價格和比較標的三試算價格之間:

$(95-77)/(95+77)/2=20.93\%$

(3) 比較標的一試算價格和比較標的的試算價格之間:

$(95-79)/(95+79)/2=18.39\%$

由上計算可知答案 D 比較標的二與三之間符合排除條件

(C) 9 下列何者非屬營造或施工費的內含項目? (A)直接人工費 (B)間接材料費 (C)開發商的合理利潤 (D)資本利息

(A) 10 有關營造或施工費的敘述何者錯誤? (A)營造或施工費屬於建物總成本的一部分,房屋愈舊,營造或施工費就愈低 (B)勘估標的之營造或施工費,得按直接法或間接法擇一求取之。功能性退化造成的折舊屬於房屋折舊的一部分 (C)淨計法屬於直接法的一種,是指就勘估標的所需要各種建築材料及人工之數量,逐一乘以價格日期當時該建築材料之單價

及人工工資,並加計管理費、稅捐、資本利息及利潤 (D)單位工程法也屬於直接法,係以建築細部工程之各項目單價乘以該工程施工數量,並合計之

(A) 11 中央銀行理監事會於 113 年第 3 季會議決議調升存款準備率及調整選擇性信用管制措施,此項宣布可能會影響不動產市場與價值,此為影響不動產價值之何種因素?(A)一般因素 (B)情況因素 (C)區域因素 (D)個別因素

(A) 12 下列對於有效總收入與總收入之間關係的敘述何者正確? (A)總收入必定大於或等於有效總收入 (B)有效總收入與總收入只是說法上不同,兩者在實質的意義上一樣 (C)總收入減去總費用等於淨收益 (D)總收入＝有效總收入＋總費用

(C) 13 收益資本化率決定的方法中與銀行貸款成數相關的是那一個方法?(A)市場萃取法 (B)有效總收入乘數法 (C)債務保障比率法 (D)風險溢酬法

(A) 14 有關收益法的公式,下列何者錯誤? (A)淨收益未扣除折舊提存費者,建物收益價格＝建物淨收益／建物收益資本化率 (B)直接資本化法之收益價格＝勘估標的未來平均一年期間之客觀淨收益／收益資本化率 (C)地上有建物者,土地收益價格＝（房地淨收益－建物淨收益）／土地收益資本化率 (D)淨收益已扣除折舊提存費者,房地綜合收益資本化率＝土地收益資本化率×土地價值比率＋建物收益資本化率×建物價值比率

(B) 15 有關特殊宗地估價敘述,下列何者錯誤? (A)農場或牧場之估價,以比較法估價為原則 (B)公共設施用地及公共設施保留地之估價,應考慮政府徵收土

地之可能價格評估之　(C)高爾夫球場之估價，應考慮會員制度、球場設施、開發成本、收益及營運費用等因素　(D)鹽田之估價無買賣實例者，得以附近土地價格為基礎，考慮其日照、通風、位置及形狀等差異，比較推估之

(C) 16　有關權利估價敘述，下列何者正確？　(A)市地重劃前後土地估價係作為地主分配的依據，不屬於權利估價　(B)永佃權估價，不需要考慮佃租支付情形，依民間習慣估計之　(C)地上權估價，應考慮其用途、權利存續期間、支付地租之有無、權利讓與之限制及地上權設定之空間位置等因素估計之　(D)容積移轉估價，主要考慮捐贈公共設施用地的市場價格決定之

(C) 17　下列那種情況評估的是特殊價格？　(A)估價師受託辦理評估因都市計畫將公園變更為住宅用地之土地價格　(B)估價師受託辦理評估以土地租賃權與租賃地合併為目的之價格　(C)估價師受託辦理評估大甲鎮瀾宮的價格　(D)估價師受託辦理評估都市邊緣未來可能變更為建地的農地價格

(B) 18　影響不動產價格的三大因素中區域因素甚為重要，下列敘述何者非屬區域因素的描述？　(A)王小姐的房子位於信義計畫區內房價水準很高　(B)張先生的房子距離大安森林公園約 50 公尺條件很好　(C)板橋埔墘生活圈生活機能很好　(D)中正紀念堂周遭的房子有很好的價值條件

(B) 19　A 把忠孝東路五段鄰近市政府的店面出租給一間連鎖咖啡店，每月租金 100,000 元，押金 2 個月，假設年利率 2.5%，約定每年管理費 120,000 元由

咖啡店支付,請問其一年支付之實質租金為多少元? (A) 1,200,000 (B) 1,205,000 (C) 1,085,000 (D) 1,080,000

解析:實質租金:
年租金＝100,000×12＝1,200,000
押金收益＝2×100,000×2.5%＝50,000
1,200,000＋50,000＝1,205,000
由上計算可知答案 B

(A) 20 某公寓因為隔壁基地正在興建危老建案造成外牆龜裂現象,此現象屬於那一種折舊類型? (A)物理性折舊 (B)功能性折舊 (C)經濟性折舊 (D)外部性折舊

(B) 21 一棟屋齡 30 年的公寓,假設現在重建成本是 3,000 萬元,耐用年數為 50 年,殘餘價格率為 10%,以定額法計算折舊的情況下,目前公寓的價值是多少? (A) 1,620 萬元 (B) 1,380 萬元 (C) 1,080 萬元 (D) 1,200 萬元

(B) 22 比較標的於 112 年 9 月以 3,060 萬元售出,當時房價指數為 102;勘估標的價格日期為 113 年 5 月,房價指數上漲至 105。假設其他條件相同,勘估標的經價格日期調整後的應該是多少? (A) 2,970 萬元 (B) 3,150 萬元 (C) 3,240 萬元 (D) 3,210 萬元

(B) 23 依據不動產估價技術規則規定試算價格的價格決定,那一項不適用? (A)試算價格調整過程中,任一單獨項目之價格調整率大於 15% 時應排除 (B)試算價格調整過程中,總調整率大於 20% 應排除 (C)試算價格調整過程中,總調整率大於 30% 應排除 (D)試算價格調整過程中,試算價格之間差距達

20%以上應排除

（B）24 某一開發案自有資金比例是 30%，其餘資金向銀行貸款，貸款利率為 3%，自有資金報酬率為 2%，其資本化率為何？　(A) 2.3%　(B) 2.7%　(C) 2.5%　(D) 2.6%

（D）25 某一棟四層樓公寓，各樓層面積皆相同，一樓單價每坪 50 萬元， 4 樓單價每坪 40 萬元，假設 4 樓之樓層別效用比為 100%，請問一樓的樓層別效用比是多少？　(A) 150%　(B) 130%　(C) 115%　(D) 125%

112年不動產紀人不動產估價概要試題及參考解答

甲、申論題部分：（50分）

一、一棟12層大樓的第10層擬出售，該樓層在前一年於梯廳位置曾發生過凶殺致死案，請問該事件屬於影響不動產價格因素的那一類？是否會影響該層樓之價格？（25分）

答：

(一) 於影響不動產價格因素有下列三大項：

1. 一般因素：指對於不動產市場及其價格水準發生全面影響之自然、政治、社會、經濟等共同因素。
2. 區域因素：指影響近鄰地區不動產價格水準之因素。
3. 個別因素：指不動產因受本身條件之影響，而產生價格差異之因素。

從上述定義可知，該樓層在前一年於梯廳位置曾發生過凶殺致死案，該事件應該屬於影響不動產價格因素的「個別因素」。

(二) 該樓層在前一年於梯廳位置曾發生過凶殺致死案，是否會影響該層樓之價格？

凶殺致死案對於居住者的心理還是有一定的影響，但是梯廳位於住宅的「共有部分」，相較於位於住宅的「專有部分」影響較小，但是仍然會影響該層樓之價格。

二、有一屋齡 10 年的中古住宅，於建物重新建造成本 800 萬元、耐用年數 50 年、殘餘價格率 5% 的條件下，依不動產估價技術規則的等速折舊路徑計算，建物的現在價值是多少？另請以專業人士的觀點，分析這個價格的合理性。（25 分）

答：

(一) 依不動產估價技術規則的等速折舊路徑計算，建物的現在價值：

$P = C - C(1-s) \times n / N$

其中 P：建物成本價格。（建物的現在價值）

　　C：建物總成本。

　　s：殘餘價格率。

　　N：經濟耐用年數。

　　n：經歷年數。

$P = 800 - 800(1-5\%) \times 10 / 50 = 648$（萬）

(二) 另請以專業人士的觀點，分析這個價格的合理性：

1. 上述建物，係依「不動產估價技術規則」之「成本法」，（以勘估標的於價格日期之重建成本或重置成本，扣減其累積折舊額或其他應扣除部分，以推算勘估標的價格之方法）所計算的「成本價格」。

2. 以專業人士的觀點，分析這個價格的合理性如下：

   (1) 上述「建物的現在價值」是從「成本」單一的面向來看。不動產的「合理價格」，還應該從「不動產估價技術規則」的另外兩個面向，比較法的「比較價格」面向，以及收益法的「收益價格」面向，綜合考量，比較能評估這個價格的合理性。

(2) 依「不動產估價技術規則」第六十八條第 2 項建物累積折舊額之計算,除考量物理與功能因素外,並得按個別建物之實際構成部分與使用狀態,考量經濟因素,觀察維修及整建情形,推估建物之賸餘經濟耐用年數,加計已經歷年數,求算耐用年數,並於估價報告書中敘明。上述計算如能輔以「觀察法」進行調整「耐用年數」,較能評估這個建物價格的合理性。

(3) 依「不動產估價技術規則」第六十八條第 1 項,建物累積折舊額之計算,應視建物特性及市場動態,選擇屬於等速折舊、初期加速折舊或初期減速折舊路徑之折舊方法。

上述僅以等速折舊計算建物現值,還應視建物特性及市場動態,選擇屬於等速折舊、初期加速折舊或初期減速折舊路徑之折舊方法,較能評估這個建物價格的合理性。

乙、選擇題部分：（50分）

(一) 本測驗試題為單一選擇題，請選出一個正確或最適當的答案，複選作答者，該題不予計分。
(二) 共 25 題，每題 2 分，須用 2B 鉛筆在試卡上依題號清楚劃記，於本試題或申論試卷上作答者，不予計分。

(D) 1　不動產售屋廣告中「面對公園第一排」，對不動產之影響，是屬於不動產估價影響因素中之何種因素？　(A)一般因素　(B)市場因素　(C)區域因素　(D)個別因素

(B) 2　不動產估價師受託評估總統府價值，此屬於何種價格種類？　(A)申報價格　(B)特殊價格　(C)特定價格　(D)限定價格

(A) 3　各直轄市、縣（市）國土計畫於 110 年 4 月 30 日公告實施，此為影響不動產價格之何種因素？　(A)一般因素　(B)市場因素　(C)區域因素　(D)個別因素

(C) 4　收益性不動產價值是由現在至將來所能帶給權利人之利潤總計，估價師求取將來的收益據以評估不動產價值，應重視何種不動產估價原則？　(A)期日原則　(B)外部性原則　(C)預測原則　(D)內部性原則

(B) 5　老舊公寓因加裝電梯設備，價格也因此提升，此為何種不動產原則？　(A)收益分配原則　(B)貢獻原則　(C)均衡原則　(D)供需原則

(A) 6　依不動產估價技術規則規定，比較標的為父親賣給兒子之交易，應進行何種調整？　(A)情況調整　(B)價格日期調整　(C)區域因素調整　(D)個人因素調整

(D) 7　下列之建物殘餘價格率，何者符合不動產估價技術

規則之規定？ (A) 20%　(B) 18%　(C) 12%　(D) 8%

（C）8　有一不動產平均每年每坪之淨收益為 3,000 元，若收益資本化率為 5%，該不動產每坪之收益價格為： (A) 8 萬元　(B) 7 萬元　(C) 6 萬元　(D) 5 萬元

（C）9　下列何者不是收益法推算勘估標的總費用之項目？ (A)地價稅　(B)房屋稅　(C)土地增值稅　(D)維修費

（B）10　有一幢公寓每坪平均售價為 60 萬元，1 樓每坪售價為 75 萬元，4 樓每坪售價為 50 萬元，建物價格占不動產價格之 40%，若 4 樓之樓層別效用比為 100%，則 1 樓之樓層別效用比為何？ (A) 175% (B) 150%　(C) 120%　(D) 102%

（C）11　目前銀行之一年期定存利率為 1.57%，活存利率為 0.58%，短期放款利率為 7.11%，下列之敘述何者正確？ (A)資金中自有資金之計息利率為 7.11% (B)資金中預售收入之計息利率為 0.58%　(C)資金中自有資金之計息利率為 1.52%　(D)資金中借款之計息利率為 1.57%

（B）12　就勘估標的所需要各種建築材料及人工之數量，逐一乘以價格日期當時該建築材料之單價及人工工資，並加計管理費、稅捐、資本利息及利潤，以求取勘估標的之營造施工費之方法為何？ (A)間接法 (B)淨計法　(C)工程造價比較法　(D)單位面積比較法

（C）13　不動產租金估計，以估計勘估標的之何種租金為原則？ (A)市場租金　(B)差額租金　(C)實質租金　(D)經濟租金

（B）14　決定收益資本化率之方法中，選擇數個與勘估標的相同或相似之比較標的，以其淨收益除以價格後，以所得之商數加以比較決定之方法為何？ (A)風險

溢酬法 (B)市場萃取法 (C)債務保障比率法 (D)折現現金流量分析法

(C) 15 依不動產估價技術規則之規定，有關特殊宗地估價之敘述，下列何者正確？ (A)高爾夫球場之估價，以比較法估價為原則 (B)溫泉地之估價，以比較法估價為原則 (C)鹽田之估價，以比較法估價為原則 (D)林地之估價，以比較法估價為原則

(B) 16 有關計量模型分析法之敘述，下列何者錯誤？ (A)計量模型分析法截距項以外其他各主要影響價格因素之係數估計值同時為零之顯著機率不得大於百分之五 (B)計量模型分析法只能用以推算各主要影響價格因素之調整率 (C)計量模型分析法可求出各主要影響價格因素與比較標的價格二者之關係式 (D)計量模型分析採迴歸分析者，其調整後判定係數不得低於零點七

(A) 17 有關不動產租金估計之敘述，下列何者正確？ (A)不動產租金估計，以估計勘估標的之承租人每期支付予出租人之租金，加計押金或保證金、權利金及其他相關運用收益之總數為原則 (B)新訂租約之租金估計得以勘估標的預估契約租金之淨收益，估計租金未來變動趨勢調整後，再加計必要費用 (C)續訂租約之租金估計得以勘估標的價格乘以租金收益率，以估計淨收益，再加計必要費用 (D)不動產之租金估計不應考慮使用目的

(B) 18 當債務保障比率要求為 1.5 倍，貸款常數為 0.1，不動產價格為新臺幣 60 億元，自有資金為新臺幣 15 億元，不足資金則跟銀行貸款。請問在前述情況下收益資本化率（折現率）為何？ (A) 15%

(B) 11.25%　(C) 5%　(D) 3.75%

解析：債務保障比率法：依債務保障比率方式決定，其計算式如下：
收益資本化率或折現率＝債務保障比率×貸款常數×貸款資金占不動產價格比率
＝1.5×0.1×(60－15)／60
＝11.25%

(A) 19 在宗地估價中，公共設施用地及公共設施保留地之估價，以下列那一種方法估價為原則？　(A)比較法　(B)收益法　(C)成本法　(D)土地開發分析法

(A) 20 下列何者不屬於土地建築開發之間接成本項目？　(A)建築開發之施工人員施工費用　(B)建築開發之規劃設計費　(C)建築開發之管理費　(D)建築開發之銷售費

(A) 21 有關房地成本價格之計算公式，下列何者正確？　(A)房地成本價格＝土地總成本＋建物成本價格　(B)房地成本價格＝土地總成本＋建物總成本　(C)房地成本價格＝土地價格＋建物成本價格－建物累積折舊額　(D)房地成本價格＝土地價格＋建物成本價格＋建物累積折舊額

(C) 22 下列那一種方法不屬於計算收益資本化率或折現率之方法？　(A)加權平均資金成本法　(B)有效總收入乘數法　(C)折現現金流量分析法　(D)風險溢酬法

(B) 23 比較法估價試算價格之調整運算過程中，區域因素調整、個別因素調整或區域因素及個別因素內之任一單獨項目之價格調整率大於（甲），或情況、價格日期、區域因素及個別因素調整總調整率大於（乙）時，判定該比較標的與勘估標的之差異過大，

應排除該比較標的之適用。請問（甲）與（乙）各為多少？ (A)（甲）為百分之十五，（乙）為百分之十五 (B)（甲）為百分之十五，（乙）為百分之三十 (C)（甲）為百分之三十，（乙）為百分之十五 (D)（甲）為百分之三十，（乙）為百分之三十

(D) 24 如果一開發案開發後預期總銷售金額為新臺幣 10 億元，適當之利潤率為 10%，開發所需之直接成本為新臺幣 6 億元，開發所需之間接成本為新臺幣 2 億元，開發所需總成本之資本利息綜合利率為 5%。請問下列何者最接近此一開發案之土地開發分析價格？ (A)新臺幣 2 億元 (B)新臺幣 1.5 億元 (C)新臺幣 1.091 億元 (D)新臺幣 0.658 億元

(D) 25 有關一宗土地內有數種不同法定用途時之估價敘述，下列何者錯誤？ (A)估價前應先考量其最有效使用再決定估價方式 (B)在考量宗地狀況後可以視不同法定用途採分別估價 (C)估價前應先考量各種用途之相關性及分割之難易度再決定估價方式 (D)估價時無須考量是否有數種不同法定用途，只需依其主要用途估價

附錄二 土地徵收補償市價查估辦法

103年11月14日台內地字第1031302454號令修正
101年6月5日台內地字第1010199193號令訂定

第一條 （法源依據）

本辦法依土地徵收條例（以下簡稱本條例）第三十條第四項規定訂定之。

第二條 （用詞定義）

本辦法用詞定義如下：
一、市價：指市場正常交易價格。
二、比準地：指地價區段內具代表性，以作為查估地價區段內各宗土地市價比較基準之宗地，或作為查估公共設施保留地毗鄰非公共設施保留地區段地價之宗地。

第三條 （得委託估價師查估）

直轄市或縣（市）主管機關依本辦法規定辦理土地徵收補償市價查估時，得將查估程序全部或一部委託不動產估價師辦理，委託費用由需用土地人負擔。

不動產估價師受託查估土地徵收補償市價者，應依本辦法辦理。

第四條 （市價查估辦理程序）

土地徵收補償市價查估之辦理程序如下：
一、蒐集、製作或修正有關之基本圖籍及資料。
二、調查買賣或收益實例、繪製有關圖籍及調查有關影響地價之因素。
三、劃分或修正地價區段，並繪製地價區段圖。

四、估計實例土地正常單價。

五、選取比準地及查估比準地地價。

六、估計預定徵收土地宗地單位市價。

七、徵收土地宗地單位市價提交地價評議委員會評定。

第五條　（基本圖籍及資料）

前條第一款所定基本圖籍及資料，包括下列事項：

一、不動產相關資料、都市計畫地籍套繪圖、非都市土地使用分區圖、街道圖、都市計畫圖說、禁限建範圍圖、預定徵收土地地籍圖、土地使用計畫圖、河川或排水圖籍。

二、地籍圖檔。

三、地價區段略圖。

四、其他有關圖籍及資料。

第六條　（蒐集買賣或收益實例）

依第四條第二款調查實例，以蒐集市場買賣實例為主，並得蒐集市場收益實例。調查實例應填寫買賣實例調查估價表或收益法調查估價表。

前項所稱收益實例，指租賃權或地上權等他項權利，且具有租金或權利金等對價給付之實例。

第一項調查得採用當事人、四鄰、不動產估價師、不動產經紀人員、地政士、金融機構、公有土地管理機關、司法機關或有關機關（構）之資訊。

第七條　（情況調整修正）

買賣或收益實例如有下列情形之一，致價格明顯偏高或偏低者，應先作適當之修正，記載於買賣實例或收益法調查估價表。但該影響交易價格之情況無法有效掌握及量化調整時，應不予採用：

一、急買急賣或急出租急承租。

二、期待因素影響之交易。

三、受債權債務關係影響之交易。

四、親友關係人間之交易。

五、畸零地或有合併使用之交易。

六、地上物處理有糾紛之交易。

七、拍賣。

八、公有土地標售、讓售。

九、受迷信影響之交易。

十、包含公共設施用地之交易。

十一、人為哄抬之交易。

十二、與法定用途不符之交易。

十三、其他特殊交易。

第八條　（查證確認事項）

買賣或收益實例除依前條規定辦理外，並應就下列事項詳予查證確認後，就實例價格進行調整，並記載於買賣實例或收益法調查估價表：

一、交易價格、租金或權利金等及各項稅費之負擔方式。

二、有無特殊付款方式。

三、實例狀況。

四、有無基本機電、裝修以外之其他建物裝潢費用。

第九條　（應調查之區域因素）

土地徵收補償市價查估應調查影響之區域因素，包括土地使用管制、交通運輸、自然條件、土地改良、公共建設、特殊設施、環境污染、工商活動、房屋建築現況、土地利用現況及其他影響因素之資料等。

前項影響區域因素之資料，應依地價區段勘查表規定之項目勘查並填寫。

第十條　（劃分地價區段）

劃分地價區段時，應攜帶地籍圖及地價區段勘查表實地勘查，

原則以鄉（鎮、市、區）為單位，斟酌地價之差異、當地土地使用管制、交通運輸、自然條件、土地改良、公共建設、特殊設施、環境污染、工商活動、房屋建築現況、土地利用現況及其他影響地價因素，於地籍圖上將地價相近、地段相連、情況相同或相近之土地劃為同一地價區段。

非建築用地中經依法允許局部集中作建築使用且其地價有顯著差異時，應就該建築使用之土地單獨劃分地價區段。非都市土地及都市計畫農業區、保護區之零星建築用地，或依規定應整體開發而未開發之零星已建築用地，在同一區段範圍內，得將地價相近且使用情形相同而地段不相連之零星建築用地，視為一個地價區段另編區段號。

公共設施保留地應單獨劃分地價區段，並得視臨街情形或原建築使用情形再予細分。

帶狀公共設施保留地穿越數個地價不同之區段時，得視二側非保留地地價區段之不同，分段劃分地價區段。

同一公共設施保留地分次徵收時，得視為同一公共設施保留地劃設地價區段。

第十一條　（地價區段界線）

地價區段之界線，應以地形地貌等自然界線、道路、溝渠或使用分區、編定使用地類別等使用管制之界線或適當之地籍線為準。

第十二條　（地價區段圖產製）

地價區段圖以地籍圖繪製或由電腦產製，應以紅線標示地價區段界線，並註明區段號、比準地位置、比準地地價、主要街道與重要公共設施位置及名稱。

第十三條　（估計土地正常單價）

以買賣實例估計土地正常單價方法如下：

一、判定買賣實例情況，非屬特殊情況者，買賣實例總價格即

為正常買賣總價格；其為特殊情況者，應依第七條及第八條規定修正後，必要時並得調查鄰近相似條件土地或房地之市場行情價格，估計該買賣實例之正常買賣總價格。

二、地上無建築改良物（以下簡稱建物）者，計算土地正常買賣單價。其公式如下：

土地正常買賣單價＝正常買賣總價格÷土地面積

三、地上有區分所有建物，買賣實例為其中部分層數或區分單位者，其土地正常買賣單價之計算程序如下：

(一)該買賣實例土地權利價格＝該買賣實例房地價格－該買賣實例建物成本價格。

(二)該買賣實例土地權利單價＝該買賣實例土地權利價格÷該買賣實例土地持分面積。

(三)土地正常買賣單價之估計，以前目土地權利單價為準，並考慮樓層別效用價差調整。

四、地上有建物，且買賣實例為全部層數者，其土地正常買賣單價之計算程序如下：

(一)該買賣實例土地價格＝該買賣實例房地價格－該買賣實例建物成本價格。

(二)土地正常買賣單價＝該買賣實例土地價格÷該買賣實例土地面積。

第十四條　（收益實例查估比準地）

以收益實例查估比準地收益價格之方法，依不動產估價技術規則第三章第二節規定辦理。

第十五條　（建物成本價格估計）

買賣或收益實例之土地上有建物者，其建物成本價格之估計，依不動產估價技術規則第三章第三節規定辦理。

第十六條　（登記面積認定）

依本辦法辦理查估之建物面積，已辦理登記者，以建物登記之

面積為準；其全部或部分未辦理登記者，以實際調查之面積為準。

第十七條 （價格日期調整至估價基準日）

依第十三條估計之土地正常單價或第十四條採用之收益實例租金或權利金應調整至估價基準日。

前項估價基準日為每年九月一日者，案例蒐集期間以當年三月二日至九月一日為原則。估價基準日為三月一日者，案例蒐集期間以前一年九月二日至當年三月一日為原則。

前項案例蒐集期間內無適當實例時，得放寬至估價基準日前一年內。

第十八條 （地價區段內選取比準地）

比準地應於預定徵收土地範圍內各地價區段，就具代表性之土地分別選取。都市計畫區內之公共設施保留地毗鄰之地價區段，亦同。

第十九條 （比準地比較價格查估）

比準地比較價格之查估，應填載比較法調查估價表，其估計方法如下：

一、就第十七條估價基準日調整後之土地正常單價中，於同一地價區段內選擇一至三件比較標的。

二、將前款比較標的價格進行個別因素調整，推估比準地試算價格。

三、考量價格形成因素之相近程度，決定比準地地價。

地價區段內無法選取或不宜選取比較標的者，得於其他地區選取，估計時應進行區域因素及個別因素調整。

第一項第二款及前項區域因素及個別因素調整，分別依影響地價區域因素評價基準表及影響地價個別因素評價基準表之最大影響範圍內調整。

以收益法估計之比準地收益價格，與第一項估計之比較價格，

經綜合評估，視不同價格所蒐集資料之可信度，考量價格形成因素之相近程度，決定比準地地價。

比準地地價之決定理由應詳予敘明於比準地地價估計表。

第二十條　（宗地條件填寫及個別因素調整）

預定徵收土地宗地市價應以第十八條選取之比準地為基準，參酌宗地條件、道路條件、接近條件、周邊環境條件及行政條件等個別因素調整估計之。但都市計畫範圍內之公共設施保留地，不在此限。

前項宗地條件、道路條件、接近條件、周邊環境條件及行政條件等影響地價個別因素依影響地價個別因素評價基準表之最大影響範圍內調整。

依前二項估計預定徵收土地宗地市價，應填寫徵收土地宗地市價估計表。

第一項預定徵收土地其範圍內各宗地個別因素資料及地籍圖，以需用土地人函文通知直轄市、縣（市）主管機關者為準。

前項宗地個別因素資料之行政條件，依下列方式填寫：

一、非都市土地、都市計畫範圍內公共設施保留地、區段徵收範圍內土地：依徵收計畫報送時之土地使用管制規定填寫。

二、都市計畫範圍內非屬前款公共設施保留地之依法得徵收土地：依都市計畫變更為得徵收土地前之土地使用管制規定填寫；確無法追溯變更前之使用管制條件者，需用土地人應於清冊相關欄位或報送公文中註明。

第二十一條　（地價尾數進位）

比準地地價及宗地市價，應以每平方公尺為計價單位，其地價尾數依下列規定計算：

一、每平方公尺單價在新臺幣一百元以下者，計算至個位數，未達個位數無條件進位。

二、每平方公尺單價逾新臺幣一百元至一千元者,計算至十位數,未達十位數無條件進位。

三、每平方公尺單價逾新臺幣一千元至十萬元者,計算至百位數,未達百位數無條件進位。

四、每平方公尺單價逾新臺幣十萬元者,計算至千位數,未達千位數無條件進位。

依第二十七條土地市價變動幅度調整之宗地市價單價尾數無條件進位至個位數。

第二十二條　（公設地區段地價計算）

都市計畫區內公共設施保留地區段地價以其毗鄰非公共設施保留地之區段地價平均計算。帶狀公共設施保留地穿越數個地價不同之區段時,得分段計算。

前項非公共設施保留地地價區段,以其比準地地價為區段地價,其尾數進位方式依前條規定辦理。

第一項所稱平均計算,指按毗鄰各非公共設施保留地地價區段之區段線比例加權平均計算。毗鄰為公共設施用地區段,其區段地價經納入計算致平均市價降低者,不予納入。

都市計畫農業區、保護區之零星建築用地,或依規定應整體開發而未開發之零星已建築用地,經劃屬公共設施保留地地價區段,其區段地價以與該保留地地價區段距離最近之三個同使用性質地價區段為基準,並得參酌區域因素調整估計之區段地價平均計算結果定之。計算結果較高者,應從高計算。

公共設施保留地宗地市價以依第一項計算之區段地價為準,宗地跨越二個以上地價區段者,分別按各該區段之面積乘以各該區段地價之積之和,除以宗地面積作為宗地單位地價,其地價尾數無條件進位至個位數。

區段徵收範圍內之公共設施保留地區段地價計算方式,以同屬區段徵收範圍內之非公共設施保留地區段地價平均計算為原

則。但同一區段徵收範圍內無毗鄰非公共設施保留地者,依第一項規定查估區段地價。

第二十三條　（加權平均計算步驟）

前條第三項公共設施保留地區段地價加權平均計算作業步驟如下:

一、依第四條規定蒐集、製作或修正有關之基本圖籍及資料。

二、以地籍圖繪製之地價區段圖作為作業底圖。

三、量測公共設施保留地區段毗鄰各非公共設施保留地區段線長度（以下簡稱各區段線長度）：以電腦量測為原則,其長度以公分為最小單位,未滿一公分者,以一公分計。未能由電腦量測者,得採人工作業,以比例尺、求積儀或坐標讀取儀等工具量測,其長度以公尺為最小單位,未滿一公尺者,以一公尺計。

四、以各區段線長度之和為總長度。

五、以毗鄰各非公共設施保留地區段地價乘以各區段線長度,再除以總長度,加總計算公共設施保留地區段地價。

第二十四條　（毗鄰區段以點相接不計）

公共設施保留地區段毗鄰之非公共設施保留地,經量測確僅以點相接者,不計入加權平均計算。

第二十五條　（填寫加權平均計算表）

公共設施保留地區段地價計算作業應填寫公共設施保留地地價加權平均計算表。

第二十六條　（一併徵收查估方式）

一併徵收其徵收當期已逾原徵收案之徵收補償市價適用期間者,其徵收補償市價依第四條至前條規定查估;未逾原徵收案之徵收補償市價適用期間者,其徵收補償市價查估方式如下:

一、屬公共設施保留地者:依第二十二條至前條規定辦理。

二、非屬公共設施保留地,其土地使用性質與原被徵收土地相

同者：按原被徵收土地之宗地地價辦理。

三、非屬公共設施保留地，其土地使用性質與原被徵收土地不同者：以所屬地價區段比準地市價進行個別因素修正或個案查估。

第二十七條　（市價變動幅度作業步驟）

直轄市、縣（市）主管機關計算被徵收土地市價變動幅度之作業步驟如下：

一、分二期蒐集去年九月二日至當年三月一日（現期）買賣實例、去年三月二日至去年九月一日（基期）買賣實例。

二、分期計算實例市價單價並排序。

三、分期計算排序後百分位數二十五至百分位數七十五間案例市價單價平均值。

四、現期市價單價平均值除以基期市價單價平均值，計算市價變動幅度。

前項市價變動幅度計算之作業分區，原則以鄉（鎮、市、區）為單位，並得將地價變動情形相近之鄉（鎮、市、區）合併計算；鄉（鎮、市、區）內地價變動差異大之地區，得予分開計算。

第二十八條　（需用土地人送達時點）

需用土地人依第二十條第四項所為之通知，應於每年九月一日前送達直轄市、縣（市）主管機關，作為次年土地徵收補償查估之依據。但屬當年具急迫性或重大公共建設推動之需者，得於當年三月一日前送達。

需用土地人未及於前項期限前提供直轄市、縣（市）主管機關辦理徵收範圍市價查估作業所需資料者，應提供查估之市價予直轄市、縣（市）主管機關，或協調直轄市、縣（市）主管機關查估市價，提交地價評議委員會評定，所需費用並得由需用土地人負擔。

附錄三　中華民國不動產估價師公會全國聯合會第四號公報

第四號公報內容包括：
一、營造或施工費標準表
二、廣告費、銷售費、管理費及稅捐費率
三、建物經濟耐用年數表
四、建物殘餘價格率
五、開發或建築利潤率

一、不動產估價技術公報--營造或施工費標準表

- 95年07月04日　本會研究發展委員會第七次會議初擬台北市地區
- 95年07月18日　本會研究發展委員會第八次會議訂定台北縣市、基隆市及桃園市等四地區
- 95年07月20日　本會第一屆第六次理監事會議修正通過台北縣市、基隆市及桃園市等四地區，並於網站公告三個月
- 95年08月15日　本會研究發展委員會第十次會議訂定嘉義縣市、台南縣市、高雄縣市、屏東縣市及金門縣市等南部地區
- 96年03月22日　本會研究發展委員會第二十五次會議修訂台北縣市、基隆市、桃園市、嘉義縣市、台南縣市、高雄縣市、屏東縣市及金門縣市等台北地區及南部地區
- 96年08月09日　本會召開「研訂營造或施工費標準表」座談會，邀請內政部地政司、內政部營建署、台北市政府地政處、中華民國營造公會全國聯合會、中華民國建築開發商業同業公會全國聯合會、中華民國營造經理商業同業公會、中華民國第二屆第二十五次會議全國聯合會、財團法人台灣營建研究院、財團法人營造業經展基金會及中華民國建築師公會全國聯合會共同座談討論
- 96年10月17日　本會第一屆第十一次理監事會議通過
- 96年12月31日　內政部台內地字第0960203330號函復已予備查
- 97年05月20日　本會研究發展委員會第二屆第六次會議(北部)修正通過桃園縣及新竹縣市通過
- 98年11月10日　本會研究發展委員會第二屆第二十五次會議修正通過
- 99年02月06日　本會第二屆第九次理監事會議通過
- 99年03月24日　內政部台內地字第0990051675號函復已予備查
- 105年04月22日　本會研究發展委員會第四屆第七次會議通過全面修訂營造或施工費標準表
- 105年08月30日　本會第四屆第五次理監事會議通過
- 106年01月18日　本會第四屆第七次理監事會議修正通過
- 107年04月13日　本會第四屆第十二次理監事會議修正通過
- 107年07月19日　本會第五屆第二次理監事會議修正通過
- 107年11月12日　內政部台內地字第1070069788號函復予以備查
- 110年04月13日、110年06月11日、110年07月28日　本會研究發展委員會第五屆第二十八次、第六屆第一次、第二次會議修正通過
- 110年08月12日、110年08月13日　不動產估價技術公報評議委員會審查修正通過
- 110年08月31日　本會第六屆第二次理監事會議通過
- 110年10月21日　內政部台內地字第1100052540號函復予以備查
- 110年11月01日　本會發布

中華民國不動產估價師公會全國聯合會(以下簡稱本會)依不動產估價技術規則第五十六條規定,研訂之「營造或施工費標準表」,(詳如附表一)。

營造或施工費標準表(以下簡稱本標準表)相關說明事項如下:

1、 本標準表適用之面積,已辦理登記者,以登記之面積為準。如係尚未辦理登記者,依不動產估價技術規則第七條、第七十四條規定估算其可銷售面積。

2、 本標準表,適用於主要用途為辦公室、住宅、工廠(廠房)、倉庫使用標的之重建成本。重置成本可參考本標準表酌予調整。建築物用途屬旅館、飯店、餐廳、遊樂場所、大型商場、電視臺、醫院、百貨公司、超級市場、及其他公共建築物,本會將另訂營造或施工費標準表公告之。未公告前依直轄市或縣(市)政府發布地價調查用建築改良物標準單價表為準、或參酌本標準表調整之。

3、 本公報中住宅及辦公用途建物主體結構區分為鋼筋混凝土造及加強磚造等造價水準;工業廠房用則區分為加強磚造、鋼筋混凝土、鋼架造等造價水準。如因用途不同以致樓板之荷重、樑柱之強度或隔間及基本設備之數量差異,應依其差異經比較後調整其價格。

4、 本標準表中鋼筋混凝土造之住宅、辦公室建物,以各直轄市、縣(市)當地新建建物平均房價水準判定營造或施工費標準。平均房價水準指建物二層以上之平均房價,若為透天產品則指全棟建物之平均房價。

5、 本標準表依樓層數定上、下限值範圍。住宅、辦公室建物若為鋼骨造或鋼骨鋼筋混凝土造,得按本標準表鋼筋混凝土造之單價,考量鋼骨鋼筋混凝土造或鋼骨造相對全棟建物之樓層數情況,每坪加計 20,000~55,000 元;鋼骨廠房以鋼筋混凝土造為基準進行加價調整;非本標準表所定建築結構者,得敘明理由,酌予調整。

6、本標準表中，地上五層以下建物無地下樓層；地上六層至十層建物，其地下樓層為一層；地上十一層至十五層建物，其地下樓層為二層；地上十六層至二十五層建物，其地下樓層為三層；地上二十六層至四十層建物，其地下樓層為四層。其增(減)之地下樓層部分，以各增(減)樓層之實際面積，按本標準表之單價，依下表計算之：

增(減)樓層數	造價增(減)調整幅度
增(減)第一層部分	就該層部分增(減)不超過30%
增(減)第二層部分	就該層部分增(減)不超過40%
增(減)第三層部分	就該層部分增(減)不超過50%
增(減)第四層以上部分	就該層部分增(減)不超過60%

7、本標準表建物樓層高度，一樓部分以三・六公尺(鋼架造則為六公尺)、其餘樓層以三・二公尺(鋼架造則為四・五公尺)為標準高度，建物之各層高度超過或低於標準達〇・五公尺者，為超高或偏低，其單價應照本表單價酌予提高或降低，其超出部分，以每十公分為一單位，調整標準單價百分之一，未達十公分者不計。

8、本標準表地下室均非以連續壁構造施工，如係以連續壁方式處理者，經敘明理由後，得按本標準表之單價，每坪加 13,000 元以內。

9、五層樓(含)以下之建築如有裝設昇降設備，估價師得參考增設昇降設備所增加之費用除以總樓地板面積之數額調整之。

10、本公報所稱建物主體結構係指地面層以上之建築物結構。同一建築基地或同一建築執照之建物主體有兩種以上構造時，其單價應按其構造比例及本標準表單價加權計算之。同一建築基地或同一建築執照之建物分屬兩種以上不同樓層時，其單價應按各部分所佔樓地板面積比例及個別單價加權計算之。同一幢建物以最高樓層者計算；不同幢建物者，依其不同構造別、樓層別分別計算。

11、本標準表，所列單位面積造價均包含施工者之直接材料費、直接人工費、間接材料費、間接人工費、管理費、稅捐、資本利息、營造或施工利潤。

12、本標準表之單價，已反應建物之結構、機電與裝修成本。機電設備與裝修成本有關之建材、設計與設備均須符合當地房價等級之水準，建材、設計與設備等特殊者，得敘明理由，酌予調整。

13、勘估建物有下列特殊情形者,得由不動產估價師參酌其施工成本或委託者提供之相關資料,視情況列計之,並於估價報告書敘明:
(1) 增設減震、隔震、制震或免震設備。
(2) 興建綠建築、智慧建築標章建物。
(3) 施作特殊外牆建材及型式。
(4) 基地地形特殊需增加施作成本。
(5) 基地臨路條件影響施工動線。
(6) 基地鄰房影響施工作業。
(7) 施作特殊地質改善工程。
(8) 特殊之庭園景觀、造景及開放空間之綠美化工程費用。
(9) 採逆打工法進行施工。
(10) 新增其他特殊設備。
前項適用於成本法時請考量不動產估價技術規則第六十四條之規定。

14、本標準表單價之物價基期為民國110年7月,不動產估價師得依勘估建物所在地之直轄市、縣(市)政府公布之營造工程物價指數中的建築工程類物價指數調整之,該直轄市、縣(市)政府如未公布,則依行政院主計總處物價統計月報中營造工程物價指數之建築工程類指數表調整之。

15、本標準表所列單價適用於地下室停車位為坡道平面式,如有其他車位型式(例如升降機械、塔式車位等),則依其設備之型式、數量,按增設之設備費用調整之。

16、若興建之建物總面積量體過小未達一般營建經濟規模,營造施工費單價得就本公報所訂基準敘明理由酌予提高。若興建建物總面積量體達到足以降低營造成本,則營造施工費單價得就本公報所訂基準敘明理由酌予調降。

17、勘估建物樓層數超過本標準表之最高層數者,應參酌本標準表及建物現況調整或請專家協助決定其營造施工費單價。

18、本表於營造工程物價指數上漲或下跌達15%時,進行修正公告之。

19、考量估價目的及用途,在本公報施行前已出具不動產估價報告書者,為維持資產價格之穩定性,不動產估價師得於本次修訂實施後三年內,因案選擇採用本公報修正施行前之規定辦理或依本標準表進行調整,但應於估價報告書中敘明。

20、本標準表經本會理事監會通過後公布實施,修正時亦同。

二、不動產估價技術公報--廣告費、銷售費、管理費及稅捐費率

- 96 年 06 月 27 日　本會研究發展委員會第三十二次會議訂定
- 96 年 07 月 11 日　本會研究發展委員會第三十三次會議修訂
- 96 年 08 月 01 日　本會研究發展委員會第三十五次會議修訂
- 96 年 10 月 17 日　本會第一屆第十一次理監事會議通過
- 96 年 12 月 31 日　內政部台內地字第 0960203330 號函復已予備查
- 102 年 10 月 18 日　本會研究發展委員會於第三屆第十二次監事會議提出
- 105 年 08 月 30 日　本會第四屆第五次理監事會議通過
- 107 年 04 月 13 日　本會第四屆第十二次理事會議通過
- 107 年 07 月 19 日　本會第五屆第二次理監事會議修正通過
- 107 年 11 月 12 日　內政部台內地字第 1070069788 號函復予以備查
- 110 年 04 月 13 日、110 年 06 月 11 日、110 年 07 月 28 日　本會研究發展委員會第五屆第二十八次、第六屆第一次、第二次會議修正通過
- 110 年 08 月 12 日、110 年 08 月 13 日　不動產估價技術公報評議委員會審查修正通過
- 110 年 08 月 31 日　本會第六屆第二次理監事會議通過
- 110 年 10 月 21 日　內政部台內地字第 1100052540 號函復予以備查
- 110 年 11 月 01 日　本會發布

本會依不動產估價技術規則第六十一條及七十七條研訂廣告費、銷售費、管理費及稅捐等費率。

1、廣告費、銷售費、管理費及稅捐等費率，本會規定如下。但因情況特殊並於估價報告書中敘明者，其費率之推估，不在此限。

2、廣告費、銷售費按總成本或總銷售金額之百分之三至百分之七推估。

3、管理費

（1）不含公寓大廈管理條例規定設立公共基金，按總成本或總銷售金額之百分之一點五至百分之三推估。

（2）包含公寓大廈管理條例規定設立公共基金者，得提高管理費用率為百分之四至百分之五。或依公寓大廈管理條例施行細則第六條規定推算之。

4、稅捐按總成本或總銷售金額之百分之零點五至百分之一點二推估，或就勘估標的之地價稅、營業稅等稅捐，按實際情形估算之。

5、本公報費率經本會理事監會通過後公布實施，修正時亦同。

三、不動產估價技術公報--建物經濟耐用年數表

- 95 年 07 月 04 日 本會研究發展委員會第七次會議訂定
- 95 年 08 月 01 日 本會研究發展委員會第九次會議修訂
- 95 年 08 月 15 日 本會研究發展委員會第十次會議修訂
- 96 年 10 月 17 日 本會第一屆第十一次理監事會議通過
- 96 年 12 月 31 日 內政部台內地字第 0960203330 號函復已予備查
- 102 年 10 月 18 日 本會研究發展委員會於第三屆第十二次理監事會議提出
- 105 年 08 月 30 日 本會第四屆第五次理監事會議通過
- 107 年 04 月 13 日 本會第四屆第十二次理監事會議通過
- 107 年 07 月 19 日 本會第五屆第二次理監事會議修正通過
- 107 年 11 月 12 日 內政部台內地字第 1070069788 號函復予以備查
- 110 年 04 月 13 日、110 年 06 月 11 日、110 年 07 月 28 日 本會研究發展委員會第五屆第二十八次、第六屆第一次、第二次會議修正通過
- 110 年 08 月 12 日、110 年 08 月 13 日 不動產估價技術公報評議委員會審查修正通過
- 110 年 08 月 31 日 本會第六屆第二次理監事會議通過
- 110 年 10 月 21 日 內政部台內地字第 1100052540 號函復予以備查
- 110 年 11 月 01 日 本會發布

本會依不動產估價技術規則第六十六條規定，研訂之「建物經濟耐用年數表」。

1、本會訂定建物經濟耐用年數表如附表。

細 目		經濟耐用年數
辦公用、商店用、住宅用、公共場所用及不屬下列各項之房屋	1鋼骨造、鋼骨鋼筋混凝土造、鋼筋混凝土造、預鑄混凝土造	50
	2加強磚造	35
	3磚造	25
	4鋼架造(有披覆處理)	20
	5鋼架造(無披覆處理)	15
	6木造	10
變電所用、發電所用、收發報所用、停車場用、車庫用、飛機庫、貨運所用、公共浴室用之房屋及工廠廠房	1鋼骨造、鋼骨鋼筋混凝土造、鋼筋混凝土造、預鑄混凝土造	35
	2加強磚造	30
	3磚造	20
	4鋼架造(有披覆處理)	15
	5鋼架造(無披覆處理)	10
	6木造	8
受鹽酸、硫酸、硝酸、氯及其他有腐蝕性液體或氣體之直接全面影響及冷凍倉庫用之廠房、貯藏鹽及其他潮解性固體直接全面受蒸汽影響之廠房	1鋼骨造、鋼骨鋼筋混凝土造、鋼筋混凝土造、預鑄混凝土造	25
	2加強磚造	20
	3磚造	10
	4鋼架造(有披覆處理)	10
	5鋼架造(無披覆處理)	8
	6木造	5

2、不動產估價師得按個別建物之實際構成部分及使用狀態,觀察維修及整建情形,推估建物經濟耐用年數,其有異於本公報規定時,並於估價報告書中敘明。

3、本公報經濟耐用年數經本會理事監會通過後公布實施,修正時亦同。

四、不動產估價技術公報--建物殘餘價格率

- 95年07月04日 本會研究發展委員會第七次會議訂定
- 96年10月17日 本會第一屆第十一次理監事會議通過
- 96年12月31日 內政部台內地字第0960203330號函復已予備查
- 102年10月18日 本會研究發展委員會於第三屆第十二次理監事會議提出
- 105年08月30日 本會第四屆第五次理監事會議通過
- 107年04月13日 本會第四屆第十二次理事會議通過
- 107年07月19日 本會第五屆第二次理監事會議修正通過
- 107年11月12日 內政部台內地字第1070069788號函復予以備查
- 110年04月13日、110年06月11日、110年07月28日 本會研究發展委員會第五屆第二十八次、第六屆第一次、第二次會議修正通過
- 110年08月12日、110年08月13日 不動產估價技術公報評議委員會審查修正通過
- 110年08月31日 本會第六屆第二次理監事會議通過
- 110年10月21日 內政部台內地字第1100052540號函復予備查
- 110年11月01日 本會發布

本會依不動產估價技術規則第六十七條研訂建物殘餘價格率。

1、本會訂定建物殘餘價格率如附表。

建物之殘餘價格率	
建物構造種類	殘餘價格率(%)
鋼骨鋼筋混凝土造（SRC）	8~10
鋼骨造（SC）	8~10
鋼筋混凝土造（RC）	4~5
加強磚造	0
磚造	0
鋼架造	8~10
木造	0
石造	0

2、建物殘餘價格率指建物於經濟耐用年數屆滿後，其所剩餘之結構材料及內部設備仍能於市場上出售之價格占建物總成本之比例。

3、建物之殘餘價格率得由不動產估價師視該建物之實際狀況及社會習慣判定之，但不得超過百分之十。其有異於本公報規定時，應於估價報告書中敘明。

4、建物耐用年數終止後,確實無殘餘價格者,得於計算折舊時不予提列,並應於估價報告書中敘明。

5、本公報建物殘餘價格率經本會理事監會通過後公布實施,修正時亦同。

五、不動產估價技術公報--開發或建築利潤率

- 105 年 08 月 30 日　本會第四屆第五次理監事會議通過
- 107 年 04 月 13 日　本會第四屆第十二次理事會議修正通過
- 107 年 07 月 19 日　本會第五屆第二次監事會議修正通過
- 107 年 11 月 12 日　內政部台內地字第 1070069788 號函復予以備查
- 110 年 04 月 13 日、110 年 06 月 11 日、110 年 07 月 28 日　本會研究發展委員會第五屆第二十八次、第六屆第一次、第二次會議修正通過
- 110 年 08 月 12 日、110 年 08 月 13 日　不動產估價技術公報評議委員會審查修正通過
- 110 年 08 月 31 日　本會第六屆第二次理監事會議通過
- 110 年 10 月 21 日　內政部台內地字第 1100052540 號函復予以備查
- 110 年 11 月 01 日　本會發布

本會依不動產估價技術規則第六十條第二項規定研訂開發或建築利潤率。

1、開發或建築利潤率應視開發或建築工期依下表決定其利潤率。

開發或建築工期	利潤率
1 年(含)以下	8%~20%
超過 1 年~2 年(含)以下	10%~22%
超過 2 年~3 年(含)以下	12%~24%
超過 3 年~4 年(含)以下	14%~25%
超過 4 年~5 年(含)以下	15%~26%
超過 5 年	16%~27%

2、個案利潤率應視勘估標的工程規模、開發年數與經濟景氣等因素，考量區域市場、個案經營風險及開發或建築工期之長短於上表利潤率區間內判定之。但如因特殊情況(如規模過大或過小)或勘估標的屬情形特殊之土地用地變更或開發，致其利潤率超過本表所定之標準者，得依市場實際狀況決定適用之利潤率，並於報告書內詳細敘明理由。

3、各地方公會轄區有另訂標準者（詳如附表二），依其標準優先適用。

4、本公報利潤率表經本會理事監會通過後公布實施，修正時亦同。

附表一：營造或施工費標準表（單位：元/坪）

附表一-1：台北市營造或施工費標準表

台北市

平均單價水準(元/坪) 構造別 / 樓層別 用途別	未達500,000	500,000以上~未達750,000	750,000以上~未達1,000,000	1,000,000以上~未達1,250,000	1,250,000以上~未達1,500,000	1,500,000以上~未達1,800,000	1,800,000以上~未達2,100,000	2,100,000以上
				鋼筋混凝土造				
				住宅、辦公室				
1-3F / B0 無電梯	78,000 ~ 89,300	86,800 ~ 103,000	101,000 ~ 119,000	125,000 ~ 141,000	150,000 ~ 169,000	181,000 ~ 198,000	219,000 ~ 244,000	275,000
4-5F / B0 無電梯	82,600 ~ 92,300	91,300 ~ 106,000	105,000 ~ 123,000	128,000 ~ 145,000	153,000 ~ 173,000	184,000 ~ 201,000	221,000 ~ 246,000	277,000
6-8F / B1 有電梯	100,000 ~ 112,000	109,000 ~ 125,000	122,000 ~ 140,000	147,000 ~ 162,000	172,000 ~ 189,000	202,000 ~ 218,000	239,000 ~ 264,000	295,000
9-10F / B1 有電梯	104,000 ~ 115,000	113,000 ~ 128,000	126,000 ~ 144,000	149,000 ~ 166,000	174,000 ~ 193,000	204,000 ~ 221,000	241,000 ~ 265,000	296,000
11-13F / B2 有電梯	114,000 ~ 126,000	123,000 ~ 140,000	136,000 ~ 154,000	161,000 ~ 175,000	185,000 ~ 202,000	215,000 ~ 230,000	252,000 ~ 276,000	306,000
14-15F / B2 有電梯	118,000 ~ 129,000	127,000 ~ 142,000	140,000 ~ 157,000	163,000 ~ 179,000	187,000 ~ 205,000	217,000 ~ 233,000	253,000 ~ 277,000	307,000
16-18F / B3 有電梯	131,000 ~ 144,000	140,000 ~ 157,000	153,000 ~ 170,000	178,000 ~ 192,000	202,000 ~ 218,000	231,000 ~ 245,000	267,000 ~ 291,000	321,000
19-20F / B3 有電梯	137,000 ~ 146,000	143,000 ~ 159,000	156,000 ~ 174,000	180,000 ~ 195,000	204,000 ~ 221,000	233,000 ~ 248,000	268,000 ~ 292,000	322,000
21-25F / B4 有電梯	146,000 ~ 154,000	154,000 ~ 167,000	158,000 ~ 176,000	187,000 ~ 197,000	211,000 ~ 222,000	240,000 ~ 249,000	275,000 ~ 298,000	328,000
26-30F / B4 有電梯	161,000 ~ 177,000	169,000 ~ 190,000	181,000 ~ 198,000	211,000 ~ 219,000	234,000 ~ 245,000	263,000 ~ 271,000	298,000 ~ 321,000	350,000
31-35F / B4 有電梯	—	—	188,000 ~ 205,000	217,000 ~ 225,000	240,000 ~ 251,000	269,000 ~ 277,000	304,000 ~ 327,000	355,000
36-40F / B4 有電梯	—	—	194,000 ~ 211,000	224,000 ~ 231,000	247,000 ~ 257,000	275,000 ~ 283,000	310,000 ~ 332,000	361,000

台北市

構造及 樓層別 用途別	加強磚造		鋼筋混凝土造		鋼架造	
	住宅、辦公室	工廠	住宅、辦公室	工廠	住宅、辦公室	工廠
1-3F / B0 無電梯	76,400 ~ 86,500	75,100 ~ 85,300	76,400 ~ 86,500	76,400 ~ 86,500	35,300 ~ 65,400	
4-5F / B0 無電梯	81,000 ~ 89,500	79,700 ~ 88,300	81,000 ~ 89,500	81,000 ~ 89,500	—	
6-8F / B1 有電梯	—	—	98,500 ~ 109,000	—		
9-10F / B1 有電梯	—	—	103,000 ~ 112,000	—		

附錄三 中華民國不動產估價師公會全國聯合會第四號公報

附表一-2：新北市營造或施工費標準表

新北市

住宅、辦公室

構造及用途別 樓層別	平均房價水準(元/坪)	鋼筋混凝土造 未達200,000	200,000以上未達300,000	300,000以上未達500,000	500,000以上未達700,000	700,000以上
1~3F / B0	無電梯	65,000 ~ 78,000	67,000 ~ 80,000	70,000 ~ 90,000	85,000 ~ 100,000	95,000 ~ 110,000
4~5F / B0	無電梯	69,000 ~ 82,000	71,000 ~ 84,000	74,000 ~ 94,000	89,000 ~ 104,000	99,000 ~ 114,000
6~8F / B1	有電梯	85,000 ~ 98,000	87,000 ~ 100,000	90,000 ~ 110,000	105,000 ~ 120,000	115,000 ~ 130,000
9~10F / B1	有電梯	89,000 ~ 102,000	91,000 ~ 104,000	94,000 ~ 114,000	109,000 ~ 124,000	119,000 ~ 134,000
11~13F / B2	有電梯	99,000 ~ 112,000	101,000 ~ 114,000	104,000 ~ 124,000	119,000 ~ 134,000	129,000 ~ 144,000
14~15F / B2	有電梯	103,000 ~ 116,000	105,000 ~ 118,000	108,000 ~ 128,000	123,000 ~ 138,000	133,000 ~ 148,000
16~18F / B3	有電梯	116,000 ~ 129,000	118,000 ~ 131,000	121,000 ~ 141,000	136,000 ~ 151,000	146,000 ~ 161,000
19~20F / B3	有電梯	120,000 ~ 133,000	122,000 ~ 135,000	125,000 ~ 145,000	140,000 ~ 155,000	150,000 ~ 165,000
21~25F / B3	有電梯	125,000 ~ 138,000	127,000 ~ 140,000	130,000 ~ 150,000	145,000 ~ 160,000	155,000 ~ 170,000
26~30F / B4	有電梯	146,000 ~ 159,000	148,000 ~ 161,000	151,000 ~ 171,000	166,000 ~ 181,000	176,000 ~ 191,000
31~35F / B4	有電梯		155,000 ~ 168,000	158,000 ~ 178,000	173,000 ~ 188,000	183,000 ~ 198,000
36~40F / B4	有電梯		162,000 ~ 175,000	165,000 ~ 185,000	180,000 ~ 195,000	190,000 ~ 205,000

新北市

構造及用途別 樓層別	加強磚造 住宅、辦公室	加強磚造 工廠	鋼筋混凝土造 工廠	鋼架造 工廠
1~3F / B0	無電梯	62,800 ~ 76,000	60,800 ~ 74,000	66,500 ~ 85,500	33,100 ~ 59,500
4~5F / B0	無電梯	65,800 ~ 79,000	63,800 ~ 77,000	70,300 ~ 89,300	
6~8F / B1	有電梯			85,500 ~ 104,500	
9~10F / B1	有電梯			89,300 ~ 108,300	

附表一-3：桃園市營造或施工費標準表

桃園市

地區別		構造別	鋼筋混凝土造					
		用途別	住宅‧辦公室					
樓層別		平均房價水準 (元/坪)	未達100,000	100,000以上未達200,000	200,000以上未達300,000	300,000以上未達400,000	400,000以上未達500,000	500,000以上
1~3F / B0	無電梯		60,500 ~ 69,600	66,500 ~ 89,200	73,200 ~ 90,200	80,500 ~ 99,300	88,600 ~ 109,000	97,400 ~ 120,000
4~5F / B0	無電梯		60,500 ~ 69,600	66,500 ~ 89,200	73,200 ~ 90,200	80,500 ~ 99,300	88,600 ~ 109,000	97,400 ~ 120,000
6~8F / B1	有電梯		61,700 ~ 74,400	67,800 ~ 94,100	75,800 ~ 96,100	83,500 ~ 103,000	91,900 ~ 113,000	101,000 ~ 124,000
9~10F / B1	有電梯		65,400 ~ 77,800	73,800 ~ 99,000	82,800 ~ 102,000	91,100 ~ 112,000	100,000 ~ 123,000	110,000 ~ 136,000
11~13F / B2	有電梯		68,700 ~ 82,800	77,700 ~ 105,000	87,300 ~ 107,000	96,000 ~ 118,000	106,000 ~ 131,000	116,000 ~ 143,000
14~15F / B2	有電梯		73,800 ~ 86,100	83,600 ~ 109,000	94,100 ~ 116,000	104,000 ~ 128,000	114,000 ~ 140,000	125,000 ~ 155,000
16~18F / B3	有電梯			87,400 ~ 116,000	98,600 ~ 121,000	108,000 ~ 133,000	119,000 ~ 147,000	131,000 ~ 162,000
19~20F / B3	有電梯			93,200 ~ 120,000	105,000 ~ 129,000	116,000 ~ 143,000	128,000 ~ 157,000	140,000 ~ 172,000
21~25F / B3	有電梯			97,000 ~ 130,000	110,000 ~ 135,000	121,000 ~ 148,000	132,000 ~ 163,000	146,000 ~ 180,000
26~30F / B4	有電梯				121,000 ~ 149,000	133,000 ~ 163,000	146,000 ~ 181,000	161,000 ~ 199,000
31~35F / B4	有電梯				132,000 ~ 163,000	146,000 ~ 180,000	160,000 ~ 198,000	176,000 ~ 217,000
36~40F / B4	有電梯				145,000 ~ 179,000	160,000 ~ 197,000	175,000 ~ 217,000	194,000 ~ 238,000

桃園市

地區別		構造別	加強磚造		鋼筋混凝土造		鋼架造	
		用途別	住宅‧辦公室	工廠		工廠		工廠
樓層別								
1~3F / B0	無電梯		50,000 ~ 68,700	45,900 ~ 64,500	52,000 ~ 66,700		29,100 ~ 62,500	
4~5F / B0	無電梯		51,500 ~ 70,700	47,300 ~ 66,400	53,300 ~ 68,400		30,000 ~ 64,400	
6~8F / B1	有電梯				78,500 ~ 91,800			
9~10F / B1	有電梯				80,600 ~ 94,100			

附錄三 中華民國不動產估價師公會全國聯合會第四號公報

附表一-4：台中市營造或施工費標準表

台中市

鋼筋混凝土造

住宅、辦公室

樓層別 \ 平均每構水準(元/坪)	未達200,000	200,000以上未達250,000	250,000以上未達300,000	300,000以上未達400,000	400,000以上未達500,000	500,000以上
1~3F / B0 無電梯	59,700 ~ 70,100	65,600 ~ 85,800	72,200 ~ 89,000	79,500 ~ 101,000	87,400 ~ 112,000	96,000 ~ 123,000
4~5F / B0 無電梯	60,900 ~ 71,500	66,900 ~ 87,600	73,700 ~ 90,800	81,100 ~ 103,000	89,200 ~ 114,000	98,000 ~ 125,000
6~8F / B1 無電梯	65,200 ~ 79,700	71,600 ~ 94,000	79,100 ~ 101,000	87,000 ~ 114,000	95,800 ~ 126,000	103,000 ~ 139,000
9~10F / B1 有電梯	70,900 ~ 84,300	78,500 ~ 99,300	86,800 ~ 107,000	95,500 ~ 122,000	104,000 ~ 134,000	114,000 ~ 149,000
11~13F / B2 有電梯	72,700 ~ 88,200	80,600 ~ 105,000	89,100 ~ 112,000	98,000 ~ 127,000	107,000 ~ 141,000	118,000 ~ 155,000
14~15F / B2 有電梯	78,600 ~ 92,700	87,100 ~ 109,000	96,400 ~ 119,000	107,000 ~ 135,000	116,000 ~ 148,000	127,000 ~ 164,000
16~18F / B3 有電梯		91,400 ~ 118,000	101,000 ~ 127,000	113,000 ~ 143,500	123,000 ~ 158,000	134,000 ~ 175,000
19~20F / B3 有電梯		94,800 ~ 119,000	114,000 ~ 129,000	120,000 ~ 146,000	130,000 ~ 162,000	140,000 ~ 178,000
21~25F / B3 有電梯		99,100 ~ 130,000	121,000 ~ 141,000	127,000 ~ 160,000	136,000 ~ 176,000	147,000 ~ 194,000
26~30F / B4 有電梯		104,000 ~ 142,000	137,000 ~ 156,000	143,000 ~ 177,000	153,000 ~ 195,000	166,000 ~ 215,000
31~35F / B4 有電梯			151,000 ~ 171,000	158,000 ~ 195,000	169,000 ~ 214,000	182,000 ~ 236,000
36~40F / B4 有電梯			166,000 ~ 188,000	173,000 ~ 214,000	186,000 ~ 235,000	200,000 ~ 260,000

台中市

樓層別 \ 構造及用途別	加強磚造 住宅、辦公室	加強磚造 工廠	鋼筋混凝土造 工廠	鋼架造 工廠
1~3F / B0 無電梯	52,700 ~ 67,700	48,700 ~ 64,500	53,300 ~ 67,800	29,800 ~ 61,400
4~5F / B0 無電梯	53,200 ~ 69,200	49,900 ~ 66,000	54,800 ~ 69,700	30,600 ~ 63,200
6~8F / B1 有電梯			78,200 ~ 91,400	
9~10F / B1 有電梯			80,300 ~ 93,800	

附表一-5：台南市營造或施工費標準表

臺南市

鋼筋混凝土造

住宅・辦公室

構造及用途別 樓層別	平均廠價水準(元/坪)	未達100,000	100,000以上未達150,000	150,000以上未達200,000	200,000以上未達300,000	300,000以上未達400,000	400,000以上未達500,000	500,000以上
1-3F / B0 無電梯		55,500 ~ 65,500	61,000 ~ 72,100	67,100 ~ 82,800	73,900 ~ 91,000	81,300 ~ 104,000	89,400 ~ 115,000	98,300 ~ 127,000
4-5F / B0 無電梯		55,500 ~ 65,500	61,000 ~ 72,100	67,100 ~ 82,800	73,900 ~ 91,000	81,300 ~ 104,000	89,400 ~ 115,000	98,300 ~ 127,000
6-8F / B1 有電梯		60,500 ~ 73,900	66,500 ~ 81,500	73,100 ~ 93,500	80,400 ~ 103,000	88,400 ~ 118,000	97,300 ~ 130,000	107,000 ~ 144,000
9-10F / B1 有電梯		66,400 ~ 78,700	73,000 ~ 86,500	80,300 ~ 99,400	88,300 ~ 109,000	97,200 ~ 125,000	107,000 ~ 138,000	118,000 ~ 153,000
11-13F / B2 有電梯		67,400 ~ 81,900	74,200 ~ 90,000	81,700 ~ 103,000	89,800 ~ 114,000	98,800 ~ 130,000	109,000 ~ 144,000	120,000 ~ 159,000
14-15F / B2 有電梯		73,000 ~ 84,000	80,400 ~ 94,900	88,400 ~ 109,000	97,300 ~ 120,000	107,000 ~ 137,000	117,000 ~ 151,000	129,000 ~ 167,000
16-18F / B3 有電梯			84,500 ~ 102,000	93,000 ~ 117,000	102,000 ~ 129,000	113,000 ~ 147,000	124,000 ~ 162,000	136,000 ~ 179,000
19-20F / B3 有電梯			86,700 ~ 102,000	95,400 ~ 117,000	105,000 ~ 129,000	116,000 ~ 147,000	127,000 ~ 163,000	140,000 ~ 180,000
21-25F / B3 有電梯			90,800 ~ 113,000	99,900 ~ 130,000	110,000 ~ 143,000	121,000 ~ 164,000	133,000 ~ 180,000	146,000 ~ 199,000
26-30F / B4 有電梯			101,000 ~ 125,000	111,000 ~ 143,000	122,000 ~ 158,000	134,000 ~ 182,000	147,000 ~ 199,000	162,000 ~ 220,000

臺南市

構造及用途別 樓層別	加強磚造 住宅・辦公室	加強磚造 工廠	鋼筋混凝土造 工廠	鋼架造 工廠
1-3F / B0 無電梯	53,800 ~ 64,500	49,600 ~ 64,500	53,800 ~ 68,100	28,900 ~ 62,000
4-5F / B0 無電梯	53,800 ~ 64,500	49,600 ~ 64,500	55,400 ~ 70,100	29,800 ~ 63,900
6-8F / B1 有電梯			77,400 ~ 90,000	
9-10F / B1 有電梯			79,700 ~ 92,800	

附錄三 中華民國不動產估價師公會全國聯合會第四號公報

附表一-6：高雄市營造或施工費標準表

高雄市

鋼筋混凝土造

住宅、辦公室

構造及用途別 樓層別	平均所需水準（元/坪）	未達100,000	100,000以上未達150,000	150,000以上未達200,000	200,000以上未達250,000	250,000以上未達300,000	300,000以上未達400,000	400,000以上未達500,000	500,000以上未達700,000	700,000以上
1~3F / B0 無電梯	54,500 ~ 65,400	60,000 ~ 72,000	66,000 ~ 79,200	72,600 ~ 87,100	79,900 ~ 95,900	87,900 ~ 105,000	96,600 ~ 116,000	106,000 ~ 127,000	117,000 ~ 146,000
4~5F / B0 無電梯	54,500 ~ 65,400	60,000 ~ 72,000	66,000 ~ 79,200	72,600 ~ 87,100	79,900 ~ 95,900	87,900 ~ 105,000	96,600 ~ 116,000	106,000 ~ 127,000	117,000 ~ 146,000
6~8F / B1 有電梯	57,700 ~ 69,200	63,500 ~ 76,200	69,900 ~ 83,900	76,900 ~ 92,300	84,600 ~ 102,000	93,100 ~ 112,000	102,000 ~ 122,000	113,000 ~ 136,000	124,000 ~ 155,000
9~10F / B1 有電梯	62,300 ~ 74,800	68,600 ~ 82,300	75,400 ~ 90,500	83,000 ~ 99,600	91,300 ~ 110,000	100,000 ~ 120,000	110,000 ~ 132,000	122,000 ~ 146,000	134,000 ~ 168,000
11~13F / B2 有電梯	65,900 ~ 79,100	72,500 ~ 87,000	79,700 ~ 95,600	87,600 ~ 105,000	96,400 ~ 116,000	106,000 ~ 127,000	117,000 ~ 140,000	128,000 ~ 154,000	142,000 ~ 178,000
14~15F / B2 有電梯	69,800 ~ 83,800	76,800 ~ 92,200	84,500 ~ 101,400	92,900 ~ 111,000	102,000 ~ 122,000	112,000 ~ 134,000	124,000 ~ 149,000	136,000 ~ 163,000	149,000 ~ 186,000
16~18F / B3 有電梯	-	80,600 ~ 96,700	88,700 ~ 106,400	97,600 ~ 117,000	107,000 ~ 128,000	118,000 ~ 142,000	130,000 ~ 156,000	143,000 ~ 172,000	157,000 ~ 196,000
19~20F / B3 有電梯	-	84,000 ~ 100,800	92,400 ~ 111,000	102,000 ~ 122,000	112,000 ~ 134,000	123,000 ~ 148,000	136,000 ~ 163,000	150,000 ~ 180,000	165,000 ~ 206,000
21~25F / B3 有電梯	-	87,800 ~ 105,400	96,500 ~ 116,000	106,000 ~ 127,000	117,000 ~ 140,000	129,000 ~ 155,000	142,000 ~ 170,000	156,000 ~ 187,000	171,000 ~ 214,000
26~30F / B4 有電梯	-	96,800 ~ 116,000	106,000 ~ 127,000	117,000 ~ 140,000	129,000 ~ 155,000	142,000 ~ 170,000	156,000 ~ 187,000	171,000 ~ 205,000	188,000 ~ 235,000

高雄市

構造及用途別 樓層別	加強磚造 住宅、辦公室	加強磚造 工廠	鋼筋混凝土造 工廠	鋼架造 工廠
1~3F / B0 無電梯	53,800 ~ 64,600	49,600 ~ 64,500	51,600 ~ 66,100	31,000 ~ 64,000
4~5F / B0 無電梯	53,800 ~ 64,600	49,600 ~ 64,500	53,100 ~ 68,100	31,900 ~ 65,800
6~8F / B1 有電梯			77,200 ~ 90,200	
9~10F / B1 有電梯			78,900 ~ 92,200	

472

附表一-7：宜蘭縣營造或施工費標準表

地區別 構造及 用途別 樓層別	平均房價水準(元/坪)	宜蘭縣 住宅・辦公室 鋼筋混凝土造				
	150,000以下	150,001以上未達200,000	200,001以上未達300,000	300,001以上未達400,000	400,001以上未達500,000	500,001以上
1~3F / B0 無電梯	58,900 ~ 66,700	62,800 ~ 73,200	70,600 ~ 84,200	81,600 ~ 98,500	95,300 ~ 113,000	106,000 ~ 124,000
4~5F / B0 無電梯	62,300 ~ 68,800	66,200 ~ 75,200	73,900 ~ 86,200	84,900 ~ 100,000	98,400 ~ 115,000	109,000 ~ 126,000
6~8F / B1 有電梯	78,500 ~ 86,100	82,300 ~ 92,500	90,000 ~ 103,000	101,000 ~ 118,000	114,000 ~ 132,000	125,000 ~ 142,000
9~10F / B1 有電梯	81,700 ~ 88,000	85,500 ~ 94,400	93,100 ~ 105,000	104,000 ~ 119,000	117,000 ~ 133,000	128,000 ~ 144,000
11~13F / B2 有電梯	90,500 ~ 98,000	94,200 ~ 104,300	102,000 ~ 115,000	113,000 ~ 129,000	126,000 ~ 143,000	136,000 ~ 153,000
14~15F / B2 有電梯	93,500 ~ 99,800	97,300 ~ 106,000	105,000 ~ 117,000	115,000 ~ 130,000	129,000 ~ 144,000	139,000 ~ 155,000
16~18F / B3 有電梯	106,000 ~ 113,000	109,000 ~ 119,000	117,000 ~ 130,000	127,000 ~ 144,000	140,000 ~ 157,000	151,000 ~ 168,000
19~20F / B3 有電梯	109,000 ~ 112,000	112,000 ~ 121,000	120,000 ~ 131,000	130,000 ~ 145,000	143,000 ~ 158,000	154,000 ~ 169,000
21~25F / B3 有電梯	110,000 ~ 120,000	114,000 ~ 126,000	121,000 ~ 136,000	132,000 ~ 150,000	144,000 ~ 163,000	155,000 ~ 174,000
26~30F / B4 有電梯	126,000 ~ 135,000	129,000 ~ 141,000	136,000 ~ 152,000	147,000 ~ 165,000	159,000 ~ 178,000	170,000 ~ 189,000

地區別 構造及 用途別 樓層別	宜蘭縣 加強磚造 住宅・辦公室	加強磚造 工廠	鋼筋混凝土造 工廠	鋼架造 工廠
1~3F / B0 無電梯	54,600 ~ 65,800	54,600 ~ 65,800	61,100 ~ 72,300	30,200 ~ 62,300
4~5F / B0 無電梯	58,500 ~ 68,400	58,500 ~ 69,700	65,000 ~ 74,900	

附錄三 中華民國不動產估價師公會全國聯合會第四號公報

附表一-8：新竹縣/市營造或施工費標準表

新竹縣/市

地區及用途別		鋼筋混凝土造 住宅・辦公室					
構造別							
樓層別		未達100,000	100,000以上未達200,000	200,000以上未達300,000	300,000以上未達400,000	400,000以上未達500,000	500,000以上
平均房價水準（元/坪）		54,400 ~ 66,500	57,500 ~ 84,700	68,900 ~ 84,900	75,900 ~ 93,500	83,400 ~ 103,000	91,900 ~ 113,000
1~3F	無電梯	54,400	57,500	68,900	75,900	83,400	91,900
4~5F	B0 無電梯	56,000 ~ 66,500	59,000 ~ 84,700	68,900 ~ 84,900	75,900 ~ 93,500	83,400 ~ 103,000	91,900 ~ 113,000
6~8F	B1 有電梯	57,900 ~ 66,900	60,200 ~ 89,600	71,500 ~ 90,900	78,700 ~ 96,900	86,600 ~ 107,000	95,300 ~ 117,000
9~10F	B1 有電梯	61,300 ~ 70,300	66,300 ~ 94,500	78,500 ~ 96,600	86,400 ~ 106,000	95,000 ~ 117,000	105,000 ~ 129,000
11~13F	B2 有電梯	66,300 ~ 75,300	70,200 ~ 101,000	83,000 ~ 102,000	91,300 ~ 113,000	100,000 ~ 124,000	110,000 ~ 136,000
14~15F	B2 有電梯	66,300 ~ 78,600	76,100 ~ 105,000	89,900 ~ 111,000	98,800 ~ 122,000	109,000 ~ 134,000	120,000 ~ 148,000
16~18F	B3 有電梯		80,000 ~ 111,000	94,400 ~ 116,000	104,000 ~ 127,000	114,000 ~ 141,000	126,000 ~ 154,000
19~20F	B3 有電梯		85,900 ~ 115,000	101,000 ~ 124,000	111,000 ~ 137,000	122,000 ~ 151,000	134,000 ~ 166,000
21~25F	B3 有電梯		89,700 ~ 126,000	105,000 ~ 130,000	116,000 ~ 143,000	127,000 ~ 157,000	141,000 ~ 173,000
26~30F	B4 有電梯			117,000 ~ 144,000	128,000 ~ 159,000	142,000 ~ 174,000	156,000 ~ 192,000
31~35F	B4 有電梯			128,000 ~ 158,000	141,000 ~ 174,000	156,000 ~ 191,000	170,000 ~ 210,000
36~40F	B4 有電梯			140,000 ~ 173,000	155,000 ~ 191,000	171,000 ~ 209,000	188,000 ~ 231,000

新竹縣/市

地區及用途別		加強磚造		鋼筋混凝土造		鋼架造	
構造別		住宅・辦公室	工廠	工廠		工廠	
樓層別							
1~3F	B0 無電梯	50,000 ~ 68,700	45,900 ~ 64,500	52,000 ~ 66,700		29,100 ~ 62,500	
4~5F	B0 無電梯	51,500 ~ 70,700	47,300 ~ 66,400	53,300 ~ 68,400		30,000 ~ 64,400	
6~8F	B1 有電梯			78,500 ~ 91,800			
9~10F	B1 有電梯			80,600 ~ 94,100			

附表一-9：苗栗縣營造或施工費標準表

苗栗縣

地區別 構造及 樓層別	用途別	住宅、辦公室 鋼筋混凝土造				
平均房價水準（元/坪）		未達150,000	150,000以上未達200,000	200,000以上未達300,000		300,000以上
1~3F / B0	無電梯	54,400 ~ 63,900	59,900 ~ 78,300	65,900 ~ 81,200	72,500 ~	91,900
4~5F / B0	無電梯	55,500 ~ 65,200	61,100 ~ 79,900	67,200 ~ 82,900	74,000 ~	93,800
6~8F / B1	有電梯	59,400 ~ 72,300	65,300 ~ 85,800	72,200 ~ 92,400	79,400 ~	105,000
9~10F / B1	有電梯	64,600 ~ 76,900	71,600 ~ 90,600	79,100 ~ 98,000	87,100 ~	111,000
11~13F / B2	有電梯	66,300 ~ 80,500	73,600 ~ 95,400	81,300 ~ 103,000	89,400 ~	116,000
14~15F / B2	有電梯	71,600 ~ 84,500	79,400 ~ 99,900	88,000 ~ 109,000	97,000 ~	123,000
16~18F / B3	有電梯		83,500 ~ 107,000	92,200 ~ 116,000	103,000 ~	131,000
19~20F / B3	有電梯		86,400 ~ 109,000	105,000 ~ 118,000	109,000 ~	133,000
21~25F / B3	有電梯		90,400 ~ 119,000	110,000 ~ 129,000	115,000 ~	146,000
26~30F / B4	有電梯		94,500 ~ 130,000	125,000 ~ 142,000	131,000 ~	161,000

苗栗縣

地區別 構造及 樓層別	用途別	加強磚造 住宅、辦公室	加強磚造 工廠	鋼筋混凝土造 工廠	鋼架造 工廠
1~3F / B0	無電梯	48,100 ~ 61,800	44,300 ~ 58,900	48,600 ~ 61,900	29,200 ~ 60,200
4~5F / B0	無電梯	48,500 ~ 63,100	44,700 ~ 60,100	50,000 ~ 63,600	30,000 ~ 62,000
6~8F / B1	有電梯			71,400 ~ 83,400	
9~10F / B1	有電梯			73,300 ~ 85,600	

附錄三 中華民國不動產估價師公會全國聯合會第四號公報

附表一—10：彰化縣營造或施工費標準表

彰化縣

構造及用途別		鋼筋混凝土造								
樓層別		住宅・辦公室 未達150,000	住宅・辦公室 150,000以上未達200,000	住宅・辦公室 200,000以上未達300,000	住宅・辦公室 300,000以上未達400,000	住宅・辦公室 400,000以上未達500,000	住宅・辦公室 500,000以上
平均房價水準(元/坪)							
1~3F / B0	無電梯	56,600 ~ 66,500	62,300 ~ 81,500	68,600 ~ 84,600	75,500 ~ 95,700	83,000 ~ 106,000	91,200 ~ 117,000
4~5F / B0	無電梯	57,800 ~ 67,900	63,600 ~ 83,200	70,000 ~ 86,300	77,000 ~ 97,700	84,700 ~ 108,000	93,100 ~ 119,000
6~8F / B1	有電梯	61,900 ~ 75,300	68,000 ~ 89,300	75,200 ~ 96,200	82,700 ~ 109,000	91,000 ~ 119,000	98,200 ~ 132,000
9~10F / B1	有電梯	67,300 ~ 80,100	74,600 ~ 94,300	82,400 ~ 102,000	90,700 ~ 116,000	99,000 ~ 128,000	108,000 ~ 141,000
11~13F / B2	有電梯	69,000 ~ 83,800	76,600 ~ 99,300	84,600 ~ 107,000	93,100 ~ 121,000	102,000 ~ 134,000	112,000 ~ 147,000
14~15F / B2	有電梯	74,600 ~ 88,000	82,700 ~ 104,000	91,600 ~ 113,000	101,000 ~ 128,000	110,000 ~ 141,000	121,000 ~ 156,000
16~18F / B3	有電梯		86,900 ~ 111,000	96,000 ~ 121,000	107,000 ~ 136,000	117,000 ~ 150,000	127,000 ~ 166,000
19~20F / B3	有電梯		90,000 ~ 113,000	109,000 ~ 123,000	114,000 ~ 139,000	123,000 ~ 153,000	133,000 ~ 169,000
21~25F / B4	有電梯		94,100 ~ 124,000	115,000 ~ 134,000	120,000 ~ 152,000	129,000 ~ 167,000	140,000 ~ 185,000
26~30F / B4	有電梯		98,400 ~ 135,000	130,000 ~ 148,000	136,000 ~ 168,000	146,000 ~ 185,000	157,000 ~ 204,000

彰化縣

構造及用途別		加強磚造		鋼筋混凝土造		鋼架造	
樓層別		住宅・辦公室	工廠		工廠		工廠
1~3F / B0	加強磚造	50,100 ~ 64,300	46,100 ~ 61,300	50,600 ~ 64,400	29,200 ~ 60,200
4~5F / B0	無電梯	50,500 ~ 65,700	46,500 ~ 62,600	52,100 ~ 66,200	30,000 ~ 62,000
6~8F / B1	有電梯			74,300 ~ 86,800	
9~10F / B1	有電梯			76,300 ~ 89,100	

附表一-11：南投縣營造或施工費標準表

地區別			南投縣				
構造及用途別			加強磚造		鋼筋混凝土造		
樓層別	平均房價水準(元/坪)		住宅、辦公室		住宅、辦公室		住宅、辦公室
			未達150,000	150,000以上未達200,000	200,000以上未達300,000	300,000以上
1~3F / B0	無電梯	55,500 ~ 65,200	61,100 ~ 79,900	67,200 ~ 82,900	73,900 ~ 93,800
4~5F / B0	無電梯	56,600 ~ 66,500	62,300 ~ 81,500	68,600 ~ 84,600	75,500 ~ 95,700
6~8F / B1	有電梯	60,700 ~ 73,800	66,600 ~ 87,500	73,700 ~ 88,300	81,000 ~ 107,000
9~10F / B1	有電梯	66,000 ~ 78,400	73,100 ~ 92,400	80,800 ~ 100,000	88,900 ~ 114,000
11~13F / B2	有電梯	67,600 ~ 82,100	75,000 ~ 97,300	82,900 ~ 105,000	91,200 ~ 119,000
14~15F / B2	有電梯	73,100 ~ 86,200	81,000 ~ 102,000	89,800 ~ 111,000	99,000 ~ 125,000
16~18F / B3	有電梯		85,200 ~ 109,000	94,100 ~ 119,000	105,000 ~ 133,000
19~20F / B3	有電梯		88,200 ~ 111,000	107,000 ~ 121,000	112,000 ~ 136,000
21~25F / B3	有電梯		92,200 ~ 122,000	113,000 ~ 131,000	118,000 ~ 149,000
26~30F / B4	有電梯		96,400 ~ 132,000	127,000 ~ 145,000	133,000 ~ 165,000

地區別			南投縣			
構造及用途別		加強磚造		鋼筋混凝土造		鋼架造
樓層別		住宅、辦公室	工廠	工廠		工廠
1~3F / B0	無電梯	49,100 ~ 63,000	45,200 ~ 60,000	49,600 ~ 63,100	29,200 ~ 60,200
4~5F / B0	無電梯	49,500 ~ 64,400	45,600 ~ 61,300	51,100 ~ 64,900	30,000 ~ 62,000
6~8F / B1	有電梯			72,800 ~ 85,100	
9~10F / B1	有電梯			74,800 ~ 87,300	

附表一-12：雲林縣營造或施工費標準表

雲林縣

地區別													
構造別			鋼筋混凝土造										
用途別			住宅、辦公室										
樓層別	平均每平方漆水準（元/坪）	未達100,000		100,000以上未達150,000		150,000以上未達200,000		200,000以上未達300,000		300,000以上未達400,000		400,000以上	
1~3F	B0 無電梯	50,000	~	55,000	~	60,500	~	66,500	~	73,100	~	80,500	~ 107,000
4~5F	B0 無電梯	50,000	~	55,000	~	60,500	~	66,500	~	73,100	~	80,500	~ 107,000
6~8F	B1 有電梯	52,300	~	57,600	~	63,400	~	69,700	~	76,700	~	84,400	~ 113,000
9~10F	B1 有電梯	57,500	~	63,200	~	69,600	~	76,600	~	84,200	~	92,600	~ 120,000
11~13F	B2 有電梯	58,400	~	64,300	~	70,700	~	77,900	~	85,700	~	94,300	~ 125,000
14~15F	B2 有電梯	63,400	~	69,700	~	76,700	~	84,400	~	92,800	~	102,000	~ 131,000
16~18F	B3 有電梯			73,400	~	80,700	~	88,800	~	97,600	~	107,000	~ 141,000
19~20F	B3 有電梯			75,400	~	82,900	~	91,200	~	100,000	~	110,000	~ 141,000
21~25F	B4 有電梯			78,900	~	86,800	~	95,500	~	105,000	~	116,000	~ 158,000
26~30F	B4 有電梯			87,600	~	96,400	~	106,000	~	117,000	~	129,000	~ 175,000

雲林縣

地區別		加強磚造		鋼筋混凝土造		鋼架造	
構造別		住宅、辦公室		工廠		工廠	
用途別 / 樓層別							
1~3F	B0 無電梯	49,600 ~ 60,600		49,600 ~ 64,000		24,800 ~ 53,800	
4~5F	B0 無電梯	49,600 ~ 60,600		51,100 ~ 65,900		25,500 ~ 55,400	
6~8F	B1 有電梯			73,400 ~ 86,000			
9~10F	B1 有電梯			75,600 ~ 88,700			

附表一-13：嘉義縣/市營造或施工費標準表

地區別：嘉義縣/市

構造別		鋼筋混凝土造					
用途別		住宅、辦公室					
樓層別	平均房價水準 (元/坪)	未達100,000	100,000以上未達150,000	150,000以上未達200,000	200,000以上未達300,000	300,000以上未達400,000	400,000以上
1~3F / B0	無電梯	55,500 ~ 65,500	61,000 ~ 72,100	67,100 ~ 82,800	73,900 ~ 91,000	81,300 ~ 104,000	81,300 ~ 104,000
4~5F / B0	無電梯	55,500 ~ 65,500	61,000 ~ 72,100	67,100 ~ 82,800	73,900 ~ 91,000	81,300 ~ 104,000	81,300 ~ 104,000
6~8F / B1	有電梯	60,500 ~ 73,800	66,500 ~ 81,200	73,100 ~ 93,400	80,400 ~ 103,000	88,400 ~ 118,000	97,300 ~ 130,000
9~10F / B1	有電梯	66,100 ~ 78,100	72,700 ~ 85,900	80,000 ~ 98,600	88,100 ~ 109,000	96,800 ~ 125,000	107,000 ~ 137,000
11~13F / B2	有電梯	66,900 ~ 81,100	73,600 ~ 89,100	81,000 ~ 102,000	89,000 ~ 112,000	97,900 ~ 129,000	108,000 ~ 141,000
14~15F / B2	有電梯	72,300 ~ 83,100	79,600 ~ 93,600	87,500 ~ 108,000	96,300 ~ 118,000	106,000 ~ 136,000	116,000 ~ 150,000
16~18F / B3	有電梯		83,500 ~ 101,000	91,900 ~ 115,000	101,000 ~ 127,000	111,000 ~ 146,000	122,000 ~ 160,000
19~20F / B3	有電梯		85,600 ~ 101,000	94,200 ~ 116,000	104,000 ~ 127,000	114,000 ~ 146,000	125,000 ~ 160,000
21~25F / B3	有電梯		89,300 ~ 111,000	98,200 ~ 128,000	108,000 ~ 141,000	119,000 ~ 162,000	131,000 ~ 177,000
26~30F / B4	有電梯		98,800 ~ 122,000	109,000 ~ 141,000	120,000 ~ 154,000	132,000 ~ 177,000	145,000 ~ 195,000

地區別：嘉義縣/市

構造別		加強磚造		加強磚造		鋼筋混凝土造		鋼架造	
用途別		住宅、辦公室		工廠		工廠		工廠	
樓層別									
1~3F / B0	無電梯	53,100 ~ 63,900		48,900 ~ 63,900		51,600 ~ 66,100		28,900 ~ 59,900	
4~5F / B0	無電梯	53,100 ~ 63,900		48,900 ~ 63,900		53,100 ~ 68,100		29,800 ~ 61,600	
6~8F / B1	有電梯					75,400 ~ 88,100			
9~10F / B1	有電梯					77,600 ~ 90,700			

附表一-14：屏東縣營造或施工費標準表

屏東縣

住宅、辦公室 鋼筋混凝土造

地區別 用途別 樓層別	平均房價水準（元/坪）	未達100,000	100,000以上未達150,000	150,000以上未達200,000	200,000以上未達250,000	250,000以上未達300,000	300,000以上未達400,000	400,000以上未達500,000	500,000以上
1~3F / B0 無電梯		51,800 ~ 62,200	56,900 ~ 68,300	62,600 ~ 75,100	68,900 ~ 82,700	75,800 ~ 91,000	83,400 ~ 100,000	91,800 ~ 110,000	101,000 ~ 126,000
4~5F / B0 無電梯		51,800 ~ 62,200	56,900 ~ 68,300	62,600 ~ 75,100	68,900 ~ 82,700	75,800 ~ 91,000	83,400 ~ 100,000	91,800 ~ 110,000	101,000 ~ 126,000
6~8F / B1 有電梯		54,700 ~ 65,600	60,300 ~ 72,400	66,300 ~ 79,600	72,900 ~ 87,500	80,200 ~ 96,200	88,200 ~ 106,000	97,000 ~ 116,000	107,000 ~ 134,000
9~10F / B1 有電梯		59,300 ~ 71,200	65,300 ~ 78,400	71,900 ~ 86,300	79,100 ~ 94,900	87,000 ~ 104,400	95,600 ~ 115,000	105,000 ~ 126,000	116,000 ~ 145,000
11~13F / B2 有電梯		62,600 ~ 75,100	68,800 ~ 82,600	75,600 ~ 90,700	83,200 ~ 99,800	91,500 ~ 110,000	101,000 ~ 121,000	111,000 ~ 133,000	122,000 ~ 153,000
14~15F / B2 有電梯		66,400 ~ 79,700	73,000 ~ 87,600	80,300 ~ 96,400	88,300 ~ 106,000	97,200 ~ 117,000	107,000 ~ 128,000	118,000 ~ 142,000	130,000 ~ 163,000
16~18F / B3		-	76,600 ~ 91,900	84,200 ~ 101,000	92,600 ~ 111,000	102,000 ~ 122,000	112,000 ~ 134,000	124,000 ~ 149,000	136,000 ~ 170,000
19~20F / B3 有電梯		-	79,800 ~ 95,800	87,800 ~ 105,000	96,500 ~ 116,000	106,000 ~ 127,000	117,000 ~ 140,000	129,000 ~ 155,000	142,000 ~ 178,000
21~25F / B3 有電梯		-	83,300 ~ 100,000	91,600 ~ 110,000	100,700 ~ 121,000	111,000 ~ 133,000	122,000 ~ 146,000	133,000 ~ 160,000	146,000 ~ 183,000
26~30F / B4 有電梯		-	92,100 ~ 111,000	101,300 ~ 122,000	112,000 ~ 134,000	123,000 ~ 148,000	136,000 ~ 163,000	150,000 ~ 180,000	165,000 ~ 206,000

屏東縣

地區及 構造別 用途別 樓層別	加強磚造 住宅、辦公室	加強磚造 工廠	鋼筋混凝土造 工廠	鋼架造 工廠
1~3F / B0 無電梯	49,400 ~ 64,500	45,100 ~ 64,500	49,400 ~ 64,500	28,000 ~ 60,100
4~5F / B0 無電梯	49,400 ~ 64,500	45,100 ~ 64,500	50,800 ~ 66,400	28,700 ~ 62,000
6~8F / B1 有電梯			71,400 ~ 84,100	
9~10F / B1 有電梯			73,600 ~ 86,700	

480

附表一-15：台東縣營造或施工費標準表

地區別			台東縣						
構造及用途別			鋼筋混凝土造 住宅、辦公室						
樓層別		平均所需水準(元/坪)	未達100,000	100,000以上未達150,000	150,000以上未達200,000	200,000以上未達250,000	250,000以上未達300,000	300,000以上未達400,000	400,000以上未達500,000	500,000以上
1~3F	B0	無電梯	51,800～62,200	56,900～68,300	62,600～75,100	68,900～82,700	75,800～91,000	83,400～100,000	91,800～110,000	101,000～126,000
4~5F	B0	無電梯	51,800～62,200	56,900～68,300	62,600～75,100	68,900～82,700	75,800～91,000	83,400～100,000	91,800～110,000	101,000～126,000
6~8F	B1	有電梯	54,700～65,600	60,300～72,400	66,300～79,600	72,900～87,500	80,200～96,200	88,200～106,000	97,000～116,000	107,000～134,000
9~10F	B1	有電梯	59,300～71,200	65,300～78,400	71,900～86,300	79,100～94,900	87,000～104,400	95,600～115,000	105,000～126,000	116,000～145,000
11~13F	B2	有電梯	62,600～75,100	68,800～82,600	75,600～90,700	83,200～99,800	91,500～110,000	101,000～121,000	111,000～133,000	122,000～153,000
14~15F	B2	有電梯	66,400～79,700	73,000～87,600	80,300～96,400	88,300～106,000	97,200～117,000	107,000～128,000	118,000～142,000	130,000～163,000
16~18F	B3	有電梯	-	76,600～91,900	84,200～101,000	92,600～111,000	102,000～122,000	112,000～134,000	124,000～149,000	136,000～170,000
19~20F	B3	有電梯	-	79,800～95,800	87,800～105,000	96,500～116,000	106,000～127,000	117,000～140,000	129,000～155,000	142,000～178,000
21~25F	B3	有電梯	-	83,300～100,000	91,600～110,000	100,700～121,000	111,000～133,000	122,000～146,000	133,000～160,000	146,000～183,000
26~30F	B4	有電梯	-	92,100～111,000	101,000～121,000	111,500～134,000	123,000～148,000	136,000～163,000	150,000～180,000	165,000～206,000

地區別			台東縣					
構造及用途別			加強磚造 住宅、辦公室		加強磚造 工廠		鋼筋混凝土造 工廠	鋼架造 工廠
樓層別								
1~3F	B0	無電梯	47,300～61,500		43,000～60,100		47,300～62,200	25,700～57,900
4~5F	B0	無電梯	47,300～61,500		43,000～60,100		48,800～63,800	26,500～59,700
6~8F	B1	有電梯					69,500～82,100	
9~10F	B1	有電梯					71,500～84,600	

附表一-16：花蓮縣營造或施工費標準表

花蓮縣

構造及用途別	樓層別	未達100,000	100,000以上未達150,000	150,000以上未達200,000	200,000以上未達250,000	250,000以上未達300,000	300,000以上未達400,000	400,000以上未達500,000	500,000以上
平均房價水準（元/坪）									
鋼筋混凝土造 住宅、辦公室	1~3F / B0 無電梯	52,900 ~ 63,500	58,100 ~ 69,700	64,000 ~ 76,800	70,400 ~ 84,500	77,400 ~ 92,900	85,100 ~ 102,000	93,600 ~ 112,000	103,000 ~ 129,000
	4~5F / B0 無電梯	52,900 ~ 63,500	58,100 ~ 69,700	64,000 ~ 76,800	70,400 ~ 84,500	77,400 ~ 92,900	85,100 ~ 102,000	93,600 ~ 112,000	103,000 ~ 129,000
	6~8F / B1 有電梯	56,000 ~ 67,200	61,600 ~ 73,900	67,800 ~ 81,400	74,500 ~ 89,400	82,000 ~ 98,400	90,300 ~ 108,000	99,300 ~ 119,000	109,000 ~ 136,000
	9~10F / B1 有電梯	60,500 ~ 72,600	66,600 ~ 79,900	73,300 ~ 88,000	80,600 ~ 96,700	88,700 ~ 106,000	97,600 ~ 117,000	107,000 ~ 128,000	118,000 ~ 148,000
	11~13F / B2 有電梯	63,900 ~ 76,700	70,300 ~ 84,400	77,300 ~ 92,800	85,000 ~ 102,000	93,600 ~ 112,000	103,000 ~ 124,000	113,000 ~ 136,000	124,000 ~ 155,000
	14~15F / B2 有電梯	67,800 ~ 81,400	74,600 ~ 89,500	82,100 ~ 98,500	90,200 ~ 108,000	99,200 ~ 119,000	109,000 ~ 131,000	120,000 ~ 144,000	132,000 ~ 165,000
	16~18F / B3 有電梯	-	78,100 ~ 93,700	85,900 ~ 103,100	94,600 ~ 114,000	104,000 ~ 125,000	114,000 ~ 137,000	126,000 ~ 151,000	139,000 ~ 174,000
	19~20F / B3 有電梯	-	81,500 ~ 97,800	89,700 ~ 107,600	98,700 ~ 118,000	109,000 ~ 131,000	119,000 ~ 143,000	131,000 ~ 157,000	144,000 ~ 180,000
	21~25F / B3 有電梯	-	85,100 ~ 102,000	93,600 ~ 112,000	103,000 ~ 124,000	113,000 ~ 136,000	124,000 ~ 149,000	137,000 ~ 164,000	151,000 ~ 189,000
	26~30F / B4 有電梯	-	94,000 ~ 113,000	103,000 ~ 124,000	114,000 ~ 137,000	125,000 ~ 150,000	138,000 ~ 166,000	152,000 ~ 182,000	167,000 ~ 209,000

花蓮縣

構造及用途別	樓層別	加強磚造 住宅、辦公室	加強磚造 工廠	鋼筋混凝土造 工廠	鋼架造 工廠
1~3F / B0 無電梯		47,300 ~ 61,500	43,000 ~ 60,100	47,300 ~ 62,200	25,700 ~ 57,900
4~5F / B0 無電梯		47,320 ~ 61,500	43,000 ~ 60,100	48,800 ~ 64,200	26,500 ~ 59,700
6~8F / B1 有電梯				69,500 ~ 82,100	
9~10F / B1 有電梯				71,500 ~ 84,600	

附表一-17：澎湖縣營造或施工費標準表

地區別			澎湖縣			
構造及			鋼筋混凝土造			
	用途別		住宅、辦公室			
樓層別	平均房價水準(元/坪)		未達150,000	150,000以上未達200,000	200,000以上未達250,000	250,000以上
1~3F / B0	無電梯		66,000 ~ 81,600	75,600 ~ 88,800	85,200 ~ 96,000	92,400 ~ 103,000
4~5F / B0	無電梯		69,600 ~ 84,000	79,200 ~ 91,200	88,800 ~ 98,400	96,000 ~ 106,000
6~8F / B1	有電梯		85,100 ~ 101,000	94,600 ~ 108,000	104,000 ~ 115,000	111,000 ~ 122,000
9~10F / B1	有電梯		87,900 ~ 102,000	97,400 ~ 109,000	107,000 ~ 116,000	114,000 ~ 123,000
11~13F / B2	有電梯		95,700 ~ 111,000	105,000 ~ 118,000	114,000 ~ 125,000	121,000 ~ 132,000
14~15F / B2	有電梯		99,200 ~ 113,000	108,000 ~ 120,000	118,000 ~ 127,000	125,000 ~ 134,000
16~18F / B3	有電梯		111,000 ~ 126,000	120,000 ~ 133,000	129,000 ~ 140,000	136,000 ~ 147,000
19~20F / B3	有電梯		113,000 ~ 128,000	122,000 ~ 135,000	132,000 ~ 142,000	139,000 ~ 149,000

地區別		澎湖縣			
構造及		加強磚造	加強磚造	鋼筋混凝土造	鋼架造
	用途別	住宅、辦公室	工廠	工廠	工廠
樓層別					
1~3F / B0	無電梯	57,900 ~ 71,100	55,900 ~ 69,100	58,900 ~ 76,000	29,800 ~ 59,500
4~5F / B0	無電梯	60,900 ~ 74,100	58,900 ~ 72,100	62,700 ~ 79,800	
6~8F / B1	有電梯			77,900 ~ 95,000	
9~10F / B1	有電梯			81,700 ~ 98,800	

附表一-18：基隆市營造或施工費標準表

基隆市 鋼筋混凝土造 住宅、辦公室

構造及用途別 樓層別	平均房價水準(元/坪)	未達150,000	150,000以上未達200,000	200,000以上未達250,000	250,000以上未達300,000	300,000以上
1~3F / B0 無電梯		58,000	60,000～70,000	65,000～75,000	70,000～80,000	73,000～92,000
4~5F / B0 無電梯		62,000	64,000～74,000	69,000～79,000	74,000～84,000	77,000～96,000
6~8F / B1 有電梯		78,000	80,000～90,000	85,000～95,000	90,000～100,000	93,000～112,000
9~10F / B1 有電梯		82,000	84,000～94,000	89,000～99,000	94,000～104,000	97,000～116,000
11~13F / B2 有電梯		92,000	94,000～104,000	99,000～109,000	104,000～114,000	107,000～126,000
14~15F / B2 有電梯		96,000	98,000～108,000	103,000～113,000	108,000～118,000	111,000～130,000
16~18F / B3 有電梯		109,000	111,000～121,000	116,000～126,000	121,000～131,000	124,000～143,000
19~20F / B3 有電梯		113,000	115,000～125,000	120,000～130,000	125,000～135,000	128,000～147,000
21~25F / B3 有電梯		118,000	120,000～130,000	125,000～135,000	130,000～140,000	133,000～152,000
26~30F / B4 有電梯		139,000	141,000～151,000	146,000～156,000	151,000～161,000	154,000～173,000
31~35F / B4 有電梯				153,000～163,000	158,000～168,000	161,000～180,000
36~40F / B4 有電梯				160,000～170,000	165,000～175,000	168,000～187,000

基隆市 加強磚造／鋼筋混凝土造／鋼架造

構造及用途別 樓層別	加強磚造 住宅、辦公室	加強磚造 工廠	鋼筋混凝土造 工廠	鋼架造 工廠
1~3F / B0 無電梯	56,200～71,100	54,200～69,100	57,000～71,250	28,100～56,200
4~5F / B0 無電梯	59,200～74,100	57,200～72,100	60,800～75,050	
6~8F / B1 有電梯			76,000～90,250	
9~10F / B1 有電梯			79,800～94,050	

484

附表一-19：金門縣、連江縣營造或施工費標準表

地區別		金門縣、連江縣					
構造及 用途別		鋼筋混凝土造					
樓層別		住宅、辦公室					
平均房價水準（元/坪）		未達150,000	150,000以上未達200,000	200,000以上未達250,000	250,000以上		
1~3F / B0	無電梯	62,000 ~ 71,100	65,000 ~ 75,000	70,000 ~ 80,000	75,000 ~ 90,000
4~5F / B0	無電梯	66,000 ~ 76,000	69,000 ~ 79,000	74,000 ~ 84,000	79,000 ~ 94,000
6~8F / B1	有電梯	82,000 ~ 92,000	85,000 ~ 95,000	90,000 ~ 100,000	95,000 ~ 110,000
9~10F / B1	有電梯	86,000 ~ 96,000	89,000 ~ 99,000	94,000 ~ 104,000	99,000 ~ 114,000
11~13F / B2	有電梯	96,000 ~ 106,000	99,000 ~ 109,000	104,000 ~ 114,000	109,000 ~ 124,000
14~15F / B3	有電梯	100,000 ~ 110,000	103,000 ~ 113,000	108,000 ~ 118,000	113,000 ~ 128,000
16~18F / B3	有電梯	113,000 ~ 123,000	116,000 ~ 126,000	121,000 ~ 131,000	126,000 ~ 141,000
19~20F / B3	有電梯	117,000 ~ 127,000	120,000 ~ 130,000	125,000 ~ 135,000	130,000 ~ 145,000
21~25F / B3	有電梯	122,000 ~ 132,000	125,000 ~ 135,000	130,000 ~ 140,000	135,000 ~ 150,000
26~30F / B4	有電梯	143,000 ~ 153,000	146,000 ~ 156,000	151,000 ~ 161,000	156,000 ~ 171,000

地區別		金門縣、連江縣			
構造及 用途別		加強磚造		鋼筋混凝土造	鋼架造
樓層別		住宅、辦公室	工廠	工廠	工廠
1~3F / B0	無電梯	57,900 ~ 71,100	55,900 ~ 69,100	58,900 ~ 76,000	29,800 ~ 59,500
4~5F / B0	無電梯	60,900 ~ 74,100	58,900 ~ 72,100	62,700 ~ 79,800	
6~8F / B1	有電梯			77,900 ~ 95,000	
9~10F / B1	有電梯			81,700 ~ 98,800	

附表二：各地方公會轄區利潤率表

公會 開發或建築工期	台北公會 台北 宜蘭 澎湖	新北公會 新北 基隆 金門 連江	桃園公會 桃園 新竹	台中/中台灣 苗栗 台中 彰化 南投	台南公會 雲林 嘉義 台南	高雄公會 高雄 屏東 台東 花蓮
1年(含)以下	10%~20%	10%~20%	8%~18%	10%~20%	8%~18%	10%~20%
超過1年~2年(含)以下	12%~22%	12%~22%	10%~20%	12%~22%	10%~20%	12%~22%
超過2年~3年(含)以下	14%~24%	14%~24%	13%~21%	14%~23%	13%~21%	14%~23%
超過3年~4年(含)以下	15%~25%	15%~25%	15%~23%	15%~25%	15%~23%	15%~25%
超過4年~5年(含)以下	16%~26%	16%~26%	16%~24%	16%~26%	16%~24%	16%~26%
超過5年	17%~27%	17%~27%	18%~24%	17%~27%	18%~24%	17%~27%

六、參與人員

不動產估價技術公報暨通則評議委員會(任期：109 年 09 月 01 日至 112 年 08 月 30 日)

第六屆理事長	郭國任	全聯會現任理事長
各地方公會代表	鐘少佑	台北市公會理事長
	江晨仰	新北市公會理事長
	趙基榮	桃園市公會理事長
	江晨旭	台中市公會副理事長
	陳善翔	台南市公會名譽理事長
	鄭清中	高雄市公會理事長
資深不動產估價師代表	卓輝華	全聯會創會理事長
	陳　諶	全聯會榮譽理事長
	陳玉霖	全聯會榮譽理事長
不動產估價專家學者	彭建文	台北大學不動產暨城鄉環境學系系主任
	林秋綿	台北大學不動產暨城鄉環境學系副教授
	張梅英	逢甲大學土地管理學系教授
	游適銘	財政部國有財產署副署長
	林左裕	政治大學地政學系教授
	陳奉瑤	政治大學地政學系教授
	林子欽	政治大學地政學系教授
	賴碧瑩	屏東大學不動產經營學系教授
	張能政	全聯會名譽理事長
中華民國土地估價學會代表	梁仁旭	中華民國土地估價學會代表
地政主管機關代表	吳秉諺	視察
營建、財務金融、稅務及公產管理之機關團體代表	陳北緯	中華民國會計師公會全國聯合會代表
不動產估價技術公報評議委員會	連琳育	執行秘書
研究發展委員會	胡毓忠	第六屆主任委員
	楊長達	第五屆主任委員
主筆人	胡純純	估價師

參考文獻

1. 林英彥著,不動產估價,文笙書局。
2. 林英彥著,不動產估價技術規則解說,文笙書局。
3. 曾文龍著,不動產經人歷屆考題解析,大日出版社。
4. 許文昌著,不動產估價理論,高點文化事業有限公司。
5. 許文昌著,不動產估價概要,高點文化事業有限公司。
6. 梁仁旭、陳奉瑤著,不動產估價。
7. 游適銘,不動產估價學,大日出版有限公司。
8. 于俊明,不動產估價概要圖解,新保成文化事業有限公司。
9. 陳翰基,不動產估價理論,大領航國際文化事業有限公司。
10. 「The Appraisal of Real Estate,1999」宏大/瑞普國際合譯
11. 芭芭拉明托(陳筱點、羅若蘋譯),金字塔原理(思考、寫作、解決問題的邏輯方法),經濟新潮社。
12. 東尼博贊、巴利博贊(孫易新譯),心智圖聖經(心智圖法理論與實務篇),耶魯國際文化。
13. 窮查理的普通常識(查理·蒙格),商業周刊。

大日考試用書 口碑35年！

熱門暢銷書

不動產經紀人考試用書　特價 **2850**元

① **土地法規與稅法**（定價 600 元）..................... 曾文龍博士 編著
② **聯想圖解不動產估價概要**（定價 600 元）.......... 黃國保估價師 編著
③ **民法概要突破**（定價 600 元）..................... 大日出版社 編著
④ **不動產經紀法規要論**（定價 590 元）............... 曾文龍博士 編著
⑤ **不動產常用法規**（定價 800 元）................... 曾文龍博士 編著
⑥ **不動產經紀人歷屆考題解析**（定價 550 元）........ 曾文龍博士 編著

地政士考試用書　特價 **2850**元

① **如何考上地政士？重要法規 VS. 考古題**（定價 800 元）... 曾文龍博士 編著
② **地政士歷屆考題解析**（定價 550 元）............... 曾文龍博士 編著
③ **土地法規與稅法**（定價 600 元）................... 曾文龍博士 編著
④ **民法概要突破**（定價 600 元）..................... 大日出版社 編著
⑤ **土地登記實務突破**（定價 500 元）................. 大日出版社 編著
⑥ **不動產稅法 VS. 節稅實務**（定價 700 元）......... 黃志偉教授 編著

不動產估價師考試用書　特價 **2760**元

① **考上估價師秘訣法規、考古題**（定價 800 元）...... 曾文龍博士 編著
② **不動產投資‧不動產經濟學考古題解析**（定價 690 元）. 施甫學估價師 編著
③ **不動產估價理論‧不動產估價實務歷屆考題**（定價 470 元）游適銘、楊曉龍 編著
④ **土地法規與稅法**（定價 600 元）................... 曾文龍博士 編著
⑤ **不動產估價學**（定價 600 元）..................... 游適銘博士 編著
⑥ **民法概要考前得分衝刺**（定價 300 元）............. 黃達元律師 編著

——**另有考照班、函授班，歡迎來電洽詢**

購買方式

- ■ 銀行帳號：**101-001-0050329-5**（永豐銀行 忠孝東路分行 代碼807）
- ■ 戶名：大日出版有限公司　　■ 網址：http://www.bigsun.com.tw
- ■ 訂購電話：(02) 2721-9527　　■ 訂購傳真：**(02) 2781-3202**

‧訂購 1,000 元以下者另加郵資 80 元，1,001 元以上另加郵資 100 元，2,000 元以上免運費。
‧匯款完成後，請傳真收據，並附上收件人/地址/聯絡電話/購買書名及數量，以便寄書。或加入 line 確認。

LINE ID：Erik229

台灣不動產證照權威－曾文龍教授精心策畫

一次考上不動產經紀人證照的秘密武器！

《不動產經紀人歷屆考題解析》

不動產經紀人普考最佳應考工具書   定價 **550** 元

◆ 系統完整，觀念清晰　　◆ 編排順暢，目標明確
◆ 解析詳實，提高效率　　◆ 事半功倍，金榜題名
◆ 考上不動產經紀人考生之心得分享
◇ 近年各科歷屆考古題 ◇

《不動產經紀人選擇題100分》

定價 **700** 元

◇ 近年各科歷屆選擇題考題 ◇
★ 歷年已考法條之考題編輯在一起，魔鬼訓練反覆記誦
★ 類似考題集中，便於舉一反三！
★ 快速進入考試焦點，事半功倍。
★ 快速提高選擇題拿高分機會，衝刺金榜題名！
★ 考上不動產經紀人考生之心得分享

兩書合購衝刺優惠價 ➜ 980 元

不動產經紀人考照班學生 蘇同學考上心得分享

大日出版社出版的『不動產經紀人選擇題100分』及『不動產經紀人歷屆考題解析』，是我準備不動產經紀人最後階段最重要最關鍵的兩本書。我也要推薦給想要輕鬆考上不動產經紀人的各位！

曾文龍教授真心推薦

買一本大日出版社出版的『不動產經紀人選擇題100分』，然後把題目好好的做三次，最後做『不動產經紀人歷屆考題解析』的題目，確保歷屆選擇題都可以拿到45分以上。即使不一定會考高分，但是一定有很大機會考上不動產經紀人！

購買方式

■ 銀行帳號：**101-001-0050329-5**（永豐銀行 忠孝東路分行 代碼807）
■ 戶名：大日出版有限公司
■ 網址：http://www.bigsun.com.tw
■ 訂購電話：(02) 2721-9527
■ 訂購傳真：**(02) 2781-3202**

・訂購 1,000 元以下者另加郵資 80 元，1,001 元以上另加郵資 100 元，2,000 元以上免運費。
・匯款完成後，請傳真收據，並附上收件人/地址/聯絡電話/購買書名及數量，以便寄書。或加入 line 確認。

LINE ID：Erik

不動產經紀人證照班

雲端課程

網路世代！熱門趨勢～
隨地都是你學習的場所！

本班學員超高錄取率，金榜題名！

鄧芯婷(第1名)、劉秋德、陳順騰、簡美惠、祝文青、唐國豐、吳淑惠...等
林玉黛(第2名)、林志明、徐慧娟、羅珮瑄、魏韶德、林暐珊、羅瑞蓮...等
許雅婷(第4名)、黃榮松、鄧順方、江怡慧、廖淑娟、李沛穎、郭建隆...等
宋瑞賢(第6名)、陳品睿、陳德儒、羅致迎、張家瑜、林美玲、薛天印...等
徐美鈴(第11名)、翁俐玲、張美姝、溫婉菁、謝淑珍、黃瀞誼、陳文光...等

◆班主任：**曾文龍** 教授
簡介：國立政治大學地政研究所畢業
不動產教學、演講、作家……35年
北科大、北商大、政大……不動產講座

◆主流師資群：
◎國立政治大學地政研究所博士、碩士
◎不動產專業名律師
◎輔導國家高考、普考名師

★也歡迎加LINE報名★

☆即日起☆ 完成報名並繳費者
可先領書閱讀！提前準備喔！

◎費　　用：16000元(含書籍)
◎1. 請先填妥報名表並先回傳
2. 完成匯款後請務必將匯款收據傳真或來電確認
◎永豐銀行 · 忠孝東路分行（代碼807）
戶　　名：大日明企管顧問有限公司，
帳號：101-001-0014239-9

大日不動產研究中心/大日明企管顧問公司/大日出版社

報名電話：（02）2721-9527　地址：台北市忠孝東路4段60號8樓
傳真專線：（02）2781-3202　網址：http://www.bigsun.com.tw

追求工作務實且收入穩定的事業生涯

地政士證照，隨著年齡而財富增值的行業！

台灣不動產證照權威曾文龍教授說：法條即是金條！雲端時代，光有一份工作是不夠的！
執照護體，多一分保障，處處有商機！

- ❶ **如何考上地政士？重要法規 VS. 考古題**（定價 800 元）　　　　　曾文龍博士 編著
- ❷ **土地法規與稅法**（定價 600 元）　　　　　　　　　　　　　　　曾文龍博士 編著
- ❸ **民法概要突破**（定價 600 元）　　　　　　　　　　　　　　　　大日出版社 編著
- ❹ **不動產稅法 VS. 節稅實務**（定價 700 元）　　　　　　　　　　　黃志偉 編著
- ❺ **土地登記實務突破**（定價 500 元）　　　　　　　　　　　　　　大日出版社 編著
- ❻ **地政士歷屆考題解析**（定價 550 元）　　　　　　　　　　　　　曾文龍博士 編著

全套6本原價 ~~3,750~~ 元，金榜題名衝刺價 **2,850** 元

另有雲端線上課程

有方法，有訣竅，順利衝關！有計畫讀書，如同親臨上課！
超效率！超秘笈！名師教學，高上榜率！黃金證照！

班主任：曾文龍 教授
簡歷：國立政治大學地政研究所畢業
不動產教學、演講、作家…35年
北科大、北商大、政大……不動產講座

主流師資群：
◎國立政治大學地政研究所博士、碩士
◎不動產專業名律師
◎輔導國家高考、普考名師

購買方式

- ■ 銀行帳號：**101-001-0050329-5**（永豐銀行 忠孝東路分行 代碼 807）
- ■ 戶名：大日出版有限公司
- ■ 網址：http://www.bigsun.com.tw
- ■ 訂購電話：(02) 2721-9527
- ■ 訂購傳真：**(02) 2781-3202**

・訂購 1,000 元以下者另加郵資 80 元，1,001 元以上另加郵資 100 元，2,000 元以上免運費。
・匯款完成後，請傳真收據，並附上收件人 / 地址 / 聯絡電話 / 購買書名及數量，以便寄書。或加入 line 確認。　　LINE ID：Erik

不動產權威－曾文龍 博士 編著~
多讀判決書，掌握命運
判決案例暢銷書-火熱銷售中！

公寓大廈管理條例相關判決案例

20則公寓大廈管理條例相關判決案例　　定價:390元

★賣屋時隱瞞屋前空地非約定專有事實，應否賠償?金額如何計算?
☆公寓大廈專有使用權的認定
★管理委員會會議是否有權修改社區裝潢管理辦法
☆已經繳交補償金和管理費，是否可以合法佔有使用公寓大廈分區所有權人之共有空間?
★公寓大廈與保全公司和清潔公司之間的委任契約以及給付酬勞的糾紛
☆區分所有權人會議因不足法定出席權術故所做成之決議，效力如何?可否事後追認?
★建商點交延遲以及公共設施未盡完善之處，住戶應如何救濟?
☆公寓大廈不得飼養寵物的規定

不動產租賃相關判決案例　　定價:370元

暢銷書籍！出版不到一個月即暢銷強勢二刷
○則不動產租賃法院實務相關判決案例

房客將房子轉租給他人，房東可否據此終止租賃契約，請房客搬走?
違反租賃契約的違約金可否加計利息?
承租人將房屋轉租給他人，又不繳房租給出租人，出租人該怎麼辦?
房東如何依土地法第100條，將出租的房子收回自住或自用?
以營業目的的租賃，租賃標的地下室不能供營業使用，出租人應否負責?
承租人為公司行號，則違反租賃契約時，其法定代理人是否應負連帶賠償責任?
定期一年的房屋租賃契約約定優先承租權，是否代表房客不必再和房東簽一年租賃契約，就可以直接擁有第二年的房屋租賃契約而不搬走?
房東、房客雙贏互利攻防戰略!

奢侈稅實務判例研析　　定價:350 元

3則奢侈稅法院實務判決研究

熱門暢銷書　原價1,110元　三書合購870元

歡迎加Line

金大鼎文化出版有限公司

▼地址：台北市大安區忠孝東路四段60號8樓
▼銀行帳號：101-001-0050329-5 (永豐銀行 忠孝東路分行)
▼戶名：大日出版有限公司 ▼網址：http://www.bigsun.com.tw
▼訂購電話：(02) 2721-9527 ▼訂購傳真：(02) 2781-3202

訂購1000元以下者另加郵資80元，1,001元者另加郵資100元，2000元以上免運費。
匯款完成後，請傳真收據，並附上 寄件地址/收件人/聯絡電話/購買書名及數量，以便寄書。或加line確認。

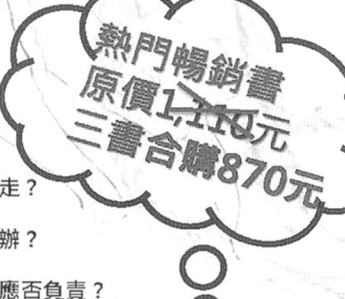

百歲太極傳奇

跨越一甲子之
珍貴太極拳內功心法
首次無私公開

【太極拳本義闡釋】·【太極拳透視】 陳傳龍 著

太極拳的玄奧，由於是內家拳，不同於一般觀念中所知的外家拳，全是內在運作。由於內在運作難知，所以難明太極拳，而致學而難成。

本著作是作者修習太極拳 40 年後開始記錄的心得筆記，全是內在運作之法，凡作者自認精奧者全予記下，毫不遺漏及保留，期間歷時凡 20 載，今修編完成筆記上中下卷共 9 冊，為作者精研太極拳 60 餘年累計上千條珍貴內在運作著法，透視了太極拳的玄奧面紗，實是指月之指，帶你進入真正太極拳的殿堂。

定價 **3,000** 元

定價 **680** 元

陳傳龍，拜崑崙仙宗 劉公培中為師，修習道功暨太極拳術，並於論經歌解深研太極理法，迄今已逾一甲子歲月。

作者前著《太極拳本義闡釋》一書，旨在說明太極拳本有的真實面貌。現今出版之《太極拳透視》筆記，則為珍貴的太極拳實際內在運作方法。

本書特色
- 全為內練心得筆記，非一般著作。
- 提供巧妙有效的內在運作著法。
- 透視太極拳的真奧。
- 自修學習的書籍。
- 是太極拳真正實體所在。

本書助益
- 揭開久學難成的原因。
- 了解太極拳的真義。
- 得以深入太極拳的勝境。
- 明白外在姿式無太極拳。
- 窺得太極拳的玄奧。

筆記共有九冊，分為上、中、下卷各三冊，全套為完整珍貴內功心法，層次漸進帶領習拳者拳藝漸上層樓的學習路徑。

購買陳傳龍老師 太極拳著作全集
原價 ~~3,680~~ 元，優惠價 **3,150** 元（含郵資 150 元）

購買方式
- ■ 銀行帳號：101-001-0050329-5（永豐銀行 忠孝東路分行 代碼 807）
- ■ 戶名：大日出版有限公司
- ■ 網址：http://www.bigsun.com.tw
- ■ 電話：(02) 2721-9527
- ■ 傳真：(02) 2781-3202

★訂購 1,000 元以下者另加郵資 100 元，1,001 元以上另加郵資 150 元。
★匯款完成後，請傳真收據，並附上收件人/地址/聯絡電話/購買書名及數量，以便寄書。

LINE ID：Erik229

楊氏 太極拳 一代宗師

**鄭子太極拳宗師
鄭曼青極力推崇**

太極拳・一代宗師
李雅軒修煉心法

楊氏太極拳以它舒展大方、動作優雅的特點，深受廣大群眾喜愛。此套太極拳練法，為楊氏太極拳宗師楊澄甫的得意高足一著名太極拳家李雅軒所傳授之楊氏大架太極拳，拳架規格嚴謹有法，動作舒展優美，氣勢雄偉渾厚。

本書珍藏李雅軒先生完整拳照，及一生精研拳藝所累積之內功心得及釋拳精論，其精闢入理，殊為珍貴。練拳不能不知拳理，仔細研讀李雅軒太極精論，相信必會增益您對太極拳的理解，並大大精進您的拳藝。

◆ 談太極拳功夫與太極拳運動
◆ 談太極拳鬆柔的練功方法對推手的作用
◆ 李雅軒宗師傳授的太極步法
◆ 李雅軒宗師太極拳精論
◆ 李雅軒楊氏太極拳43式

編著 陳龍驤　一代太極拳大李雅軒先生之嫡系傳人
中國武術八段・中國武術一級裁判
四川武協委員・成都市武協副主委

陳龍驤・李敏弟・陳驪珠 著
：陳龍驤・李敏弟・陳驪珠著
：320元

楊氏太極
刀槍劍修煉心法

作者：陳龍驤・李敏弟
定價：320元

1. 太極劍法概論、要領與圖解
2. 太極劍13字訣
3. 太極刀13要領、練法與圖解
4. 刀法十三式
5. 太極槍法全套練法

陳龍驤—
太極拳悟真

陳龍驤 著 定價：500元

當代李雅軒太極拳衣缽傳人
楊氏太極拳名家

◎ 李雅軒楊氏太極拳16要點之解悟
◎ 如何進入深妙奧絕之太極拳境
◎ 推手菁要之探索

三冊原價 1,140 元，特惠價 900 元

購買方式

■ 銀行帳號：101-001-0050329-5 （永豐銀行 忠孝東路分行 代碼807）
■ 戶名：大日出版有限公司　■ 網址：http://www.bigsun.com.tw
■ 訂購電話：(02) 2721-9567　■ 訂購傳真：(02) 2781-3202

訂購 1,000 元以下者另加郵資 80 元，1,001 元以上另加郵資 100 元，2,000 元以上免運費。
匯款完成後，請傳真收據，並附上收件人 / 地址 / 聯絡電話 / 購書書名及數量，以便寄書。或加入 line 確認。　LINE ID：Erik229

國立臺北科技大學 不動產估價師學分班

百年名校

狂賀！曾文龍老師學員高中估價師

金榜題名

徐○駿（第一名）、張○華（第二名）、賴○甄（第三名）、陳○暉、傅○美…
宋○一、柯○環、林○瑜、林○廷、郭○鈺、邱○忠、黃○保、韋○桂…
張○鳳、王○猛、林○暉、林○娟、吳○秋、鄭○吟、李○塘、伍○年…

高地位、高收入，不動產行業中的 TOP 1！

◎報考資格：依考選部規定需大學專科以上畢業，並修習考選部規定相關學科至少六科，自101年1月起，修習科目其中須包括不動產估價及不動產估價實務。合計十八學分以上者（含四大領域），即可取得報考不動產估價師考試資格。（詳情依考選部公告為主）

◎上課資格：高中職以上畢業，對不動產估價之專業知識有興趣者。

◎班 主 任：**曾文龍** 博士
　簡　　歷：中華綜合發展研究院 不動產研究中心主任。
　　　　　　北科大、政大、北商大…不動產講座。
　　　　　　不動產教學、著作35餘年經驗。

輔導高考訣竅

◎師 資 群：由北科大、政大、北商大…
　　　　　　等名師及高考及格之不動產估價師聯合授課。

◎本期課程：❶ 不動產法規（含不動產估價師法）　❹ 土地利用
　　　　　　❷ 不動產估價　　　　　　　　　　　❺ 不動產經濟學
　　　　　　❸ 不動產估價實務　　　　　　　　　❻ 不動產投資

◎費　　用：每學分 **2,500** 元（不含教材費），報名費 **200** 元。
　　　　　　報名1門課程 **7700** 元；報名2門課程 **15,400** 元；全修3門課程 **23,100** 元。
◎上課時間：每週星期一、三、五（晚上 6:30～10:00）。
◎上課地點：台北市忠孝東路三段1號（國立臺北科技大學第六教學大樓626教室）
◎報名方式：❶ 請先填妥報名表並先回傳　❷ 完成匯款後請務必將匯款收據傳真並來電確認
◎匯款繳費：報名完成後，系統自動寄發虛擬帳號至電子信箱，請依信件內容之虛擬帳號辦理繳費
　　　　　　（報名表上之電子信箱請務必確認正確）

【北科大推廣教育】
電話：(02) 2771-6949　　傳真：(02) 2772-1217
網址：http://www.sce.ntut.edu.tw/bin/home.php

國立臺北科技大學
National Taipei University of Technology

挑戰高收入・高地位
不動產估價師證照必備用書！

❸《不動產估價學》
游適銘博士｜編著　定價 600 元

由淺而深，區別「不動產經紀人（估價概要）」與「不動產估價師（估價理論）」需研讀部分，層次分明

❹《不動產估價理論與實務 歷屆考題》
游適銘・楊曉龍｜編著　定價 470 元

★不動產估價用詞定義
★不動產估價計算方式
★估價數學六大公式
★歷年不動產估價實務題型分析

❶《考上估價師秘訣 法規・考古題》
曾文龍博士｜編著　定價 800 元

估價師應考秘訣大公開；立足於不動產領域頂點證照
一照在手，身價立刻高漲；考上不動產估價師之心得
分享；就業、創業、生涯規劃優質選擇

❷《不動產投資・不動產經濟學 歷屆考古題解析》
施甫學 不動產估價師｜編著　定價 690 元

★近年不動產投資分析題目及解析
★精心彙整近年考題，重點精闢解析
★〈不動產投資・不動產經濟學〉應考要訣
★全盤掌握答題秘訣、傳授效率讀書得分金鑰

熱門暢銷書，四書合購原價 2,560 元
勢必考上估價師證照優惠價 ➤ 2,040 元

購買方式

■ 銀行帳號：**101-001-0050329-5**（永豐銀行 忠孝東路分行 代碼 807）
■ 戶名：大日出版有限公司　　■ 網址：http://www.bigsun.com.tw
■ 訂購電話：(02) 2721-9527　　■ 訂購傳真：**(02) 2781-3202**

・訂購 1,000 元以下者另加郵資 80 元，1,001 元以上另加郵資 100 元，2,000 元以上免運費。
・匯款完成後，請傳真收據，並附上收件人／地址／聯絡電話／購買書名及數量，以便寄書。或加入 line 確認。　LINE ID：@204fegvq

強棒新書・案頭勵志必備

曾文龍博士 詩文集

一個既嚴厲又慈悲、亦師亦友的生命導師，
一本絕對值得你擁有的書。

豁達胸襟的人生思考、提升生命高度的眼界與哲思，面對悠長跌宕起伏的人生旅程，讓曾文龍博士的勵志詩文集，陪伴你走過漫漫人生路。

本書內容
卷壹、人間寬容
卷貳、困難中成長
卷參、千江有月，萬里藍天
卷肆、勵志人生
卷伍、得健康・得天下
卷陸、詩・文學・人生
卷柒、莫泥手札
卷捌、風雲一生

莫泥手札
我喜歡走不同的路
每個角落，都有風景
我喜歡關懷各種不同的人
因為眾生平等

曾文龍博士 / 著
定價 500 元

宇宙讀書會 32 年操作實務
宇宙讀書會的不朽傳奇（1986 年 5 月創立）

◆ 真正知識無價，行萬里路、讀萬卷書理念的貫徹與落實。
◇ 透過一個讀書會的相互正向支持、互動與陪伴，
　將讀書這件事融入於生活之中。真正根植於地、點滴耕耘、
　豐富生命視野、美麗且富含生命力的成長團體。
◆ 透過規律紀律的讀書與分享，將不同作者的生命體驗與專業知識，
　轉而內化到個人生命。透過如此知識的流動，
　內心的收穫與蛻變，長期下來會有不可思議的影響。
◇ 享受吧！一群好友的讀書會！
　透過本書學習如何將一個讀書會從無到有的神奇誕生旅程。

曾文龍博士 / 編著
定價 500 元

兩本合購原價 1,000 元，智慧無雙優惠價 800
（兩本合購含運費共計 900 元

匯款帳戶
■ 戶名：金大鼎文化出版有限公司（永豐銀行 忠孝東路分行 代碼 807）
■ 銀行帳號：101-001-0014623-9

匯款完成後，匯款後請來電 (02)27219527 或 line 上告知~
◎姓名◎寄書地址◎電話◎匯款帳戶後五碼

LINE ID：Eri

NEW

☆即日起☆ 完成報名並繳費者，立即領書閱讀！提前準備喔！

【不動產經紀人考照班】

雲端課程

台北　桃園　新竹　台中　花蓮　高雄

超效率！超秘笈！名師教學、高上榜率！黃金證照！

◆班主任：**曾文龍** 教授
簡介：國立政治大學地政研究所畢業
不動產教學、演講、作家......35年
北科大、北商大、政大......不動產講座

◆主流師資群：
◎國立政治大學地政研究所博士、碩士
◎不動產專業名律師
◎輔導國家高考、普考名師

歡迎Line報名詢問

◉費　　用：16000元(含書籍)。
◉報名方式：1.請先填妥報名表並先回傳
　　　　　　2.完成匯款後請務必將匯款收據傳真或來電確認
◉匯款資訊：匯款銀行：永豐銀行 · 忠孝東路分行 (代碼807)
　　　　　　戶　　名：大日明企管顧問有限公司，帳號：101-001-0014239-9

大日不動產研究中心/大日明企管顧問公司/大日出版社
～歡迎來電索取簡章/報名表～

報名電話：（02）2721-9527　　地址：台北市忠孝東路4段60號8樓
傳真專線：（02）2781-3202　　網址：http://www.bigsun.com.tw

預告 新北市政府委託　班主任：曾文龍 博士

新北市都市更新推動師・推動人員培訓

超值充電　黃金證照

推動全民參與都市更新推動人員培訓，學習都市更新與危老防災最專業知識，協助老舊社區進行嶄新改造，展現城市最安全、美麗及現代化的建築風景線。

☐ 「都市更新」學程（共6天）課程費用：**7,000**元

☐ 「危老防災」學程（共5天）課程費用：**5,500**元

（仍以主管機關核准開課日期為準）

上課地點：致理科技大學（新北市板橋區文化路1段313號）

參訓資格：
❶ 對都市更新具熱忱的民眾
❷ 持有中華民國身分證

2學程一起報名優惠價 11,500元

完成2學程即可換取《新北市都更推動師證照》

	姓名	手機	E-mail
1			
2			

匯款方式：
銀行：永豐銀行（代碼807）忠孝東路分行
戶名：台灣不動產物業人力資源協會
帳號：101-018-0002693-3

主辦單位：新北市政府城鄉發展局
委辦單位：台灣不動產物業人力資源協會
聯絡電話：02-2721-9572，信箱：taiwantop1688@gmail.com
傳真專線：02-2777-1747，地址：台北市忠孝東路四段60號8樓

～歡迎加Line詢問課程～
Line ID：bigsun77

台北市政府委託
臺北市危老重建推動師培訓

■ 班主任：**曾文龍** 博士

■ 上課地點：台北市大安區忠孝東路四段 60 號 8 樓 - 彩虹園大廈（捷運忠孝復興站 3 號出口）
■ 課程費用：3,500 元 （團報另有優惠）
■ 培訓對象：

B組

領有建築師、土木技師、結構技師、都市計畫技師、不動產估價師、不動產經紀人、地政士、會計師等國家考試及格證書者。

C組

❶ 任職或從事
都市更新、建築設計、都市計畫、都市設計、室內設計、景觀設計、建築經理、土地開發、營建土木、不動產估價、地政、不動產經紀、房屋仲介、不動產法務、金融機構、信託機構等相關領域之工作者。

❷ 大專院校相關科系所畢業者：
包含都市計畫、建築、營建、市政、地政、不動產估價、城鄉、室內設計、景觀、土地管理、土木、土地資源等。

	姓名	手機	E-mail
1			
2			
3			

匯款方式
銀行：永豐銀行（代碼 807）忠孝東路分行
戶名：台灣不動產物業人力資源協會
帳號：**101-018-0002693-3**

台灣不動產物業人力資源協會　辦理

聯絡電話：02-2721-9572，信　箱：taiwantop1688@gmail.com
專真專線：02-2777-1747，地　址：台北市大安區忠孝東路四段 60 號 8 樓

～歡迎加 Line 詢問課程～
Line ID：@204fegvq

國家圖書館出版品預行編目(CIP)資料

聯想圖解不動產估價概要/黃國保編著.第 10 版. -- 臺北市 : 大日出版有限公司, 2025.01
面； 公分. --（房地產叢書；53）
ISBN 978-626-99324-1-2(平裝)

1. CST: 不動產　2. CST: 不動產業

554.89　　　　　　　　　　　　113019011

房地產叢書53

聯想圖解不動產估價概要

發 行 人／曾文龍
作　　者／黃國保
編　　輯／黃　萱
出 版 者／大日出版有限公司
　　　　　臺北市 106 大安區忠孝東路 4 段 60 號 8 樓
　　　　　網　址：http://www.bigsun.com.tw
　　　　　出版登記：行政院新聞局局版北市業字第 159 號
排　　版／龍虎電腦排版股份有限公司
　　　　　電　話：(02)8221-8866
印 刷 廠／龍虎電腦排版股份有限公司
經 銷 商／旭昇圖書有限公司
　　　　　電　話：(02)2245-1480
定　　價／平裝600元

2025 年 1 月第 10 版

版權所有・翻印必究